기업의 시대를 읽는

제2판

새로운 경영학

김용민 · 김도현 · 박재신 · 백종현 · 유정석
이은형 · 이태희 · 최성범 지음

Understanding Management
in the Great Era of Business

도서출판
시대가치

개정판을 출간하며

'기업의 시대를 읽는 새로운 경영학'을 처음 출간한 다음 개정판을 내는 데 3년여의 세월이 흘렀다. 초판을 낼 때는 우리나라 경영학 교육 전반에서 발생하고 있는 두 가지 위기에 주목하였다. 즉 기업에 대한 사회적 비판의 수위가 도를 넘고 있고, 경영학 교육이 점점 더 전공 지식의 테크닉에만 치중하는 현실이 경영학 교육을 왜곡시키고 있다는 문제의식에서 이 책을 내게 되었다.

초판이 출간된 이후 국내외적으로 정치, 경제, 사회, 문화 등 각 분야에서 100년에 한 번 있기 어렵다는 커다란 변화들이 발생하였고 또 현재 진행 중이다. 국제적으로는 코로나바이러스의 세계적 유행, 미·중 간의 대결 구도, 우크라이나 전쟁, 초인플레이션과 경기침체 우려가 확산되고 있고, 국내적으로는 팬데믹과 함께 찾아온 경기침체, K-컬처의 부상, 좌우 진영 간의 이념 대립 등 결코 무시할 수 없는 굵직한 변화들이 발생하고 있다.

이럴수록 경영학 교육이 제자리를 잡아야 한다는 문제의식은 개정판을 출간하는 시점에서도 여전히 유효하다. 경영학 교육의 수요자인 대학생과 직장인들이 갈수록 기능화·전문화된 경영학 지식으로 무장되어 가지만, 정작 이 격변의 시대에 기업이 왜 존재해야 하고, 기업의 사회적 기여는 무엇이며, 기업이 진화·발전해 온 경제체제와 역사적 맥락에 대한 본질적인 이해와 고민이 그 어느 때보다도 절실히 요구된다. 솔직히 말해서 강단에 선 교수들과 경영학자들이 앞장서서 이를 주도하지 못한 책임이 있다. 경영학 교육이 전문기능인의 양성에 치중함으로써 기업과 시장경제에 대한 철학적·역사적 성찰과 비판의식이 부족한 인재를 양산해 오지 않았나 하는 자괴감마저 든다. 이러한 문제의식에서 출발하여 뒤늦게나마 "경영학 바로 세우기"에 일조하자는 것이 이 책의 가장 큰 집필동기이다.

그러면 이 책의 고객층은 누구일까? 대학에서 경영학을 배우려는 대학생과 회사생활을 시작한 지 몇 년 안 된 사회 초년생은 물론 기업체 중간관리자와 임원들에게 이 책이 읽혀지기를 소망한다. 필자들은 기업이 본질이 무엇이고, 기업이 시장에서의 부단한 혁신 경쟁을 통해 인류의 삶의 질 향상에 어떻게 기여해 왔는지를 이해해야만 경영학 교육이 제대로 이루어진다고 생각한다. 이에 필자들은 "엉터리로 배운 사람은 아무것도 모르는 사람보다 더 어리석다"는 벤자민 프랭클린의 어록을 마음속에 새기고, 이 책을 집필하는 데 모두 의기투합하였다.

필자들은 이미 시중에 나와 있는 수백 종의 경영학원론 교재를 한 권 더 추가하기 위해 이 책을 쓴 것은 결코 아니다. 기존 교재들과의 차별성은 꽤나 파격적이라고 말하고 싶다. 초판 출간 이후 독자들의 반응 역시 저자들의 기대와 크게 다르지 않았다. 먼저 동료 교수들은 시장경제와 자본주의의 구성원리를 설명하고, 기업의 역사적 발달과정과 다양한 기업사례를 소개함으로써 기업의 존재 이유와 사회적 역할이 무엇인지를 설득력있게 전달한 것이 참신한 시도라고 입을 모았다. 학생들 역시 긍정적인 평가가 우세한 편이다. 학생 입장에서는 이 교재가 추구하는 강도 높은 수업방식을 꺼려하는 경향도 있지만, 반면에 매 수업이 질문과 응답으로 진행되고, 각 장 말미의 '생각해보기'를 개인 및 팀 과제로 부여하여 학생들의 참여를 유도함으로써 학습의욕을 높인 점이 긍정적 반응을 유도하는 데 주효하지 않았나 판단된다. 교수와 학생 모두 이 책의 일부 내용이 다소 이론적이고, 어렵다는 점이 제기되어(특히 Part 1과 Part 2), 개정판은 가독성을 높이는 방향으로 수정하였다. 코로나사태가 확산일로에 있던 2020년 2학기에 저자들이 이 교재를 동영상으로 제작하여 학생들뿐 아니라 국내 주요 지상파 방송사에 보도된 바가 있을 정도로 호평을 받았다.

본 교재의 구성은 크게 4부로 구성되었다. 첫째, 본 교재의 Part 1은 대부분의 현대 국가들이 채택하고 있는 자유시장(free market)의 우월성과 동시에 시장경제가 발달하면서 생기는 부작용을 역사적으로 어떻게 대응해 왔는지를 다룬다. '경영학원론' 교재로는 아마도 처음있는 시도가 아닐까 싶다. 먼저 1장에서는 자유시장 경제의 작동원리와 자본주의가 발달하게 된 이론적·현실적 근거, 그리고 비판론자들의 반론을 소개한다. 2장에서는 시장경제의 발달에 따른 독과점의 폐해와 소득 격차의 심화, 그리고 이를 해결하기 위한 정부의 시장 개입이 초래하는 문제점을 동시에 짚어본다. 다소 이론적이라 경영학을 처음 접하는 독자들로서는 부담스러울 수도 있지만 조금만 노력을 투입하여 이 허들을 넘어선다면 시장과 기업에 대한 이해가 견고해질 것으로 확신한다. 개정판에서는 전세계적으로 확산일로에 있는 ESG 경영 및 투자 동향을 새로 소개하고, 최신의 기업사례로 업데이트하였다.

둘째, Part 2는 '기업'과 '경영'이라는 경영학의 영원한 주제를 다루는데, 그나마 기존의 경영학원론과 가장 유사한 파트라고 할 수 있다. 먼저, 3장에서는 기업의 본질이 무엇인지 살펴보고, 회사의 법적 형태와 기업과 경영의 관계에 대하여 설명한다. 4장은 경영학의 역사를 간단하게 짚어본다. 다른 학문에 비하면 역사가 일천한 학문분야로 치부되기도 하지만 100년을 조금 넘는 궤적을 그려온 경영학은 초일류기업의 경영현장과 세계적인 명문대학에서 전공 과정이 생겨났고, 인류의 삶의 질과 복지 향상에 획기적으로 기여해 왔다. 5장은 경영의 기본 개념을 다룬다. 기업가치란 무엇이고, 기업의 생존부등식, 생존부등식을 유지·강화하는 경영역량, 기업윤리 등의 기업경영과 관련된 핵심 주제를 살펴본다. 6장은 PDS(Plan-Do-See)를 기본으로 하는 경영 프로세스를 알아본다. 개정판에서는 어려운 용어와 내용을 많이 들어내고 가독성을 높이는 방향으로 수정하였다.

셋째, Part 3은 기업사를 소개한다. 역시 경영학원론 수준의 교재로는 처음 시도하는 혁신적 내용이다. 기업과 경영의 현상을 제대로 이해하려면 역사적으로 기업이 어떤 역사적 맥락에서 생겨났고 당시의 정치·경제·사회적 요구와 맞물려 어떻게 발달해 왔는지를 이해하는 것이 중요하다. 먼저 7장은 세계기업사를 소개한다. 근대적 의미의 기업은 서양의 발명품이다. 중세 이전에도 영리를 추구하는 경제조직이 존재했으나, 근대적 의미의 기업은 16세기에 시작된 대항해시대(age of exploration)에 서구의 제국주의 국가에서 왕실의 허가를 받은 공동출자회사(joint stock company)에서 그 유래를 찾을 수 있다. 19세기에 이르러 '인류 최고의 발명품'이라고 일컫는 주식회사 제도가 정착되어 오늘에 이른다. 8장은 한국기업사를 소개한다. 우리나라 기업은 그 역사가 일천하여 일제 강점기인 1919년 설립된 경성방직이 그나마 최초의 근대적 기업이라 할 수 있다. 대다수 근대적 의미의 기업들은 해방 이후 설립되며, 박정희 정권하의 삼성, LG, 현대, 포항제철 등의 기업들이 우리나라 경제를 비약적으로 발전시키게 된다. 80년대 후반 3저호황으로 단군 이래 최대의 호황을 맞이하여 이를 밑천으로 OECD에 가입하는 쾌거를 이룩한다. 2000년대의 IT기업과 현재 진행되는 4차산업혁명, K-컬처의 세계적 확산, 미·중 갈등으로 인한 국제적 공급망의 블록화로 우리나라 기업들은 새로운 도전의 시기를 맞이하고 있다.

넷째, Part 4에서는 기업의 본질적 역할을 혁신이라고 규정하고, 대한민국의 기업가(9장)와 기업가정신과 창업(10장)을 다룬다. 9장에서는 우리나라 기업가를 12분 엄선하여 소개한다. 굴지의 기업을 일군 창업자들의 미지의 세계에 대한 도전의식, 파격적인 발상, 역경을 당해도 다시 튀어오르는 용수철 정신, 주변 사람들을 포용하는 리더십 등 창업자마다 독특하지만 읽을수록 감칠맛 나는 이야기들이 담겨있다. 개정판에서는 초판 이후의 시대 변화를 감안하여 일부 기업을 교체하였다. 10장은 기업가정신과 창업을 주제로 대학생과 청년들을 위해 특별히 집필하였다. 이 시대에 유달리 기업가정신이 강조되는 이유와 해외와 국내의 스타트업 생태계를 소개하고 비교한다. 10년 전만 해도 창업한다고 말하면 "취업이 안 되어 그렇구나!"라고 주변에서 안타깝게 생각했지만, 오늘날은 대학생이든 회사를 다니든 젊은 사람들은 창업에 관심이 많고, 우수한 인재일수록 과감하게 직장을 떠나 스타트업에 투신하는 것을 두려워하지 않는 세상이 온 것이다.

다섯째, 각 장 마지막 부분에 '생각해 보기'를 마련하였으니, 각 주제에 대해 좀 더 심도있는 고민을 하거나, 다른 사람들과의 토론을 통해 본인의 생각을 보다 견고하게 만드는 데 활용하기 바란다. 마지막으로 기존의 경영학원론 교재에 항상 등장하는 경영학의 각론(마케팅, 재무관리, 인사조직, 생산관리, 국제경영, 회계학, MIS 등)에 대한 소개는 과감하게 생략하였다. 경영학원론을 다년간 강의해온 필자들은 한 달 이상 진행되는 밋밋한 각론 강의를 학생들이 가장 지루해한다는 사실을 알게 되었다. 각론은 어차피 고학년이나 상위직급으로 올라가면 알게 될 내용이라서 과감하게 들어내고 '기업'과 '경영'의 본질에 대한 설명과 논쟁에 더 많은 지면을 할애하였다.

초판을 출간하고 나서 이 책의 집필철학과 방향이 기존의 경영학원론 교재들과는 너무 다른 시도라 독자들이 생소해하지 않을까 하는 걱정은 기우에 지나지 않는다는 것을 알게 되었다. 필자들은 기업과 경영에 대한 올바른 이해를 갈구하는 독자층이 이 사회에 존재한다는 것을 확인하게 된 것이다. 그럼에도 불구하고, 개정판에 대한 비판과 질책은 전적으로 독자 여러분의 권리이므로, 필자들은 언제든지 겸허한 마음으로 "어떻게 하면 경영학을 바로 세울까?"를 고민하고 또 고민할 것을 다짐한다.

저자 일동

2022년 7월 북한산에서

차 례

Part 1 ‖ 시장과 효율

1장 • 시장과 경쟁 3

1. 경영학도가 시장과 경쟁을 알아야 하는 이유 4
2. 시장이란 무엇인가? 5
   1) 완전경쟁시장 8 | 2) 독점시장 10
3. 시장의 효율성 12
4. 시장의 효율성 추구가 가져다주는 미래 18
5. 시장의 미래는 암울한 것인가? 아니다 1. (슘페터의 답변) 24
6. 시장의 미래는 암울한 것인가? 아니다 2. (마셜의 답변) 28
7. 자본주의 시장경제와 기업, 그리고 경영자 (시놉시스) 31

• 생각해 보기 39 • 참고문헌 41 • 미주 41

2장 • 효율과 정의 43

1. 자본주의의 효율성은 무엇으로 설명하는가? 44
   1) 규모의 경제 44 | 2) 범위의 경제 49
   3) '규모의 경제', '범위의 경제'와 자본주의의 발달 53
2. 효율성 추구는 자본주의의 모순을 초래하는가?: 독과점의 폐해와 부의 격차 54
   1) 독과점의 폐해 54 | 2) 부의 격차 56
3. 자본주의의 모순을 해결하는 방안은 있는가? 61
   1) 반독점법 및 공정거래법의 제정 61
   2) 정부의 시장개입 또는 규제철폐 63 | 3) 복지정책 68
   4) 기업의 사회적 책임 70 | 5) 기부문화 77

• 생각해 보기 80 • 참고문헌 82 • 미주 82

Part 2 ‖ 기업과 경영

3장 • '기업'이라는 존재 ... 87

1. 기업은 왜 존재하는가? 88
2. 기업은 어떻게 존재하는가? 회사의 종류 93
   1) 합명회사와 합자회사 95 | 2) 유한회사와 주식회사 97
   3) 주식회사의 운영 102
3. 기업의 미래 105
   1) 플랫폼과 기업 106 | 2) 다양한 기업형태 실험 108

• 생각해 보기 110 • 참고문헌 111 • 미주 111

4장 • 경영학의 역사 ... 113

1. 경영과 경영학 114
2. 경영학의 태동 116
   1) 과학적 관리론 116 | 2) 고전적 관리론 123
3. 인간관계론과 행동과학의 등장 126
   1) 인간관계론 127 | 2) 행동과학 129
4. 기업제도(신고전파) 이론 130
5. 계량적 접근법 132
6. 현대 경영이론 134
   1) 시스템 이론과 상황이론 134 | 2) 전략이론 136
   3) 최신 동향 140

• 생각해 보기 142 • 참고문헌 144 • 미주 144

5장 • 경영의 기본개념 ... 145

1. 경영은 가치창출활동이다 146
2. 기업의 생존부등식 149
   1) 가치란 무엇인가? – 정신적 가치 vs. 물질적 가치, 시장가치 149
   2) 기업의 생존부등식 151 | 3) 기업의 가치창출 과정 153
   4) 기업의 가치 155
3. 기업 성장의 중요성 158
   1) 성장의 긍정적 효과 159 | 2) 성장의 부정적 효과 160
4. 경영역량 162

5. 경영자 164

1) 경영자의 역할 164 | 2) 경영체제 165
3) 조직계층과 최고경영자 167

6. 기업윤리 168

1) 기업윤리와 기업성과 169 | 2) 기업의 사회적 책임 172
3) 윤리적 행동의 딜레마 174 | 4) 윤리적 선택 176

• 생각해 보기 181 • 참고문헌 182 • 미주 182

6장 • 경영 프로세스 183

1. 계획과정 185

1) 의사결정 185 | 2) 계획과 목표설정 195

2. 실행과정 203

1) 조직화 203 | 2) 의사소통과 동기유발 206
3) 리더십 212

3. 평가과정 214

1) 성과평가 216 | 2) 통제 218 | 3) 피드백 219

• 생각해 보기 225 • 참고문헌 227 • 미주 227

Part 3 ‖ 기업의 역사

7장 • 세계기업사 231

1. 상업의 발달과 기업의 진화 233

1) 상거래의 발달과 재산권의 인정 233 | 2) 상거래의 국제화 235
3) 길드와 한자동맹의 결성 241

2. 중세시대의 초기기업 241

1) 가족기업 241 | 2) 공동출자회사 244

3. 대항해시대의 칙허회사 246
4. 산업혁명시대의 주식회사 253
5. 트러스트와 거대기업 255
6. 전문경영인시대의 기업 268
7. 글로벌화와 다국적기업 272

• 생각해 보기 284 • 참고문헌 286 • 미주 287

8장 • 한국기업사 289
1. 한국기업사를 어떻게 볼 것인가? 290
2. 서양의 기업과 우리나라 기업의 탄생 293
3. 우리나라 역사에서 살펴보는 상업자본 296
4. 일제시대 기업의 형성과 발전 299
5. 해방과 귀속재산의 분배 307
6. 한국전쟁과 대기업 탄생의 토대 311
7. 경제개발계획과 재벌의 형성 313
8. 중화학공업 육성과 재벌기업의 성장 322
9. 외환위기와 벤처붐, 그리고 글로벌 기업의 등장 328
• 생각해 보기 333 • 참고문헌 337 • 미주 337

Part 4 || 기업가정신

9장 • 한국의 기업가 341
1. 불굴의 도전정신으로 세계로 나간 '현대그룹 정주영' 345
2. 세계 초일류 기업을 일군 '삼성그룹 이건희' 349
3. 제철보국에 평생을 바친 '포스코(POSCO) 박태준' 353
4. '최초, 최고'의 기술을 추구한 'LG그룹 구인회' 357
5. SUPEX를 경쟁력의 원천으로 승화한 'SK그룹 최종현' 360
6. 정열의 현해탄 셔틀경영, '롯데그룹 신격호' 363
7. 세계경영, 샐러리맨의 우상 '대우그룹 김우중' 366
8. 모두가 연결된 세상을 꿈꾸는 '네이버 이해진' 371
9. 시대를 가르는 승부사 '카카오 김범수' 374
10. 개성상인의 후예 '아모레퍼시픽 서경배' 379
11. 한국 금융의 영토를 넓힌 '미래에셋 박현주' 383
12. 모든 것을 다 걸어 성공한 '셀트리온 서정진' 389
13. 맺는 말 394
• 참고문헌 396 • 미주 398

10장 • 기업가정신과 창업 ········ **399**

1. 기업가정신은 "정신"이 아니다 400
2. 기업가, 또는 앙트러프러너(entrepreneur) 401
3. 우리는 지금 왜 기업가정신(entrepreneurship)을 강조하는가? 409
4. 기업가정신(entrepreneurship)의 현재 412
5. 실리콘밸리 416
6. 우리나라의 스타트업 생태계 419

• 생각해 보기 424 • 참고문헌 425 • 미주 425

• 용어색인 427
• 인명색인 435
• 기업 · 브랜드 색인 439
• 저자 소개 446

PART

1

시장과 효율

1장_ 시장과 경쟁

2장_ 효율과 정의

l Brand Rankings (2021) by Interbrand

1장

시장과 경쟁

1. 경영학도가 시장과 경쟁을 알아야 하는 이유
2. 시장이란 무엇인가?
3. 시장의 효율성
4. 시장의 효율성 추구가 가져다주는 미래
5. 시장의 미래는 암울한 것인가? 아니다 1. (슘페터의 답변)
6. 시장의 미래는 암울한 것인가? 아니다 2. (마셜의 답변)
7. 자본주의 시장경제와 기업, 그리고 경영자 (시놉시스)

1. 경영학도가 시장과 경쟁을 알아야 하는 이유

경영대학에 들어온 새내기 학생에게 "왜 경영학을 배워야 하나요?"라고 물으면 "취직이 잘 되지 않을까요?"라는 대답이 가장 많고, 조금 더 생각이 깊은 친구들은 "기업을 잘 경영하고 싶어서요"라고 대답한다. '취직'을 앞세우는 학생에게는 "뭐라고? 그럼 대학이 취업사관학교란 말이냐?"라는 교수님의 질책이 따라오기 십상이다. 서로 간에 감정이 안 좋아지므로 여기서는 논외로 한다. "기업을 잘 경영하고 싶어서요"라고 대답하는 학생들에게는 "기업을 잘 경영한다는 게 뭐죠?"라고 다시 물으면 "이익을 많이 내는 게 최고죠"라는 대답도 있고, "좋은 제품을 만들어 고객을 만족시키고 일자리도 만들고 세금도 잘 내서 사회에 기여하는 것 아닌가요?"라는 대답도 있다.

그런데 질문의 난이도를 조금 높여서 "경영자가 이익을 더 많이 내기 위해 고용을 줄이고 자동화를 추구하는 것이 바람직한가?"라든가 "기업에 초과이윤이라는 것이 존재하는가?" 등의 질문을 하면 대답을 주저하는 경우가 생긴다.

왜 그럴까? 아마도 그 이유는 이제까지 출판되었던 대부분의 경영학 교과서들이 자본주의시장에서의 기업의 역할과 기능에 대해 제대로 설명을 하고 있지 않기 때문이다. 교과서들조차도 기업은 "이윤 추구를 목적으로 제품이나 서비스를 만들어 파는 경제조직"이라는 다소 원초적인 정의를 하고 있을 뿐이다. 위에 제시한 질문들에 대하여 경영학도들이 대답에 어려움을 느끼는 이유는 자본주의시장의 장단점에 대해 잘 이해하지 못한 상태에서 기업의 기능 및 역할을 정의했기 때문이라 여겨진다.

자본주의시장에서 시장은 수요와 공급의 법칙에 의해 운영되므로 다른 어느 체제에서보다도 자원이 효율적으로 사용되어 '경제적 효율성(배분적 효율성)'이 달성된다. 여기서 '배분적 효율성'이란 시장에서 결정된 가격이 해당 재화의 기회비용을 잘 반영하여 재화의 생산과 관련된 자원이 사회적으로 가장 효율적인 방법으로 소비된다는 의미이다. 예를 들어, 정부가 자동차산업을 발전시키기 위해 자동차 구매보조금을 지급한다고 가정해 보자. 소비자는 자동차 값이 싸졌으므로 소비를 늘리고 생산자도 이에 대응하여 공급을 늘릴 것이다. 더 많은 자동차를 생산하기 위해 철강에 대한 수요도 증가한다. 그런데 단기적으로 철강 생산이 고정되어 있다면, 자동차에 대한 정부의 보조금은 철강을 원료로 하는 다른 산업의 생산과 소비를 위축시킨다. 정부의 자동차산업 보조금이 기회비용(다른 산업의 위축)을 발생시킨 경우이다.

그러나 시장이 경쟁적 상황에서 독점적 상황으로 바뀌면 경제적 효율성은 왜곡되고 사회적 폐해가 발생한다. 아이러니컬하게도 적지 않은 경영자들이 자신이 경영하는 기업이 경쟁적 시장(레드오션)보다는 독점적 지위(블루오션)를 갖기를 원하며, 또 노력한다는 점이다. 그러나 곰곰이 생각해 보면 경영자들이 블루오션을 추구하는 진짜 이유는 기업들이 치열한 경쟁에 내몰려 혁신을 안 할래야 안 할 수 없기 때문이다.

독자들은 혹시라도 다음과 같은 의문을 마음속에 품을 수 있다. "독점적 지위를 갖기 위해 노력하는 경영자는 반사회적이고 비윤리적인 존재인가?" 이 질문에 대한 대답은 당연히 "아니다"이지만 경영학을 공부하는 학생들이라면 반드시 한 번 생각해 보고, 단순히 "아니다"라는 답변보다 좀 더 논리적이고 체계적인 답변을 할 수 있어야 한다.

이를 위해서는 자본주의시장에 대해 공부해야 하고, 자본주의시장에서 '경쟁'이 기업 활동에 대해 갖는 함의에 대해 생각해야 한다. 기업의 활동 및 기능을 규범적으로 단순하게 나열하고 있는 교과서들의 내용을 암기하는 것으로는 경영학의 사회·경제적 의미를 이해하기 어려울 뿐만 아니라, 기업에 취업하거나 기업을 창업하려는 한 개인으로서 '사회적 자아'를 갖지 못하게 된다. 바로 이것이 경영학을 공부하는 사람들이 시장과 경쟁의 개념을 심도 있게 이해해야 하는 이유이다.

2. 시장이란 무엇인가?

일반적으로 시장이란 생산자와 소비자들이 제품을 구매하고 판매하기 위해 모인 물리적인 장소를 의미한다. 영천시장, 통인시장과 같은 재래시장뿐만 아니라 아마존(Amazon), 아이튠즈 스토어(iTunes Store)와 같은 가상의 플랫폼시장도 생산자와 소비자가 만나는 공간이라는 점에서 시장이다. 그러나 좀 더 포괄적으로 시장은 특정의 제품이나 서비스가 생산·교환·소비되는 생산자와 소비자들의 집합을 의미한다.

기업은 생산주체로서 제품이나 서비스를 생산하고 판매할 뿐만 아니라 임직원들을 고용함으로써 소비자들에게 소득을 제공해 준다는 점에서 매우 중요한 시장의 구성원이다. 즉, 기업은 상품시장에서는 재화의 공급자로서, 노동시장에서는 고용을 통해 근로자에게 소비를 할 수 있는 소득을 제공해 준다는 점에서 공급과 수요에 모두 영향을 미치는 중요한 경제주체이다.

시장의 본질적인 가치는 '자유'와 '교환'이다. 지금의 관점에서 보면 당연한 것처럼 생각되지만 절대왕정시대에는 왕(국가)이 면허를 부여한 기업 또는 상인만이 제품이나 서비스의 생산자가 될 수 있었으며, 기업활동 부가가치의 대부분이 국가에 귀속되는 체제였다. 중상주의(重商主義) 관점에서 보면 '시장'의 개념이 처음 도입되었을 때에는 매우 파격적이고 급진적인 개념이자 사상이었다. 왜냐하면 중상주의 시대에도 교환은 이루어졌으나 경제주체들의 '자유'가 없었기 때문이다. 아무리 기업이 시장에서 사업기회를 포착해도 국가로부터 면허를 얻지 못하면 기업활동을 할 수 없었기 때문이다(〈박스 1-1〉 참조).

이와는 달리 시장경제에서는 생산자이든 소비자이든 본인의 '자유의사(free will)'가 보장된다. 우리나라에도 옛날부터 "평양감사도 저 싫으면 그만이다"라는 속담이 있듯이, 시장경제는 참여자들의 자유로운 행동을 보장한다. 생산자는 어떤 제품을 어떻게 생산할지를 자유의사에 따라 결정하며, 소비자 역시 '자유의사'에 따라 제품 구매에서 오는 효용이 가격보다 높다고 판단될 때에만 가격을 지불하고 소비를 한다. 시장경제에서는 생산자와 소비자가 모두 자유의사에 따라 계약하고 행동한다. 따라서 경제주체의 자기결정권은 원활한 시장경제의 작동을 위해 보장되어야 할 가장 중요한 법적·도덕적·철학적 권리이다. 이런 이유로 인해 시장과 자유는 '떼려야 뗄 수 없는' 사이이다. 현대 자본주의국가들이 개인과 기업의 자유를 보장하는 법

박스 1-1

중상주의(mercantilism)

중상주의는 시장자본주의가 자리잡기 바로 전 단계(15세기-18세기)인 상업자본주의 단계에서 대부분의 유럽 국가들이 채택했던 경제정책이다. 중상주의는 15세기 초 '대항해시대(Age of Exploration)'의 개막과 함께 시작되어 18세기 말 시민혁명으로 인해 들어선 근대국가의 자유무역정책이 시행되기 전까지 4세기에 걸쳐 유럽의 해외식민지 개척과 무역정책을 지배한다.

중상주의정책은 '금과 은을 축적해 국가의 부를 증대시키는 것'을 목적으로 한다. 근대 자본주의의 생산기반이 갖추어지지 않았고 경제주체의 자유로운 경제활동으로 인한 부(富)의 생산이 미약했던 시절에는 금과 은의 보유량이 국가의 부를 결정한다는 논리가 당시로서는 어찌 보면 당연한 것이었다. 이 정책에 따라 유럽 각국은 금과 은을 최대한 많이 확보하기 위해 경쟁적으로 식민지 개척에 나섰다.

금과 은의 확보방식은 국가별로 차이가 있다. 스페인과 포르투갈 등의 절대왕정은 금과 은을 확보하기 위해 국가가 직접 군대를 동원하여 식민지를 확보한 반면, 영국과 네덜란드는 국가가 직접 개입하는 대신 '동인도회사'라는 칙허회사를 설립하여 식민지 확보와 경영에 나섰다.

이 시기는 국가의 특별허가를 받은 '동인도회사' 외에는 식민지와 관련된 교역을 할 수 없다는 점에서, 그리고 식민지의 경제주체들 역시 자유롭게 교역할 수 있는 자주권이 없다는 점에서 근대적 의미에서의 시장경제가 활성화되었다고 볼 수 없다.

체계를 확립한 이유이기도 하다. 시장이 존재하려면 자유가 보장되어야 하고, 자유로운 선택이 있는 곳에는 시장이 존재할 수밖에 없다. 자본주의의 존립 기반인 시장경제를 '자유시장경제'라고 부르는 이유가 여기에 있다.

자본주의 자유시장체제의 우월성은 경제주체들의 '자유의사'에 의해 '교환'이 이루어지며, 교환의 결과로 형성되는 재화나 서비스의 가격이 시장의 자원배분을 효율적으로 만들어 준다는 점에 있다. 자본주의시장이 어떻게 자원배분의 효율성을 달성하는지와 그럼에도 불구하고 시장에서도 자원배분의 왜곡이 발생하여 사회후생을 저해하는지 경제학원론에서 배운 완전경쟁시장과 독점시장으로 구분하여 확인해 보자.

1) 완전경쟁시장

갑돌이는 새롭게 개방정책을 도입한 미얀마 시장에 진출하여 미얀마로부터 양질의 실크 원단을 수입하는 계약을 체결하였다. 독특한 원단이 경쟁력이 있다고 판단한 갑돌이는 평소에 여성 의상 디자인에 관심이 많았던 터라 여성용 고급 실크 블라우스를 제작해 판매하기로 결정하였다. 많은 노력과 시간을 들여 블라우스를 제작하고, 고가전략을 수립하여 이를 100만 원에 판매하려 했으나 아쉽게도 소비자들은 원단 차이와 유행에 대한 인식 부족으로 실크 블라우스에 대해 지불하고자 하는 가격(*MU* = Marginal Utility, 한계효용)이 50만 원에 지나지 않았다.

갑돌이는 (소비자가 원하는 바가 아닌) 자신이 원하는 제품을 많은 시간과 비용을 들여 제작·판매하려 했으나, (소비자가 원하는) 시장의 수요를 창출하지 못해 사업을 접을 수밖에 없었다. 결과적으로 미얀마 실크 원단을 사용한 여성용 블라우스는 사회적으로 과잉생산되었으며, 미얀마 실크 원단이라는 자원도 악성재고의 형태로 남아있게 되어 자원배분이 비효율적으로 이루어졌다고 할 수 있다.

반대로 갑돌이가 (자신이 여성용 의상 디자인에 관심이 많음에도 불구하고) 시장조사를 통해 미얀마 원단으로 만든 남성용 머플러를 소비자들이 선호하고 있음을 알았다고 가정해 보자. [그림 1-1]에서와 같이 갑돌이는 확보된 원단으로 남성용 머플러를 5개 제작하고 개당 100만 원에 판매하여 50만 원의 비용을 들이고도 개당 50만 원의 이익을 남길 수 있었다.

또한 100만 원이란 시장가격이 형성되는 것을 본 옆집의 갑순이도 미얀마 원단을 수입하여 남성용 머플러를 제작·판매하려 할 것이다. 생산량이 늘어남에 따라 가격은 자연스럽게 떨어질 것이다. 비용 측면에서도 많은 생산자들이 미얀마 원단을 수입하려 함에 따라 원단가격이 상승하게 되므로 애초에 갑돌이가 올린 개당 이익 50만 원은 더 이상 가능하지 않게 된다. 시장가격은 떨어지고 비용이 점진적으로 증가한다면 어느 순간 기업은 더 이상 생산량을 늘리는 것이 바람직하지 않다는 것을 알게 된다. 마침내 시장에서의 균형가격은 70만 원에서 결정되며, 이 가격에서 남성용 머플러는 모두 8개

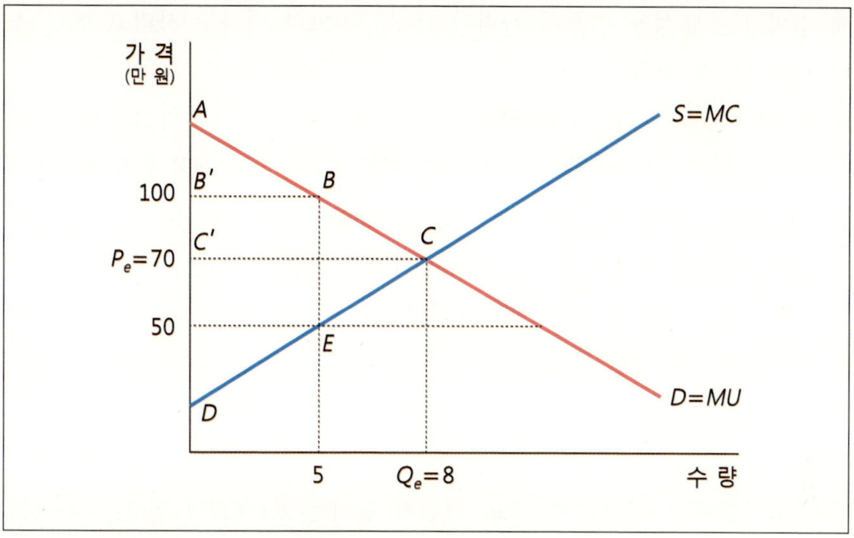

그림 1-1 완전경쟁시장, 자원의 효율적 배분, 그리고 사회후생

가 제작되고 소비된다.[1]

위의 [그림 1-1]의 설명에서 매우 중요한 점은 시장에서 형성된 가격이 생산자의 추가생산 여부와 소비자의 추가소비 여부를 결정하는 중요한 신호(signal) 역할을 한다는 점이다. 갑돌이가 남성용 머플러 5개를 생산하고 판매했을 때 형성된 가격이 100만 원임을 목격하고, 갑순이는 남성용 머플러를 생산할 것을 결정하였다. 100만 원에는 구입을 포기했지만 90만 원에 구매할 의사가 있는 잠재적 소비자는 갑순이가 생산한 남성용 머플러가 90만 원이 되면 비로소 구매를 할 것이다. 결과적으로 원단가격의 상승에도 불구하고 정상이윤을 볼 수 있는 수준까지 생산을 하려는 갑순이 때문에 시장가격은 균형가격인 70만 원으로 하락하고, 이 가격에 시장에서는 모두 8개의 남성용 머플러가 제작되고 소비된다.

그렇다면 가격을 보고 '자유의사'에 따라 생산과 소비를 결정한 경제주체들의 의사결정이 왜 사회적으로 바람직한가를 살펴보자. 갑돌이만 생산했을 때에는 시장에서 개당 100만 원에 모두 5개의 남성용 머플러가 팔렸다. 이

1 이때의 가격을 균형가격이라 하는데 균형가격은 (초과이윤이 없는) 정상이윤을 포함한 가격을 의미한다.

때 소비자는 남성용 머플러 가격이 100만 원보다 비싸도 사려고 했던 소비자와 가격이 정확히 100만 원인 경우에만 구매를 하려는 소비자까지 모두 100만 원에 5개를 구매하였을 것이므로 소비자의 이익(소비자잉여)은 $\triangle ABB'$이 된다. 반면에 생산자는 100만 원에 5개를 팔고 개당 원가(한계비용)는 $\overline{DE}$ 선상을 따라 증가할 것이므로 생산자의 이익(생산자잉여)은 $\square B'BED$가 된다. 따라서 미얀마 원단을 사용한 남성용 머플러 시장에 생산자와 소비자만 존재하고 가격이 100만 원이라면 사회후생(social welfare)은 소비자잉여와 생산자잉여를 합한 $\square ABED$가 된다.

갑돌이와 갑순이가 경쟁을 하여 가격이 70만 원으로 떨어지면 시장에서 소비되는 남성용 머플러는 8개로 늘어난다. 시장균형가격인 $P_e=70$만 원에서 소비자잉여는 $\triangle ACC'$가 되고, 생산자 잉여는 $\triangle C'CD$가 된다. 마찬가지로, 사회적 잉여는 소비자잉여와 생산자잉여를 더한 것이므로 $\triangle ACD$가 된다. 즉, 경쟁을 통해 가격이 100만 원에서 70만 원으로 떨어지면서 사회후생은 $\triangle BCE$만큼 늘어나고, 미얀마 실크 원단이라는 자원도 효율적으로 분배된다. 이 모든 것이 생산자와 소비자의 '자유의사'에 의한 '교환'의 결과로 형성된 가격에 의해 가능해지는 것이다. 이를 우리는 '시장의 가격기능'이라 부른다.

2) 독점시장

이제 갑돌이가 미얀마 원단으로 만든 머플러의 사업성을 미리 포착하고 미얀마 정부와 10년간의 독점적 공급계약을 체결했다고 가정하자. 원단의 공급을 독점했으므로 갑돌이는 이 시장의 유일한 생산자이자 독점사업자가 되었다. 완전경쟁시장에서 가격수용자였던 갑돌이와는 다르게 이제는 가격결정권자가 된 것이다. 그렇다면 시장의 유일한 생산자인 갑돌이는 남성용 머플러를 몇 개까지 생산할까? 완전경쟁시장에서와 같이 8개까지 생산할까? 아니면 그보다 적게 생산을 할까?

이를 알기 위해서는 독점사업자의 의사결정 메커니즘을 알아야 한다. 우선 갑돌이는 가장 높은 가격을 지불할 의사가 있는 철수에게 머플러 1개를

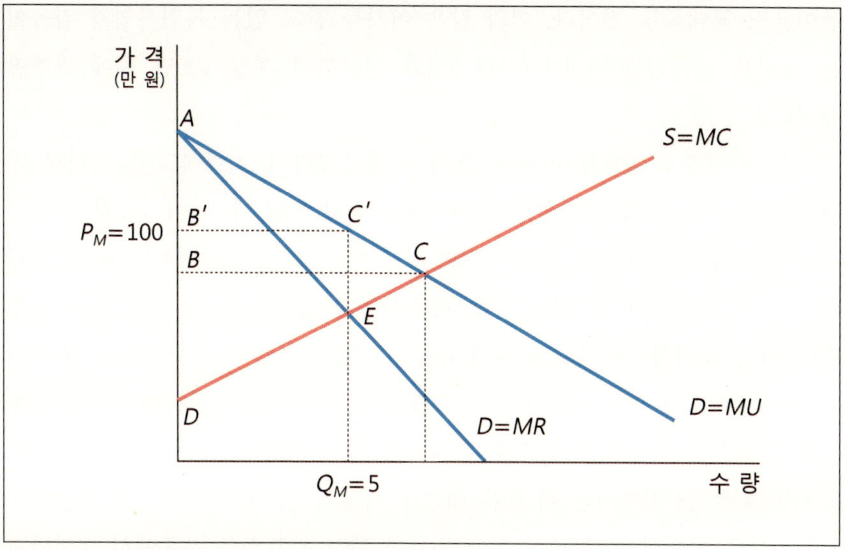

그림 1-2 독점시장에서의 기업의 이윤극대화와 사회후생

140만 원에 팔 수 있다. 왜냐하면 소비자 중 철수만이 140만 원을 낼 의사가 있기 때문이다. 갑돌이가 머플러 두 개를 팔기 위해서는 130만 원을 낼 의사가 있는 원석에게도 팔아야 하는데 이를 위해서는 철수에게도 머플러를 130만 원의 가격에 팔아야 하므로 한계수입(*MR*)은 120만 원(130만원×2－140만원)이 된다.

마찬가지로 갑돌이가 머플러를 세 개 팔기 위해서는 120만 원을 낼 의사가 있는 혁상이에게 팔아야 하는데 이를 위해서는 철수, 원석, 혁상에게 모두 120만 원을 받아야 하므로 한계수입은 100만 원(120만원×3－260만원)으로 감소한다. 즉, 사업자가 가격결정력이 있는 독점시장의 경우에는 위의 [그림 1-2]에서와 같이 한계수입곡선(*MR*곡선)이 가격을 나타내는 수요곡선($D=MU$)의 밑에 위치하게 된다.

한편, 공급곡선($S=MC$)이 동일하다면 독점사업자는 한계수입이 한계비용과 일치하는 수준까지 생산을 계속할 것이다. 왜냐하면 한 단위를 추가로 판매할 때마다 생기는 추가수입(*MR*)이 해당 단위를 생산할 때 발생하는 추가비용(*MC*)보다 크다면 추가적으로 생산하는 것이 이익이 되므로 $MR=MC$가 될 때까지 생산 및 판매를 하려 하기 때문이다. 물론 $MR=MC$일 때

총이윤도 극대화될 것이다. 이와 같은 이치를 알고 있는 독점사업자 갑돌이는 남성용 머플러를 (8개가 아닌) 5개만 생산하여 개당 100만 원에 판매할 것이다.[2]

이를 완전경쟁시장과 비교해 보기 위해 [그림 1-2]를 [그림 1-1]과 비교해 보자. [그림 1-2]에서 생산자잉여는 $\square B'C'ED$가 되어 [그림 1-1]의 $\triangle C'CD$보다 증가하지만, 소비자잉여는 [그림 1-2]의 $\triangle AC'B'$가 되어 [그림 1-1]의 $\triangle ACC'$보다 감소한다. 즉, 독점사업자 갑돌이가 가격결정권을 갖게 됨에 따라 소비자잉여의 감소분의 대부분은 생산자잉여로 대체되며, 전체적인 사회후생도 [그림 1-2]의 $\triangle C'CE$만큼 감소하여 독점시장에서의 자원배분의 왜곡이 사회후생의 감소를 가져옴을 알 수 있다.

이렇듯 독점시장에서는 더 많은 이윤을 취할 수 있기 때문에 기업 경영자는 사회후생을 희생시켜서라도 독점적 지위를 확보하고 싶은 유혹에서 벗어나기 어렵다. 간혹 레드오션에서 벗어나 블루오션에 진입하려는 경영전략을 사회후생을 감소시키는 독점전략으로 잘못 해석하는 경우가 있다. 그러나 블루오션 전략은 혁신적인 방식으로 소비자에게 기존 제품에 비해 가격대비 더 큰 효용(가치)을 지닌 새로운 제품을 제공하기 때문에 사회후생은 오히려 증가한다.

지금부터는 시장이 갖는 효율성과 그것이 달성되지 못했을 때 발생하는 여러 문제들에 대해 알아보기로 하자.

3. 시장의 효율성

지금까지 많은 경제학자들이 자본주의시장의 효율성에 대해 강조해 왔지만 동시에 효율성 추구가 초래하는 부의 격차 또는 그것이 초래하는 문제들에 대한 비판도 동시에 존재한다. 기업이 자본주의시장에서 생산과 소비에 모두 관련이 있는 주요 구성원임을 고려할 때 기업의 경영자로서 시장이 갖는 효율성과 그것이 갖는 문제들에 대해 이해하는 것은 매우 중요한 일이다.

---

2 갑돌이가 5개보다 더 많이 판매할 때 시장가격은 떨어진다는 것을 잊지 말자.

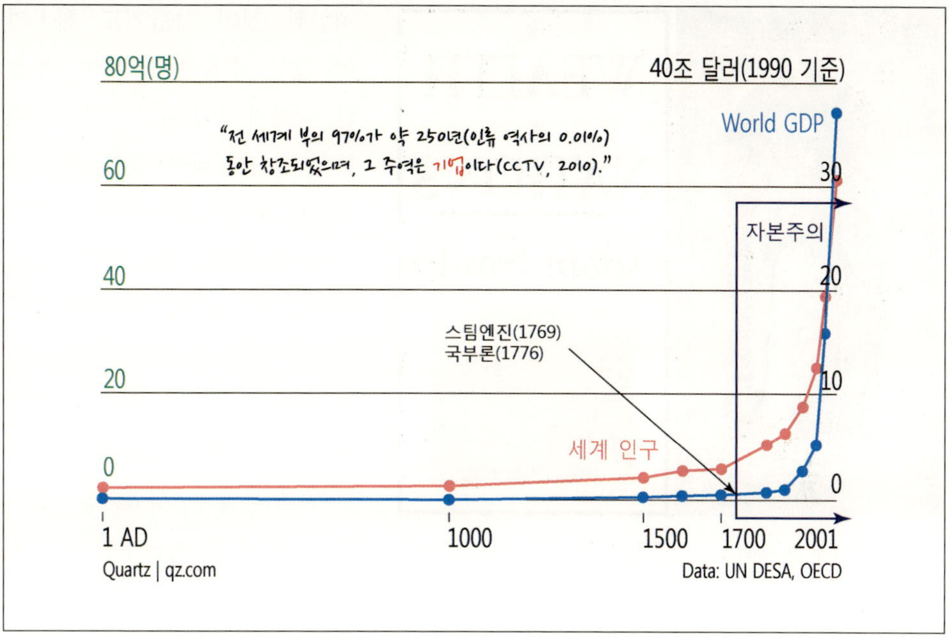

그림 1-3 인류의 역사와 자본주의, 그리고 기업

[그림 1-3]을 보면 자본주의시장과 기업이 인류에게 무엇을 가져다 주었는지를 알 수 있다. 전 세계 부의 97%가 지난 250여 년 동안 창조되었으며, 인류의 인구도 이때부터 기하급수적으로 증가했다. 이는 스팀엔진의 발명(1769년) 등에 의한 산업혁명에 힘입은 바 크지만 동시에 기업이라는 소프트웨어가 있었기에 대량생산이 가능했으며, 기업은 자본주의시장이라는 플레이그라운드가 있었기에 만개할 수 있었다. 왜냐하면 자본주의시장이 있었기에 기업은 자유의사에 따라 투자결정을 한 다수의 투자자들로부터 대규모 자본을 조달하여 대량생산에 필요한 설비투자를 할 수 있었기 때문이다.

자본주의시장의 개념과 그것이 갖는 효율성을 가장 먼저 설파한 사람은 애덤 스미스(Adam Smith, 1723-1790)였다. 도덕철학자이자 최초의 시장경제학자인 스미스는 그의 저서인 〈국부론〉(*An Inquiry into the Nature and Causes of the Wealth of Nations*)에서 "국가의 부는 그 나라가 생산하는 모든 재화와 서비스의 합이다"라고 주장했다.

지금의 GDP나 GNP와 유사한 개념을 수백 년 전 영국의 한 도덕철학자가

그림 1-4 영국 런던대학에 세워진 애덤 스미스의 동상

그림 1-5 애덤 스미스의 저서 〈국부론〉

제안한 것이 놀랍기도 하지만 이 같은 주장은 "국가의 부는 그 나라가 보유하고 있는 금과 은의 합이다"라는 당시 주류 사조였던 중상주의적 주장과 정면으로 배치되는 매우 파격적인 내용이었다.[3] 도덕철학자이자 경제학자인 스미스에게서 발견되는 또 하나의 놀라운 점은 인간성을 있는 그대로 냉정하게 받아들여 이론을 구성했다는 점이다. 그는 인간성을 정확하게 파악한 다음 여기에 기초해야만 보다 나은 사회를 건설할 수 있다고 확신하였다.

스미스는 〈국부론〉에서 국가의 부를 증진시키기 위해서는 '더 잘 살고 싶어하는' 인간의 본성인 '이기심(self-interest)'을 잘 활용해야 한다고 주장했다. 그런데 〈박스 1-2〉에서와 같이 애덤 스미스가 사용한 'self-interest'는 이기심보다는 '자기 이익'으로 번역하는 것이 더 적절하다는 견해도 있다.

애덤 스미스는 인간의 이기심(보다 정확하게는 '자기 이익')을 억압하지 않고 도리어 자연스런 본성으로 있는 그대로 받아들이고 활용하는 것이 국부의 증진에 도움이 된다는 이유를 〈국부론〉에서 다음과 같이 주장했다.

> "우리가 저녁 식사를 기대할 수 있는 것은 정육점 주인이나 양조장 주인, 혹는 빵집 주인의 자비가 아니라 그들이 자신들의 이익, 즉 돈벌이에 관심이 있기 때문이다. 소를 도축하고, 맥주를 양조하고, 또는 빵을 굽는 것을 즐겨하는 사람도 그에 따른 아무런 보상이 주어지지 않거나 받을 수 없다면, 결코 그것을 하고 싶어 하지 않을 것이다." (토드 부크홀츠, 〈죽은 경제학자

---

3 중상주의는 앞서 7쪽의 〈박스 1-1〉을 참조할 것.

박스 1-2

이기주의와 자기 이익의 차이

'이기심'이라는 용어는 수단과 방법을 가리지 않고 자신의 이익을 추구한다는 부정적인 의미가 있어서 오해를 불러일으키므로 애덤 스미스의 본래 의도를 언급할 필요가 있다. 도덕철학자인 스미스가 사용한 'self-interest'는 이기주의(egoism, selfishness)와는 구분되는 중립적인 개념으로 '다른 사람이 아닌 자신의 행복을 추구하고자 하는 인간의 본성'을 의미한다. 이런 의미에서 사실은 '자기 이익'으로 번역하는 게 더 적절하다.

스미스는 이 단어를 타인을 배려하지 않는 무절제한 탐욕과 자신만을 생각하는 이기적 행동을 정당화하는 의미로 사용한 적이 한 번도 없다. 예를 들어보자. 일반적으로 남을 도와주는 행동을 이기적 행동이라고 말할 수는 없다. 그러나 애덤 스미스에 의하면 남을 도와줌으로써 (즉, 다른 사람을 행복하게 만듦으로써) 본인이 행복감을 느낀다면, 이 또한 '자기 이익(self-interest)'에 부합하는 행동이라고 볼 수 있다.

의 살아있는 아이디어〉, 2014 재인용)

더 잘 살고 싶어 하는 인간의 이기심에 의해 촉매된 생산활동이 시장의 효율성을 초래해 국부를 증가시키는 연결고리는 다름 아닌 인간의 노동분업과 교환능력이라고 스미스는 주장했다. 인간은 분업을 통해 (1) 자신이 맡은 일의 숙련도를 높일 수 있으며, (2) 작업 전환이 요구되는 경우, 한 사람이 일관생산을 하는 경우보다 소요되는 시간을 줄일 수 있으며, (3) 전문화된 작업을 하는 과정에서 사용하는 공구의 발명이나 개량이 이루어질 수 있다. 이와 같은 주장을 뒷받침하기 위해 스미스는 〈국부론〉에서 유명한 핀(pin)공장 사례를 제시한다.

"핀 제조업에 관해… 교육을 받지 못한 노동자는… 아무리 노력해도 하루에 핀 20개는커녕 단 1개도 만들지 못할 것이다.… 나는 이런 공정을 열 사람이 나누어서 하는 작은 공장을 견학한 적이 있는데, 이곳에서는 한 사람이… 하루에… 평균 4,800개의 핀을 생산했다. 그런데 만일 그들이 이 모든 공정을 혼자서 독자적으로 한다면, 그리고 핀 제조업에 대해 교육을 받지 않았다면, 하루에 핀 20개는커녕 단 한 개도 만들지 못할 것이다." (토드 부크홀츠, 〈죽은 경제학자의 살아있는 아이디어〉, 2014 재인용)

인간이 노동분업을 통해 생산성을 높일 수 있다 해도 자신이 모두 소비할 수 없다면 인간의 이기심은 분명하게 노동분업 및 노력의 정도를 크게 높이지 말 것을 자신에게 요구할 것이다. 만일 위의 핀 공장 사례에서 노동자가 생산한 핀을 모두 노동자가 (교환을 하지 못하고) 자체적으로 소비해야 한다면 생산성을 높일 이유가 없음은 너무나 당연하다. 즉, 노동분업능력과 더불어 인간의 교환능력이야말로 이기심이 생산성 향상으로 이어지는 연결고리이다. 자신이 소비할 수 있는 양 이상의 잉여생산물을 다른 재화·서비스와 교환할 수 있는 능력이 있기 때문에 인간은 기꺼이 자신이 잘 만들 수 있는 재화·서비스에 최대한도의 노력을 투입할 것이다.

노동분업에 의한 잉여생산물과 이를 교환할 수 있는 능력으로 인해 자연스럽게 시장은 형성되겠지만 그런 (자본주의) 시장이 반드시 다른 체제보다 국부를 더 증가시킬 수 있다는 논리적 연결고리는 없었다. 이에 대해 스미스는 그 유명한 '보이지 않는 손(invisible hand)'의 개념을 이용하여 자본주의 시장체제의 우월성을 설파하였다. 즉, 인간은 자신의 이익을 추구할 뿐이지만 '보이지 않는 손'에 이끌려 자신이 의도하지 않았던 공공선(사회후생과 국부의 증진)을 달성한다는 것이다. 시장의 '보이지 않는 손'이 국가 부를 증가시키는 작용에 대해 오스트리아학파 경제학자인 하이예크(Friedrich Hayek, 1899-1992)는 다음과 같이 간결하게 설명하였다.

"시장은 한 이기적인 인간이 아침에 일어나 창밖으로 세상을 바라보며, 원료를 이용해 자신이 원하는 것이 아닌 다른 사람이 원하는 것을 생산하도록 인도하기 때문이다. 그리고 자신이 원하는 만큼이 아니라 다른 사람이 원하는 만큼 생산하고, 자신이 꿈꾸는 가격이 아니라 다른 사람이 지불할 만한 가치가 있다고 인정하는 가격에 판매한다. 즉 자본주의시장에서는 자신의 이익만을 추구하는 행동으로 사회 전체가 번성할 수 있다." (토드 부크홀츠, 〈죽은 경제학자의 살아있는 아이디어〉, 2014 재인용)

하이예크의 ‘보이지 않는 손’에 대한 설명에서 핵심적인 것은 시장에서 형성되는 가격(그리고 그에 따른 이윤)이 기업에게 무엇을, 얼마나 생산하고, 가격을 어떤 수준에서 책정하려는지에 대한 신호(signal)를 보낸다는 점이다. “높은 가격과 높은 이윤은 사업가의 귀에 대고 특정 제품을 생산하도록 유인한다. (반대로) 낮은 이익 또는 손실은 그가 특정 제품의 생산을 중단할 때까지 그의 멱살을 잡고 가차없이 흔들어 댈 것이다”라고 표현했다(토드 부크홀츠, 2014).

노동분업을 통해 잉여생산을 할 수 있는 인간이 교환을 하기 위해 시장이라는 것을 만들어 내는 순간, 시장에서의 가격은 자신의 이익을 추구하려는 생각을 가진 인간들에게 생산과 소비에 관한 신호를 하게 되며, 그것이 신기하게도 시장의 ‘보이지 않는 손’에 의해 효율성을 발휘하여 공공선에 이르게 된다. 이때 ‘보이지 않는 손’은 앞서 [그림 1-1]을 설명할 때 사용하였던 ‘시장의 가격기능’과 동일한 개념임을 알 수 있다.

스미스는 이 부분을 〈국부론〉에서 다음과 같이 묘사하고 있다. “우리가 바라보는 건 그들의 인간성이 아니라 자기애이다. 모든 인간은 그가 좌우할 수 있는 모든 자본에 대하여 가장 유리한 용도를 발견하고자 끊임없이 노력하고 있다. 물론 그의 1차 관심사는 자기 자신의 이익이다. 그러나 그 이익 추구가 필연적으로 사회 공공의 이익을 추구하고 있는지도 모른다. ‘보이지 않는 손’에 이끌려 자신이 전혀 의도하지 않았던 목적을 추구하게 된다.”

물론 여기서 ‘자신이 전혀 의도하지 않았던 목적’이란 경쟁시장에서의 자원배분의 효율성 및 사회후생의 증가이다. 〈박스 1-3〉은 시장이 살벌한 경쟁관계를 조장하는 것이 아니라, 경제주체 간의 협력을 도모함으로써 사회후생을 증대할 수 있음을 보여준다.

박스 1-3

시장은 경쟁관계인가? 아니면 협력관계인가?

자본주의에 비판적 시각을 가진 사람 중에는 시장경제가 ‘서로가 서로를 물고 뜯는’ 관계이거나 ‘다른 사람을 협력의 대상이 아닌 적으로 보는’ 살벌한 경쟁관계라고 인식하는 경우가 많다. 정말 그럴까? 자유주의 작가 데이비드 보아즈(David Boaz, 1953-)에 의하면 "자유시장은 사람이 다른 사람이 무엇을 원하는지를 파악하고, 그가 원하는 바를 실현시켜주는 방식을 통해 자신의 목적을 성취할 수 있다. 다른 사람이 원하는 것을 만족시켜 줄 수 있을 때 비로소 그들의 만족수준에 따라서 본인도 보상을 받게 된다."

시장은 자유로운 의사를 기반으로 협상하고 거래하는 곳이기 때문에 상대방의 욕구를 충족시키지 않고서는 나의 이익을 챙길 수 없다. 따라서 시장은 자신의 목적만 추구하기 위해 무한 경쟁하는 모래알의 집합체가 아니라, 상대방의 욕구를 더욱 효과적으로 만족시키기 위하여 다른 사람(또는 기업)과 기꺼이 협력하고 때로는 양보하는 협동체계이기도 하다. 시장은 경쟁(competition)과 협력(cooperation)을 통해 궁극적으로 사회후생을 극대화한다고 볼 수 있다.[1]

4. 시장의 효율성 추구가 가져다주는 미래

스미스 이후 시장의 효율성 추구가 가져다주는 미래에 대해 많은 경제학자들이 서로 다른 예측을 했지만 가장 암울한 미래를 제시한 사람이 칼 마르크스(Karl Marx, 1818-1883)이다. 그의 유명한 저서인 〈자본론〉에서 마르크스는 자본주의는 그것이 갖는 속성으로 인해 필연적으로 몰락하고 사회주의에 의해 대체된다고 주장한다. 이러한 주장을 뒷받침하기 위해 그는 '노동가치설'이라는 이론을 제시한다.

마르크스는 노동가치설에서 모든 상품의 가치는 상품을 만드는 데 투입된 노동량에 의해 결정된다고 주장한다. 아래 [그림 1-6]에서와 같이 '스팀 다리미'라는 상품을 만들기 위해서는 노동과 기계(자본)가 사용되지만, 기계를 만들기 위해서도 노동과 부품(자본)이 사용되며, 마찬가지로 부품을 만들려면 노동과 철광석(자본)이 투입되어야 한다. 즉, '스팀 다리미'라는 상품은 현재의 노동과 자본으로 만들어진 것처럼 보이지만 자본조차도 과거에 노동을

1 붉은 색 번호의 주는 미주로 각 장 뒷부분에 있음.

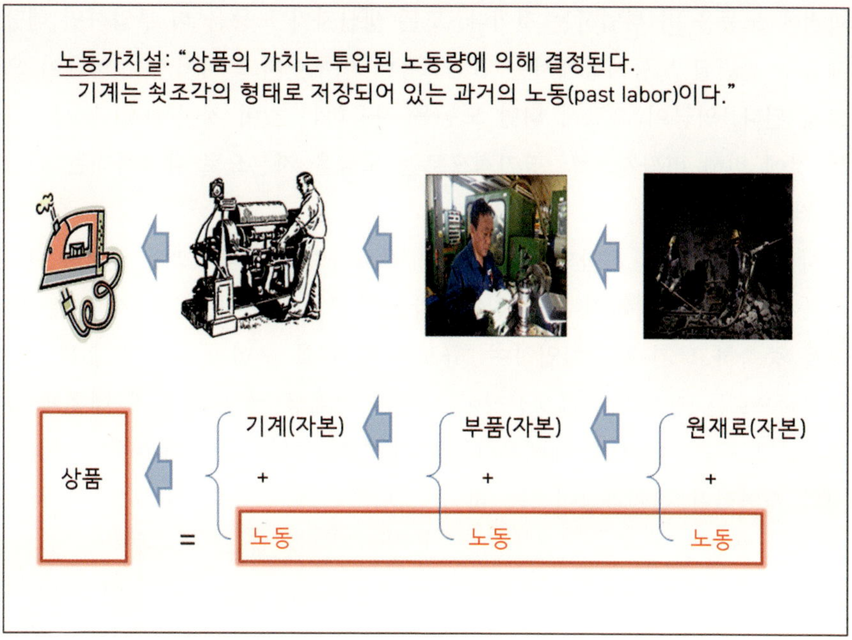

그림 1-6 노동가치설과 상품의 가치

투입하여 만들어 낸 것이므로 상품의 가치는 현재와 과거에 투입된 '노동의 합'에 의해 만들어진 것이다. 따라서 '스팀 다리미'란 상품에 의해 창출된 가치는 현재와 과거에 노동을 제공했던 노동자들에게 귀속돼야 한다는 것이다.

그는 더 나아가 '스팀 다리미'에 의해 창출된 가치가 모두 노동자에게 귀속돼야 함에도 불구하고 노동자는 최저임금밖에 받지 못하며, '스팀 다리미' 판매가격과 노동자에게 지급되는 최저임금 간의 차이인 잉여가치가 불공정하게 자본가에게 돌아간다고 주장한다. 이것이 바로 마르크스가 자본주의 시장경제의 필연적 몰락을 주장하기 위해 '노동가치설'과 함께 제시한 '잉여가치론'이다.

마르크스는 자본주의 초기에는 시장의 경쟁으로 인해 효율성이 나타나지만 경쟁이 심화됨에 따라 자본가는 경쟁에서 살아남기 위해 노동을 자본으로 대체하려는 경향을 보인다고 주장한다. 마르크스에 따르면 자본주의 성숙기에 자본가가 노동을 자본으로 대체하는 현상이 벌어지는 이유는 다음과 같다. 시장경쟁에 대응하기 위해 자본가가 단기적으로 할 수 있는 일은 생산과정에 노동을 더 투입하는 것이다. 모든 생산자가 노동을 더 투입하면 해당 제품과 관련된 노동시장에서는 완전고용이 이루어지고 나아가서 임금이 오르게 된다. 임금이 오르게 되면 노동을 사용하는 것이 자본(기계)을 사용하는 것에 비해 비싸지므로, 장기적으로는 노동을 자본으로 대체하려는 유인이 생긴다.[4]

시장에서 경쟁이 심화되고 이윤율이 감소하면서 가격경쟁이 일어나는데, 자본가는 이에 대응하기 위해 원가절감을 추구해야 한다. 이를 위해서는 공장을 증축하고 기계를 매입하여 '규모의 경제'를 구현할 수밖에 없다. 즉, 장기적으로는 자본의 한계생산성이 노동의 한계생산성보다 높기 때문에 자본가는 노동을 자본으로 대체하려는 의사결정을 하는 것이 자본주의 시장경제의 자연스런 진행과정이라는 것이다. 마르크스는 이를 '자본축적의 자동화'라고 불렀다.

자본이 노동을 대체하면서 자연스럽게 실업자가 생기면서 실업자시장이 형성된다. 대체인력을 조달할 수 있는 실업자시장이 존재함은 자본가에게 노동자와의 임금협상에서 우월한 협상력을 갖게 하므로 최저수준 이상으로 임금을 지불할 필요가 없게 만든다. 즉, 마르크스는 자본주의시장의 필연적인 진행과정 속에서 노동자에게 가야 할 상품의 부가가치가 자본가에게 귀속되는데, 이를 잉여가치라 불렀다. 이것이 '노동가치설'과 함께 마르크스의 이론을 지탱하고 있는 '잉여가치론'이다.

그림 1-7 칼 마르크스

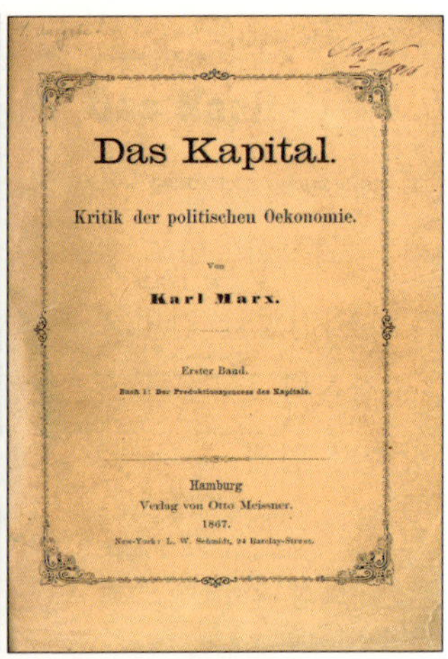

그림 1-8 〈자본론〉(*Das Kapital*) 초판

효율성을 추구하는 기

4 생산과정에서 노동을 사용하는 것이 자본을 사용하는 것에 비해 비싸진다는 것을 경제학에서는 "노동의 한계생산성이 자본의 한계생산성보다 낮아진다"고 표현한다.

업 간의 경쟁이 더욱 치열해지면서 소규모 기업들은 경쟁에서 도태되고 대기업만이 살아남게 된다. 경쟁에서 승리하는 공식은 규모 및 범위의 경제를 통해 가격경쟁력을 확보하는 것이므로 자본축적과 경제력 집중은 더욱 심화된다. 마르크스는 소수의 대기업만이 살아남게 되는 시장은 두 가지 이유 때문에 대공황(Great Depression)을 맞이할 수밖에 없다고 주장한다.

첫째, 지나친 자본축적 및 자동화로 인해 공급능력이 늘어나 시장에서 상품의 과잉공급이 발생한다. 둘째, 상품 공급이 증가하나 이를 소비해 줄 소비자 기반이 뒷받침되지 못한다. 소규모 기업들에 고용됐던 노동자들이 이들 기업들의 퇴출과 더불어 실업자가 됐기 때문이다. 그 다음 세상은 마르크스의 또 다른 역저 〈공산당 선언〉에서 다음과 같이 묘사하고 있다.

> "자본의 확충과 노동의 분업이 가속화됨에 따라 노동자의 개성은 없어지고 획일화되어 간다. 그는 이제 가장 손쉽게 익힐 수 있는 재주만 보유하게 되고, 그가 하는 작업이란 단순하고 단조로울 뿐이다. 그는 기계의 부속물에 지나지 않을 뿐이다. 따라서 그가 수행하는 노동의 대가로 지불되는 임금은 그의 생존에 필요한 최소한의 수준으로 떨어진다.
>
> 말할 것도 없이 기계의 사용과 노동의 분업이 가중될수록, 똑같은 비율로 노동시간이 늘거나 노동강도가 세지는 방식으로 노동자의 고통은 점증된다. 노동이 불쾌해질수록 임금수준도 최저수준으로 떨어진다.…(중략) 자본가는 인간의 존엄을 교환가치로 녹여 버렸고, 인간의 자유를 단 하나의 파렴치한 상거래의 자유로 대체했다.…(중략) 자본가 계급이 성장하는 정도에 비례해서 노동자 계급의 계급의식도 성장한다.…(중략)
>
> 자본가 지배계급으로 하여금 공산주의 혁명 앞에 벌벌 떨게 하라! 노동자들이 잃을 것이라곤 족쇄뿐이고 그들이 얻을 것은 전 세계다. 모든 나라의 노동자들이여, 단결하라!" (카를 마르크스·프리드리히 엥겔스, 〈공산당 선언〉, 2010 재인용)

마르크스가 묘사한 자본주의 미래에 대한 암울한 청사진은 이후 많은 학자들의 비판의 대상이 되었으며, 역사적으로도 1989년 베를린장벽이 붕괴되고 사회주의경제체제가 몰락하면서 잘못 그려진 예견으로 치부되어 왔으나, 최근 들어 자본주의체제에서 부의 격차가 심화되면서 최소한 마르크스가 지적했던 자본주의의 문제점들이 사회적 이슈로 재조명받기 시작했다.

예를 들어, 토마 피케티(Thomas Piketty, 1971-)는 그의 저서 〈21세기 자본〉에서 자본주의는 본질적으로 불평등을 향해 나아가고자 하는 경향이 있다고 주장한다. 소득에 비해 부(자본)의 증가가 훨씬 빠르며, 자본으로 얻는 소득은 노동을 통해 얻는 소득보다 균등하게 배분되지 못한다는 것이다. 즉, 노동자들이 노동의 대가로 얻는 임금의 상승률인 경제성장률보다 '돈이 돈을 버는' 속도인 자본수익률이 빠르다는 것이다. 이를 뒷받침하기 위해 피케티는 전 세계의 '소득대비 자본비율'을 계산하였다.

아래의 [그림 1-9]에서 '소득대비 자본비율'은 자본소득(이익, 배당, 이자수입, 임대수입 등 자본으로 벌어들이는 수입)을 노동소득으로 나눈 값이며, 항상 1보다 큰 값을 가짐을 알 수 있다. 또한 1910년부터 1950년까지는 제1, 2차 세계대전을 치르면서 부가 파괴되었기 때문에 비율이 감소하지만(불평등의

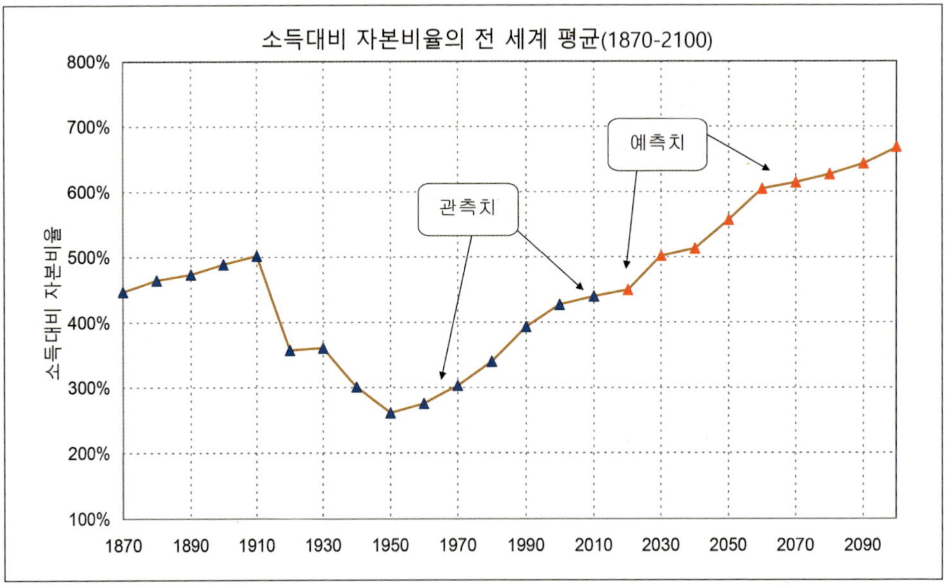

그림 1-9 피케티의 소득 불균형 시나리오

수준이 낮아졌지만) 그 이후부터는 오늘날까지 지속적으로 증가해 왔으며(불평등의 수준이 높아져 왔으며) 앞으로도 더욱 증가할 것이라고 예측하고 있다. 피케티의 저서는 출판과 동시에 전 세계적인 논란을 불러일으켰다. 주류 경제학계는 그의 이론과 연구방법, 그리고 측정방식에 많은 오류가 있다고 지적한 반면, 좌파 진영은 '있는 자가 없는 자를 착취하여 불평등이 심화되는' 자본주의의 모순을 지적한 마르크스가 옳다는 걸 피케티가 증명한 것이라고 반가워했다.

논란의 중심에 선 피케티는 덕분에 '현대판 마르크스'라는 별명을 얻게 되었다. 이제까지 자본주의 시장체제를 능가하는 어떤 대안적인 체제도 나타나지 않았지만 마르크스가 지적한 '부의 불평등' 문제는 자본주의 시장체제를 건전하게 유지하기 위해서라도 항상 성찰해야 될 이슈라는 점에서 자본주의 발전에 기여한 역설적인 측면도 있다. 이와 동시에 마르크스가 계급혁명론을 옹호함으로써 후일 폭력혁명을 일으켜 일당독재체제를 구축한 사회주의의 탄생에 영향을 주어 인류에게 커다란 고통을 안겨 준 측면을 간과해서는 안 될 것이다.

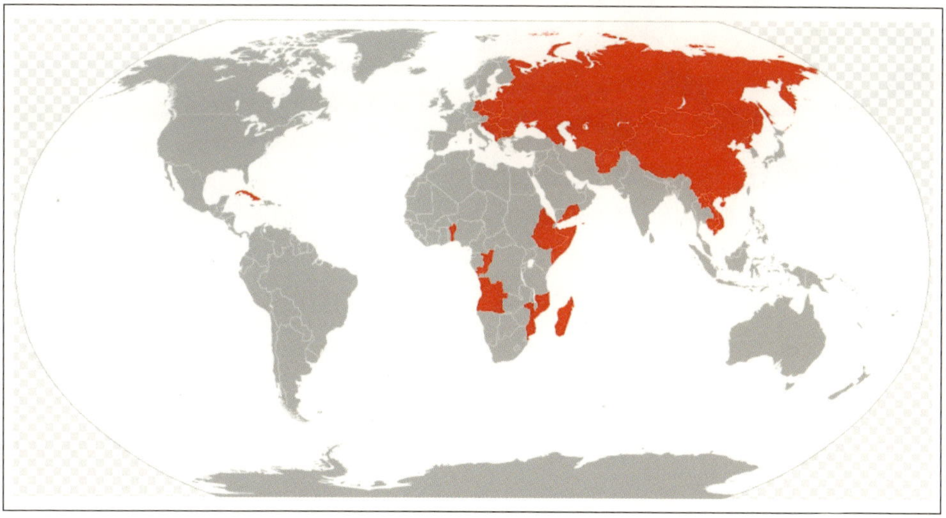

그림 1-10 역사상 가장 융성했던 사회주의국가의 영토(1978-1983년, 붉은 색으로 표시)

5. 시장의 미래는 암울한 것인가? 아니다 1. (슘페터의 답변)

마르크스의 '노동가치설'과 '잉여가치론'이 비판받는 가장 큰 이유는 (1) '인간의 상상력과 기업가정신'은 가치를 생산하지 않는가와 (2) 상품의 가치는 (마르크스가 주장한 것처럼) 노동의 양과 같은 공급측면만에 의해서가 아니라 소비자가 느끼는 한계효용과 같은 수요측면에 의해서도 결정되지 않는가이다.

그림 1-11 하버드대학 재직 시절의 슘페터(1943년)

요제프 슘페터(Joseph A. Schumpeter, 1883-1950)는 마르크스가 자본주의에 대해 질문만 던졌지 잘못된 답변을 했다고 주장한다. 그는 기업가가 본원적으로 가지고 있는 '창조적 파괴(creative destruction)'를 하려는 '기업가정신(entrepreneurship)' 때문에 자본주의가 사회주의로 이행하지는 않는다고 했다.

슘페터의 주장을 설명하기 전에 '창조적 파괴'의 몇 가지 사례를 들어보자. 블럭버스터비디오(Blockbuster Video)는 1980년대부터 2000년대 중반까지 미국의 가정용 비디오테이프 시장을 독점하다시피 한 비디오테이프 대여회사였다. 당시 미국의 대부분의 도시에 들어서면 맥도널드(MacDonald's) 가게를 볼 수 있었던 것만큼이나 블록버스터 가게도 흔하게 찾을 수 있었다. 그러나 2000년대 후반에 들어서면서 넷플릭스(Netflix), 레드박스(Redbox), 그리고 비디오온디맨드(Video-on-demand) 같이 새로운 기술로 무장한 기업들이 시장에 진입하면서 수익이 현저하게 감소하다가 마침내 2010년에 부도가 나서 2011년에 위성TV회사인 디쉬네트워크(Dish Network)에 인수되었다.

반면에 넷플릭스는 온라인 스트리밍 서비스를 통해 영화와 드라마를 가입

그림 1-12 파괴적 혁신의 사례: 블록버스터비디오와 넷플릭스

자에게 제공한다. 원래 1997년 사업을 시작할 때에는 인터넷을 통해 DVD를 우편으로 대여해 주는 서비스였으나 2009년 온라인 스트리밍 서비스를 시작하면서 급격하게 성장하면서 마침내 비디오테이프 시장을 대체하였으며, 이후 영화제작까지도 하는 콘텐츠사업자로 성장하였다.

흥미로운 점은 2000년에 블록버스터비디오가 한창 잘 나갈 당시 신생회사인 넷플릭스를 5천만 달러에 살 수 있는 기회가 있었으나 블록버스터비디오의 경영진은 이를 거절했으며, 이후 블록버스터비디오는 시장에서 사라지는 운명에 처해졌다. 반면에 넷플릭스는 2021년 말 현재 시가총액이 무려 2765억 달러인 회사로 성장했다. 마르크스의 주장대로라면 블록버스터비디오는 자본축적의 자동화 과정을 통해 독점사업자가 되었어야 하나, 넷플릭스라는 신생기업으로 인해 역사의 뒤안길로 사라지게 된 것이다. 이는 창조적 파괴에 의한 혁신이 어떻게 단기간에 시장의 모습을 바꿀 수 있는가를 보여주는 대표적인 사례이다.

파괴적 혁신이 시장에 어떤 영향을 미치는가를 단적으로 보여주는 또 다른 사례가 반즈앤노블(Barnes & Noble) 사례이다. 반즈앤노블은 1873년에 설립된 미국 최대의 대형서점을 보유한 기업이었으나 1990년대 이후 지속된 인수합병과 부도를 겪으면서 2020년 현재 미국 전역에 614개의 매장을 보유한 유일한 굴뚝 서점으로 남아있다. 물론 경영자의 지속된 노력에도 불구하고 매출과 이익은 감소세이다.

반즈앤노블이 시장에서 고전하는 즈음 1994년에 제프 베이조스(Jeff Bezos, 1964-)라는 젊은 기업가가 아마존(Amazon)이라는 온라인 서점을 설립한 이후 이제는 회사의 로고에서 보여주듯이 서적뿐만 아니라 가전제품, 음식료, 소프트웨어, 무인점포 아마존 고(Amazon Go), 심지어는 에코(Echo)라는 인

그림 1-13 파괴적 혁신의 사례: 반즈앤노블과 아마존

공지능 기반의 비서(스피커)까지 판매하고 있다.

아마존과 반즈앤노블의 경영성과를 비교해 보자. 2021년 말 아마존의 시가총액은 1조7000억 달러인 데 반해 반즈앤노블은 1.6억 달러이며, 2021년의 매출액을 비교해 보아도 아마존은 4690억 달러, 반즈앤노블은 15억 달러에 불과하다. 신생기업이었던 아마존은 이제 공룡이 되었고, 공룡이었던 반즈앤노블은 목숨을 가까스로 연명하는 딱한 신세가 되었다. 이 사례 역시 '창조적 파괴'에 의한 혁신이 시장의 판도를 순식간에 뒤흔드는 것을 극명하게 보여준다.

슘페터는 마르크스 및 사회주의자들의 치명적 오류는 '창조적 파괴'에 의한 혁신이라는 기업가정신을 간과한 데 있다고 설파한다. 그는 마르크스의 '자본축적의 자동화' 이론을 맹렬하게 거부하고, 혁신을 외면하고 자본축적만을 추구하는 나태한 기업가는 자연스럽게 시장에서 퇴출된다고 주장한다. 슘페터는 자본주의의 내재적 모순이라고 지적되어 온 대공황(Great Depression)도 혁신으로 극복 가능하다고 주장한다.

> "혁신이 없다면 기존의 수단에 의한 나태한 투자는 기업의 쇠퇴로 이어진다. 단지 기존의 자원을 절약하여 쓰는 것은, 그것이 아무리 힘든 일이라 할지라도, 언제나 쇠퇴하는 특성을 가지고 있다." (제리 멀러, 〈자본주의의 매혹-11장_요제프 슘페터〉, 2015 재인용)

슘페터는 혁신을 추구하려는 기업가정신이 노동의 투입 못지않게, 아니 그보다 더 상품의 가치창출에 기여한다고 믿었다. 만일 마르크스의 주장대로 상품의 가치가 모두 노동자에게 귀속되어야 하는 것이라면 혁신을 추구하려는 기업가가 가져가야 할 정당한 몫은 없게 된다. 사전적으로 기업가에게 돌아갈 정당한 몫이 없다면 아무도 '창조적 파괴'에 의한 혁신 및 그에 따른 위험을 감수하는(risk-taking) 행위를 하려 하지 않을 것이며, 아무도 신상품, 신기술을 가지고 시장에 진입하려 하지 않을 것이다. 슘페터는 마르크스가 '기업가정신'을 간과한 채 '자본축적의 자동화'에만 집착함으로써 자본주의의 진행과정을 설명하는 데 실패했다고 보았다.

그렇다면 슘페터가 "무엇이 혁신을 가능하게 하는가?"라는 질문에 어떤 대답을 내놓았는가를 살펴보자. 그는 자본주의 시장체제의 역동성을 설명하는 개념으로 '창조적 파괴'에 의한 혁신을 제시하면서 다소 철학적인 근거를 제시한다.

시장에서 혁신이 일어나는 첫 번째 이유는 시장에 소수의 초능력자들(초인)이 존재하기 때문이다. 슘페터는 기업가의 리더십이란 기존의 판에 박힌 경쟁 틀을 깨고 나오는 창의력에 의해 발휘되는데, 그러한 창의력이 발휘되는 원인은 궁극적으로 리더가 '권력에의 의지'를 갖고 있기 때문이라고 강조한다. 알다시피 '초인(Übermensch)'이나 '권력에의 의지(Wille zur Macht)'는 독일의 철학자인 니체(Friedrich Nietzsche, 1844-1900)가 사용한 표현이다.

'권력에의 의지'는 니체 철학에서 논란의 대상이 되는 개념의 하나인데, 혹자는 이를 단순하게 다윈(Charles Darwin, 1809-1882)의 진화론에 근거해 자기 생존의 유지 및 그것을 위한 투쟁으로 파악하고 남보다 우수한 능력을 바탕으로 남을 지배하려는 인간의 본원적 경향으로 보는 반면, 다른 이들은 실존주의철학 관점에서 이를 개인의 내면의 주인이 되고자 하는 의지로 해석한다. 즉, 신에 의존하는 인간이 아니라 (죽어버린) 신을 극복하고 자유의지로 자신의 내면에게 명령을 내릴 수 있는 의지를 의미한다.

초인의 '권력에의 의지'가 어떻게 해석되든지 간에 소수 초인들의 '권력에의 의지'가 인류를 위해 선한 무엇인가를 달성하는 데 쓰여진다면 그들의 행위는 의미있다고 할 수 있다. 유감스럽게도 이러한 초인의 능력은 학습되기보다는 본래 타고난 것이지만 그냥 발현되는 것이 아니라 초인의 부단한 노력과 고통의 극복 속에서 발휘된다는 주장이다.

"인간의 완성이란 환상이기 때문에 현명한 사람이라면 쾌락을 추구하기 보다는 쇼펜하우어가 조언한 것처럼 '방화시설이 잘된 자그마한 방안에 틀어박혀' 조용하게 살면서 고통을 피하는 데에 자신을 바쳐야 한다는 주장이다. 이런 주장은 이제 니체에게는 어리석고 진실과 거리가 먼 허튼 충고로 와닿았으며, 니체가 몇 년 뒤 경멸적으로 표현했듯이, 그것은 '수줍은 사슴처럼 숲속에 숨어 안주하려는' 터무니없는 노력으로 비쳤다. 완성이란 고통을 피함으로써 달성되는 것이 아니고, 고통의 역할을 '선한 무엇인가를 이루는 과정에서 겪는 자연스럽고 또 피할 수 없는 단계'로 인정함으로써만 달성할 수 있는 것이다." (알랭드 보통, 〈철학의 위안〉, 2012)

니체의 초인에 대한 해석을 그대로 가져다 쓴다면 기업가는 기존의 경쟁의 틀에 안주하지 않고 자기 생존을 위해 (아니면 인류에 공헌한다는 내면의 명령에 의해) 고통을 감수하면서 부단한 노력으로 혁신을 추구한다. 시장은 거대한 이익을 거둘 수 있다는 유혹이 있기 때문에, 그럴수록 더욱 성공적으로, 가장 능력있는 자들이 열정을 쏟아붓게 만든다. 비록 그 엄청난 보상이 궁극적으로 극소수의 초인들에게 돌아가지만, 자신도 그러한 보상을 받을 수 있다는 가능성을 희망하는 대다수의 사업가들을 시장으로 끌어들인다. 이것이 자본주의 시장에 활력을 불어넣는 촉매제라고 슘페터는 주장한다.

6. 시장의 미래는 암울한 것인가? 아니다 2. (마셜의 답변)

마르크스의 노동가치설과는 달리 상품의 가치는 투입된 노동의 양과 같은 공급측면뿐만 아니라 소비자가 느끼는 한계효용인 수요측면에 의해서도 결정된다는 것이 알프레드 마셜(Alfred Marshall, 1842-1924)의 주장이다. 이를 설명하기 위해 마셜은 지금도 회자되는 유명한 비유를 든다. "수요와 공급 중 어느 한 쪽이 상품의 가치를 결정한다고 보는 것은 마치 종이를 자르는 것이 가위의 윗날인지 아니면 아랫날인지 확인하려 드는 것과 다를 바 없다"고 말이다. 또한 마셜은 마르크스가 얘기한 것처럼 장기에서 자본이 노동의 한계생산성보다 높아 자연스럽게 '자본축적의 자동화'가 이루어지는 것이 아니라 자본이 노동의 한계생산성보다 높을 때만 그런 현상이 나타난다고 반론한다. 자본이 노동의 한계생산성보다 무한정 높을 수는 없을 것이므로 시간이 지나면 반대의 현상도 자연스럽게 일어날 수 있다는 주장이다.

그림 1-14 알프레드 마셜

"소비자가 여러 상품에 각각 1달러를 지출하면서 얻게 될 한계효용을 비교하듯이, 생산자는 자본, 즉 기계류에 1달러를 지출할 경우 얻게 될 한계효용과 노동에 1달러를 지출할 경우 얻게 될 한계효용을 비교한다.…(중략) 한계효용이 균형을 이룬 상태에서 자본으로부터 얻는 한계수확과 노동으로부터 얻는 한계수확은 같아진다." (토드 부크홀츠, 〈죽은 경제학자의 살아있는 아이디어〉, 2014 재인용)

마르크스는 상품의 가격에서 노동자의 노동력에 대한 대가인 임금, 기계의 감가상각, 그리고 원재료 가격을 차감한 나머지 잉여분이 노동자가 만들어낸 것이므로 그들에게 귀속되는 것이 마땅함에도 자본가에게 돌아가기 때문에 자본주의의 문제가 발생한다고 주장한다. 그러나 이와 같은 노동가치설을 자본주의 모순의 근거로 삼으려면 마르크스와 그의 동료들은 이를 증명해야 했음에도 불구하고 이를 간과했다. 노동자가 상품을 생산함에 있어서 노동을 희생했듯이 자본가도 현재의 소비를 희생하면서 자본을 투입한 것이라면 자본가에게 잉여가 돌아가는 것은 모순이 아니라 당연한 것이다. 만일 노동만이 잉여를 생산한다고 가정한다면 자본이나 기업가정신에 대한 보상은 끼어들 여지가 없어진다.

"노동자에게 추가 노동이 그러하듯이, 욕구충족을 미루는 것이 일반적으로 희생을 의미하고…(중략) 욕구충족을 미룸으로써 그 돈으로 노동력보다는 생산수단을 추가로 고용할 수 있으며, 노동력의 추가 고용으로 누릴 수 있는 것만큼 기쁨의 총계가 증가한다면, 생산된 상품의 가치가 그것의 생산에 지출된 노동량에 의해서만 결정된다는 것은 사실과 다르다. 이런 전제 자체는 암묵적으로 자본이 수행하는 용역은 '무상(free)', 즉 어떤 희생도 없이 주어지는 효용일 뿐이며, 따라서 그것이 계속해서 자신의 역할을 수행하도록 하기 위한 보상으로 이자 같은 것은 필요치 않다고 가정할 수밖에 없다." (토드 부크홀츠, 〈죽은 경제학자의 살아있는 아이디어〉, 2014 재인용)

마셜은 마르크스가 증명을 해야 할 논제인 노동가치설을 논제의 가정으로 사용했기 때문에 당연히 마르크스가 제시한 자본주의 시장체제의 미래도 틀린 것이라고 반박한다. 슘페터가 기업가정신이 자본주의에 생명력을 불어넣는 촉매제라고 말한 것처럼 마셜도 '시간'이야말로 자본주의에 생명력을 불어넣는 또 다른 촉매제라고 주장한다. 마르크스의 노동가치설에 의해 사형을 선고받았던 자본주의 시장체제가 '기업가정신'과 '시간'이라는 구세주에 의해 사면을 받는 대목임을 알 수 있다.

'시간'이 자본주의에 미치는 영향에 대한 마셜의 생각을 정리하면 다음과 같다.

"마셜은 기업들이 영원히 생존할 수 있다고 보지 않았다. …(중략) 자연은 창업자의 수명을 제한하는 방식으로 민간기업을 계속해서 압박한다. 더구나 창업자가 자신의 능력을 완전히 발휘할 수 있는 기간은 전체 수명에서 볼 때 상대적으로 짧다는 사실을 기억해야 한다. 그 결과 얼마 뒤에 남은 기억은, 비록 사업을 키우고 번창시키고자 하는 의욕은 전임자에 비해 떨어지지 않지만, 전체적인 활력과 창의성에서 그보다 못한 후임자의 수중에 넘어가게 된다. 이 과정에서 기업이 주식회사 체제로 개편된다면, 노동분업, 최첨단 장비가 갖는 이점을 계속 살려 나갈 수도 있다.…(중략) 하지만 기존의 탄력성과 추진력을 상당 부분 상실하고, 더 젊고 규모가 작은 기업들과 경쟁하면서 이런 이점을 계속 유지해 나가기는 어려운 일이다." (토드 부크홀츠, 〈죽은 경제학자의 살아있는 아이디어〉, 2014 재인용)

7. 자본주의 시장경제와 기업, 그리고 경영자 (시놉시스)

경영학을 공부하는 학생들은 대부분 '훌륭한 경영자'를 꿈꾼다. 과연 '훌륭한 경영자(great manager)'는 어떤 사람일까? 여러 가지 다양한 의미가 있겠지만, 공통점을 찾자면 '우수한 경영능력을 발휘하여 고객가치를 창출하고 기업을 성장시켜 사회에 기여하는 경영자'를 의미할 것이다. 그러면 이제까지 공부한 내용을 바탕으로 자본주의 시장체제에서 '훌륭한 경영자'는 어떤 모습을 가지고 있는지를 생각해 보자.

그림 1-15 스티브 잡스

아마 적지 않은 사람들이 '훌륭한 경영자'를 한 명 꼽으라 하면 애플을 창업한 스티브 잡스(Steve Jobs, 1955-2011)를 꼽을지 모른다. 잡스는 '우수한 경영능력을 발휘하여 애플을 세계에서 가장 성공적인 기업의 하나로 성장시켜 인류사회에 기여한 경영자'이다. 한참 일할 나이에 세상을 떠났지만, 잡스는 우리들이 살고 있는 세상을 크게 바꾸어 놓았다. 이제 우리는 아침에 스마트폰 알람에 맞춰 기상을 하고, SNS를 확인하고 뉴스를 본다. 음악을 들으며, 온라인 쇼핑몰 페이지를 스크롤하여 주문을 하고 모바일페이로 결제를 한다. 핸드폰 캘린더를 보고 약속을 확인하고, 버스를 기다리며 버스가 어디쯤 오고 있는지를 핸드폰으로 확인한다. 이 모든 것이 잡스가 아이폰을 만든 후 가능해졌다는 점에서 분명 잡스는 혁신의 아이콘이다.

혁신의 아이콘이라는 별명에 걸맞게 애플은 한시도 멈추질 않고 성장하게 된다. 물론 성장의 이면에는 우여곡절도 있었다. 잡스는 애플의 사세 확장을 위하여 1983년에 컴퓨터 문외한이지만 마케팅 귀재인 펩시콜라의 CEO 존 스컬리(John Sculley, 1939-)를 삼고초려 끝에 영입한다. 그러나 1985년 잡스는 스컬리와의 불화 끝에 회사를 떠난다. 10년 이상 오랜 방랑기간을 거친

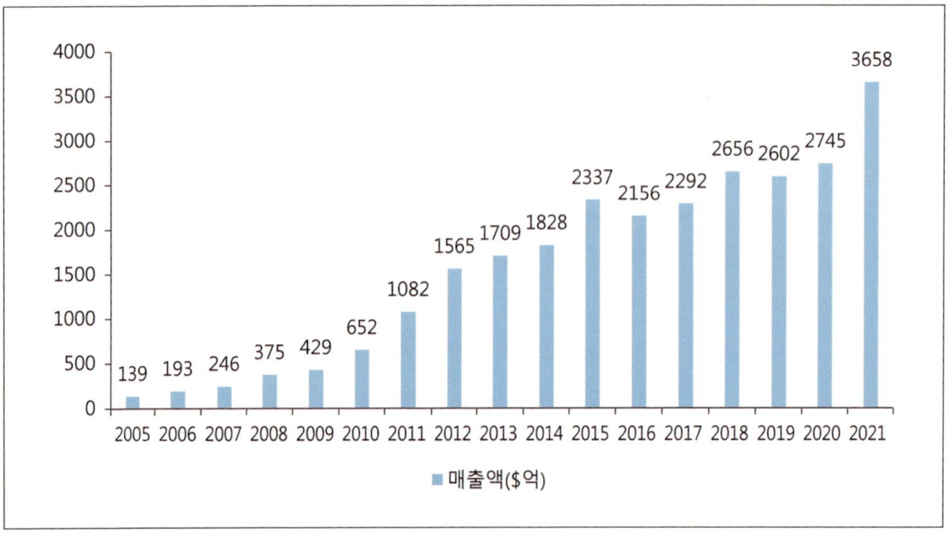

그림 1-16 애플의 매출액 추이 출처: 애플의 영업보고서

후 1997년 존망의 위기를 맞이한 애플의 구원투수로 복귀한 잡스는 한 편의 드라마를 보는 것처럼 세계적인 스타 경영자로 부상한다.

2002년에 MP3플레이어인 아이팟(iPod)과 2005년 아이팟나노(iPod Nano)를 각각 출시하고, 2007년에 인류 최초의 스마트폰인 아이폰(iPhone)을, 그리고 2010년에는 태블릿PC인 아이패드(iPad)를 시장에 내놓아 전 세계 고객들의 폭발적인 반응을 얻게 된다. 신상품이 나오기 전날 밤부터 아이스토어(iStore)에 끝없이 줄을 선 고객들의 설레는 모습을 보는 것도 진풍경이 아니다. 애플 신상품의 연타석 홈런으로 인해 위의 [그림 1-16]에서와 같이 2005년에 139억 달러에 지나지 않았던 애플의 매출액은 불과 16년 뒤인 2021년에는 3658억 달러로 무려 26배가 커져 매출액 기준으로는 글로벌 3위의 자리를 지키고 있다.

매출과 더불어 이익도 비약적으로 성장한다. [그림 1-17]을 보면 2005년에 13억 달러에 불과했던 애플의 순이익은 16년 뒤인 2021년에는 947억 달러로 무려 72배가 커졌다. 더욱 놀라운 것은 비약적인 매출과 순이익의 증가세 속에서도 흔들림없이 20%를 초과하는 순이익률을 유지한다는 점이다. 마약을 불법으로 팔아도 이 정도 수익이 나올까 하는 의문이 들 정도이다. "죽

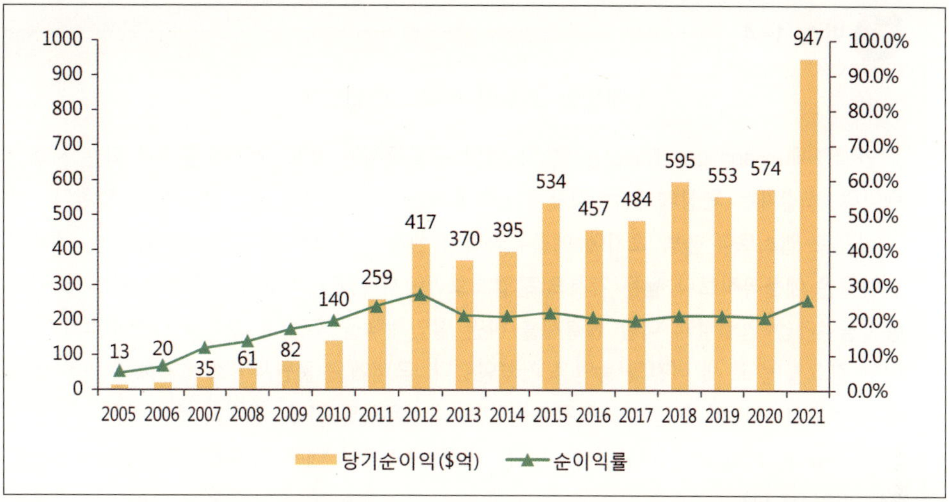

그림 1-17 애플의 순이익과 순이익률 추이 출처: 애플의 영업보고서

은 제갈량이 산 사마의를 쫓아냈다"는 옛말이 있듯이, 죽어서도 애플의 놀라운 성장을 멈추지 않게 한 잡스에게 '훌륭한 경영자'라는 찬사가 절로 나올 수밖에 없는 대목이다. 물론 후임자인 팀 쿡(Tim Cook, 1960-)의 경영능력도 한몫을 했겠지만, 2018년 애플은 세계 최초로 기업가치 1조 달러를 돌파하고, 2022년 초에는 2조9천억 달러를 기록한 전 세계에서 시장가치 최고의 기업이 되었다.

그러나 '훌륭한 경영자(great manager)'인 잡스를 '도덕적인 경영자(ethical manager)'로 떠올리는 사람들은 그리 많지 않을 것이다. 하나의 예를 들어보자. 최근 애플 매출과 순이익의 강력한 동력 중 하나는 애플의 '앱스토어(App Store)'라는 애플리케이션 마켓 플레이스이다. 이것 또한 잡스의 '훌륭한 창작물(great invention)' 중 하나이다.

앱개발자들은 자신의 앱을 앱스토어에서 판매하려면 결제금액의 30%를 애플에게 수수료로 지불해야 한다. 애플과 유사한 서비스를 제공하는 앱개발자가 앱스토어에서만 앱 판매가 가능한 경우에는 가격경쟁력을 잃을 수밖에 없으며, 인앱결제(in-app purchase) 외에 자신의 사이트에서 웹결제가 가능한 경우에도 결제의 간편성 등에서 애플에 뒤처질 수밖에 없다(〈박스 1-4〉 참조). 말할 나위도 없이 자신의 사이트에 대한 소비자의 인지도가 낮아 앱

박스 1-4

애플의 고수익 전략: 인앱결제

인앱결제(in-app purchase)는 앱스토어나 구글플레이 자체 내에서 결제가 되는 시스템이며, 웹결제는 웹상에 있는 앱개발자의 홈피상에서 결제가 되는 시스템을 말한다.

실제로 앱스토어 출범 초기에 애플뮤직의 경쟁자인 스포티파이(Spotify)와 같은 앱개발자들은 애플뮤직보다 높은 가격으로 앱스토어에서 음원서비스를 제공한 반면, iOS 사용자들에게는 인앱결제 대신 웹결제를 하면 할인혜택을 주었다. 그러나 애플로부터 강력한 경고를 받고 새 버전의 승인을 거부당했다. 국내에도 음원서비스 초기에 아이폰 앱은 수수료가 추가된 요금이 책정된 바 있다. 벅스뮤직의 경우, 듣기와 스마트폰 저장상품이 9900원(30일 기준)이었지만 아이폰 버전 벅스뮤직 앱은 12600원이었다(아이뉴스24, 2016.07.11).[2]

스토어를 통해 매출을 실현해야 하는 신규 앱개발자들은 앱스토어에 더욱 종속될 수밖에 없다.

흥미로운 점은 방금 전에 우리가 '훌륭한 경영자'라고 평가한 잡스의 앱스토어 정책이 일각에서는 독점을 유발한다는 비판이 있다는 것이다. 즉, 잡스의 앱스토어 정책으로 인해 시장은 이 장의 초반부에 설명한 [그림 1-1]보다 [그림 1-2]에 더 가까운 모습으로 갈 가능성이 높아진다. 실제로 애플의 인앱결제 방식을 우회하여 자사의 결제 시스템을 도입했다가 앱스토어에서 추방당한 에픽 게임즈(Epic Games)는 애플을 상대로 반독점소송을 제기하였다(〈박스 1-5〉 참조).

그렇다면 이제 우리는 두 가지 질문에 답할 수 있어야 한다. 첫째, 잡스의 앱스토어 정책이 독점을 유발한다는 주장이 맞다면 잡스에 대한 우리의 평가는 달라져야 할까? 대답은 '그렇지 않다'이다. 잡스가 30%보다 훨씬 낮은 수수료를 책정해서 애플의 순이익률이 낮아지게 되었다면 오히려 우리는 잡스의 경영능력을 의심하지 않았을까? 외부로부터 투자도 유치할 수 없었고, 시장에서 주가도 힘을 받지 못해 오늘의 애플은 존재하지 않았을 것이라고 단언할 수 있다.

지금은 사람들이 앱스토어나 구글플레이를 당연한 것으로 받아들이지만

박스 1-5

애플의 인앱에 대한 반독점소송

애플은 앱스토어 시스템을 통해 애플리케이션 내에서 직접 결제하도록 하는 인앱결제(in-app purchase) 방식만 허용하며, 수수료로 앱 개발사로부터 수익의 30%를 받아가고 있다. 하지만 이에 불만을 품은 에픽(Epic Games)은 2020년 인앱결제 방식을 우회하는 결제 시스템을 자사 게임인 '포트나이트(Fortnight)'에 도입했고, 애플은 앱스토어에서 포트나이트를 추방했다. 이후 에픽은 반독점법 위반 등으로 애플에 대한 법적 소송을 제기했다. 2021년 9월 있었던 1심 판결에서는 사실상 애플이 승리했다. 당시 캘리포니아주 오클랜드 연방법원은 애플의 앱스토어 비즈니스가 독점금지법 위반으로 보기 힘들다는 취지의 판결을 내렸으며, 타사 앱 마켓을 허용해야 한다는 에픽의 주장도 받아들이지 않았다. 다만 재판부는 애플 측에 외부 결제용 링크를 허용하라고 명령했다.

블룸버그통신 등 외신에 따르면 애플은 최근 제9연방항소법원에 에픽 게임즈와의 소송 관련 서류를 제출했다. 애플은 제출 서류를 통해 "반경쟁행위와 관련한 에픽의 혐의 제기는 전례가 없을 뿐 아니라 근거가 없다"고 주장하고, 자신들은 독점이 아닌 경쟁을 하고 있을 뿐이라고 밝혔다. 애플 측은 "앱스토어 출범 이래 생산량은 폭발적으로 증가했지만 가격은 하락했다는 데 이론의 여지가 없다"며 "그것은 독점이 아니라 경쟁의 특징이다"고 적었다. 애플의 이 같은 주장은 자사 앱 마켓인 앱스토어 사용과 인앱결제를 강제하는 기존의 비즈니스 모델을 고수하겠다는 입장을 다시 한번 피력한 것이다(IT조선, 2022.03.26., 일부 기사 내용은 축약, 또는 문맥에 맞게 수정하였음).[3]

잡스가 앱스토어를 출범시킨 2008년 7월만 해도 앱 장터는 당시로서는 매우 혁신적인 개념이었다. 잡스가 아무리 도전적인 자세로 앱스토어 시장 창출을 위해 노력했어도 낮은 이익이 지속되었다면 성공하지 못했을 것이다. 자본주의 시장체제에서 혁신에 대한 보상은 이익 창출을 통해서만이 가능하다는 점을 잊지 말자.

둘째, 만일 잡스의 앱스토어 정책이 독점적이라면 이를 시정해야 될 주체는 누구인가? 애플의 높은 이익률은 혁신에 대한 보상이기도 하지만 그렇다고 해서 이익률이 영원히 지속될 수는 없는 노릇이다. 궁극적으로는 새로운 경쟁자의 도전을 받아 사라져야 할 운명을 지니고 있으며, 이익률의 하락은 또 다른 혁신을 불러오는 것이 자연스러운 시장의 작동원리이다. 여기서 중요한 쟁점은 "잡스의 앱스토어 정책이 새로운 경쟁자의 시장 진입을 근본적으로 막고 있는가?"의 여부인데, 이는 최소한 잡스(경영자)가 걱정할 문제는 아니다. 물론 잡스가 자신의 행위가 반독점법을 위반할 가능성이 높고, 기업의 장기적 이익에 도움이 되지 않는다고 판단했다면 애초부터 앱스토어 정책을 좀 더 유화적으로 수립(수수료를 30%보다 낮게 책정)했을 것이다. 그러나 이는 그가 다른 사람들보다 더 도덕적이라서가 아니라 애플의 장기적인 수익성과 지속가능성을 높이기 위해서였을 것이다.

경영자 행위의 반독점법 위반 여부에 대한 결정은 정부의 몫이다. 정부는 시장의 경기규칙을 미리 정하고, 선수가 규칙을 어겼을 때 벌을 주는 심판의 역할을 수행해야 한다. 심판의 목적은 선수들이 경쟁을 통해 더 좋은 게임을 보여줌으로써 더 많은 관객들에게 더 큰 즐거움을 안겨주는 것이다. 선수의 목적은 (반칙을 하지 않고) 상대를 압도하여 더 많은 골을 넣고 이기는 것이다. 이기기 위해서는 전술·전략을 잘 짜야 할 뿐만 아니라 훈련(R&D, 생산, 마케팅 등)도 열심히 해야 한다. 물론 특정 팀이 우승을 독식한다면 경기의 즐거움이 반감될 것이 우려되어 (경쟁을 위해) 자칫하면 선수드래프트제도나 샐러리캡제도를 도입하려는 유혹에 빠질 수 있다. 그러나 이와 같은 규제는 오히려 감독과 선수들로 하여금 열심히 노력하지 않게 만들어, 결과적으로 경기의 수준이 다시 떨어질 것이다.

다시 한 번 생각해 보자. 한 팀이 우승을 독식하는 게 문제라고? 영국프로축구연맹(English Premier League: EPL)이 90년대 중반까지만 해도 유럽에서도 뒤처지는 리그였다가 요즘 들어 세계 최고의 리그로 거듭난 이유가 무엇일까? EPL은 경쟁을 제한하는 규제를 과감히 개혁함으로써 전 세계적인 인기를 차지하게 되었다. EPL은 (1) 자본이든, 사람(감독, 선수)이든 국적에 상관없이 무제한 영입하고, (2) 매년 하위 3개팀을 챔피언십리그(2부 리그)로 강등시키고, (3) TV중계권료를 리그순위에 따라 차등 배분하는 등 경쟁을 대폭 강화하는 조치를 취하였다.

이제 EPL의 성공은 유럽의 많은 국가들이 EPL을 모방하게 만들었다. 맨체스터시티, 맨체스터유나이티드, 바르셀로나, 레알마드리드, 유벤투스, 바이에른뮌헨의 축구경기를 한 번 보라. 어마어마한 이적료를 지불하고 영입한

그림 1-18 2021-2022 EPL 우승팀 멘체스터시티

세계 최고의 선수들이 명장감독들의 전략·전술에 따라 경기 내내 죽어라 뛰는 모습을… 볼 때마다 박진감이 넘치고 손에 땀을 쥐게 된다. 최고의 팀들은 계속 최고가 되기 위해 경쟁하며, 조금이라도 게을리하면 그 자리에서 굴러 떨어질 수밖에 없다. 한 팀이 우승을 독식한다는 게 기우에 불과하다는 걸 유럽 프로축구리그의 역사가 증명한다.

자국 리그 내에서만 경쟁하는 것이 아니다. 유럽 각국에서 최고의 성적을 올린 팀들을 엄선하여 별들의 전쟁인 챔피언스 리그(Champions League)에서 또 다시 치열하게 경쟁한다. 그 어느 때보다도 경쟁을 한껏 부추긴 유럽 리그는 전 세계 관중들에게 최고의 기쁨을 선사한다.

반면 국내 프로농구협회(KBL)는 외국인 선수의 키를 200cm로 제한하는 규정을 도입하여 해외 언론과 국내 팬들의 조롱을 받은 바 있다. KBL 2017-2018 시즌 득점과 블록슛 1위를 차지한 KGC인삼공사의 사이먼(David Simon, 1982-)이 신장측정에서 202.1cm로 나와 한국을 떠난다는 소식이 보도되자 KBL 관중 수를 더욱 줄이는 시대착오적 탁상 행정이라는 비판 여론이 국내와 해외를 막론하고 빗발친 것이다. 정부가 시장의 심판자로서 심각하게 고려해야 하는 부분이다. 심판은 경기 진행을 공정하게 하고, 선수는 경기에서 이기기 위해 최대의 노력을 경주하고, 관중들은 제값을 내고 경기를 보려 할 때 스포츠 시장은 발전한다. 기업과 경영자도 이와 다를 바 없다.

주요 개념

- 자유시장경제 • 자유의사 • 중상주의 • 완전경쟁시장 • 독점시장 • 생산자잉여
- 소비자잉여 • 사회후생 • '이기주의(selfishness)'와 '자기 이익(self-interest)'
- '보이지 않는 손(invisible hand)' • 노동가치설 • 잉여가치론 • 파괴적 혁신
- 기업가정신 • 권력에의 의지 • 한계효용 • 훌륭한 경영자 • 인앱결제

▮생각해 보기▮

1. '자유'와 '경쟁'은 자본주의시장이 효율성을 발휘하게 하는 기본 개념이다. 이런 점에서 자본주의시장을 '자유시장(free market)'으로, 자유시장을 근간으로 한 자본주의 경제체제를 '자유시장경제(free market economy)'로 부르기도 한다. 그렇다면 (1) 시장의 효율성은 무엇이며, (2) 개인에게 주어진 '자유'와 시장에서의 '경쟁'을 통하여 자본주의시장에서 어떻게 효율성이 달성되는가에 대해 토론해 보자.

2. 애덤 스미스는 인간이 항상 과거보다 행복하고 더 잘 살고 싶어하는 '이기심(self-interest)'에 기초하여 자본주의시장에서의 '자유'와 '경쟁'을 설명한다. 아래의 두 문장을 읽고 애덤 스미스의 이기심에 대해 토론해 보자.

   "국가의 부를 증대시키기 위해서는 이런 인간의 자연적인 충동을 적극적으로 개발하고 활용해야 한다. 정부는 이기적인 인간들 또는 인간의 이기심을 억압해서는 안 된다. 왜냐하면 이기심은 풍부한 천연자원이다. 반대로, 인간의 자비나 이타심에 과도하게 의존하다 보면, 사람들은 바보가 되고, 국가는 빈곤해질 수 있다.… (중략) (사람은)…공익을 증진시키려는 의도도, 자신이 그것을 얼마나 증진시킬 수 있는지도 알지 못한다.…(중략) 그는 자신의 이익만을 추구할 뿐이며, 그리고 이런 경우에, 다른 많은 경우에서처럼 자신이 의도하지 않은 목표를 증진시키기 위해 '보이지 않는 손'에 이끌린다." (토드 부크홀츠, 〈죽은 경제학자의 살아있는 아이디어〉, 2014 재인용)

   "'국부론'을 읽고 '도덕감정론'(애덤 스미스의 윤리학저서)을 읽은 독자들은 혼란을 일으키는 경우가 많다. 스미스가 분명 '국부론'에선 이기심을 강조했는데 '도덕감정론'에선 이타심을 강조하고 있기 때문이다. …(중략)… 인간은 자기이익을 추구하지만 동감을 통해 타인을 고려하는 본성도 가지고 있다고 보았다. '도덕감정론'이 인간의 동감 본성에 맞췄다면 '국부론'은 인간의 자기이익을 추구하는 본성에 맞춘 것이다. 중요한 것은 이 둘의 균형이다. 이 관점에서 본다면 '국부론'의 '자기이익(self-interest)'은 '이기심(selfishness)'과는 차원이 다르다.

자기이익 추구의 관점에서는 타인이 분명 존재한다. 타인에게 피해를 주면 안 된다. 반면 이기심에는 타인에 대한 배려가 없다. '도덕감정론'에서 언급한 '자신의 작은 불행을 막기 위해, 자신의 파멸을 막기 위해 이웃을 파멸시켜선 안 된다'는 스미스 생각의 연장선상이라고 볼 수 있다. '보이지 않는 손'보다 더 정확한 표현은 '따듯한 손'이다.…" (DBR, 244호, 2018년 3월 Issue 1호: 김근배 숭실대 경영대학 교수)

3. 위의 질문 2.에서 언급한 애덤 스미스의 사상에 대해 칼 마르크스는 다음과 같이 신랄하게 비판하였다. 마르크스의 애덤 스미스에 대한 비판이 과연 정당한 것인가에 대해 토론해 보자.

"부르주아지는 자신이 우위에 서 있는 모든 곳에서 모든 봉건적·가부장적·목가적 관계를 끝장냈다. 그들은 타고난 신분체계에 의해 규정된 대부분의 봉건적 유대관계를 가차없이 끝장내 버렸으며, 이를 금전관계라 불리는 적나라한 이기심의 관계로 대체시켜 버렸다. …(중략) 부르주아지는 인간의 가치를 교환가치로 치환해 버렸으며, 인간의 본원적인 여러 종류의 자유를 '거래의 자유'라는 유일하고도 하찮은 자유로 바꿔버렸다." (카를 마르크스·프리드리히 엥겔스, 〈공산당 선언〉, 2010 재인용).

4. '시장의 효율성'에 대한 마르크스의 비판에 대해 슘페터와 마셜의 재비판은 무엇인가? "마르크스가 틀렸다"는 이들의 주장은 정당한가? 또한 두 사상가의 주장에 부족한 점이 있다면 그것이 무엇인지에 대해서도 토론해 보자.

5. "자본주의 경제체제 내에서 개인의 이익극대화와 기업의 이익극대화는 동일선상에서 취급해서는 안되고 다르게 평가해야 한다"는 견해가 있다. "즉, 회사를 다니는 직장인은 개인적인 이익을 마음껏 취해도 무방하지만, 기업(특히 대기업)은 공적 기관이기 때문에 이익 극대화를 도모해서는 안 된다."는 주장에 동의하는지, 아니면 부정하는지를 밝히고 그 이유를 제시하시오.

참고문헌

- 알랭 드 보통 (2012), 〈철학의 위안: 불안한 존재들을 위하여〉, 정명진 역, 서울: 청미래.
- 제리 멀러 (2015), 〈자본주의의 매혹: 돈과 시장의 경제사상사〉, 서찬주 · 김청환 역, 서울: 휴먼앤북스.
- 카를 마르크스 · 프리드리히 엥겔스 (2010), 〈공산당 선언〉, 펭귄클래식, 권화현 역, 서울: 웅진씽크빅.
- 탐 파머 (2016), 〈자본주의는 도덕적인가: 지식인들도 이해 못한 시장경제의 본질〉, 김광동 역, 서울: 비봉출판사.
- 토드 부크홀츠 (2014), 〈죽은 경제학자의 살아있는 아이디어〉, 개정판, 류현 역, 서울: 김영사.
- 토마 피케티 (2014), 〈21세기 자본〉, 장경덕 외 역, 서울: 글항아리.

미 주

1. 탐 파머 (2016), 〈자본주의는 도덕적인가: 지식인들도 이해 못한 시장경제의 본질〉, 김광동 역, 서울: 비봉출판사.
2. 성상훈 (2016), "애플뮤직, 국내서도 불공정 경쟁 논란 고개", 아이뉴스24, 2016.07.11.
3. 임국정 (2022), "인앱결제 강제 뜻 굽히지 않는 애플, 에픽게임즈 반독점 주장 근거 없어", IT조선, 2022.03.26.

2장

효율과 정의

1. 자본주의의 효율성은 무엇으로 설명하는가?
2. 효율성 추구는 자본주의의 모순을 초래하는가?: 독과점의 폐해와 부의 격차
3. 자본주의의 모순을 해결하는 방안은 있는가?

1. 자본주의의 효율성은 무엇으로 설명하는가?

1장에서 언급하였듯이 자본주의는 '자유'와 '경쟁'이라는 사상적 토대에 기반하여 발전해 왔다. 자본주의 이념의 주창자인 애덤 스미스는 인간의 '자기 이익(self-interest)'을 실현하기 위한 자유로운 생산활동이 시장에서 경쟁한 결과, 시장의 '보이지 않는 손(invisible hand)'에 이끌려 자원배분의 효율성과 사회후생을 동시에 증가시킨다고 주장하였다. 그의 예측대로 자본주의는 발전을 거듭하여 오늘에 이르렀다(1장의 [그림 1-3], 13쪽 참조).

경영학과 경제학에서는 경제체제의 효율성은 크게 (1) 규모의 경제(economy of scale)와 (2) 범위의 경제(economy of scope)로 달성된다고 설명한다. 특히 시장경제를 근간으로 하는 자본주의 체제는 통제경제를 근간으로 하는 사회주의경제보다 효율성의 증대를 더 빠르게 이룩한다고 본다. '규모의 경제'와 '범위의 경제'는 기업의 내부구조와 의사결정과정을 공부하는 경영학도가 반드시 이해해야 할 중요한 개념 중의 하나이다. 간혹 이 두 개념을 잘 구분하지 못하는 경우가 있기 때문에 명확한 이해를 위해 좀 더 자세하게 살펴보기로 하자.

1) 규모의 경제

규모의 경제(economy of scale)란 기업이 생산량을 증가함에 따라 제품(또는 상품) 단위당 생산비용(평균비용)이 하락하는 현상을 의미한다. 규모의 경제는 일반적으로 (1) '대량생산의 이익', (2) '대규모 경영의 이익'으로 구분해서 설명하기도 한다. 먼저 '대량생산의 이익'은 고정된 생산설비를 가지고 생산량을 증가함에 따라 단위당 생산비용이 감소함으로써 발생하는 규모의 경제를 의미한다. '대규모 경영의 이익'은 생산설비를 증설하거나 공장수를 늘려갈 때 단위당 생산비용이 감소함으로써 발생하는 규모의 경제를 의미한다. 이를 다소 복잡한 도표로 표현하면 [그림 2-1]과 같다.

[그림 2-1]에서 자동차 회사(K사라고 하자)의 생산량 증가에 따른 단기비

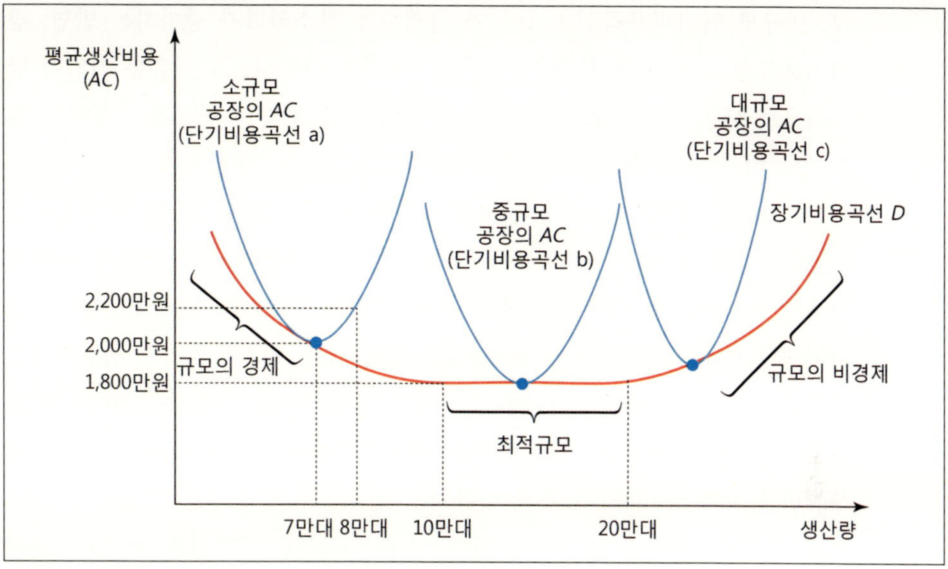

그림 2-1 생산량 증가에 따른 규모의 경제 및 규모의 비경제

용곡선과 장기비용곡선을 보여준다. 자동차 회사의 공장은 단기적으로 시설을 확충하기 어렵기 때문에, 이미 지어진 생산시설을 가지고 생산량을 늘리기 위해서는 더 많은 근로자를 고용해야 한다. 동일한 생산시설을 가지고 근로자를 더 투입하면 생산대수가 늘어나는 것이다. 그러나 이것도 여의치 않아서 근로자를 추가적으로 고용할 수 없다면 이 공장의 생산비용은 생산대수가 많든 적든 단기적으로는 고정비용(FC: fixed cost)이다.

그러나 몇 년을 준비하여 공장시설을 증설하거나 생산능력이 높은 공장을 신설한다면 공장비용은 고정비용이 아닌 변동비용(VC: variable cost)이 된다. 생산설비, 고용된 근로자에게 지불하는 인건비, 원재료 구입비용 등은 단기적으로는 고정비용이지만, 장기적으로는 탄력적으로 조절이 가능한 가변비용인 것이 많기 때문에 단기비용곡선과 장기비용곡선은 일치하지 않는다.

위의 [그림 2-1]은 또한 K사의 소규모, 중규모, 대규모 공장의 단기비용곡선과 장기비용곡선을 보여준다. 단기비용곡선과 장기비용곡선은 모두 생산량이 증가하면 비용이 감소하여 최저점에 도달했다가, 최저점을 넘어서면 비용이 다시 상승하는 'U-곡선' 형태를 갖는다. 그러나 K사의 소규모, 중규모, 대규모 단기비용곡선 a, b, c가 급격하게 감소하다가 증가하는 반면, 장기비용곡선 *D*는 보다 완만한 'U-곡선' 형태를 갖는다. 그 이유는 기업이 단기적으로 대응하는 것보다 장기적으로 생산량을 보다 유연하게 조절하는 것이 가능하기 때문이다.

자, 그러면 여기서 규모의 경제를 설명해 보기로 한다. 먼저, 현재 K사가 7만대 정도의 소규모 생산능력을 가지고 있다고 가정하고, 생산능력 내에서 자동차 6만대를 생산할 경우 대당 평균생산비용 2,200만 원에 생산할 수 있다고 하자([그림 2-1]의 단기비용곡선 a의 왼쪽 커브). 여기서 K사가 생산량을 7만대로 늘린다면, 평균생산비용은 주어진 생산설비에서 대당 2,000만 원으로 감소한다(단기비용곡선 a의 최저점). 평균생산비용(*AC*: average cost)이 한계생산비용(*MC*: marginal cost)과 같아지는 점($AC=MC$)까지는 생산량을 늘릴수록 평균생산비용은 감소하게 된다. 이를 '규모의 경제(economy of scale)'라고 한다. 생산규모가 늘어날수록 평균생산비용이 감소하여 '경제적으로 생산할 수 있다'는 의미이다.

이를 좀 더 쉽게 풀어보자. K사가 연산 7만대 생산능력을 가진 큰 공장을 지어 놓고 자동차를 1대만 생산한다고 하자. 매우 비현실적인 상황이긴 하지만, 당연히 엄청난 비용이 들 것이다. 공장부지 매입비, 공장설비 및 장비 투자비 등 모든 고정비용을 모두 자동차 1대 생산하는 데 들어가는 비용으로 계산해야 한다. 아마도 수백억, 아니 수천억은 족히 들지 않을까? 큰 공장을 지어놓고 자동차 1대만을 생산하는 어리석은 회사는 지구상에 없을 것이다. 1대가 아니라 몇 백대를 생산한다면 대당 고정생산비용은 더욱 떨어지고, 몇 만대를 생산한다면 대당 고정생산비용은 비약적으로 떨어질 것이다. 많이 만들수록 고정비(여기서는 공장부지 및 공장설비를 갖추는 데 드는 비용)를 생산대수로 나눈 대당 고정생산비용은 떨어진다.

대표적인 변동비용인 인건비의 경우에도 많이 만들수록 대당 인건비는 떨어진다. 변동비는 생산량에 비례하는 것인데 왜 떨어진다는 걸까? 먼저 근로자의 숙련은 시행착오를 거듭함으로써 고도화되어 노동생산성이 높아진다. 숙련수준이 고도화되어 노동생산성이 올라가면 대당 인건비는 떨어지게 된다. 이를 학습효과(learning effect) 또는 경험곡선(experience curve)이라고 한다. 마지막으로, 원재료와 부품단가도 많이 만들수록 대량 구매의 이점으로 저렴해진다.

이와 같이 주어진 생산설비를 증설하지 않고도 생산량을 늘림으로써 평균 생산비용을 절감하는 것을 규모의 경제 중에서 '대량생산의 이익'이라고 한다.

그러면 이제 '규모의 비경제'를 설명해 보자. '규모의 비경제'는 생산규모가 커질수록 단위당 생산비용이 증가하는 현상을 말한다. 위 [그림 2-1]의 단기생산곡선 a에서 최적상태의 생산량인 7만대에서 1만대를 추가하여 8만대로 생산을 늘린다면 평균생산비용은 대당 2,000만 원에서 2,200만 원으로 오히려 늘어나게 된다(단기생산곡선 a의 오른쪽 커브). 최적의 생산량을 넘어서면 한계비용이 평균비용을 상회하기 때문이다($MC > AC$). 이를 '규모의 비경제(diseconomy of scale)'이라고 한다. 생산규모가 커질수록 비용이 증가하여 '경제적으로 생산할 수 없다(비경제)'는 의미이다.

이를 좀 더 쉽게 설명해 보자. 위의 예에서 K사가 최적의 생산량(7만대)을 넘어서서 추가로 1만대를 더 생산하기 위해서는 현재 지불하고 있는 대당 생산비용(대당 2,000만 원)보다 더 많은 비용(대당 2,200만 원)을 들여야 가능하다. 그런데 왜 비용이 증가할까? 다음 설명을 보자.

현재 7만대에서 1만대를 단기적으로 더 만들기 위해 생산설비를 갑자기 증설하기는 어려울 것이다. 기존 공장과 설비를 그대로 두고 생산량을 늘리려면, 다음과 같은 방법을 어쩔 수 없이 동원해야 한다. (1) 근로자에게 비싼 수당을 지불해야 하는 잔업(overtime)을 시키거나, (2) 역시 높은 비용이 수반되는 교대근무(shift)를 늘리거나, (3) 적지 않은 채용 및 훈련비용이 요구되는 신규 근로자를 추가로 고용해야만 생산량을 늘릴 수 있을 것이다. 마지막으로, (4) 설사 같은 비용으로 근로자를 확보하는 데 성공하더라도, 주어진 공장설비에 근로자를 추가로 투입하게 되면 생산라인을 더 비좁게 만들고, 근로자 간 작업상의 불편함을 유발하여 생산효율을 저하시킨다. 이들 방법은 모두 평균생산비용의 증가를 가져온다. 이와 같이 생산규모가 커질수록 단위당 생산비용이 증가하는 현상을 '규모의 비경제'라 한다. 이 밖에도 원인은 더 있다. 규모가 커지면 (1) 강력한 대기업 노동조합이 등장하여 임금을 상승시키고, (2) 기업 내부에 세분화된 부서들이 점점 많아져서 부서

간 조정비용이나 감시비용이 늘어나며, (3) 수직적 계층이 추가되면 서류작업과 보고업무와 같은 관료제 비용이 불필요하게 커지는 등의 요인들이 '규모의 비경제'를 유발하게 된다.

이번에는 규모의 경제의 두 번째 원인인 '대규모 경영의 이익'을 설명한다. 앞서 설명한 대로 장기비용곡선 *D*는 단기비용곡선 a, b, c와는 달리 보다 완만한 'U-곡선' 형태를 갖는다고 하였다. 단기적으로 소규모 공장 설비를 가지고는 생산량을 7만대 이상으로 늘리면 '규모의 비경제'가 발생(단기비용곡선 a의 오른쪽 커브)하지만, 장기적으로 10만대 이상으로 생산시설을 확충하면 '규모의 경제'가 발생하여 생산비용이 감소(장기비용곡선 *D*의 왼쪽 커브)하는 것이다.

이와 같이 생산설비를 증설하거나 공장수를 늘려갈 때 발생하는 규모의 경제를 '대규모 경영의 이익'이라고 한다. 최적규모에 도달한 공장을 여러 개 보유하고 있는 기업의 경우에는 기업 전체의 평균비용이 공장 단위의 평균비용보다 작은 경우가 많다. 그것은 대규모 관리의 이익, 대량판매의 이익, 대량구매의 이익 등에 의한 것이고 이들은 모두 '대규모 경영의 이익'이라고 볼 수 있다.

장기적으로는 평균생산비용이 어떤 지점(생산량)까지는 점차 감소하고, 그 다음에는 얼마 동안 불변을 유지하다가, 다시 그 이후에는 점차 증가하는 경우가 많다. [그림 2-1]의 장기비용곡선에서 최저의 평균생산비용(대당 1,800만 원)이 유지되는 구간인 10만대에서 20만대 사이를 '최적규모(optimal scale)' 구간이라고 하며, 이론적으로 모든 기업은 생산량을 이 구간에 위치시키려고 노력한다.

장기비용곡선에서도 '규모의 비경제'는 발생한다. 위의 예에서 최적규모의 한계점인 20만대를 넘어서면 자동차 1대당 평균생산비용은 1,800만 원에서 그 이상으로 증가하게 된다(장기생산곡선 *D*의 오른쪽 커브). 장기비용곡선에서도 최적규모를 넘어서면 한계비용이 평균비용을 상회하기 때문이다($MC > AC$).

이론적으로는 규모의 비경제가 설명될 수 있지만, 현실세계에서 과연 규모의 비경제가 걱정스러울 정도로 많이 존재할까? 단기적으로는 토지, 공장, 설비 등에 투자된 물적자본뿐 아니라, 근로자와 경영자와 같은 인적자본도 고정비의 성격을 가지고 있기 때문에 최적규모를 넘어서는 생산을 할 경우 규모의 비경제는 발생할 수 있다.

그러나 많은 기업들이 단기적으로 '규모의 비경제'에 직면하더라도 장기적으로는 물적자본과 인적자본의 투입량을 최적으로 조정할 수 있기 때문에 규모의 비경제가 발생하기 어렵다는 주장도 만만치 않다. 기업혁신론자들 역시 규모의 비경제는 발생하기 어렵다고 주장한다. 요즘같이 첨단기술이 비약적으로 발달하고 이에 기반한 신제품이 끊임없이 출시됨에 따라 생산비용은 시시각각 감소한다는 것이다.

2) 범위의 경제

'범위의 경제(economy of scope)'란 기업이 두 개 이상의 재화나 서비스를 함께 생산할 때 발생하는 총비용이 이를 별도의 기업이 각각 생산했을 때 발생하는 총비용보다 작아지는 현상을 의미한다. 더 쉽게 설명하면, 두 개의 제품을 한 기업이 모두 생산하는 것이 두 개의 제품을 각각 다른 기업들이 생산하는 것보다 더 저렴한 비용이 들 때 '범위의 경제'가 존재한다. 이를 수식으로 표현하면 다음과 같다.

$$C(a+b) < C(a) + C(b)$$

위 식에서 C는 생산비용, a, b는 각기 다른 제품을 의미한다. 제품 a와 제품 b를 생산하는 두 개의 기업이 독자적으로 존재한다는 가정 하에, $C(a)$는 첫 번째 기업이 제품 a만을 생산할 때 드는 비용, $C(b)$는 두 번째 기업이 제품 b만을 생산할 때 드는 비용, $C(a+b)$는 제품 a와 제품 b를 생산하는 기업이 하나로 합병되어 이들 제품을 동시에 생산할 때 드는 총비용을 의미한다. '범위의 경제'는 위 식에서와 같이 $C(a+b)$가 $C(a)$와 $C(b)$의 합보다 작을 때 발생한다. 다시 말해 두 가지 제품을 서로 다른 기업이 각각 생산하는 것보다 두 가지 제품을 한 기업이 생산함으로써 생산비용이 절감되어 한 가지 제품만을 생산하는 경쟁자보다 우위에 서게 되는 현상을 의미한다.

그렇다면 '범위의 경제'가 발생하는 이유는 무엇일까? 경영전략이론에서는 이를 '자원과 역량(R&C: resources and capabilities)의 공유'로 인해 발생하는 것으로 설명한다(물론 경제학에서는 '자원과 역량'을 모두 생산요소로 파악한다). 이를 설명하기 위해서는 먼저 자원과 역량의 개념을 이해해야 한다.

자원(resources)이란 기업이 제품이나 서비스를 생산하는 데 투입(input)되는 물적자본(경제학에서는 자본)과 인적자본(경제학에서는 노동)을 의미한다. 물적자본의 예로는 재무자본, 토지, 공장, 건물, 설비 및 장비 등을 들 수 있으며, 인적자본은 경영진과 종업원을 말한다.

역량(capabilities)은 기업이 보유한 다양한 물적·인적자원들을 독특한 방식으로 결합하는 기업의 능력을 말한다. 경영자의 현명한 사업판단(business judgment) 및 자원결합 역량, 창업시절부터 형성되어 온 독특한 기업문화, 혁신적인 기술개발능력 등을 예로 들 수 있다.[1] 기업의 역량이 아주 뛰어나 경쟁자들이 감히 따라올 수 없는 경지에 도달하여 오랫동안 지속적인 경쟁우위를 누리게 되는 경우 이를 핵심역량(core competence)이라고도 한다. 이런 점에서 핵심역량은 경쟁시장에서 독점적 지위를 확보한 것과 같은 효과를 발휘한다.

그러면 자원과 역량(생산요소)의 공유로 인해 '범위의 경제'가 어떻게 발생하는지를 예를 들어 설명해 보자. 첫 번째 사례는 자원의 공유 사례이다. 1970년대에 담배제조회사 필립 모리스(Philip Morris International Inc.)는 맥주제조회사인 밀러맥주(Miller Brewery)를 인수하였다. 겉으로 보기에는 담배와 맥주라는 상이한 제품을 만드는 두 회사였지만,

그림 2-2 필립 모리스와 밀러 맥주의 회사 로고

1 물론 자원과 역량을 어떻게 구분할 것인가에 대해서는 다양한 의견이 있다. 일각에서는 자원을 유형자산(tangible assets)과 무형자산(intangible assets)으로 파악하고, 역량은 이들을 결합하는 기업의 고유한 능력으로 구분하기도 한다. 경영학계 일부와 실무계에서는 자원과 역량을 엄밀하게 구분하지 않고 사용하는 경우도 많이 있다(cf. Barney & Hesterly, 1994).

필립 모리스社는 밀러社와 유통망을 공유할 수 있다고 판단하였다.

두 번째 사례는 역량의 공유 사례이다. 대다수의 미국 기업들이 한 업종에 전문화되어 있는 반면, 제너럴 일렉트릭(GE: General Electric)社는 비관련 다각화(unrelated diversification) 전략을 끊임없이 추구하여 성공한 대표적인 기업이다.

19세기 말에 조그마한 전구 생산업체에서 출발한 GE는 이제 의료기기, 발전기, 항공기 엔진, 원자력, 방송, 금융 등 우리나라 재벌들 못지않게 문어발식 다각화 사업을 영위하고 있다. 일반적으로 비관련 다각화는 사업간 관련성이 적어서 자원과 역량을 공유하기 어렵기 때문에[2] 수익성이 낮다고 하는데 GE는 예외적으로 오랫동안 높은 수익성을 보여주었다. 비결이 무엇일까?

GE를 20년간 지휘한 잭 웰치(Jack Welch)는 GE가 경쟁자가 쉽게 따라잡을 수 없는 GE만의 핵심역량을 확보하였다고 자랑하였다. 과연 웰치는 무슨 비결이 있었던 것일까? 사업간 연관성이 없어 보이는 비관련 다각화에서 어떻게 핵심역량을 갖출 수 있었을까? 그의 자서전 〈끝없는 도전과 용기〉[1]에서 웰치는 그 비결을 GE만이 보유한 경영자의 역량에서 찾는다.

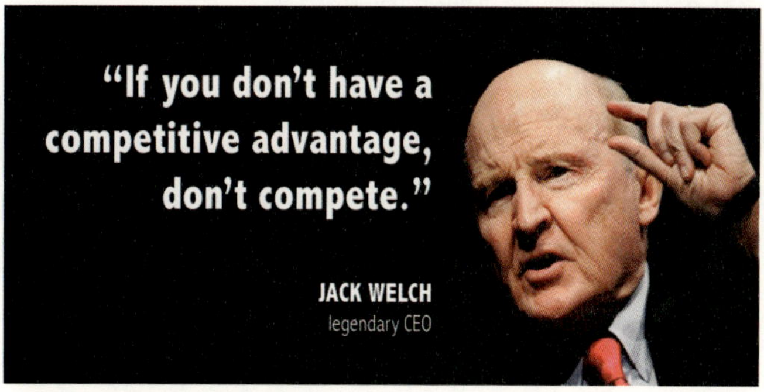

그림 2-3 GE의 CEO 잭 웰치

그는 GE의 경영자라면 누구든지 GE에서 전수받은 탁월한 경영능력으로 전구사업이든, 방송사업이든, 금융사업이든, 항공기 엔진사업이든, 어떤 사업이라도 맡기면 반드시 성공시켜야 한다고 굳게 믿

2 비관련 다각화는 크게 두 가지로 설명한다. 그중 하나는 위험분산이론이다. 여름철 아이스크림 장사는 비가 오면 장사를 망치기 때문에 아이스크림 외에 우산을 같이 판다면, 맑은 날에는 아이스크림을 팔고, 비오는 날에는 우산을 팔아 돈을 벌 것이다. 사업의 위험이 분산되는 것이다. 다른 하나는 경쟁우위(competitive advantage)이론이다. 기존 사업에서 경쟁업체에 비해 경쟁력이 없는 기업은 경쟁자를 피해 신규사업에 진출하고 싶은 유혹을 느낀다. 관련 산업에 진출하면 경쟁우위를 이미 구축한 경쟁자에게 패배할 것이라고 우려하기 때문이다.

었다. GE의 핵심역량은 무슨 사업을 맡겨도 최고의 경영성과를 만들어 낼 수 있는 유능한 경영자를 많이 보유하는 데 있다는 것이다. 물론 GE는 다각화사업의 경영역량을 갖추기 위한 치열한 내부경쟁과 역량개발 시스템을 갖추는 데 성공하였다. 경영자들 사이에 경영역량을 공유하게 함으로써 '범위의 경제'가 효과를 발휘한 사례이다.

그림 2-4 한국콜마가 생산, 카버코리아에 공급한 AHC 리얼 아이크림 포 페이스
자료원: 이코노미조선, 2017.07.24.

마지막으로 국내 기업의 역량공유 사례를 들어보자. 전 세계 500개 화장품 회사에 제품을 공급하는 국내 화장품 제조업자개발생산(original development manufacturing: ODM) 업체인 한국콜마는 2011년 제약회사인 BRN사이언스를 인수하였다. 한국콜마는 화장품 사업에 적용되는 유화기술(물과 기름을 섞는 기술)과 파우더 제조기술(화장품의 파우더팩 제조기술)이 제약업에도 동일하게 적용될 수 있다는 사업적 판단으로 제약업체인 BRN사이언스를 인수하여 다수의 새로운 의약품 출시에 성공하게 된다. 의약품도 화장품과 똑같이 환부에 바르는 크림(크림은 물과 기름의 결합임) 제품과 가루약(파우더)이 담긴 캡슐이나 알약 제품이 다수 있다는 것을 상기하자. 화장품과 제약업 간 제조공정 및 기술개발 역량의 공유 사례이다.

생산규모를 늘림으로써 비용을 줄이는 '규모의 경제'와 상이한 제품을 동일한 기업이 생산함으로써 비용을 줄이는 '범위의 경제'는 확연히 구분되는 개념임에도 불구하고 경영학이나 경제학을 공부하는 사람들 중에서도 간간이 '규모의 경제'와 '범위의 경제'를 혼동하는 이유는 무엇일까? 혼동의 가장 주된 이유는 '규모의 경제'와 '범위의 경제'를 발생시키는 원인이 많은 경우 동일하기 때문이다.

일반적으로 '규모의 경제'와 '범위의 경제'를 동시에 발생시키는 원인을 생산요소의 '불가분성(不可分性: indivisibility)'[3]으로 설명한다. 기업이 어떤 제품을 생산하는 과정에서 투입되는 생산요소의 특성으로 인해 생산량을 줄여도 비용이 줄어들지 않는 경우가 있다. 생산량이 줄어도 생산요소를 나눌 수 없어서 투입이 줄지 않는 특성을 생산요소의 '불가분성'이라고 한다.

예를 들어 설명해 본다. 앞서 '범위의 경제' 사례에서 담배제조업체인 필립 모리스社는 맥주제조업체인 밀러맥주를 합병하여 유통망을 공유하게 되었다. 먼저 필립 모리스가 담배 제품을 운송하기 위한 트럭을 보유하고 있다고 하자. 필립 모리스의 고객인 편의점 체인이 동일 제품(예컨대 담배)을 얼마나 주문하든, 또는 상이한 제품(예컨대 담배와 맥주)을 얼마나 주문하든, 운송차량을 운행하는 총 비용은 어차피 동일하여(고정비로 간주됨) '요소불가분성'을 가진다. 그러면 여기서 '규모의 경제'와 '범위의 경제'는 어떻게 발생하는 걸까?

첫째, 운송차량은 실어 나르는 제품에 대한 주문이 적다고 해서 톱으로 일부만 잘라서 운행할 수 없는 '요소불가분성'의 특성을 띠지만, 이 경우에도 '규모의 경제'는 발생한다. 고객의 담배 주문량이 10박스에서 50박스로 늘게 되면, 박스당 운송비는 1/5로 감소하게 되어 '규모의 경제'가 생긴다. 둘째, 밀러社의 맥주를 필립 모리스 차량(역시 요소불가분성)의 빈 공간에 채워 운송한다면 맥주(밀러社)의 운송비용과 담배(필립 모리스社)의 운송비용을 동시에 절감할 수 있다. '범위의 경제'에 따른 운송비용의 절감효과이다. 따라서 두 경우 모두 차량의 '요소불가분성'으로 인한 제품 단위당 운송비용의 절감이 발생한다. 필립모리스 차량의 불가분성으로 인해 '규모의 경제'와 '범위의 경제'가 동시에 발생하기 때문에 혼동을 불러일으키는 것이다.

3) '규모의 경제', '범위의 경제'와 자본주의의 발달

지금까지 '규모의 경제'와 '범위의 경제'의 효과에 대해서 논의하였다. 시장경제체제 하에서 기업은 '규모의 경제'와 '범위의 경제'를 꾀하기 위하여 부단히 노력해 왔고, 그 결과 자본주의체제의 효율성을 증대하여 왔다. 이런 이유로 자본주의에서는 대기업(규모의 경제)과 여러 사업을 영위하는 기업(범위의 경제)이 필연적으로 출현하게 된다. 우리가 아는 수많은 해외의 글로벌

3 불가분성은 비분할성(非分割性)이라도 한다. 모두 indivisibility의 번역어이다.

기업뿐 아니라 국내의 재벌기업도 '규모의 경제'와 '범위의 경제'를 끊임없이 추구하는 과정에서 생겨난 기업들이다.

여기서 질문 하나를 던져 보자. "'규모의 경제'와 '범위의 경제'는 생산비용을 줄임으로써 기업과 경제 전체의 효율성을 증대시켜 자본주의의 발달에 기여해 왔지만 이것이 정의롭고 공정하다고 볼 수 있는가?" 이제 이러한 질문에 익숙해진 독자들은 이에 대한 답이 '그렇다'와 '아니다'로 나누어짐을 알아챌 것이다.

먼저 '그렇다'에 찬성하는 사람들은 효율성의 긍정적 효과에 주목한다. 효율성이 증가하면 기업에게도 이익이 되지만 소비자에게도 양질의 제품과 서비스를 저렴하게 공급함으로써 소비자 효용을 증대시킨다는 주장이다.

반면 '아니다'에 손을 드는 사람들도 있다. 재갈이 물리지 않은 무제한의 효율성 증대는 시장을 왜곡시키는 독과점을 초래하여 공급자(기업)에게 과도한 이득을 안겨주는 반면, 수요자(소비자)에게는 과도한 손해를 끼침으로써 부의 격차를 야기하여 더 이상 공정한 사회가 아니라는 것이다. 그렇다면 다음 절에서는 효율성 증대로 인한 독과점의 폐해에 대해서 알아보기로 한다.

2. 효율성 추구는 자본주의의 모순을 초래하는가?: 독과점의 폐해와 부의 격차

1) 독과점의 폐해

개인의 자유로운 의사결정과 시장경쟁(이 두 가지가 충족되는 경제체제를 '자유시장경제'라고 함)을 통해 효율성이 증대함으로써 자본주의가 발달해 왔다는 사실을 부정할 사람은 없겠지만 일각에서는 자본주의가 독과점의 폐해와 부의 격차라는 내재적 모순을 야기했다고 비판한다.

자, 그러면 독과점의 폐해와 부의 격차의 문제를 각각 살펴보기로 한다. 첫 번째 주제는 독과점으로, 이는 다시 독점과 과점으로 구분할 수 있다. 독점은 영어로 'monopoly(공급독점)'로 표기한다. 이 용어의 어원은 그리스어의 mónos(단독)와 pōleîn(판매 또는 공급)의 합성어로, 어떤 재화나 서비스의 공급자가 1인 또는 1개 기업 외에는 존재하지 않아 공급자가 결정하는 공급량에 따라 시장가격을 좌우할 수 있는 시장형태를 의미한다.

"I Like a Little Competition"—J. P. Morgan

그림 2-5 J. P. 모건의 독점 선호
자료원: *The Masses*지 삽화 (Feb., 1913)

물론 독점에는 공급독점 이외에 '수요독점(monopsony)'도 존재한다. 수요독점이란 어떤 재화나 서비스의 구매자가 1인 또는 1개 기업 외에는 존재하지 않아 독점적 구매자가 결정하는 수요량의 증가에 따라 시장가격을 좌우하는 시장형태를 말한다. 독점은 공급독점이든 수요독점이든 시장에서 가격과 수량을 자의적으로 결정함으로써 '소비자잉여(consumer surplus)'와 '사회 후생(social welfare)'을 해치는 시장형태를 의미한다.

독점 말고도 시장에서 공급자 임의대로 가격이나 판매량의 조절이 가능한 시장형태로 과점(oligopoly)이 있다. 과점은 시장에서 공급자가 1인(또는 1개 기업)이 아니더라도 공급자의 숫자가 소수밖에 없어서 가격이나 공급량을 담합(collusion)을 통해 마음대로 조절함으로써 독점과 마찬가지로 소비자잉여와 사회적 후생을 파괴하는 시장형태이다.

이러한 맥락에서 독점과 과점을 같이 묶어 독과점이라고 부른다. 경제학 이론에서 독과점은 바람직하지 않은 시장형태이다. 그 이유는 명확하다. 독과점 기업은 가격이나 판매량을 자의적으로 조절(증가 또는 감소)하여 소비자에게 과도한 비용을 지불하게 함으로써 소비자잉여를 파괴할 뿐 아니라, 생산자잉여를 과도하게 부풀려서 취하기 때문이다.

시장에서 공급을 독점하는 기업은 완전경쟁시장의 기업과는 달리 가격을 한계비용보다 높게 책정하기 때문에, 완전경쟁시장에서의 균형가격보다 높고, 생산량은 적은 수준에게 결정된다. 이렇게 되면 소비자의 입장에서는 두

그림 2-6 20세기 초반 스탠더드 오일의 주유소

가지 불리한 결과가 생긴다. (1) 높은 가격으로 인해 공급자에게 독점이윤[(독점가격−한계비용)×판매량]을 지불하게 된다. (2) 생산량이 증가하면서(판매량이 독과점가격보다 낮은 균형가격에 도달할 때까지) 발생할 수 있는 소비자잉여가 사라진다.

이를 좀 더 구체적으로 이해하기 위해서는 조금 귀찮더라도 이 책 1장 11쪽의 [그림 1-2]에서 소비자잉여가 $\triangle ACB$에서 $\triangle AC'B'$으로 축소되고, 사회후생은 $\triangle C'CE$만큼 감소된다는 설명을 다시 한 번 읽고 확인하기 바란다.

전 세계적으로 자본주의가 발달하면서 19세기 후반에서 20세기 초반에 이르기까지 서구사회의 독과점 기업들이 거대한 왕국을 건설하며 시장을 지배하기 시작하였다.

미국을 예를 들면 석유王 록펠러(John D. Rockefeller, 1839-1937)의 스탠더드 오일(Standard Oil Co.), 철강王 카네기(Andrew Carnegie, 1835-1919)의 유에스 스틸(United States Steel Corp.), 화약재벌 듀퐁(Éleuthère Irénée du Pont, 1771-1834)家의 듀퐁(DuPont, 원명은 E. I. du Pont de Nemours and Company) 등의 기업이 대표적인 독과점 기업의 사례이다. 이들 기업은 사회적으로 심각한 독과점 폐해 논란을 야기하여 19세기 말 미정부는 독과점법을 제정하기에 이른다. 위 [그림 2-6]은 20세기 초반에 미국 전역에 소재했던 독점기업 스탠더드 오일의 주유소 전경을 보여준다.

2) 부의 격차

1장에서 자본주의 비판론 중에서 자본주의가 발달할수록 내재적인 모순으로 인해 부의 격차(또는 불평등)를 심화시키는 경향이 있다는 점을 다루었다(1장 18쪽 이하 참조). 자본주의가 발달할수록 소득에 비해 부(자본)의 증가가 훨씬 빠르며, 자본소득이 노동소득보다 과도하게 배분됨으로써 부의 격차가 심화된다는 것이 비판론의 핵심이다. 그런데 독과점의 폐해에 대해서는 문제점과 해결책이 큰 쟁점없이 비교적 명확하게 제시되어 있는 반면, 부의 격차에 대해서는 현상과 원인분석 및 해결책이 복잡할 뿐더러 이념적 성향에 따라서도 논점이 첨예하게 대립되어 왔다.

초기 자본주의의 모순을 비판했던 칼 마르크스 이후, 최근 들어 자본주의에 대한 비판론의 선두에 선 경제학자 토마 피케티(Thomas Piketty, 1971-) 를 다시 한 번 언급하지 않을 수 없다. 토마 피케티는 파리경제대학(PSE)의 교수로 그의 저서 〈*Capital in the Twenty-First Century*〉 (2014)는 국내에서도 〈21세기 자본〉으로 번역되었고, 전 세계적으로 250만부가 판매되어 독자들의 선풍적인 인기를 얻었다(아래 [그림 2-7] 참조).

그림 2-7 피케티의 〈21세기 자본〉 독서 열풍을 풍자한 삽화
자료원: 영국 가디언지, 2014.09.21

여기서 피케티의 주장과 그에 대한 반론을 함께 다루기로 한다. 피케티 주장의 핵심은 다음과 같이 요약될 수 있다. 사람들의 소득은 크게 보아 '돈이 돈을 버는' 자본소득(자본수익)과 '일을 해서 돈을 버는' 노동소득으로 구분되는데, 자본주의는 역사적으로 '돈이 돈을 버는' 자본수익률(r)이 경제성장률(g)보다 높다는 것이다. 이렇게 되면 경제성장의 과실을 자본가가 더 많이 가져가서 더 큰 부자가 되고 노동자는 그만큼 적게 가져감으로써 소위 '부익부 빈익빈', 결국 빈부 격차가 심화된다는 것이다.

피케티는 여기서 한걸음 더 나아가 자본가의 부가 자손들에게 세습됨으로써 불평등은 더욱 심화된다고 주장한다. 이 말은 혹시 1장에서 들어본 적이 있지 않은가? 그렇다. 자본주의는 노동착취라고 주장하는 마르크스가 머릿속에 떠오른다. 자본주의가 내부적 모순으로 인해 자본가의 노동자 착취가 지속되는 경제체제라고 규정했다는 점에서 피케티의 주장은 칼 마르크스와 유사하다. 실제로 영국의 경제전문지 이코노미스트는 그를 '현대판 마르크스'라고 부른 바 있다.[2]

피케티는 산업혁명 이후의 300년에 달하는 방대한 자료를 분석하여 그동안 전 세계 경제학계의 정설로 받아들여져 왔던 쿠즈네츠 곡선(Kuznets Curve)을 공격함으로써, 부의 불평등 논쟁에 불을 지폈다.

아래 [그림 2-8]의 쿠즈네츠 곡선은 한 국가의 국민소득이 일정수준(Y*)에 도달할 때까지는 불평등이 심화되다가 소득이 일정수준(Y*)을 넘어서면 불평등은 점차 줄어든다는 것이 핵심내용이다. 여기서 불평등은 자본소득을 근로소득으로 나눈 비율로 측정한다.

그러면 실제로 어떤 일이 발생했을까? 전 세계 국민소득 통계를 분석해 보면, 쿠즈네츠 곡선의 예측대로 1930년대까지는 불평등이 증가하다가, 1940년대 이후 1970년대까지 감소 추세를 보인다. 여기까지는 쿠즈네츠 곡선의 예측이 맞다. 그러나 1980년대 이후에는 쿠즈네츠의 예측이 맞지 않는다. 국민소득 자료는 전 세계적으로 80년대 이후에 불평등이 증가추세로 반

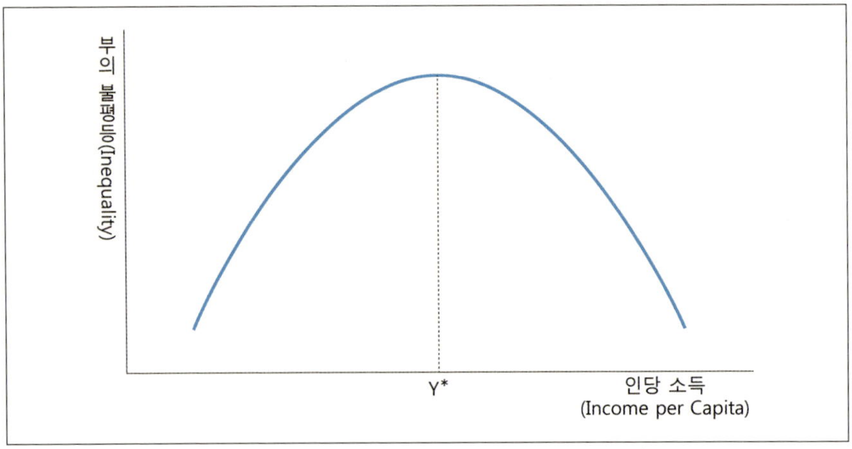

그림 2-8 쿠즈네츠 곡선

전하였음을 보여준다. 쿠즈네츠 곡선은 불행하게도 80년대 이후에 전개되는 불평등 현상을 더 이상 설명하지 못하게 된 것이다. 따라서 피케티의 자본주의 비판은 1980년대 이후의 불평등 심화에 초점을 맞춘다.

그림 2-9 2011년 "월가를 점령하라!" 시위 현장

부의 불평등이 심화되었다는 피케티의 주장에 대한 간접적이긴 하지만 또 다른 증거로 1980년대 이후 전 세계적으로 노동소득분배율(labor share)이 감소추세에 있다는 사실을 들 수 있다. 국가경제에서 생산된 부(GDP)에서 노동(근로자)에 배분되는 소득을 노동소득분배율[4]이라고 하는데 실증연구에 의하면 자본주의 발달에 따른 노동소득분배율이 전 세계적으로 꾸준히 감소해 왔음을 보여준다.[3]

2011년 가을 전 세계 자본주의의 본산이라고 할 수 있는 뉴욕 월가에서 "월가를 점령하라(Occupy Wall Street)"는 시위가 발생하였다. 시위에 참여한 젊은이들과 이에 동조한 일반인들은 대기업 특히 금융 대기업의 탐욕과 타락으로 인하여 미국뿐 아니라 전 세계적으로 부의 불평등이 심화되어 이를 더 이상 방치해서는 안 된다고 목소리를 높였다([그림 2-9] 참조).

이와는 반대로 자본주의의 발달에 따라 부의 불평등이 심화되었다는 비판에 동의하지 않는 주장도 있다. 자본수익률(r)이 성장률(g)을 상회($r > g$)한다고 해서, 이를 단순히 부의 불평등의 확대로 해석하는 것은 논리의 비약이라는 반론을 제기한다. 먼저, 〈맨큐의 경제학〉으로 유명한 하버드 대학의 경제학과 맨큐(Gregory Mankiw, 1958-) 교수는 "r이 g를 상회하는 것이 뭐가 문제냐?"고 반문하고, 오히려 r이 g보다 낮으면 문제가 심각해진다고 지적한다. $r < g$이면 이미 자본이 과다축적되어 비효율적인 자원배분임을 증명하는 셈이다(성장률보다 낮은 자본수익률은 자본의 과다축적으로 인한 수확체감에 들어서서 비효율적 배분이 시작되었음을 의미한다). 오히려 $r > g$가 되어야 자본가

4 노동소득분배율은 국민총생산에서 순수하게 노동의 대가(급여)로 지불된 소득을 비율로 계산한 것이다. 국가경제가 만들어 낸 부(富)에서 노동에 지불된 몫이라고 볼 수 있다.

가 현재의 소비를 억제하고 미래에 투자함으로써 노동자들의 생산성과 소득을 동시에 올릴 수 있다고 주장한다(이를 동태적 효율성이라고 한다).[4]

맨큐는 피케티의 부의 세습화 주장에 대해서도 날을 세운다. 자본(또는 부자)에 대한 세금, 상속세, 여러 명의 자손에게 부의 분산, 자손들의 상속자본 소비(허비 및 탕진을 포함) 등을 감안하면 실질적인 자본수익률은 성장률보다 작아서 부의 세습은 심각하지 않다고 비판한다.

죽기 전까지 전 재산의 95%를 사회에 환원하겠다고 약속한 마이크로소프트의 이사회의장 빌 게이츠(William Gates, 1971-)도 피케티 비판에 가세한다. 빌 게이츠는 부자의 유형으로 (1) 자신의 부를 자기 사업을 위해 투자하는 사람, (2) 자선사업에 쓰는 사람, (3) 요트나 비행기 등 사치품에 소비하는 사람 등 세 가지로 구분하였다. 이들 중 (1)과 (2)부류가 (3)부류보다 사회적으로 더 우월한 가치를 전달한다고 보았다. 부자라고 해서 모두 똑같이 '사치한' 부자가 아니라는 것이다. 더 나아가 그는 자본주의에서 '부의 불평등'과 '부의 세습'이 고착화되었다는 주장에 동의할 수 없다고 비판한다. 본인 스스로가 청년시기에 자립하여 노력과 운을 통해 성공한 사업가가 되었고, 역사적으로 보더라도 부의 세습은 증거가 없다고 주장한다.

마지막으로 '부의 격차'의 원인에 대한 다른 견해를 살펴보자. 피케티를 정점으로 전개되는 자본주의체제의 불평등의 원인이 자본가의 탐욕이나 자본의 착취가 아니라 다른 곳에 있다는 유력한 반론이 있다. 골딘과 카츠(Claudia Goldin, 1946- ; Lawrence Katz, 1959-)는 19세기 말부터 2000년까지의 자료를 분석한 결과 불평등의 60%는 학력격차로, 30%는 글로벌화로 설명할 수 있다고 주장하였다.[5]

이들에 의하면 현대 자본주의는 물적자본(자본가)의 시대가 아닌 인적자본(human capital)의 시대이다. 교육을 많이 받을수록, 인적자본의 질이 우수할수록, 인적자본의 수익이 높아져서 소득이 늘어난다. 인적자본으로 인한 소득격차는 불평등으로 해석하기 어렵다. 왜냐하면 피케티가 언급하였듯이, 인적자본의 수익은 다름 아닌 '일을 해서 돈을 버는' 노동소득이기 때문이다. 따라서 인적자본이론에 근거한 불평등 해소방안은 교육의 양과 질을 높여 개인의 역량을 고도화하는 것이다. 즉, 교육기회가 적은 계층에게 교육을 확대하고, 기술발전에 적합한 양질의 교육을 제공하여 교육격차를 줄이는 것이 불평등을 해소하는 가장 효과적인 방안이라고 보는 것이다.

3. 자본주의의 모순을 해결하는 방안은 있는가?

자본주의 시장경제에서 효율성의 추구로 인한 독과점의 폐해와 부의 격차를 해소하는 방안은 전 세계적으로 시도되어 왔다. 각국마다 방법은 다르지만 그 해소방안은 큰 틀에서 보면 세 가지로 요약될 수 있다. 첫째, 독과점을 금지하는 반독점법 및 공정거래법의 제정이다. 둘째, 부의 격차와 소득격차를 줄이는 정부의 시장개입과 복지정책의 수립이다. 셋째, 대기업의 사회적 책임을 강화하는 것이다. 그러면 이들을 각각 살펴보기로 한다.

1) 반독점법 및 공정거래법의 제정

전 세계적으로 '규모의 경제'와 '범위의 경제'로 인해 자본주의와 대기업이 비약적으로 발전한 최초의 국가는 미국이다. 자본주의의 효율성 증대로 인해 수많은 미국인의 소득이 늘어나고 기업들이 성장하는 혜택을 누렸지만, 자본주의가 발달함에 따라 독과점 폐해의 고통을 가장 먼저 겪은 국가도 역시 미국이다.

그림 2-10 美 상원의원 존 셔먼(1823-1900)

독점의 폐해를 줄이기 위하여 미국 정부는 1890년에 세계 최초로 '반독점법(셔먼반독점법: Sherman Antitrust Act)'을 제정하게 된다. 이 법은 당시 석유, 철강, 화학 등 많은 산업에서 성행하던 기업 간 담합을 통한 가격 또는 물량의 임의적 조절행위('트러스트'라고 함)를 방지하기 위하여 제정되었다. 1914년 제정된 '클레이턴 법(Clayton Act)' 역시 독점규제를 위한 정부 권한을 강화하고, 민간인도 경쟁제한행위를 제소할 수 있도록 허용함으로써 독점적 이윤을 추구하는 기업을 처벌할 수 있게 하였다. 미국을 본받아 영국, 독일, 프랑스, 일본 등의 선진국들도 시장경쟁을 저해하는 독점을 규제하는 법안을 연이어 제정하게 된다.

미국의 독점금지법을 적용한 최근의 사례는 마이크로소프트(MS)의 인튜이트(Intuit) 합병을 불법으로 금지한 사례이다. 미국 정부는 MS가 인튜이트를 합병하면 소프트웨어 시장을 독점하게 됨으로써 시장경쟁을 현저하게 저해하고, 소비자 잉여를 해칠 것이라는 결론을 내려 합병을 불허한 것이다.

우리나라도 1975년에 '물가안정 및 공정거래에 관한 법률'을 제정하였고, 1990년에는 '독점규제 및 공정거래에 관한 법률'로 전면 개정하여 현재까지 시행해 오고 있다.

그렇다면 과연 각 나라의 독점금지법은 긍정적인 효과만 있는 것일까? 독점금지법이 마냥 긍정적일 수만은 없다는 비판적 시각도 있다. 비판론자들은 기업의 비대화가 시장에서의 경쟁 제한이라는 부정적 효과만 있다고 보지 않는다. 오히려 독점의 등장은 시장경쟁이 치열하다는 반증이자, '규모의 경제'의 편익이 늘어난다는 시각도 만만치 않다. 먼저, 독점기업의 등장은 매우 치열한 경쟁을 통해 기상천외한 혁신에 성공한 기업이 경쟁자를 물리친 결과라는 시각도 있다. 또한 독점은 '규모의 경제'와 '범위의 경제' 효과를 극대화하여 소비자에게 혜택을 준다는 주장도 있다. 대규모 합병을 통한 기업 비대화(규모의 경제)와 자원과 역량의 공유(범위의 경제)로 인하여 비용 절감과 효율성 향상을 통해 소비자 잉여를 가져올 수 있다고 보는 것이다. 예컨대, 거대은행 간 합병은 경쟁을 제한하는 부정적 효과보다는, 본사의 간접인력 감소를 통해 인건비를 절감하고, 경영 효율화를 도모하는 긍정적 효과가 훨씬 더 크다는 것이다.

이 밖에도 비판론자들은 독점 제한을 결정하는 정부가 과연 공정하고 유능한지에 대해서도 의문을 제기한다. 정부는 기업합병 또는 기업분할이 가져다

주는 편익(benefits)과 비용(costs)을 누구보다도 냉정하고 정확하게 평가해야 하는데, 당사자가 아닌 정부가 그럴 의지와 능력을 가지고 있는지 의구심을 갖는다. 정부에게 기업합병(또는 기업분할)에 대한 독점적 결정권을 주는 것이 미덥지 못하다는 것인데, 이는 그리스 철학자 플라톤(Plato, 428-347 BC)이 지적한 대로 정부가 국민을 위한 선량하고 유능한 통치자(지혜롭고 선량한 哲人)가 될 수 있을지에 대한 근본적인 의심에서 비롯된다. 정부는 객관적이고 공정한 국민의 공복이 아니라 스스로 도덕적 해이의 문제를 안고 '자기 이익(self-interest)'을 위해 언제든지 변심할 수 있는 대리인이기도 한 것이다.

2) 정부의 시장개입 또는 규제철폐

(1) 정부의 시장개입

일각에서는 부의 격차를 해소하기 위해서는 더 이상 시장에 맡겨서는 안 되고, 정부가 나서서 시장에 직접 개입해야 한다고 주장한다. 다른 편에서는 불평등을 야기하는 원인이 오히려 정부의 시장에 대한 과도한 개입 때문이라고 목소리를 높인다.

그림 2-11 정부의 시장간섭

먼저, 부의 격차를 해소하기 위한 정부의 시장개입에 대하여 살펴보자. 시장경제에 맡겨서 노동소득이 개선되지 않는다면 정부는 '공정한 분배'라는 정치적인 목적을 달성하기 위하여 시장에 개입할 유혹을 느끼게 될 것이다. 그러나 주류 경제학은 노동생산성이 수반되지 않는 상태에서 시장개입을 통해 노동소득을 인위적으로 끌어올리는 행위는 일자리를 줄일 뿐 아니라 경제성장을 둔화시키고 종국적으로는 경제위기를 불러올 수도 있다고 진단한다.

한편 성장과 분배라는 두 마리 토끼를 동시에 잡는 해법이 존재한다는 주장도 있다. 지금은 빛바랜 정책으로 평가되지만 문재인 정부의 '소득주도 성장론(income-led growth)'이 대표적인 예이다. '소득주도 성장론'은 국가가 주도하여 기업보다는 근로자(자영업자 포함)의 소득을 늘려 소비를 진작하고, 늘어난 소비를 바탕으로 기업의 투자를 다시 이끌어냄으로써 종국적으로 경제성장을 견인한다는 논리가 핵심이다.

소득주도 성장의 논리에 따른 지난 정부의 시장개입은 여러 형태로 전개되었다. 정권 초에 의욕적으로 추진했던 최저임금 인상과 비정규직의 정규직화, 골목상권 보호입법 강화, 통신비 및 카드수수료 인하 등은 노동소득을

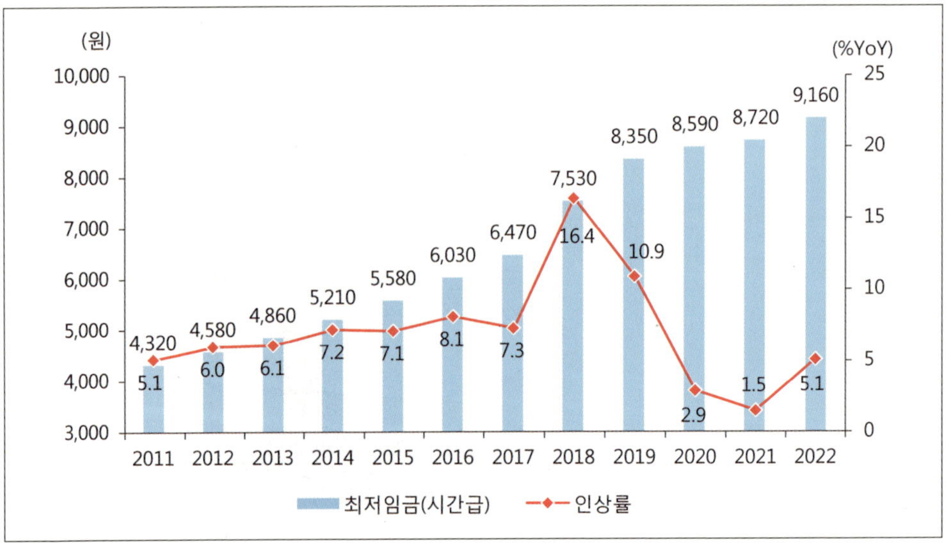

그림 2-12 정부의 최저임금 인상

자료원: 최저임금위원회

증대하기 위하여 시장에 직접적으로 개입하는 정책의 대표적인 예이다.

이 중에서 특히 최저임금은 [그림 2-12]에서와 같이, 2017년 6470원에서 2018년 7530원, 2019년에는 8350원으로 각각 16.4%, 10.9%씩 가파르게 인상되었다. 2020년에는 악화된 여론에 밀려서 2.9%로 인상이 억제되었지만, 2017년과 2018년 2년간의 최저임금인상률은 총 29.1%((1+0.164)×(1+0.109)=1.291 → 129.1%)에 달해 역대 최대의 인상폭이다. 정부는 최저임금 인상에도 '소득주도 성장론'의 논리를 적용하여, "최저임금 인상으로 저소득 근로자의 소득이 늘어나면 소비가 진작되어 경제성장을 촉진한다"고 홍보하였다.

정부는 공공부문 비정규직 제로化 정책도 강력하게 추진하였다. 문대통령은 취임한 다음날인 2017년 5월 11일 인천공항공사를 직접 방문하여 1만명에 달하는 용역업체 직원들을 모두 공사의 정규직으로 전환할 것을 선언하였다. 이 방문을 신호탄으로 정부는 2020년 말까지 20만명에 달하는 전국의 공공부문 비정규직(대부분 용역업체) 근로자들을 정규직으로 전환하였다. 정부는 비정규직을 정규직으로 전환하면 이들의 고용안정뿐 아니라 소득을 늘리는 효과가 있어서 경제성장에도 도움을 준다고 주장하였다.[5]

여러분은 위와 같은 정부의 시장개입 정책을 통한 노동소득의 증대가 경제성장을 이끌어 낼 것으로 생각하는가? 아니면 이러한 정책이 성장을 견인하기보다는 오히려 성장을 둔화시킬 것이라고 생각하는가?

앞서 피케티를 비판한 경제학자 맨큐는 우리에게 다음 중 어떤 세상에서 살고 싶은지 선택하라고 압박한다. "당신은 불평등하지만 번영하는 세상에서 살고 싶은가? 아니면 훨씬 평등하지만 번영이 없는 세상에서 살고 싶은가?" 맨큐는 스스로 답한다. 모든 사람에게 공평한 기회를 제공하는 것이 사회의 궁극적인 목적이 되어야겠지만, 아마도 우리 대다수는 '모든 사람이 평등하게 가난한 사회'보다는 '일부라도 부자의 기회가 주어지는 사회'를 선호할 것이라고…[6]

5 공공부문 비정규직 제로化 정책은 비정규직의 정규직 전환에 따른 인건비 상승으로 인해 수익을 내지 못하는 공공기관의 비용구조를 더욱 악화시킴으로써 국가재정을 투입하거나 각종 요금을 인상해야 할 것이라는 비판도 만만치 않다. 실제로 지난 정권의 공공부문부채(비영리공공기관부채+비금융공기업부채)는 큰 폭으로 늘어나, 2016년 319조원에서 2020년 533조원으로 67.1% 증가하였다.

맨큐의 이러한 자신감을 뒷받침하는 연구들도 있다. OECD 국가들을 대상으로 노동소득분배율과 경제성장과의 관계를 규명한 한 연구(Kim & Park, 2020)[6]는 아이러니컬하게도 이들 국가에서 노동소득분배율(노동자에게 배분되는 소득분)이 높아질수록 경제성장이 둔화되는 현상을 발견한다. 사실 이 문제는 보기보다 심각하다. 단기적으로 경제가 성장하지 않는다 해도 정부의 친노동정책으로 인해 근로자의 소득이 당장 높아지면 근로자들은 좋아할 것이다. 그런데, 여기에 포퓰리즘의 함정이 있다. "가랑비에 옷 젖는다"는 속담처럼 한두 해가 아니라 저성장이 장기화되면 근로자의 소득은 오히려 정체되어 고성장을 지속한 다른 나라의 근로자에 비해 소득수준이 낮아지고 국가의 경쟁력은 약화된다. 노동소득분배율을 높이면 장기적으로는 근로자들이 오히려 가난해진다는 역설인 셈이다.

(2) 시장규제 철폐

그러면 이제 정부의 시장규제를 철폐하자는 주장을 살펴보자. 시장규제에 대한 반론은 정부의 개입이 독과점에 못지않은 폐해를 유발한다고 주장한다. 즉 정부의 시장개입은 소비자 잉여를 파괴하고 경제성장을 둔화시키는 폐해를 유발한다는 것이다.

우리나라에서는 지난 수십년간 새로운 대통령이 선출될 때마다 국민들은 혹시나 하는 기대에 부풀었다가 곧 역시나 하고 실망하는 현상이 반복되곤 한다. 보수정권이 들어서든, 진보정권이 들어서든, 왜 이런 일이 끊임없이 되풀이될까? 근본적인 이유는 사람들이 정부에 대해서는 환상을, 시장에 대해서는 오해를 가지고 있기 때문이다. 정부가 무엇이든 다 할 수 있고 또 잘 할 수 있다는 환상과 시장에만 맡기면 서민에게 고통을 안겨주고, 결국 부자들만 좋아진다는 오해 때문이다.

몇 가지 예를 들어 보자. 첫 번째 사례는 골목상권 보호를 위한 정부의 입법이다. 골목상권을 보호하기 위해 입안된 대형마트의 영업규제는 분명히

6 맨큐는 또한 2008년 발생한 글로벌 경제위기 시 청년들의 '월가를 점령하라(Occupy the Wall Street)' 운동에 대해서도 언급한다. 청년들이 부의 불평등 심화에 불만을 느껴 시위하는 것까지는 이해하지만, 그렇다고 해서 경제적 풍요까지 증오하지는 말아 달라고 말이다.

영세상인들을 위한 의도를 갖는다. 의도는 나쁘지 않다고 볼 수 있다. 선한 의도로 시도한 대형마트 영업규제가 결국 누구에게 도움이 되고 누구에게 손해가 되는가? 냉정하게 잘 따져봐야 한다. 물론 대형마트 규제로 인해 골목 소형마트의 매출이 늘 수 있다. 그러나 선한 의도로 도입된 정책이라 하더라도 의도와는 다르게 적지 않은 부작용이 생긴다는 사실을 잊어서는 안 된다. "무슨 부작용이 있겠나?"라고 의아해 하는 사람이 있을 것이다. 먼저, 소형마트의 매출이 느는 만큼이나 대형마트의 일자리가 줄어들게 된다.

국내 언론매체의 보도에 의하면 아래 [그림 2-13]과 같이 2012년 시행된 대형마트 영업규제 10개월 동안 주차·청소·보안 등 대형마트 일자리 6600개가 사라졌다고 한다.[7] 골목상권의 영세상인과 대형마트의 저임금 근로자 중에서 누가 더 보호받아야 하는 소득계층일까? 아무도 쉽게 판단하기 어려운 문제이다. 더 큰 우려는 정책을 입안한 공무원이 이런 부작용을 미리 알고 대처했을 리 없다는 데 있다. 이런 현상을 소위 '풍선효과(balloon effect)'라고 한다. 풍선의 한쪽을 누르면 다른 쪽이 불룩 튀어나오는 것처럼 어떤 부분의 문제를 해결하면 또 다른 부분에서 예상치 못한 새로운 문제가 발생하는 현상 말이다. 골목상권 보호를 위해 대형마트를 규제했더니 대형마트 저임금 근로자의 일자리가 사라진 것이다. 이와 같이 정부의 규제는 다양한 방식으로 예상치 못한 풍선효과를 만들어 낸다.

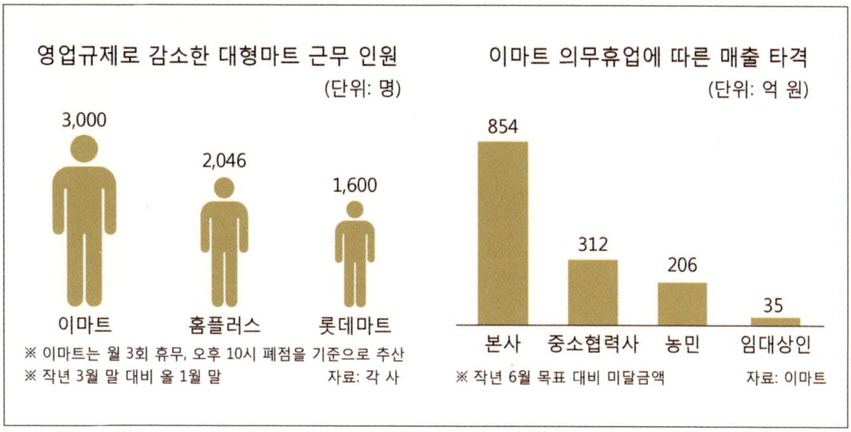

그림 2-13 대형마트 영업규제로 인한 근무인원 및 매출 감소 자료원: 한국경제, 2013.2.15

대형마트 영업규제가 가져오는 풍선효과가 또 하나 있다. 그건 대형마트를 찾는 소비자의 효용이 감소되는 것이다. 소비자들은 문 닫은 대형마트 대신 전통시장에서 비싼 가격에 품질도 좋지 않은 상품을 구입해야 할 뿐 아니라 원하는 시간에 구입하지 못하는 불편을 겪는 등 소비자 잉여가 줄어든다. 실제로 정부의 의도와는 달리 대형마트 규제의 효과가 없다는 것은 통계로도 드러난다. 수년 전의 설문조사 결과에 의하면 대형마트 의무휴업일에 소비자들이 편의점(41.6%)과 다른 대형마트(14.5%)로 간 반면, 전통시장을 찾는 비율은 10.7%에 불과했다.[8] 전통시장의 평균매출도 2012년 하루 평균 4755만 원에서 2015년에 4812만 원으로 3년 동안 연평균 0.4%밖에 늘어나지 않아 2012년과 비교하면 거의 차이가 없다. 골목상권을 보호한다는 취지 하에 이루어진 대형마트 영업규제의 결과, 대형마트의 서민 일자리 6600개가 사라지고, 막상 골목상권의 매출은 제자리걸음을 한 셈이다.

두 번째 사례는 제과업에 대한 정부의 규제 움직임이다. 2011년 설치된 정부의 '동반성장위원회'는 동네빵집을 살리겠다고 프랜차이즈형 및 인스토어(백화점, 대형마트, 호텔)형 제과점의 확장 및 진입 자제를 권고하였다. 말이 권고이지 실질적으로는 정부의 강압적 요구이다. '동반성장위원회'는 이외에도 학습참고서 판매 등 15개 업종을 중소기업 적합업종으로 지정하였다. 만약 소비자들이 대기업의 횡포를 막고 중소기업을 살린다는 국민적 요구에 동조한다면, 정부의 개입이 없더라도 동네 빵집과 서점 등에 가서 물품을 구입하면 된다. 굳이 정부가 나서서 경쟁을 제한할 이유가 없는 것이다.

3) 복지정책

이번에는 불평등을 해소하기 위한 정부의 복지정책에 대해서 언급하기로 한다. 자본주의의 발달은 빈부 격차를 심화시키기 때문에, 경쟁에서 낙오하거나 다른 사람과 같은 조건에서 경쟁할 수 없는 사람들에게 일정 수준의 인간다운 삶을 영위할 수 있도록 사회 안전망(social safety net)과 복지를 제공해야 한다는 주장이 있다.

우리보다 먼저 선진국에 진입한 국가에서는 오래전부터 복지정책을 강화

그림 2-14 요람에서 무덤까지

해 왔으며 우리나라에서도 복지에 대한 국민적 열망이 고조되고 있는 실정이다. '요람에서 무덤까지(from cradle to grave)'라는 슬로건을 내건 스웨덴의 복지정책을 본받자는 주장도 의외로 많다. 그러나 일각에서는 스웨덴 등 스칸디나비아 국가들의 복지정책은 70년대, 80년대의 '구시대의 유물'이라고 비판한다. 스칸디나비아 국가들은 예전의 과도한 복지정책으로 인해 경제성장이 둔화되고, 국민들의 근로의욕이 감퇴되어 이미 20년 전부터 기업활동을 촉진하고 시장경제를 활성화하는 방향으로 복지정책이 바뀌고 있는 실정이다.

우리나라에서는 대통령 선거 때마다 보수정당이든 진보정당이든 가리지 않고 국민의 표를 얻기 위하여 선심성 복지정책을 공약으로 내세우곤 한다. 물론 아직까지 선진국처럼 복지가 발달해 있지 않은 우리나라 입장에서는 복지제도를 강화하는 방향으로 가는 것이 바람직하다. 일반적으로 보수정당은 복지가 필요한 특정 계층을 대상으로 한 '선택적 복지', 진보정당은 모든 계층을 대상으로 한 '보편적 복지'를 주장한다. 어떤 입장을 취하든 모든 국민에게 인간다운 삶을 보장하는 복지를 제공하는 것에 반대하는 사람은 그리 많지 않을 것이다.

그런데 복지정책을 논할 때 가장 냉정하게 따져보아야 할 것은 "과연 어디서 복지에 필요한 재원을 조달할 것인가?"이다. 한편에서는 "증세 없는 복지는 존재하지 않는다"고 주장하고, 다른 편에서는 "증세 없이도 복지는 가능하다"고 주장한다. 그런데 이런 주장들을 어디선가 들어본 적이 있지 않은가? 사실은 정권이 바뀔 때마다 여당은 "증세 없다"를, 야당은 "증세 없이 복지를 늘린다니, 무슨 궤변이냐?"고 반발하는 것이 매번 반복된다. 불편한 진실을 말해 보자. 국내외를 막론하고 어느 정권도 복지를 위해 증세가 불가피하다는 것을 솔직하게 말하지 않는다. "모든 인간은 자기 이익(self-interest)을 추구한다"는 보편적 인간관을 전제한다면, 전 세계적으로 세금을 더 내고 싶은 국민은 별로 없을 것이다. 부유하든 가난하든 매년 연말정산이 다가오면 세금을 한 푼이라도 덜 내려고 궁리하는 사람들을 주변에서 많이 보게 된다. 납세자들이 자기에게 세금을 더 많이 부과하는 정부를 싫어한다는 사실을 그 누구보다 정부 스스로 더 잘 알지 않을까?

또 한 가지, 복지정책은 신중하게 도입해야 한다는 점을 간과해서는 안 된다. 한 국가의 복지정책은 한 번 도입하면 그 혜택을 철회하기 어려운 소위 '불가역성(irrevocability)'을 가지기 때문에 진지한 토론과 국민적 합의가 필요할 것이다. 당장 듣기에는 달콤하기만, 미래세대의 행복을 서서히 갉아 먹는 독약이 될 수도 있기 때문이다.

4) 기업의 사회적 책임

그림 2-15 기업의 사회적 책임 (CSR)

자본주의의 효율성에 대한 또 하나의 비판은 자본주의의 발달로 이득을 본 기업이 사회적 책임을 다하지 않는다는 것이다. 기업들이 많은 이익을 내면서도 대주주에게만 혜택을 돌려주었지, 근로자·소비자·공급업자·지역사회·일반 대중 등 기업의 이해관계자들(stakeholders)의 이익과 복지를 위해 충분히 공헌하지 않는다는 것이다. 최근 들어 기업의 사회적, 또는 환경적 책임을 강조하고 실천하기 위한 CSR(corporate social responsibility)이나 ESG(environmental, social and governance) 등의 개념이 선진국을 위시해서 국내에서도 확산되고 있다. CSR이 기업이 창출한 이윤을 사회에 환원하기 위한 자원봉사, 재능기부, 공익사업 등 기업

관점에서 긍정적 이미지 형성을 위하여 기업이 자발적으로 전개하는 사회공헌활동이라고 한다면, ESG는 환경 · 사회 · 지배구조(environmental, social and governance)의 약자로 투자자의 관점에서 기업의 비재무적 성과 및 지속가능성을 강화함으로써 기업가치 증대를 꾀하는 경영방식을 말한다.[7] 특히, ESG 기준에 입각한 투자방식을 사회책임투자(SRI: socially responsible investing)라고도 한다.

기업의 사회적 책임이 확산되면서, 자발적으로 사회공헌활동에 참여하는 기업도 많아지고 있고, 정부가 주도하여 기업의 사회공헌활동을 촉진하는 사례도 증가하고 있다. 기업이 납품업자를 갑을관계에서 착취하지 말고 더불어 같이 성장하자는 취지에서 설치된 정부의 동반성장위원회가 한 예이다. 이 위원회에서는 동반성장지수를 만들어 국민경제에 영향력이 큰 대기업을 대상으로 중소기업과의 상생 활동과 성과를 평가하고 그 결과를 공표해 왔다.[8] 그러나, 이런 식으로 정부가 나서서 대기업과 중소기업의 상생관계를 '좋다, 나쁘다'라고 시장이 아닌 정부의 잣대로 평가하여 '기업 줄 세우기'를 하는 것은 '정부의 시장개입'이라고 비판하는 견해도 만만치 않다.

그러면 세계적으로 확산되고 있는 ESG 투자로 눈을 돌려보자. ESG 투자는 ESG를 중시하는 기업에의 투자가 수익률이 높다는 가정을 전제로 한다. 최근 들어 세계적인 기관투자자들이 ESG를 중시하는 기업의 성장잠재력이 높을 뿐 아니라 사업위험이 낮아져 장기적으로는 투자가치가 크다고 보고 있다. ESG 평가가 우수한 기업에 투자하면 독극물이나 오폐수 배출, 산업재해로 인한 다수의 근로자 사망 등과 같은 ESG 관련 사고로 인한 기업 평판과 실적 악화, 또는 파산 가능성이 줄어들어 장기적으로 투자수익률에 긍정적인 영향이 있다고 보는 것이다. 이 때문에 각국의 기관투자자뿐 아니라 증

7 ESG는 2005년 UN의 환경프로그램 계획(Environment Programme Initiative)에서 처음 등장한 개념으로, ESG를 구성하는 3대 요소 중 환경(Environmental)은 기후변화, 탄소배출, 환경오염 및 친환경 제품을, 사회(Social)는 산업안전, 하도급 거래, 인권, 평등 및 소비자 보호를, 지배구조(Governance)는 이사회 구조와 활동, 배당정책, 주주권리 보호, 감사제도 등과 관련한 이슈를 말한다.

8 동반성장지수는 '공정거래협약 이행평가(50%)'와 '중소기업 체감도 조사(50%)'를 합산하여 최종 5개 등급(최우수, 우수, 양호, 보통, 미흡)으로 구분하여 발표한다. 2020년의 경우 평가가 완료된 총 155개 대기업 중에서 최우수(36개), 우수(63개), 양호(70개), 보통(19개), 미흡(10개)으로 공표되었다.

권거래소까지 ESG 지수를 개발해서 투자 결정에 활용토록 하고 있다.

국제적인 ESG 지수로는 미국의 S&P ESG 500 Index와 MSCI(Morgan Stanley Capital Investment) ESG 등급 등이 있고, 국내에서는 KRX(증권거래소) ESG Leaders 150, MSCI ESG Korea 등급 등이 잘 알려져 있다. 각국 정부의 ESG 공시 의무화도 확산 추세에 있어, 미국, 유럽뿐 아니라 국내에서도 2025년부터 2030년 사이에 상장기업에 대한 '지속가능경영 보고서' 작성 등 ESG 전 분야에 대한 공시 의무를 입법화하고 있다. 기업 입장에서는 ESG가 선택사항이 아니라 필수가 되고 있는 것이다.

이에 따라 ESG 관련 펀드는 견고한 성장세를 구가하고 있다. 전세계적으로 블랙록(BlackRock), 뱅가드(Vanguard), 스테이트스트리트(State Street), 피델리티(Fidelity) 등 대형 자산운용사가 보유한 ESG 자산은 2021년 말 기준으로 무려 5932개 펀드에 2조7443억 달러로 성장했고, 국내에서도 국민연금의 사회책임투자 강화 움직임과 함께 ESG 자산 역시 2021년 말 기준으로 116개 펀드에 8조원으로 급성장하고 있다.[9]

그렇다면 과연 ESG 투자와 수익률 사이에는 인과관계가 존재할까? 만약 ESG 투자가 돈이 된다면, 이보다 더 좋은 투자 대안은 이 세상엔 없을 것이다. 'ESG 기업에게도 좋고, 투자자에게도 좋은', '꿩 먹고, 알 먹는' 경우이기 때문이다. 실제로 학계나 증권가에 따르면 ESG 투자와 수익률 간에는 양(+)의 상관관계가 있다는 의견이 다소 우세한 편이다.

그렇지만 전세계적인 경제위기에 대한 불안감 고조와 우크라이나 전쟁이 터지면서 최근 ESG 투자에 대한 반론이 고개를 들고 있다. ESG 투자수익률 저하, 모호한 ESG 개념 및 평가방식의 문제, 그린워싱(green washing)[10] 등이 주요 내용이다(아래 〈박스 2-1〉 참조). 이러한 비판이 일시적인 움직임일지, 아니면 ESG 경영에 근본적인 영향을 미칠지는 좀 더 두고볼 일이다.

---

9 GSIA(Global Sustainable Investment Alliance)에 의하면 2021년 현재 전세계적으로 ESG에 투자한 자산규모는 35조 달러로 전체 자산의 1/3에 달한다.

10 그린워싱(green washing)이란 기업이 실제로는 환경에 악영향을 끼치는 제품을 생산하면서도 광고 등을 통해 친환경적인 이미지를 내세우는 행위를 말한다.

박스 2-1

위기에 빠진 ESG 경영

'ESG 전도사'라고 불리던 세계 최대 자산운용사 블랙록(BlackRock)은 지난달 "우리가 투자한 기업들의 다음 주주총회에서 기후변화 대책 안건에 반대표를 던지겠다"며 "과도한 기후변화 대책은 고객사들의 재정적 이익에 일치하지 않는다"고 밝혔다. 불과 2년 전만 해도 래리 핑크(Larry Fink, 1952-) 블랙록 회장은 연례 주주 서한에서 "화석연료 기업에는 투자를 중단하고 ESG를 투자의 기준으로 삼겠다"고 선언할 정도로 ESG에 적극적이었으나, 우크라이나 전쟁 이후 전 세계 에너지난이 심해지자 무리한 탄소 중립 정책이 기업의 성장성을 저해할 수 있다며 ESG에 대한 태도를 바꾼 것이다.

경제위기 불안, 투자심리 위축에 우크라이나 전쟁까지 겹쳐 ESG 경영이 위기를 맞았다. 지난해까지만 해도 국내외 기업이 앞다퉈 ESG 경영을 내세웠고 ESG펀드와 채권도 급성장했지만, 올들어 세계시장 상황이 좋지 않자 기업의 이익에 부합하지 않는 ESG에 대한 비판이 거세졌다. 특히 우크라이나 전쟁으로 유가가 폭등하는 상황에서 ESG에 매달리다가 기업이나 투자사들이 손해를 입을 수 있다는 지적이 나오고 있다. 그동안 ESG 열풍에 밀려 투자 기피 대상으로 꼽혔던 방위산업, 석유·가스와 같은 에너지산업의 주가는 크게 오른 반면, 환경친화적이라고 평가를 받았던 기술주는 급락했다. 파이낸셜타임스는 지난 13일 "ESG란 용어가 나온 지 20년도 안 됐지만, 그 쓰임새가 벌써 끝나고 있는지도 모른다"고 했다.

ESG 평가방식에 한계가 있다는 지적이 나오면서 ESG 기준에 대한 반발도 적지 않다. 지난달 S&P가 ESG 지수에 테슬라를 뺀 채 엑손모빌을 포함시키자, 분노한 일론 머스크(Elon Musk, 1971-) 테슬라 CEO는 트위터에 "ESG는 사기(scam)다. 엉터리 사회정의 전사들이 그걸 무기화했다"는 글을 올렸다. 테슬라는 공장에서 일어나는 인종차별 문제와 열악한 근무환경 때문에 엑손모빌보다도 낮은 ESG 점수를 받은 것으로 알려졌다. 미즈노 히로미치(水野弘道, 1965-) 테슬라 이사는 "ESG 등급은 부정적인 영향에 과도한 비중을 두고 긍정적인 영향은 무시한다"며 ESG의 평가방식을 우회적으로 비판했다.

뉴욕타임스는 ESG의 개념이나 정의 자체가 모호하다는 것도 문제로 지적하고 있다. 우크라이나 전쟁이 터지자마자 금융계에서는 민주주의와 평화를 지킬 수 있도록 도와주는 무기회사와 방산업체는 ESG에 부합하는 것으로 개념을 바꿔야 한다는 주장이 나왔다. 실제로 지난해 방위산업 매출 비율이 5%를 넘는 기업과의 거래를 중단한다는 경영 방침을 밝힌 SEB은행은 올 4월부터 입장을 바꿔 자사 펀드가 방위산업에 투자하는 것을 허용했다.

ESG 성과를 부풀리는 '그린워싱(실제로는 친환경적이지 않지만 마치 친환경적인 것처럼 홍보하는 위장 환경주의)'가 늘어나면서 ESG의 신뢰도도 떨어졌다. 지난달 미국 증권거래위원회(SEC)는 BNY멜론은행이 ESG 투자 정보를 허위로 기재한 혐의로 150만달러의 벌금을 부과했다.

국내에서도 ESG를 무리하게 추진하다가 역풍을 맞는 경우가 생겨나고 있다. 지난 4월 RE100(전력의 100%를 재생에너지로 사용하는 자발적 캠페인) 가입 승인을 받은 현대차가 액화천연가스(LNG) 발전소를 짓겠다고 밝혀 환경단체로부터 거센 비판을 받았다. RE100은 LNG를 인정하지 않고 있다. 에너지 업계 관계자는 "ESG나 RE100은 애초부터 실현 가능성이 떨어지는, 일종의 환경 이데올로기였다"면서 "이참에 정부와 기업들도 탄소중립 관련 정책을 현실에 맞게 수정해야 한다"고 말했다(조선일보, 2022.07.01., 기사 내용을 축약 또는 일부 수정함).9

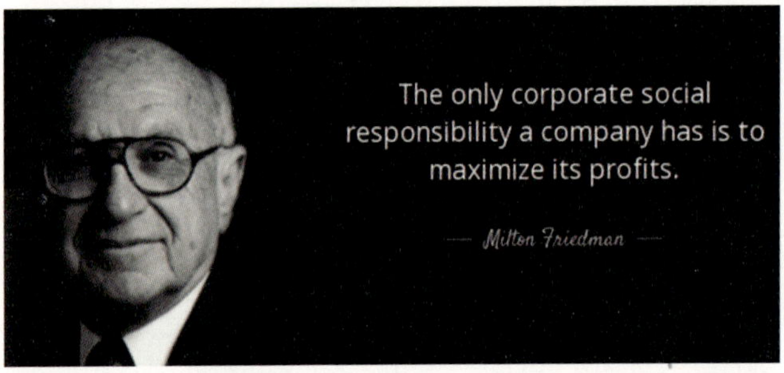

그림 2-16 밀턴 프리드만

CSR이던 ESG이던 본질적으로 기업이 사회적 책임을 감당하는 것이 옳은지에 대한 논란은 아직도 현재진행형이다. 1978년 노벨경제학상 수상자인 밀턴 프리드만(Milton Friedman, 1912-2006)은 기업에게 부여되는 유일한 사회적 책임은 '이윤 추구'라고 주장한 바 있다([그림 2-16]의 영어문장 참조). 프리드만은 오히려 이윤을 창출하지 못하는 기업은 사회적 책임을 저버리는 부도덕한 기업이라고까지 말한다. 주주의 이익은 기업가치(firm value=주가×발행주식 수)의 극대화로 표현된다.

그에 의하면 기업이 자신만의 이익을 추구하든, 사회적 공헌을 하든, 기업가치 극대화가 기업의 존재이유이자 목표이다. 따라서 기업은 오로지 '기업가치 극대화'라는 주주 이익에 봉사해야 하며, 기업가의 자유로운 활동으로 이익을 만들어 내면 주주가 이를 자유롭게 배분해야 한다고 본다. 이렇게 해

그림 2-17 자본주의 모형의 변천사

야 기업가정신이 자극받아 혁신활동이 활발해지고, 일자리가 늘어나며 사회가 발전한다고 보는 것이다.

이렇게 기업의 사회적 책임에 대한 견해가 상반되는 이유는 기업의 역할에 대한 견해가 다르기 때문이다. 기업의 역할은 이윤추구에 국한된다고 보는 사람들은 현대 자본주의를 '주주자본주의(shareholder capitalism)'로 규정하는 반면, 기업의 역할에 이윤추구뿐 아니라 사회적 책임이 포함된다고 보는 사람들은 '이해관계자 자본주의(stakeholder capitalism)'로 규정한다. [그림 2-17]은 자본주의 모형의 변천을 보여준다.

이해관계자 자본주의는 기업은 주주만의 이익을 추구하는 것이 아니라, 종업원, 협력업체(납품업체), 투자자, 지역사회(community), 친환경 등의 이익을 고려하여 종합적으로 기업활동을 해야 한다는 경제철학을 의미한다. 일반적으로는 영미권 국가가 주주자본주의를, 유럽 국가와 일본이 이해관계자 자본주의를 제도적으로 채택하여 운영하는 것으로 알려져 있다.

과연 우리나라에서는 '주주자본주의'와 '이해관계자 자본주의' 중 어느 모델이 더 적합할까? 일반인들은 '이해관계자 자본주의'가 좋게 들린다고 대답할 것이다. 그러나 경영학을 공부하는 학생이라면 이 문제를 깊이 고민해 보아야 한다. 졸업 후 직장을 가지거나 창업할 때 이 문제에 대한 깊은 생각이 없으면 경영학적 마인드가 형성되지 않기 때문이다. 자신만의 경영철학을 가져야 당당하게 사회생활을 해나갈 수 있다.

무턱대고 '이해관계자 자본주의'가 더 우월하다고 생각하면 곤란하다. 회사와 관련된 이해 당사자들을 극진하게 배려하다가 회사가 어려워지거나 망하면 어쩔 것인가? 회사가 먼저 잘 되어야 관련 당사자들도 챙겨줄 수 있는 것이 아닌가? 이런 점에서 '주주자본주의'를 주장하는 사람들은 '이해관계자 자본주의'가 '주주자본주의'와 대립적인 체제가 아니라 '주주자본주의'의 한 유형이라고 본다. 주주가 기업가치(firm value)를 극대화하는 방안 중의 하나로 이해관계자를 중시하는 전략을 실행하여 시장으로부터 좋은 반응을 얻어 시장가치가 올라간다면 이것이 바로 '주주자본주의'인 것이다. ESG 투자가 대표적인 예이다. 이해관계자들을 배려하고, 친환경경영을 하는 회사가 이익도 많이 내고, 기업가치도 높다면, 결국 '이해관계자 자본주의'가 '주주자본주의'라고 해도 과언이 아니다.

신세계인터내셔널을 예로 들어 보자. 신세계는 1999년 윤리경영을 도입한 이후 4년 만에 주가가 3배 가까이, 영업이익이 10배 이상 증가하는 성과를 냈다.[11] 정부나 제3자의 강요에 못 이겨 억지로 한 것이 아니라 회사의 자율적 판단 아래 윤리경영을 강력하게 드라이브한 결과 '윤리가 돈이 된다'는 걸 증명해 보인 것이다. 이 기업은 기업가치를 극대화할 수 있는 비즈니스 모델 중에서 '윤리경영' 모델을 발굴하여 성공하였다.

그러나 다른 기업이 윤리경영이 아닌 자신만의 방식으로 기업가치를 극대화할 수 있다면 그렇게 할 수 있는 자유, 즉 재량권을 주어야 한다. 종업원들의 역량개발을 위한 교육프로그램에 과감하게 투자하고, 함부로 해고하지 않으며, 납품업체로부터 뇌물을 금하고, 하청업체의 기술개발을 전폭적으로 지원하는 등의 기업행위는 '이해관계자 자본주의'의 대표적 행동이지만, 이러한 행동이 기업가치 증대로 연결되면 '주주자본주의'의 목표를 달성하는 중요한 방편이 될 수 있다. 기업의 사회적 책임이 기업가치 극대화의 한 방편이지, 그 자체가 목적이 되어서는 안 된다는 의미이기도 하다. 반면 이해관계자 위주의 정책이 기업가치를 훼손한다면, 이러한 행동을 해서는 안 된

---

11 한 예로, 납품업자로부터 뇌물수수를 금지하고, 오로지 품질과 납기, 단가 등 상품 경쟁력만을 기준으로 납품 여부를 결정하는 윤리경영 방식을 도입한 결과 매출과 이익이 크게 늘어난 것이다.

다. 결국은 주주를 중시하는 경영을 할 것인지, 아니면 이해관계자를 중시하는 경영을 할 것인지는 기업이 자율적으로 결정하는 게 좋을 것이다. 여러분의 생각은 어떤가?

5) 기부문화

앞서 언급한 마이크로소프트 창업자 빌 게이츠가 '기부하는 부자'가 그 어떤 형태의 '다른 부자'보다 더 많은 사회적 가치를 창출한다고 주장한 바 있다. 죽기 전에 자신이 가진 재산의 95%를 사회에 환원하기로 약정한 빌 게이츠는 기부행위(특히 부자의 기부행위)야말로 사회가 가진 부의 격차와 교육 격차를 줄일 수 있는 매우 효과적인 수단이라고 힘주어 말하였다.[12] 빌 게이츠와 그의 전 부인 멀린다 게이츠는 사회계층 사다리의 맨 밑바닥에 있는 사람들이 어떻게 하면 바닥을 탈출하여 위로 올라갈 수 있을지(빈곤이동이라고 부르는 현상)에 대해 지대한 관심을 가지고 이와 관련된 사회적 활동과 프로그램들을 실질적으로 지원해 왔다.

그렇다면, 부자들은 어떤 동기로 기부할까? 국내 언론에서는 선진국 부자들이 통 큰 기부를 했다는 소식을 심심찮게 보도하는데, 왜 우리나라만 유독 '통 큰 기부'가 많지 않을까? 외국의 부자는 태어날 때부터 선인(善人)이고, 국내 부자만 악

그림 2-18 빌 게이츠의 자선행사 참가

12 빌 게이츠(Bill Gates)는 그의 전 부인 멀린다 게이츠(Malinda Gates)와의 슬하에 3자녀를 두고 있는데, 자녀 각각에게 2,000만 달러만을 물려주고(2,000만 달러×3명=총 6,000만 달러), 나머지 재산은 모두 사회에 환원하기로 전 세계에 공표한 바 있다. 많은 사람들이 부러워할지 모르지만, 빌 게이츠가 자녀에게 물려주기로 한 재산은 총재산(700억 달러로 추산)의 0.09%에 불과하다.

인(惡人)이라는 말인가? 그렇지는 않을 것이다. 인간의 본성이 시공을 초월하는 보편적 속성을 가진다면, 해외 부자와 국내 부자의 기부행위의 차이를 어떻게 설명할 수 있을까? 아마도, 이 차이가 인간 본성의 차이로 보기보다는, 기부행위를 촉진하는 사회적 환경과 조건의 차이라는 가설이 더 설득력이 있다. 그렇다면 어떻게 하면 국내 부자들도 해외 부자들 못지않게 '통 큰 기부'를 하는 문화를 만들 수 있을까?

기부자를 다른 말로 '비를 기원하는 주술사(rain maker)'라고 표현하기도 한다. 주술사가 하늘에 '비내려주기를 정성껏 기도'하여 이에 감동한 하늘이 비를 내려주면 대지가 촉촉하게 물을 머금어 만물이 생명을 얻고, 소생하게 된다는 것이다. 일부 사람들의 뜻있는 기부행위(주술사의 기도)는 많은 사람들의 기부(rain)를 이끌어 내서, 사회 전체가 생기를 얻어 넉넉하고 풍요롭게 된다는 의미이기도 하다. 기부를 통한 훈훈한 사회를 만들기 위해서는 기부를 사회적으로 강요하거나 기부자의 관대함에만 의존하기보다는, 기부를 촉진하기 위한 제도적 장치, 예컨대 기부금에 대한 보다 과감한 세금감면 혜택 같은 제도적 유인책도 적극적으로 고려해 봐야 한다.

그림 2-19 비를 즐거워하는 모습

주요 개념

• 규모의 경제 • 대량생산의 이익 • 대규모경영의 이익 • 규모의 비경제
• 범위의 경제 • 자원과 역량 • 핵심역량 • 비관련다각화
• 생산요소의 불가분성(indivisibility) • 독과점의 폐해 • 쿠즈네츠 곡선
• 노동소득분배율 • 반독점법(셔먼법, 클레이튼법) • 불평등 해소를 위한 정부개입
• 기업의 사회적 책임(CSR) • ESG 경영 • 기부 행위

생각해 보기

1. '규모의 경제'와 '범위의 경제'는 자본주의의 효율성을 증진하는 기본개념이다. 2장에서 제시된 사례 외에 '규모의 경제'와 '범위의 경제'가 발휘되는 기업사례를 개인별로 한 가지씩 생각하여 발표하고 다른 사람의 사례와 같은 점과 다른 점이 무엇인지 토론해 보자.

2. 자본주의의 효율성 추구(어찌 보면 경쟁의 당연한 결과)로 인해 독과점이 발생하게 되었다. 이로 인해 선진국뿐 아니라 우리나라도 공정거래법 등의 제정으로 대기업의 문제점을 해소하기 위해 노력해 왔다. 최근 들어서는 대기업 소유주의 주주권 행사를 제한하는 상법개정이 논의되고 있는데, 반대론자들은 대주주의 주주권 제한이 사유재산권 침해라고 주장한다. 국회에 상정된 상법개정안(예: 노동이사 선임제, 감사선임 시 분리선출, 집중투표제 등)을 찾아보고, 찬반 입장을 정하고 토론해 보자.

3. 하버드 대학의 경제학 교수 맨큐는 여러분에게 다음 중 어떤 세상에서 살고 싶은지 선택하라고 질문한다. (1) "당신은 불평등하지만 빠르게 번영하는 세상에서 살고 싶은가?" 아니면 (2) "훨씬 평등하지만 번영이 정체되어 있는 세상에서 살고 싶은가?"(안타깝지만 평등하면서 번영하는 사회는 현실세계에서는 존재하지 않기 때문에 선택지에서 제외된다). (1)과 (2) 중에서 하나를 선택하고, 선택의 논리적 근거를 교재나 외부 자료원(인터넷, 서적, 논문 등)에서 찾아 구체적으로 제시하고 토론해 보자.

그림 2-20 하버드 대학의 그레고리 맨큐 교수

4. 기업의 사회적 책임에 대한 찬반양론이 계속되고 있다. 최근 들어 CSR(사회적 책임)이나 ESG(환경 · 사회 · 지배구조)에 대한 관심이 높아지면서, 정부가 개입하여 기업의 사회적 책임을 어느 정도 강제화해야 한다는 주장과

기업의 사회적 책임은 전적으로 기업의 자율적 판단에 맡겨야 한다는 주장이 팽팽하게 맞서고 있다. (1) 두 주장 중 어느 편이 더 효율적인가? (2) 두 주장 중 어느 편이 더 정의로운가? (1)과 (2)의 질문에 답하고 같이 토론해 보자.

5. 우리나라의 기부문화가 선진국에 비해 활발하지 않다는 시각이 많다. 미국의 기부王 빌 게이츠가 말했듯이, "기부 행위가 사회 발전에 공헌한다"는 사실에 토를 다는 사람들은 많지 않을 것이다. 기부는 모든 사회의 윤활유라고 할까, 팍팍한 경쟁사회를 좀 더 훈훈하고 풍요롭게 만든다. 그런데 일각에서는 기부는 우리들과 같은 일반인이 아니라 부자의 덕목이자 의무라고 주장한다. 우리 사회에 이런 분위기가 팽배하기 때문에 부자들 입장에서는 기부를 강요당한다고 느낄 수도 있을 것이다. (1) 여러분은 기부가 부자만의 의무이자 덕목이라는 견해(소위 Noblesse Obligé)에 동의하는가? (2) 우리나라의 기부문화가 활발하지 않은 이유가 무엇이라고 보는가? (3) 만약에 그렇다면 우리나라의 기부문화를 활성화하기 방법은 무엇인가? 이 세 가지 질문에 답하고 같이 토론해 보자.

6. (1) 외국에서 시행된 정부의 가격규제 사례를 찾아 ① 언제, ② 어느 나라에서, ③ 어떤 재화를, ④ 무슨 목적으로, ⑤ 어떻게 규제했는지, ⑥ 그리고 그 결과는 어떻게 나타났는지 설명하시오. (사례의 출처도 제시하시기 바랍니다)
   (2) 우리나라에서 시행되었거나, 시행되고 있는 정부의 가격규제 사례를 위와 동일한 방법으로(①~⑥) 설명하시오. (사례의 출처도 제시하시기 바랍니다)
   (3) 정부의 가격규제가 ① 어떤 경우에 의도한 결과를 도출하고, ② 어떤 경우에 의도한 결과를 얻지 못하는지에 대해 생각을 정리해서 의견을 말해봅시다. 정답이 있는 것은 아니니, 자유롭게 의견을 제시해 주시기 바랍니다.

참고문헌

- 강영연(2017), "전통시장 매출 '제자리'…바뀐 게 없다", 한국경제신문, 2017. 3. 14.
- 그레고리 맨큐 (2014), 〈맨큐의 경제학〉, 김경환 · 김종석 역, 서울: 센게이지러닝 코리아(주).
- 유승호(2013), "영업규제 10개월…대형마트 일자리 6600개 사라졌다", 한국경제신문, 2013. 2. 15.
- 잭 웰치 (2001), 〈끝없는 도전과 용기〉, 이동현 역, 서울: 청림출판.
- 토마 피케티 (2015), 〈21세기 자본〉, 장경덕 외 역, 서울: 글항아리,
- Barney, J. B. & Hesterly, W. S. (1994), *Strategic Management and Competitive Advantage: Concepts and Cases*, New York: Pearson Prentice Hall.
- *The Economist*, "A Modern Marx," May 3, 2014.
- Goldin, C. & Katz, L. (2008), *The Race between Education and Technology*, Boston: The Harvard University Press.
- Karabarbounis, L. & Neiman, B. (2014), "The Global Decline of the Labor Share," *Quarterly Journal of Economics*, 129: 61-103.
- Mankiw, G. (2015), "Yes, $r>g$. So What?," *American Economic Review: Papers and Proceedings*, 105(5): 43-47.
- Kim, Yong Min & Park, Ki Seong (2020), "Labor Share and Economic Growth in OECD Countries," *Global Economic Review*. 49(1): 1－22.

미 주

1. 잭 웰치 (2001), 〈끝없는 도전과 용기〉, 이동현 역, 서울: 청림출판.
2. *The Economist*, A Modern Marx, May 3, 2014.
3. 대표적인 연구로 Karabarbounis, L. & Neiman, B. (2014), "The Global Decline of the Labor Share," *Quarterly Journal of Economics*, 129: 61-103을 읽어볼 것.

4. Mankiw, G. (2015), "Yes, $r>g$. So What?", *American Economic Review: Papers and Proceedings,* 105(5): 43-47.
5. Goldin, C. & Katz, L. (2008), *The Race between Education and Technology,* Boston, MA: Belknap Press, 2008.
6. Kim, Yong Min & Park, Ki Seong (2020), "Labor Share and Economic Growth in OECD Countries," *Global Economic Review*. 49(1): 1-22.
7. 유승호 (2013), "영업규제 10개월…대형 마트 일자리 6600개 사라졌다", 한국경제신문, 2013.02.15.
8. 정인설·강영연 (2017), "대형마트 의무휴일 확대 반대한다, 63%", 한국경제신문, 2017.03.14.
9. 변희원 (2022), 너덜너덜해진 ESG… "쓰임새 끝나가는 듯" "환경 이데올로기일 뿐" 2022.07.01.

PART

2

기업과 경영

3장_ '기업'이라는 존재
4장_ 경영학의 역사
5장_ 경영의 기본개념
6장_ 경영 프로세스

bal Brand Rankings (2021) by Interbrand

3 장

'기업'이라는 존재

1. 기업은 왜 존재하는가?
2. 기업은 어떻게 존재하는가? 회사의 종류
3. 기업의 미래

1. 기업은 왜 존재하는가?

지금까지 우리는 시장과 효율성에 대해 살펴보았다. 이제 드디어 경영학의 본격적인 탐구대상인 '기업'에 대해 살펴볼 차례다.

기업은 이윤추구를 목적으로 제품이나 서비스를 생산하는 '조직'이라고 정의된다. 그러나 최근에는 기업이 생산활동을 하는 경제주체라는 전통적인 범주를 뛰어넘어, 기업이 '혁신의 주체'라는 점이 새삼 부각되고 있다. 인류의 삶을 윤택하게 만든 사건이 무엇인지 생각해 보자. 컴퓨터, 스마트폰, 인터넷 검색엔진, 자율주행자동차, 스타크래프트, 배틀그라운드, BTS와 같은 혁신적인 제품이나 서비스가 머릿속에 떠오른다. 이들은 모두 기업이 만든 것이다. 혁신 가운데 최근 백여 년 사이에 일어난 것들은 대부분 그 혁신주체가 기업이며, 이런 경향은 더욱 가속화되고 있다. "지구상에서 기업 없이 인간 삶의 개선이 과연 가능이나 한 것인가?" 의문이 들 정도이다.

그렇다면 왜 사람들은 생산활동을 위해 기업을 조직하는 것일까? 사실 우리는 혼자서 생산활동을 수행하는 경우가 많다. 우리는 스스로 음식을 하고, 가끔은 뭔가 쓸모있는 것을 만든 경험을 가지고 있다. 그런데 왜 경제적인 활동이 주로 기업이라는 조직을 통해 이루어지고 있을까? 협력이 주는 장점이 그 이유라는 점은 쉽게 짐작할 수 있을 것이다. 이 세상에는 혼자서는 할 수 없는 일이 많기 때문이다.

그래서 (기업) 조직의 의미에 대해 진지하게 고민했던 미국의 경영학자인 버나드(Chester Barnard, 1886-1961)[1]는 조직을 '공동의 목표를 달성하고자 하는 의지를 가진 두 사람 이상이 서로 의견을 주고받는 모임'이라고 정의했다. 이후 경영학자들마다 다양한 방식으로 조직을 정의하고 있지만, '공동의 목표'가 있고, '의견을 교환'한다는 점에서는 버나드와 궤를 함께한다. 의견교환은 조직을 단지 다수의 개인의 모임이 아니라 좀 더 효율적이고 효과적으로 작동하게 하는 장치이다. 조직이 갖는 또 하나의 매우 강력한 장점은 바로 분업이다. 조직에 속한 사람들은 업무를 구분하여 분업을 할 수 있게 되고, 이 분업은 전문화를 통해 효율을 증대시키게 된다.

그림 3-1 영화 '범죄도시2' 출연진과 제작진

협력과 분업은 기업의 매우 강력한 장점이다. 그러나 협력과 분업이 '기업'이라는 형태 이외로는 구현되기 어려운 것일까? 위의 [그림 3-1]은 영화 '범죄도시2'의 제작진과 출연진을 보여준다. 마블시네마틱유니버스(MCU)를 빗대어 마동석시네마틱유니버스 시리즈라고도 불리며 사랑을 받은 이 영화의 감독 이상용, 배우 마동석, 손석구 등은 이 영화를 위해 협업하고 있지만

같은 '조직'에 속해 있는 것은 아니다.

어떤 이들은 이 영화를 만드는 과정에서 이루어졌던 협력구조가 그 자체로 '조직'이라고 불려야 한다고 조직을 느슨하게 정의하기도 하지만, 이들이 속한 모임은 우리가 일반적으로 기업이라고 정의하는 조직이 아닌 게 분명하다. 영화를 만들거나 음악을 만드는 것처럼 복잡한 일이 기업이 아닌 구조로도 이루어진다는 사실은 협력을 통해 복잡한 일을 해내는 것이, 그리고 분업을 통해 전문성을 키우는 것이 반드시 기업을 통해서만 가능한 것이 아니라는 반론을 가능하게 한다.

사실 모든 협업에 반드시 기업이라는 조직이 필요한가 하는 질문은 경제학의 골칫거리였다. 시장이 가격에 의해 완전하게 조정된다면, 즉 완전효율시장을 가정한다면 세상의 모든 거래는 시장에 맡기면 되기 때문이다. 하지만 실제로 사람들은 시장이라는 이론적으로 '완벽한' 조정메커니즘을 이용하는 대신 기업이라는 조직을 만든 다음 가격이 아니라 명령이라는 메커니즘을 통해 다양한 문제를 해결하고 있다. 이것은 전통적인 경제학의 틀로 보면 설명하기 어려운데, 이 역설을 처음으로 진지하게 제기한 시카고대학의 노벨경제학상 수상자인 코스(Ronald Coase, 1910-2013)는 가격에 의한 조정이 효율적이지 않은 경우가 있다는 점을 인정해야 한다고 생각했다. 그는 전통적인 가격조정을 신봉하는 학자들을 향해, "회사에서 직원이 전근발령을 받는다면 그것은 가격이 시키는 일입니까, 아니면 사장의 명령 때문입니까?"라고 물었다.[2]

전통적으로 경제학자들은 시장이라는 조정기제에서 가격 신호가 자연스러운 교환을 이끌어낸다고 주장해왔지만, 실제로 이 세상에는 강제적 명령에 기반한 조직이라는 조정기제가 존재하고 있다는 점을 코스는 지적하고 있는 것이다. 가격보다는 명령이 생산활동에 필요한 더 효율적인 교환방식이라고 간파한 것이다. 코스는 이를 '명령에 의한 경영(management by fiat)'이라고 이름 붙였다.

기업의 존재야말로 신고전경제학이 설명하지 못하는 약점이라는 점을 간파한 코스는 독창적이고도 간단한 설명을 제안하였다. 그것은 가격에 의해 조정되는 거래에는 반드시 비용이 수반된다는 것이었다. 전통적인 경제학은 개별적인 경제행위자가 모두 합리적이라고 가정한다. 여기서 '합리적'이란 시장에서 균형가격을 발견하고, 상대방을 찾고, 거래를 성사시키는 모든 과정이 손쉽게 자동적으로 이루어진다는 의미다. 하지만 코스는 이 가정이 그저 가상의 것일 뿐 실제로 사람들이 적절한 가격을 알아내고, 거래상대방을 찾고, 실제로 거래를 이행하는 모든 과정에는 비용이 발생한다는 점에 주목했다.

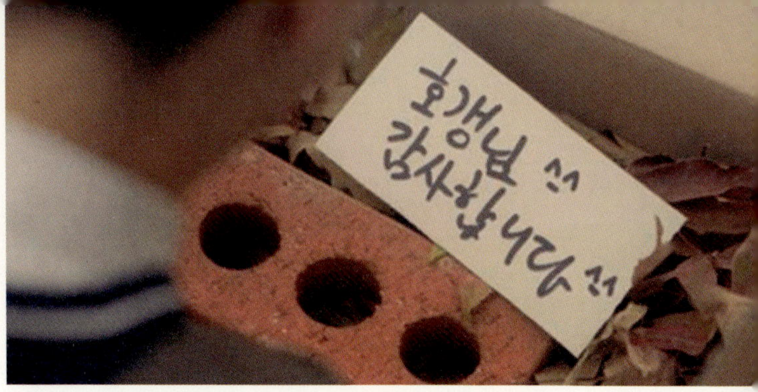

그림 3-2 가격만 주목하고 거래비용을 생각하지 않은 경우의 예

물론 우리는 이 사실을 경험을 통해 잘 알고 있다. 중고나라에서 물건을 살 때 가격에만 신경 쓰다가는 벽돌이 예쁘게 포장된 택배박스를 받게 될 수도 있다는 사실을 말이다([그림 3-2] 참조). 중고나라가 오늘도 평화로우려면, 거래상대방의 신뢰도를 확인하는 시간이 필요하고, 거래조건을 명확히 정의하여야 하며, 안전거래 수수료를 지불하거나 아니면 직접 거래상대방을 만나러 이동해야 한다. 당근마켓은 중고나라의 이런 문제점을 해결하기 위해 거래상대방을 평가하게 하고, 지역구분을 통해 서로의 신뢰를 높이는 방식을 채택하고 있기도 하다.

이러한 비용(거래비용)을 크게 줄이는 좋은 방법은 없을까? 물론 있다. 누군가가 거래상대방을 정해주고, 가격도 정해주면 된다. 거래상대방들과 하나의 조직을 만든 다음, 한 명(혹은 소수)의 의사결정자의 지시에 따라 거래가 진행된다면 복잡한 시장 계약을 생략할 수 있다. 시장에서 발생하는 비용을 절감하기 위하여 어떤 권위에 조정을 맡기는 셈이다. 코스는 시장의 작동에는 (신고전경제학자들의 생각과는 달리) 비용이 수반되며, 어떤 경우에는 (기업이라는) 조직을 만들어 권위를 부여하고 자원배분을 명령하게 함으로써 이 비용을 절감할 수 있다고 지적한 것이다. 특히 시장이 불완전하고 거래가 반복적으로 일어나는 경우, 기업은 시장보다 훨씬 더 적은 비용으로 거래를 성사시키는 대안이 된다. 즉, 시장거래에서 발생하는 거래비용이 바로 기업이라는 '비용절감' 수단을 정당화하는 것이다.

기업이라는 조직은 시장에서의 거래계약을 조직 내에서의 고용계약으로 대치한 발명품이라고 이해할 수도 있다. 만약 시장에서의 거래비용이 높은 상황이라면 기업은 점점 더 커질 것이고, 반대로 거래비용이 거의 존재하지 않는 시장이라면 기업은 그 존재이유를 상실하게 될 것임은 자명하다.

여기서 우리 모두의 필수품, 즉석밥을 한번 생각해보자. 햇반의 핵심원료는 물론 쌀이다. 집에서 지은 밥보다 즉석밥이 더 맛있다는 사람들이 적지 않고, 그래서 그 쌀이 도대체 어떤 특별한 쌀이 아닌지 궁금해 하기도 하지만 즉석밥에 쓰이는 쌀은 그저 보통 쌀이다. 다만 즉석밥 제조회사는 도정에 심혈을 기울이고 있으며 도정 후 수시간 내에 밥을 지어 밥맛을 잘 유지한다. 그렇다면 이때 즉석밥 업체는 쌀 도매상과 어떤 식으로 거래를 하는 것이 좋을까?

쌀 도매상을 합병하여 쌀을 조직 내부에서 거래하는 것이 더 바람직할까, 아니면 그때 그때 적절한 시장가격에 따라 도매상과 계약을 체결하고 거래를 하는 편이 더 바람직할까? 이것은 나중에 다루게 될 이른바 '수직통합'의 문제이며, 앞에서 배운 거래비용의 개념이 실제로 의사결정에 중요하게 쓰이는 사례에 해당한다. 즉석밥 업체가 아무 쌀 도매상과 거래해도 아무런 문제가 없고, 쌀 도매상이 시장에 흔히 존재한다면 시장거래가 유리하다는 것은 금방 생각해 볼 수 있다. 하지만 몇 안 되는 쌀 도매상이 다른 즉석밥 업체에 신경 쓰느라고 우리 업체를 홀대한다든지, 계절적 수요가 폭증할 때는 우리 업체에 물량을 보장해 주지 않는다든지 하면 결론은 좀 달라질 것이다. 이처럼 거래비용이라는 개념은 단지 이론에 그치지 않고 기업의 전략적인 의사결정과정을 이해하는 데에도 널리 쓰이고 있다.

우리는 지금까지 시장에 기업이라는 조직이 존재하는 이유를 대략 알아본 셈이다. 기업은 개인들이 쉽게 할 수 없는 복잡하고 큰 일을 협력을 통해 해낼 수 있도록 하는 수단이며, 동시에 분업을 통해 그 복잡한 활동을 효율적으로 수행할 수 있도록 하는 장치이기도 하다. 특히 이와 같은 활동이 일회성이 아니라 반복적으로 이루어져야 하거나, 적절한 협력상대를 찾는 것이 매우 어려운 경우(거래비용이 큰 경우) 기업은 특별히 더욱 효과적인 경제활동방식이라고 볼 수 있다.

2. 기업은 어떻게 존재하는가? 회사의 종류

이 책의 제7장에서는 역사 속에서 기업이 어떻게 탄생했는지, 특히 기업의 주요 형태인 주식회사제도가 어떻게 변화하여 왔는지 살펴볼 기회가 있을 것이다. 주식회사는 우리나라의 경우, 약 94%에 이른다고 알려져 있을 정도로 대부분의 기업이 취하고 있는 법률적인 형태이지만 미국이나 영국의 경우에는 상황이 좀 다르다. 우리나라의 주식회사 편중현상은, 상법 및 세법이 기업의 형태를 다양하게 정의하지 못해왔던 점과 관련돼 있다. 경영학이나 경제학에선 기업이라는 표현을 쓰는 반면 각종 법률에서는 '회사'라는 용어를 사용하고 있다는 점을 우선 기억하자.

학술적으로는 좀 더 복잡하지만 경제학적 실체를 의미할 때는 기업(firm)이라 부르고 법적인 의미로는 회사(corporation)라고 부른다는 정도로 일단 이해하면 된다. 아래 〈표 3-1〉에서와 같이 우리나라의 법률 가운데 회사의 형태를 정의하고 있는 법률에는 상법, 협동조합기본법, 그리고 민법이 있다.

먼저 민법은 사단법인과 조합을 정의하고 있는데 특수한 경우에 해당하기 때문에 이 장에서 논의하지는 않는다.

사실 많은 문헌들이 회사의 형태를 다룰 때 상법상의 회사만으로 논의를 한정하는 경우가 보통인데, 그것은 영리목적으로 기업을 운영하는 경우 이들 회사의 형태를 선택하기 때문이다. 협동조합기본법에 정의한 회사들은 회사라고 불리기보다는 협동조합이라고 지칭되는 경우가 많고, 영리활동을 하는 경우에도 그 최종적인 목적은 수익의 창출보다는 조합 구성원의 복리증진이 된다. (국내 거의 모든 대학에서 발견되는 생활협동조합이 바로 협동조합이다). 협동조합의 조합원은 일정한 출자금을 내고 조합원이 된 다음 조합이 발생시키는 수익을 나누어 갖게 된다. 특징적인 것은 출자금의 규모와 상관없이 의사결정에 있어 동일한 권리를 갖게 된다는 것으로서, 이것이 우리가 쉽게 볼 수 있는 주식회사와 매우 차별화된 점이라고 할 수 있다. 이 '1인 1표주의'는 협동조합의 정체성을 구성하는 가장 중요한 요인으로서, 협동조합은 조합원들의 민주적 의사결정을 핵심가치로 삼는다고 할 수 있을 것이다.

표 3-1 상법, 협동조합기본법, 민법의 회사형태 정의[3]

	상 법					협동조합기본법		민 법
구분	주식회사	유한회사	유한책임회사	합명회사	합자회사	협동조합		사단법인
						일반	사회적	
사업목적	이윤 극대화					조합원 실익증진		공익
운영방식	1주 1표	1좌 1표	1인 1표			1인 1표		1인 1표
설립방식	신고제					신고(영리)	인가(비영리)	인가제
책임범위	유한책임			무한책임	무한책임+유한책임	유한책임		해당 없음
규모	대규모	주로 중·소규모				소규모+대규모		주로 소규모
성격	물적결합	물적·인적결합	물적·인적결합	인적결합	물적·인적결합	인적결합		인적결합
사업예	대기업 집단	중소기업, 세무법인 등	(美)벤처, 컨설팅, 전문서비스업 등	법무법인 등	사모투자회사 등	일반경제 활동분야	의료협동 조합 등	학교, 병원, 자선단체, 종교단체 등
	삼성전자(주) 등	세무법인 하나 등	(美)DreamWorks Animation LLC	법무법인 율촌 등	미래에셋 PEF 등			
	〈영 리 법 인〉						〈비 영 리 법 인〉	
	〈사 회 적 기 업〉 (고용부 인증기업)							

과거에는 매우 제한적인 경우에만 협동조합을 발견할 수 있었지만, 우리나라에서 2012년 협동조합기본법이 제정되면서 출자금의 최소기준이 사라지고, 설립에 필요한 발기인의 수도 5인으로 대폭 축소되었을 뿐 아니라, 조합원의 유한책임(이에 대해서는 뒤에 다시 자세히 설명)이 명시되었다. 이로 인해 최근에는 협동조합의 설립이 매우 활발하며 심지어 주식회사를 협동조합으로 전환시키는 사례도 나타나고 있다.

또한 기업의 범주에 '자영업자' 혹은 '개인사업자'를 포함시키는 것이 바람직한가 하는 것은 흥미로운 논의이다. 우리가 주변에서 볼 수 있는 수많은 자영업점포(상점)들이나 온라인 판매업자들은 특별히 별도의 '회사'를 설립하지 않고 본인이 혼자, 혹은 소수의 인원을 고용하여 사업을 영위하고 있다.

법적으로 이들을 회사라고 부르지는 않지만 '영리를 추구하는 조직'이라는 기업의 정의와는 부합하는 면이 있기 때문에 이들을 '개인기업'이라고 정의하기도 한다. 우리나라에는 대체로 600만명에서 700만명 가량[1]의 개인사업자가 존재하며 이들을 기업의 범주에 포함시키는 경우 압도적으로 대다수의 기업형태가 된다. 앞으로 창업을 하는 이들의 많은 수들도 이런 형태를 선택하게 되겠지만, 이 장에서는 기업의 법적 존재방식을 주로 다루고자 하기 때문에 이에 대해서도 깊이 다루지는 않기로 한다.[2] 따라서 주식회사, 유한회사, 유한책임회사, 합명회사, 그리고 합자회사가 우리의 관심사이다.

2020년 국세청의 국세통계에 따르면, 우리나라에는 총 838,008개의 법인이 존재하는데 이 가운데 757,653개는 주식회사로 압도적인 다수를 차지하고 있으며, 그 다음 유한회사가 37,434개로 나타난다. 합명/합자회사는 대략 4천여 개 정도이다. 영리목적 회사의 종류를 5개라고 명시해 놓고 이 중 유한책임회사를 제외한 이유는 국세청에서 이를 유한회사의 범주에 포함시켜 통계를 내고 있기 때문이다. 이들 회사의 여러 가지 분류방식(운영방식, 설립방식, 책임범위, 결합의 종류 등) 가운데 무엇보다도 가장 중요한 것은 책임의 범위라는 점을 기억해 둘 필요가 있다.

1) 합명회사와 합자회사

사업과정에서 돈을 빌리거나 투자를 받을 때 발생한, 그리고 사업과정에서 발생한 돈을 지급해야 하는 일련의 책임을 사업을 시작한 개인(들)에게 모두 감당하도록 하는 회사의 형태를 무한책임회사라고 부르며, 합명회사가

1 2021년 8월 기준 비임금근로자는 약 680만명이나, 이 가운데 다른 직업을 가지고 있으면서 겸업을 하고 있는 사람이 있을 수 있고 반대로 자영업자이면서 소득을 신고하지 않은 사람이 있을 수도 있다는 점에서 오차가 있을 수 있다.

2 이에 대해 관심이 있는 경우에는 회사법보다는 세법의 주요내용을 살펴보는 것이 도움이 된다.

바로 그런 회사이다. 즉, 합명회사는 확장된 개인기업 정도로 이해하면 알기 쉽다. 따라서 현대에 와서 합명회사는 실제로 그리 흔히 사용되지 않으며, '유한책임'이 가능한 다른 회사형태가 더 널리 활용되는 것이 보통이다.

합자회사는 개념적으로 사원 가운데 일부는 무한책임을 지고, 일부는 유한책임을 지도록 하는 회사이다. 그런데 이런 특이한 형태의 구조가 꼭 필요한 기업은 그리 많지 않다. 그래서 지금 합자회사는 일반적인 기업에서는 거의 발견되지 않는다.

지금 실제로 우리가 발견할 수 있는 대부분의 합자회사는 사실 일반적인 기업이 아니라 흔히 PEF(Private Equity Fund)라고 불리는 사모투자전문회사(혹은 사모집합투자기구)라고 보면 된다. PEF는 자금을 투자하는 투자자(유한책임사원, LP: Limited Partners)와 자금을 운용하는 업무집행사원(무한책임사원, GP: General Partners)으로 구성되는 회사인데, LP는 자금을 출자한 뒤 최악의 경우라도 그 출자금을 잃는 선에서 책임이 제한되는 유한책임사원인 반면 GP들은 투자과정에서 발생하는 여러 가지 외부적 책임에 대해 무한책임을 지도록 구성된다. 국내에 존재하는 것으로 되어 있는 800여개의 합자회사 대부분은 이런 PEF의 성격을 갖는다고 봐도 무방하다. 아래 [그림 3-3]은 PEF의 기본 운용구조를 보여준다.

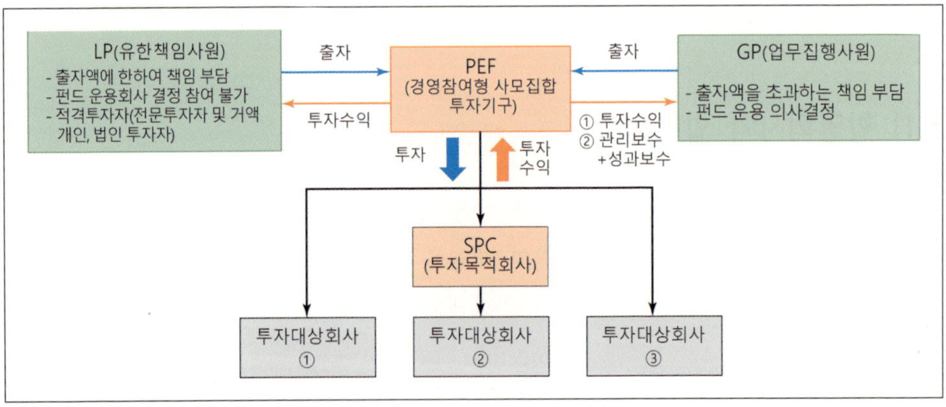

그림 3-3 합자회사인 PEF의 기본 운용구조 자료원: 금융감독원

2) 유한회사와 주식회사

이제 유한책임이라는 개념을 설명할 필요가 있다. 유한책임이라는 이 개념은 매우 중요하며 경제사적으로 큰 파급효과를 발생시킨 개념이기도 하다. 처음엔 좀 이상해 보일 수도 있다. 사업을 하는 개인들과, 그 개인들이 운영하는 회사를 분리해서 고려하자는 파격적인 생각이기 때문이다. 회사가 아무리 많은 채무를 지고 파산한다고 하더라도 회사를 운영한 개인이 그 채무를 떠안을 필요가 없다는 것이 유한책임의 핵심인데, 어떤 면에서는 무책임해 보이기도 한다. 회사의 운영을 개인들이 하고 있으니 회사의 활동을 그들이 당연히 책임져야 한다는 직관적 혹은 감성적인 생각과도 배치된다.

그러나 이 파격적인 생각이야말로 거대한 기업을 탄생시킨 핵심적인 동력이다. 만약 사업에 참여하는 이들에게 모두 '무한책임'을 지운다면 위험한 일, 거대한 자본이 필요한 일에 웬만한 사람들은 뛰어들 엄두를 내기란 어려운 일일 것이기 때문이다. 실제로 유한책임이라는 개념은 근대 자본주의 발전의 산물이다. 대항해시대(Age of Exploration)가 열린 다음 특히 17세기 유럽국가들 간의 무역경쟁이 본격화되면서 보다 큰 상선과 보다 장기간의 항해, 그리고 더 많은 물품구매대금이 필요해졌다. 이런 상황에서 투자자들에게 유한책임을 보장한다면 훨씬 더 많은 자금을 모을 수 있을 것이라는 아이디어를 누군가 생각해 내게 되었고, 무역발전에 사활을 건 유럽정부들은 몇몇 독점적 기업들에게 유한책임사원, 즉 주주들을 모집하는 것을 허용하게 되었던 것이다.

이들 기업들은 회사법인(corporation) 혹은 공동출자회사(joint stock company) 등으로 불렸는데, 주로 영국의 무역회사[예컨대, 머스코비社(Muskovy Company)나 리반트社(Levant Company)]들이 그 시초이다. 그 이후 이들 회사들 가운데 상당수는 칙허(勅許)회사(chartered company)라는 형태로까지 발전하는데, 칙허회사는 유한책임사원(주주)의 모집뿐 아니라 특정한 산업에 대한 독점권까지 정부로부터 허가를 받은 기업들을 의미한다.

유한책임이라는 개념을 악용하는 사람들이 있을 수 있다는 것은 자명하다. 별다른 사업능력도 없으면서 의도적으로 대규모 자금을 모은 다음 허무하게 그 자금을 개인적인 이익을 위해 소진시키고 파산해버리는 악인들이 존재할 수 있을 것이다. 실제로 이와 같은 사례는 유한책임제도가 도입된 다음 수백년 동안 반복적으로 나타나고 있다. 이들에게 투자했던 이들은 당연히 유한책임제도 그 자체를 공격하기도 한다. 대주주와 경영진은 유한책임제도에서 예외로 하여 마땅히 무한책임을 지도록 해야 한다는 것이다. 최근에도 쉽게 볼 수 있는 주장이다. 그런데 본인을 어떤 기업의 대주주라고 생각해보자. 주식시장에서 회사의 주식을 몇 주 샀다는 이유로 사람들이 우리집에 찾아와서 자신이 샀던 주식의 수익을 보장해달라고, 심지어 내가 살고 있는 집을 팔아서라도 보장하라고 요구한다면 그것이 쉽게 받아들여질 수 있는 요구인가?

그러나 다른 한편에서는 기업의 경영에 실패하여 다른 주주, 채권자 그리고 직원들에게 커다란 피해를 입힌 경우 대주주(및 경영자)는 도의적으로 책임있는 행동을 해야 한다는 의견도 존재한다.

이처럼 유한책임제도는 자본주의 성장에 결정적 역할을 했고 이미 수백년간 지속되어 왔음에도 불구하고 여전히 논란이 되곤 하는 제도이다. 우리나라에서 사원(출자자)에게 유한책임을 허용하는 회사의 종류는 유한회사, 유한책임회사, 그리고 주식회사가 있다. 이 가운데 우리나라에서 절대다수를 차지하는 것은 주식회사이다.

(1) 유한회사

유한회사란 소수의 유한책임사원들로만 구성되는 회사이다. 비교적 적은 사람들이 참여하는 기업들을 위한 제도라고 할 수 있다. 유한회사는 주식회사에 비해 매우 단순한 의사결정구조를 이용할 수 있다는 장점을 가지고 있지만, 주식을 발행할 수 없기 때문에 한계를 가지고 있다. 따라서 자금이 그다지 필요하지 않고, 소수의 사람만이 모여서 사업을 할 것이 앞으로도 확실한 경우가 유한회사에 적합한 셈이다. 따라서 소규모회사 혹은 외국계 기업들의 한국내 자회사들이 유한회사를 채택한다. 구글이나 페이스북의 한국법인이 모두 유한회사이다.

유한책임회사는 유한회사의 빠른 의사결정을 더 강력하게 보장하는 제도로, 미국에서 시작하여 비교적 최근에 각국에 제도화되었다. 유한책임회사는 소수의 특정한 사람(들)이 기업의 핵심을 이루는 경우에 적합하다. 우리나라도 2011년 4월 상법을 개정하여 유한책임회사제도를 신설하였다.

(2) 주식회사

주식회사는 앞에서 설명한 것처럼 출자자이면서 회사의 채무에 대해서는 전혀 책임을 지지 않는 유한책임사원들만으로 구성된 회사를 의미한다. (주식회사의 경우에는 이 유한책임사원들을 특별히 '주주'라고 부른다.)

주식회사제도의 핵심은 주주들이 자신이 출자한 자본에 해당하는 지분을 증권(이를 흔히 주식이라고 부른다)으로 교부받고 이를 자유롭게 타인에게 양도할 수 있다는 점이다. 즉, 출자자들로선 필요한 경우 자신이 출자한 금액을 현금으로 바꿀 수 있게 되기 때문에 자금을 출자할 때 조금 더 적극적인 의사결정을 할 수 있게 된다. 따라서 전문성이 다소 부족한 주주들도 투자에 나설 수 있게 된다. 또한 주식회사는 초기 설립 이후의 출자절차도 매우 간단하도록 되어 있다. 이같은 특성으로 인해 대규모자금이 필요하거나 비교적 위험이 큰 사업을 영위하는 기업들은 대체로 주식회사의 형태를 선택하게 된다.

주식회사제도는 때로 '인류역사 최고의 발명품'이라는 찬사를 받기도 할 만큼, 인류역사의 발전에 커다란 역할을 담당해왔다. 대규모자본을 집결하면서도 비교적 신속하고 과감한 의사결정이 가능하도록 하는 제도적 장치이기 때문이다. 앞에서 살펴본 바와 마찬가지로 17세기에 처음 도입된 회사기업(corporation)들은 이후 각국정부와 긴밀히 연계하여 이른바 칙허회사(chartered company)로 더욱 거대해지게 되었다.

영국의 동인도회사(East India Company), 네덜란드의 동인도회사, 영국의 버지니아회사(Virginia Company), 그리고 네덜란드의 서인도회사(West India Company)와 같은 기업들은 특정지역 식민지에 대한 독점적 사업권을 확보하고, 식민지의 추가개척, 식민지에 대한 준정부적 권한을 업무로 삼아 점점 거대해졌다. 그러나 이들 기업들의 식민지 수탈에 대한 저항과 이들 기업의 수익성 악화로 인해 주가하락이 동반되자, 왜 일부 기업만 주식회사로서의 자격이 주어지는가에 대한 의문과 비판이 제기되었다.

때마침 산업혁명이 유럽대륙을 강타하면서 다양한 기업들이 자본조달의 필요성을 갖게 되었고, 결국 1862년 영국의회는 모든 기업들이 등록만 하면 주식회사 방식으로 설립될 수 있도록 하는 법안을 통과시켰다. 적어도 200년 이상의 시행착오를 통해 주식회사의 틀이 갖추어진 셈이다. 그리고 그 이후, 150여 년이 흐르는 동안 세상을 변화시킨 대부분의 일들이 바로 주식회사들에 의해서 이루어져왔다. 주식회사는 한두 명의 힘으로는 불가능한 모험적인 도전에 자본이 투자될 수 있도록 하기 때문이다. 물론 그 사이에 나타난 여러 가지 부작용과 단점들을 보완하기 위한 다양한 법과 제도 변화도 이루어져 왔다.

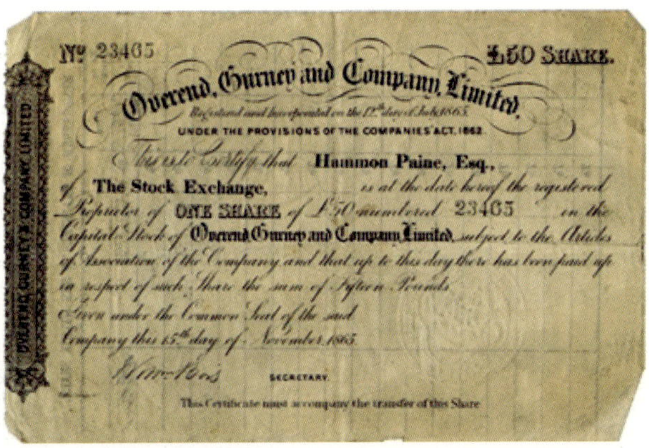
No 23465 £50 SHARE
Overend, Gurney and Company Limited.
UNDER THE PROVISIONS OF THE COMPANIES' ACT 1862
This is to Certify that Hammon Paine, Esq., of The Stock Exchange, is at the date hereof the registered Proprietor of ONE SHARE of £50 numbered 23465 in the Capital Stock of Overend Gurney and Company Limited, subject to the Articles of Association of the Company and that up to this day there has been paid up in respect of such Share the sum of Fifteen Pounds.
Given under the Common Seal of the said Company this 15th day of November 1865
SECRETARY.
This Certificate must accompany the transfer of this Share

그림 3-4 1870년대 영국에서 발행된 주식증서

그러면 여기서 주식회사의 이름에 등장하는 주식에 대해 좀 더 살펴보자. 주식(stock 또는 share)은 주식회사의 자본을 이루는 단위로서의 금액 또는 이를 전제로 한 주주의 권리 · 의무(주주권)를 의미한다. 어떤 이는 주(株, share)와 주식(株式, stock) 사이의 미묘한 차이를 구분하기도 한다. 주(share)는 회사 자본을 균일하게 나눈 단위를 의미하고, 개개의 주(share)가 모여져서 회사의 주식(stock)을 형성한다는 것이다. 그러나 일반적으로는 이 둘 사이의 차이를 구분하지 않고 모두 주식이라는 용어로 사용한다. [그림 3-4]는 1862년 제정된 영국 회사법(Companies Act)에 의해 발행된 초기의 주식증서이며, [그림 3-5]는 어느 국내 대기업이 발행한 주식증서(10주, 5만원, 주당 5천원)의 견본이다. 두 증서 모두 기업의 명칭, 주식의 액면가, 주식의 일련번호가 기재되어 있다는 점을 확인할 수 있다.

원칙적으로 주주의 권리는 주식의 수에 비례하여 정하여지고, 각 주식의

내용은 모두 평등하다. 이를 '주주평등의 원칙'이라 한다. 모든 법칙에 예외가 있듯이 '주주평등의 원칙'에도 예외가 인정된다. 회사는 정관에 의거하여 배당이나 투표권에서 권리가 다른 주식을 발행할 수 있다. 먼저, 보통주(common stock)와 우선주(preferred stock), 전환우선주(convertible preferred stock)는 권리의 내용이 다르다. 일반적으로 보통주는 회사의 의사결정 시 투표권(voting rights)을 행사할 수 있는 주식이다. 우선주는 투표권이 없는 대신 배당이나 청산 시 보통주보다 우선적으로 받을 수 있는 주식으로 국내법으로는 전체 주식의 25%까지 발행할 수 있다. 전환우선주는 일정기간이 경과하면 우선주에서 보통주로 전환이 가능한 주식이다.

그림 3-5 국내 기업의 주식증서(견본)

우리나라는 투표권에 차등을 두는 보통주의 발행이 금지되어 있다. 반면 미국을 위시한 해외에서는 투표권에 차등이 있는 주식을 발행할 수 있다. 우리들이 알고 있는 세계적인 IT 혁신기업 알파벳社(Alphabet Inc., 예전의 구글)를 예로 들어보자. 알파벳은 현재 다음과 같이 3가지 등급의 주식을 발행하고 있다.

① A등급(Class A): 1주당 1개의 투표권이 부여되는 보통주로 일반 투자자가 보유가능하며 美증권거래소 종목기호(ticker symbol이라 함)로는 GOOGL로 표기된다.

② B등급(Class B): 구글의 공동창업주 래리 페이지(Larry Page, 1973-)와 세르게이 브린(Sergey Brin, 1973-)과 같은 회사 경영진만이 보유할 수 있는 주식이다. B등급은 1주당 투표권 10개(A등급 주식의 10배)를 행사할 수 있으며 일반인은 보유할 수 없다(외부 매매가 불가능하기 때문에 종목기호가 없음). 2017년 4월 기준으로 페이지와 브린은 B등급 주식의 83.6%를 보유하고 있고, A등급과 B등급을 합하면 전체 투표권의 51.2%를 점유하고 있다. 공동창

업자 두 사람에게 과다하다 싶을 정도의 투표권을 허용하는 이유는 다름 아닌 '경영권 보호'에 있다. 적대적 합병(hostile takeover) 등 외부의 압력에 구애받지 말고, 창업주들이 소신껏 경영하라는 것이 주주들의 바람인 것이다.

③ C등급(Class C): 회사 직원과 일반인이 모두 보유 가능하지만 투표권을 전혀 행사할 수 없는 주식이다. 유능한 직원들을 급여로만 동기부여하기에는 부족하기 때문에 급여 외에 스톡옵션(ISO: Incentive Stock Options)이 지급된다(종목기호로는 GOOG로 표기됨).

이처럼 주식의 의결권 크기를 서로 다르게 구분하는 것을 '차등의결권'제도라고 한다. 앞에서 살펴본 것처럼 이런 차등의결권은 일종의 경영권 유지 장치라고 할 수 있다. 창업자들이 성장과정에서 대규모 자금을 유치하는 경우, 차등의결권이 없다면 일정한 자금유치 이후에는 경영권을 상실하게 된다. 따라서 차등의결권이 없는 우리나라의 경우 창업자들의 자금유치 규모를 제한함으로써 기업성장을 제약한다는 비판이 힘을 얻고 있다.

그러나 차등의결권을 반대하는 주장 역시 존재하는데, 예를 들면 창업자가 옳지 않은 의사결정을 하더라도 그를 경영에서 배제하기 매우 어려우며 동시에 기업의 부당한 상속도구로 활용될 가능성이 있다는 의견이 그것이다. 현재 차등의결권 도입에 대한 다양한 논의가 국회에서 논의되고 있는데, 국내에는 위에 제시된 비판을 감안하여 상속이 불가능한 형태의 차등의결권이 도입될 것으로 예상된다.

3) 주식회사의 운영

주식회사에 다수의 주주들이 투자하게 되면, 주주들이 직접 회사의 경영실무에 관여하는 것은 불가능하다. 예를 들면 삼성전자의 주식수는 약 60억주 가량 된다. 만약 주주 1인당 평균 60주를 보유한다고 가정하면 주주가 1억명이 넘고, 600주라고 가정하면 천만명이 넘는 셈이다(대략 이 정도로 추산된다). 주식회사의 주인이 주주이기는 하지만, 삼성전자와 같은 큰 기업의 경우 주주들이 함께 모여 토론하면서 의사결정을 한다는 것은 사실상 불가

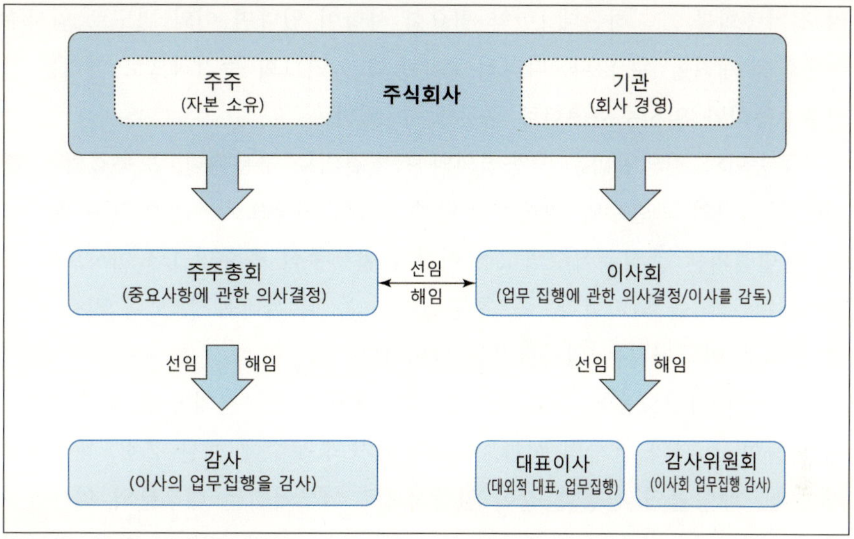

그림 3-6 주식회사의 기관과 활동　　자료원: 최준선, 〈주식회사의 경영과 법률〉

능하다는 계산이 나온다. 농담처럼 삼성전자 주주총회는 광장에서 할 수밖에 없다는 말이 있는 이유다.

따라서 주식회사의 경우 주주들의 경영참여는 매우 중요한 의사결정에만 한정되고, 일상적인 업무는 주주가 선임한 이사회가 수행하도록 구조화되어 있다. 물론 주주들은 '감사' 또는 '감사위원회'라는 장치를 통해 이사회가 주주의 이익을 대변하여 정상적인 경영의사결정을 내리는지 살펴보게 된다.

주식회사에서는 주주들의 의사결정기구인 주주총회, 일상 경영활동을 담당하는 이사회, 그리고 이사회의 집행을 감시하는 감사(위원회), 이렇게 세 가지 장치를 일컬어 '주식회사의 기관'이라고 통칭한다. [그림 3-6]은 주식회사의 기관들이 어떤 활동을 하는지 간략하게 설명하고 있다.

(1) 주주총회

주주총회는 주주들이 모여 회사의 경영상황을 청취하고, 중요한 의사결정을 수행하는 주식회사의 핵심제도(기관)이다. 대부분의 주식회사들은 연말의 결산과 회계감사가 끝난 다음 확정된 재무상태를 주주들에게 보고하기 위하여 정기총회를 개최하는데, 만약 필요한 사항이 있다면 이와 별도로 임시주주총회를 개최할 수 있다. 따라서 주주총회는 연 1회 주기적으로 열리는 정기주주총회와 임시주주총회로 구분할 수 있다.

주주총회의 결의방법은 보통결의와 특별결의로 구분된다. 보통결의는 출석한 주식수의 과반수와 발행주식 총수의 1/4 이상으로 이루어지는 결의이고, 특별결의는 출석주식수의 2/3 이상과 발행주식 총수의 1/3 이상으로 이루어지는 결의를 의미한다. 즉, 특별결의는 좀 더 까다롭게, 보다 많은 주주의 동의로 이루어지는 의사결정을 의미한다.

일상적인 경영활동에 대한 의사결정은 대체로 보통결의에서 이루어진다. 예를 들어, 이사와 감사의 선임, 이사와 감사의 보수에 대한 결정, 재무제표의 승인, 배당금의 결정과 같이 일상적으로 이루어지는 대부분의 의사결정은 보통결의사항이다. 그러나 회사의 해산, 분할, 합병, 정관의 변경, 자본의 감소와 같이 회사의 중대한 변화를 야기하는 의사결정이나 이사와 감사를 해임하는 것처럼 회사경영진의 중도교체를 시도하는 경우에는 반드시 특별결의의 요건을 만족하여야만 한다.

(2) 이사회

이사회(board of directors)는 일반적인 경영의사결정을 담당하고 있는데, 이사(directors) 가운데 대표이사를 선임하여 보다 신속한 의사결정이 가능하도록 한다. 2011년 개정된 상법에서는 대표이사를 두지 않고 이사회가 별도의 '집행임원'을 선임하여 집행임원이 경영집행을, 이사회는 경영감독을 담당하는 체제가 가능하도록 하였다.

간혹 이사와 임원을 구분 못하는 경우가 있기 때문에 차이를 간단히 설명하기로 한다. 이사(directors)는 이사회의 멤버를 의미하고, 임원(executives)은 회사의 한 부문, 또는 전체의 경영을 전담하는 상근직(full-time) 중역을 의미한다. 알다시피 이사회 멤버인 이사는 두 가지로, 즉 (1) 상근직인 사내이사(inside directors)와 (2) 비상근직인 사외이사(outside directors)로 구분된다. 한편 상근직 임원도 두 가지로, 즉 (1) 상근직 사내이사(inside directors)와 (2) 이사회의 멤버가 아니면서 이사회의 위임을 받아 경영을 책임지는 집행임원

(non-director executives)으로 구분된다. 이사와 임원의 교집합(intersection)이 누군지 벌써 알아차린 독자도 있을 것이다. 상근직 임원이면서 사내이사를 겸직하는 임원일 것이다. 대부분의 대기업 CEO가 이에 해당한다. 상근직 임원이자, 당연직 이사회 멤버이다. 국내의 많은 기업들이 지금까지 사외이사 제도를 정착시켜왔듯이, 최근에는 임원까지도 이원화하는 방향으로 변화를 추구하고 있다.

(3) 감사 (위원회)

감사(auditor)는 주주총회에서 임명되며, 이사회(및 집행임원)의 활동을 감시하는 역할을 하는 사람이다. 우리나라 법률에서는 별도로 감사를 지정하지 않고 이사회 내부에 감사위원회(audit committee)를 두는 것을 허용하고 있는데, 다만 이 감사위원들은 사외이사를 중심으로 구성되어 독립성을 유지하도록 하고 있다.

주식회사는 대규모 자금동원이 가능하다는 커다란 장점을 가지고 있지만, 바로 이 이유 때문에 우리나라를 포함한 많은 나라에서 가장 복잡한 법적 제약을 받고 있는 회사의 형태이기도 하다. 다수의 투자자가 참여하기 때문에 투명성을 높이고 주주들의 관리감독이 가능하여야 하기 때문이다. 그래서 소수의 주주로 신속하게 의사결정을 하는 것을 원하는 경우에는 운영상의 부담이 있는 회사의 형태일 수 있다.

이로 인해 미국이나 영국에서는 초기 창업기업이 주식회사의 형태를 취하는 경우가 상대적으로 매우 적다. 이들 기업은 유한회사 또는 유한책임회사의 형태를 선택하는 것이 보통이다.

3. 기업의 미래

기업의 경영자(대개의 경영자가 '주식회사'의 '대표이사'일 가능성이 높다는 점을 짐작할 수 있을 것이다)는 회사를 규정하는 각종 법과 제도에 따라 정의된

책임과 권한의 범위 안에서, 기업의 존재이유를 달성하는 역할을 수행한다고 볼 수 있다. 이 장의 맨 앞부분에서 기업은 단지 개인들의 임시적 계약만으로는 달성하기 어려운 고도의 협력과 분업, 그리고 거래비용의 절감을 그 존재의 의의로 삼는다는 점을 배운 바 있다.

그래서 경영자는, 자신이 경영하고 있는 기업이 과연 그 존재이유를 달성하고 있는지 늘 살펴볼 필요가 있다. 어떤 경우에는 기업의 사업범위를 축소하거나 확장하는 것이 경쟁력을 강화하고, 협력과 분업을 통해 경영의 효율성을 증진시키며, 기업 내·외부의 거래당사자 간에 발생하는 거래비용을 절감할 수도 있기 때문이다. 구매처나 공급처를 변경하거나 내부 운영관리 프로세스를 변화시키는 것 또한 마찬가지이다. 특히 최근에는 지난 수세기 동안 운영되어 온 기업의 형태와 운영방식 자체에 대한 변화흐름도 감지된다. 잠시 살펴보기로 하자.

1) 플랫폼과 기업

최근 빠르게 성장하여 시장을 석권하고 있는 기술기업들(이른바 빅테크기업)은 대부분 플랫폼사업자라는 특성을 가지고 있다. 플랫폼사업은 서로 다른 사용자그룹을 연결함으로써 가치를 창출하는 방식의 사업모델을 가지고 있는데, 사실 이미 오래전부터 존재했던 사업이다. 예를 들면 점포와 구매자들이 서로 만날 수 있는 장을 제공하는 오일장 혹은 백화점이 바로 플랫폼사업자이고 잘 모르는 남성과 여성이 서로 자연스럽게 만날 수 있는 장을 제공하는 클럽 역시 플랫폼사업이라고 볼 수 있다. 20세기에 가장 성공적으로 성장한 사업 가운데 하나인 신용카드사업자 역시 가맹점과 신용카드 사용자의 연결을 통해 가치를 창출하는 플랫폼사업자이다. 플랫폼사업은 어느 한쪽의 사용자가 늘어나면 다른 쪽의 사용자가 누리는 가치가 커진다는 특성을 지닌다. 신용카드 가맹점이 늘어나면 신용카드 사용자가 얻는 가치가 커지고, 클럽의 여성고객이 늘어나면 클럽의 남성고객이 얻는 가치가 커지는 식이다(이를 교차네트워크 효과라고 부른다). 그런데 전통적인 오프라인 플랫폼사업자는 물리적인 한계를 가진다. 백화점은 무한히 커질 수 없고, 클럽도 무한히 커질 수 없으며, 신용카드 가맹점 역시 일정한 규모 이상으로 늘어날 수 없다.

그런데 21세기에 들어오면서 플랫폼이 온라인으로 옮겨가게 되고, 물리적 한계가 사라진 온라인기반 플랫폼사업자는 한계가 없이 크게 성장할 수 있게 된다. 실제로 우리는 온라인기반 플랫폼기업이 폭발적으로 성장하여 시장을 석권하는 것을 목격하고 있다. 미국의 애플, 아마존, 구글, 페이스북, 우리나라의 네이버, 카카오, 쿠팡, 토스, 그리고 중국의 알리바바, 텐센트 등은 모두 온라인기반 플랫폼사업자이며 이제 매우 많은 분야에서 오프라인사업자들을 압도하는 시장지배자로 성장하였다. 이에 따라 기존기업들은 온라인기반 플랫폼사업자와의 경쟁을 피할 수 없게 되었고 스스로 플랫폼사업자가 되거나 아니면 이들 거대 플랫폼의 참여자가 될 것인가 선택해야 하는 처지가 되었다.

그런데 학자들은 이들 온라인 플랫폼기업에 적용되는 경제원리들을 깊이 연구하면서 플랫폼경제학이 가진 몇가지 흥미로운 특성을 발견하게 되었다. 그리고 어쩌면 플랫폼기업이 전통적인 기업들과는 좀 다른 특성을 가질 수 있다는 예측을 조심스럽게 내놓고 있기도 하다.

예를 들어, 플랫폼사업에서 가치를 창출하는 것은 플랫폼사업자가 만든 특정한 제품이 아니라, 플랫폼에 참여하는 참여자들의 행위이다. 다시 말해 유튜브(Youtube)는 스스로 재미있는 동영상을 만들기 위해 노력하는 것이 아니라 참여자들이 보다 적극적으로 참여하고 보다 더 재미있는 영상을 올리도록 하는 데 주력해야 한다. 기업의 성과가 기업내부자가 아니라 기업사업의 '참여자'에 의해 좌우된다는 것은 플랫폼기업이 제품이나 서비스의 생산자가 아니라 생태계 조성자의 역할을 해야 한다는 의미이다. 이렇게 보면 네이버가 웹툰의 창작자들을 발굴하고, 스마트스토어 사용자 교육을 위해 오프라인 교육시설을 설립하는 것은 사회공헌이 아니라 기업의 핵심활동이라고 인식하는 이유이다. 플랫폼기업의 내부와 외부를 구분짓는 선은 조금씩 모호해지고 있는 셈이다. 플랫폼사업에 참여하여 가치를 창출하는 참여자들에게 플랫폼기업은 어떤 보상을 해야 하는지, 어쩌면 주주만큼이나 이들에게 충분한 보상이 필요한 것은 아닌지 하는 질문이 점점 커지고 있다. 이러한 질문에 대답하고자 하는 실험적 조직형태도 등장하고 있다.

2) 다양한 기업형태 실험

일반적으로 주식회사는 주주들이 이사회를 구성하고 나면 일상적인 경영활동에 참여하는 기회는 매우 적다. 기업의 일상활동을 항상 주주총회를 통해 결정하는 것은 매우 비효율적이기 때문이다. 그러다보면 주주는 기업의 활동을 구체적으로 알기 어렵고 어떤 의미에서 상당한 소외를 경험하게 된다. 만약 기업의 일상활동을 주주들이 항상 들여다볼 수 있다면 어떨까? 그리고 그 일상활동에 대해 상시적으로 의견을 개진할 수 있는 구조는 불가능할까? 더 나아가 기업의 활동에 일정한 기준 이상으로 기여한 이들에게 자동적으로 어떤 보상이 가도록 만들 수는 없을까?

전통적인 주식회사의 방식으로서는 구현하기 어려운 이런 문제들이 기술, 특히 블록체인 기반의 스마트 컨트랙트를 통해 해결할 수 있을 것이라는 기대가 점점 늘어나고 있다. 그 대표적인 방식이 바로 DAO이다. DAO는 "Decentralized Autonomous Organization"의 약자로, 블록체인 기반의 탈중앙화된 자율조직을 의미한다. 중앙에서 관리하는 주체 없이 개인이 자율적으로 투표하고 의사결정하는 형태로 운영되는 조직을 의미한다. 블록체인 기술을 적용하여 투자자의 소유권을 증명하도록 하고, 스마트 컨트랙트의 개념을 통해 중앙조직 없이 공동의 목표에 대한 집단적 의사결정이 가능하도록 설계할 수 있다.

DAO는 위계가 없는 조직형태를 가지고 있고, 의사결정의 모든 내용이 블록체인에 기록되기 때문에 참여자의 익명성과 투명성이 기술적으로 보장된다는 장점이 있는 셈이다. 주식회사와 마찬가지로 의사결정권은 투자 토큰에 비례하지만, 만약 조직에 의미있는 기여를 하는 이에게 의사결정권을 갖게 하고 싶다면 그들에게 토큰을 부여하는 스마트 컨트랙트도 얼마든지 가능하다. 아직은 주로 NFT의 구매와 같은 제한된 범위에서 활용되고 있는 형태이지만, 미국의 일부 주에서 법적인 지위를 획득하면서 보다 다양한 기업형태 실험으로 확산된 조짐도 보이고 있다.

경영자들은 이제 기업운영뿐 아니라 기업의 형태에 대해서도 고민해야 되는 셈이다. 그러나 이것은 낯선 도전은 아니다. 경영자들은 독자적으로, 또는 학계의 도움을 받아, 다양한 경영기법과 도구를 발전시켜왔다. 학계 역시 경영 현장에서 발생하는 문제를 들여다 봄으로써 경영학이론을 보다 발전시킬 수 있었다. 다음 4장에서 다루는 경영학의 역사는 그런 고민의 과정을 다룬다.

주요 개념

• 명령에 의한 경영 • 거래비용 • 합명회사 • 합자회사 • PEF • 유한회사
• 유한책임회사 • 주식회사 • 법인(corporation) • 보통주 • 우선주
• 전환우선주 • A등급 주식 • B등급 주식 • C등급 주식 • 주주총회 • 이사회
• 감사(위원회) • 집행임원 • 플랫폼사업 • DAO

생각해 보기

1. 아래 [그림 3-7]은 여러분(혹은 일부)이 좋아하는 아이돌 그룹 워너원이다. 워너원의 핵심멤버인 강다니엘은 워너원엔터테인먼트(구 MMO엔터테인먼트) 소속이다. 그리고 이 회사는 프로듀스101을 만든 씨제이이엔엠(CJ E&M)의 계열사이다. 씨제이이엔엠이 연예기획사를 보유하고 있는 것은 과연 좋은 일일까? 아니면 그냥 여러 기획사와 적절히 계약을 맺는 것이 더 바람직하고 공정한 것은 아닐까? 인터넷에는 이와 관련된 팬들의 의견이 넘쳐나고 있으니 한번 검색해보기 바란다. (악성댓글을 다 읽어볼 필요는 없다.) 거래비용(transaction cost)이라는 개념을 동원하여 의견을 보태 보자.

그림 3-7 아이돌 그룹 워너원

2. 유한책임의 원칙에 대해 어떻게 생각하는가? 본인이 한진해운의 주주라면 어떻게 생각하게 될지 대답해 보자. 만약 본인이 한진해운의 대주주인 대한항공의 주식을 가지고 있다면 또 어떻게 생각하게 될까?

3. 회사의 이사진 가운데 사외이사가 많은 것은 투명성을 위해 바람직한 일이라고 생각하는가? 혹시 사외이사가 늘어나는 경우 발생할 수 있는 문제점은 없는 것인가?

참고문헌

- 국세청 (2017), 〈국세통계연보 2017〉.
- 담덕의 경영노트: mbanote2.tistory.com
- 체스터 바너드 (2009), 〈경영자의 역할〉, 이정혜 역, 서울: 21세기북스.
- Michie, J., Coase, R. H., & Buckley, P. J. (1996), *Firms, Organizations and Contracts*, London: Oxford University Press.

미 주

1. 체스터 바너드 (2009), 〈경영자의 역할〉, 이정혜 역, 서울: 21세기북스.
2. Michie, J., Coase, R. H., & Buckley, P. J. (1996), *Firms, Organizations and Contracts*, London: Oxford University Press.
3. 담덕의 경영노트: mbanote2.tistory.com

4 장

경영학의 역사

1. 경영과 경영학
2. 경영학의 태동
3. 인간관계론과 행동과학의 등장
4. 기업제도(신고전파) 이론
5. 계량적 접근법
6. 현대 경영이론

1. 경영과 경영학

경영학의 역사는 오랜 세월을 자랑하는 다른 학문분야에 비해서는 일천하다고 말할 수 있다. 인류 문명의 역사가 시작된 시점과 거의 같은 시기에 시작된 철학과 천문학은 물론이고, 수백 년의 역사를 지니고 있는 경제학 등과는 달리 경영학은 이제 100여년을 조금 넘긴 짧은 역사를 지니고 있을 뿐이다. 게다가 대다수의 학문들이 학자들에 의해 탄생한 것과는 달리 경영학은 산업현장의 실무자들이 문제 해결을 위한 방법으로서 탐구되고 체계화하기 시작한 이후 실무계와 학계의 교감 속에 학문의 토대가 쌓여왔다.

경영학의 역사가 짧은 것과는 달리 경영[1]이라는 개념은 결코 일천하지 않다. 경영이라는 개념은 인류가 그것을 인지하든 말든 인류 문명의 시작과 함께 발달하기 시작했다고 말해도 지나치지 않다. 사냥감의 이동경로를 파악해 그 정보를 사냥에 활용하거나, 매머드 등 거대 동물을 사냥할 때엔 치밀한 전략 하에 협업과 분업을 활용하는 등 원시적인 수렵채취사회에서도 경영활동은 엄연히 존재했다.

인구 증가로 인해 수렵만으로 생존이 어려워지자 농사를 짓기 시작한 농경사회에서는 경영이 한 단계 더 발전하였다. 파종에서 수확에 이르기까지 체계적인 농사기술을 습득하고 저장기술을 발달시키고, 홍수나 가뭄에 대비해 관개시설을 준비하고 수리(水理)기술을 발전시키며, 대규모 노동력 동원이 가능한 체제를 구축했다. 대량 곡물생산이 가능하고 홍수에 대비한 관개시설을 건설하기 위한 대규모 노동력 동원이 요구되는 큰 강 하구에서 세계 4대 문명이 시작된 것도 결코 우연이 아니다. 경영의 개념이 필요해 발달하기 시작한 곳에서 문명의 여명이 밝았던 것이다.

경영이라고 불리는 활동이 존재하지 않았더라면 이집트의 피라미드([그림 4-1] 참조)나 중국의 만리장성 건설이 원천적으로 불가능했을 것이다. 설계에

1 '경영(經營)'은 중국 고전 시경(詩經)에서 나온 말이다. 멀리 내다 볼 수 있는 높은 대(臺)를 세우려면 측량을 잘해야 한다는 뜻의 경(經)과 집을 잘 지어야 한다는 뜻의 영(營)을 결합한 용어다.

서부터 공정관리, 자재수급 계획, 인력동원 등에 이르기까지 오늘날과 같은 거대 프로젝트를 수행하는 데 필요한 관리과정을 그 당시에도 모두 거쳐야 했다.

그림 4-1 이집트 제4왕조 쿠푸왕이 기자(Giza)에 건설한 피라미드(기원전 2500년 경)

인류 문명이 시작되면서 계획, 조직화, 동원, 그리고 감독이라는 활동이 자연스레 생겨났고 이와 동시에 경영의 개념도 발달했다. 일을 좀 더 잘하기 위해선 경영의 개념이 동원되었다. 경영이라는 명칭을 붙이지 않았을 뿐이다.

경영의 개념이 좀 더 체계화되고 심화되기 시작한 것은 대항해시대가 열리고 근대적인 기업이 등장하면서부터다. 이 시기에 탄생한 동인도회사(East India Company)는 주식회사의 모태가 되기도 했다. 중상주의(mercantilism) 시대에 무역을 통해 자본이 축적되고 상공인 계급이 급성장하면서, 왕의 칙령이 아니라 수요와 공급에 의해 가격이 정해지는 시장에 기반한 자본주의가 그 모습을 드러내기 시작하던 시절인 1776년 영국의 철학자 애덤 스미스(Adam Smith)는 저서 〈국부론〉(*The Wealth of Nations*)을 통해 시장경제를 옹호하는 동시에 분업의 필요성을 강조함으로써 향후 체계적인 경영의 필요성을 시사했다.

특히 18세기 말 시작돼 19세기 중반 본격화된 산업혁명으로 증기기관과 방적기 등 기계가 인간노동을 대신하기 시작했고, 석탄과 석유 등 새로운 에너지가 활용되었다. 가내 수공업을 대신해 대형공장이 등장했다. 물리학, 화학, 공학 등 나날이 발전하는 과학기술도 산업현장에 속속 도입되었다. 이전에 비해 규모가 비교할 수 없을 정도로 커졌고 기술적으로나 조직 구조로나 복잡해졌다.

이에 따라 기존의 주먹구구식 관리로는 한계를 느끼기 시작했고 관리의 수준을 더욱 고도화하고 체계화시켜야 할 필요성이 산업현장에서 강력하게 제기됐다. 거대한 공장을 맡았지만 작업현장 곳곳에 존재하는 혼란을 줄이고 생산성을 높이기 위해 고민하던 공장 감독자들이 경영의 개념을 탐구하기 시작했고 이론화가 이어졌다. 산업혁명이 한창 진행되었던 19세기 중반에 폭발적으로 성장한 산업인 철도산업과 철강업의 종사자들을 중심으로 각종 경영기법이 대거 발전한 것은 결코 우연이 아니다. 이처럼 산업현장의 실무적 필요성에 따라 경영학이 하나의 학문체계로서 자연스럽게 태동하기 시작했다.

2. 경영학의 태동

1) 과학적 관리론

산업혁명이 본격화되면서 제조업이 농업을 대신했고, 새로운 기술과 산업이 등장했으며 기존의 가내수공업 공장에선 볼 수 없었던 거대공장이 등장했다. 이른바 발전의 시대(Progressive Era)였다.

예전에 없던 새로운 형태의 조직인 대형공장에서 종사하던 상당수의 현장 실무자들은 막대한 원료와 인력을 투입해 새로운 기술과 제조공정을 통해 제품을 생산하는 공장을 관리하느라 진땀을 흘려야 했다. 이들의 주된 관심사는 생산성의 향상, 비용 절감, 이윤 창출 등이었지만 공학적 지식과 기존의 관리방식으론 매우 어려운 일임을 절감하게 되었다. 과거 가내수공업이 주류이던 시절에 축적된 지식과 경험만으론 대형 제조공장에서 생산성 향상을 도모할 수는 없었고, 적지 않은 혼란과 비효율을 피하기가 쉽지 않았다. 더 이상 생산성 향상과 공장관리 등에 한계를 느끼자 좀 더 나은 관리방법을 찾기 시작했다.

영국의 기업가이자 사회개혁가인 오웬(Robert Owen, 1771-1858)[2]이나 발명가이자 기계공학자인 배비지(Charles Babbage, 1791-1871)[3] 등과 같은 여러 선구

2 맨체스터에서 섬유공장 노동자에서 사업가로 변신해 큰 성공을 거둔 오웬은 노동자의 작업환경을 개선하면 생산증대로 이어질 수 있다고 주장했다.

3 배비지는 "공장의 운영방식은 사람들이 생각하는 것보다 더 심오한 근거를 지니고 있는 원칙 아래 결정된다. 이러한 운영방식은 높은 수준의 연구 분야의 기초를 닦는 데 유용하게 활용될 수 있다"고 주장함으로써 근대 경영학의 출현을 예고했다.

자들이 등장해 작업환경의 개선, 생산성 향상, 원료 축적의 중요성, 규모의 경제, 분업의 중요성 등 오늘날 경영의 기초 개념을 발견하기 시작하면서, 경영학이 탄생할 수 있는 토대를 조성했다. 이 중에서도 미국의 기계공학자이자 경영자인 타운(Henry Towne, 1844-1924)[4]은 공장의 책임자인 엔지니어들이 경제학도(economist)로서의 사고를 가져야 한다고 주장함으로써 공학과 경제학의 접목을 시도했다. 그는 과학적 관리라는 표현을 사용하지는 않았지만 사실상 과학적 관리의 개념을 제시함으로써 과학적 관리와 산업공학, 그리고 후일 경영학이 탄생할 수 있는 논리적 근거를 제공했다는 평가를 받는다.

그림 4-2 로버트 오웬

그림 4-3 헨리 타운

산업혁명 이후 새로운 산업이 생겨나고, 곳곳에 대형공장이 들어서면서 생산성을 높이고 이익을 내기 위한 시도를 하는 가운데 경영의 중요성을 인식하게 된 수많은 선구자들이 등장했지만 그중에서도 실무자이자 이론가로서 발군의 업적을 남긴 사람은 테일러(Frederick W. Taylor, 1856-1915)이다. 작업능률 향상에 각별한 관심을 가졌던 미국의 기계공학자로 생산효율을 극대화하기 위해 인간과 기계의 생산성을 분석하고 생산에 있어서의 인간적 요소를 '과학적 관리(scientific management)'라고 명명했다.[1]

그의 과학적 관리기법은 전 세계적인 생산성 향상 운동에 큰 영향을 미쳤다. 하버드 법대에 입학허가를 받았지만 이를 포기하고, 필라델피아의 펌프 제조회사의 견습공으로 취직하여 일찍부터 생산현장에서 경험을 쌓게 된다.

테일러는 미드베일 철강공장에서 선반공으로 근무하던 시절에 작업현장에

4 엔지니어가 경영에 관심을 가져야 한다고 주장했다. 그의 저서 〈경제학도로서의 엔지니어〉(*The Engineer as An Economist*, 1888)는 작업장과 노동효율 개선방법을 연구한 대표작이다.

그림 4-4 프레드릭 테일러

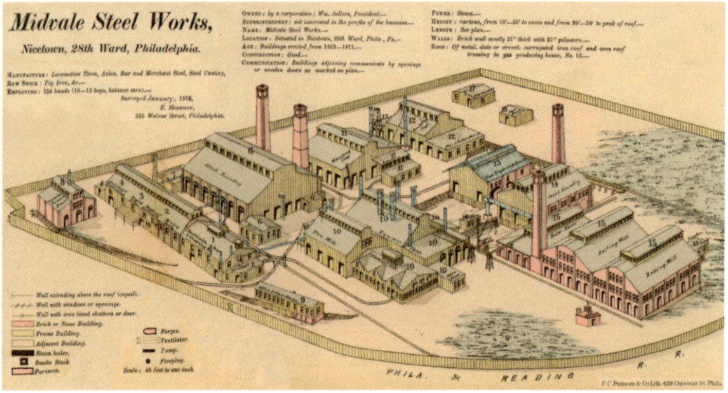

그림 4-5 펜실베이니아 주의 미드베일 철강공장

만연한 태업이 생산성 저하의 주원인임을 파악하고 사람들이 생산성 향상에 무관심한 현실을 안타까워했다. 그는 생산성이 향상되면 고용주나 노동자 모두에게 이익이 될 것이라는 철학을 갖고 다음과 같이 말한다.

> "만약 노동자들이 각종 태업을 중단하고 노사관계를 개선하며, 경영자와 긴밀하게 협동하면서 최선을 다해 최대속도로 작업하면 산출량을 2배로 증가시킬 수 있다."

그는 생산성과 능률을 올리기 위해선 작업을 함에 있어서 주먹구구식 방법을 탈피하고 좀 더 과학적인 방법을 사용해야 한다는 확신을 갖게 되었다. 그는 과학적 관리법(scientific management)을 일하는 방법 즉 작업방식에 적용했다. 우선 그는 모든 작업을 단계별·공정별로 면밀하게 관찰하는 이른바 시간연구(time study)와 동작연구(motion study)를 통해 전체 작업공정을 개선하는 방법을 연구한 결과를 첫 저서인 〈시간연구〉(1881)를 통해 내놓았다. 이를 위해 테일러는 스톱워치(stopwatch)를 발명하기도 했다. 시간 및 동작연구를 통해 최적의 생산성에 도달하기 위한 하루 작업량을 합리적으로 결정하고 이에 따라 합리적 임금과 생산량도 계획적으로 관리하는 '과학적 관리'를 통해 노동 생산성을 향상시킬 수 있다는 게 그의 철학이었다.

그는 공장 관리자, 컨설턴트 등의 경험을 통해 자신의 철학과 이론을 체계화시켜서 과학적 관리론을 완성했다. 1901년 이후 그는 강연, 저술, 컨설팅 활동에만 전념했고 자신의 이론을 집대성한 저서 〈과학적 관리의 원칙〉(*The Principles of Scientific Management*)[5]을 1911년 출간했다. 과학적 관리 방법론은 일약 세계적인 명성을 얻었다. 전 세계적으로 생산성을 획기적으로 개선하는 데 공헌한 그의 경영이론과 철학을 테일러주의(Taylorism)라고 부르기도 한다.

테일러가 체계화시킨 과학적 관리의 4가지 원칙은 다음과 같다.

1) 주먹구구식 작업방법을 과학적인 과업 연구에 기초한 방법으로 대체한다.
2) 종업원을 그냥 방치하지 않고 과학적으로 채용·교육·개발한다.
3) 작업자에게 구체적으로 작업을 지시하고 감독한다.
4) 관리자는 과업을 수행하기 위해 작업을 계획하는 일에 주력해야 한다.

테일러가 주도한 과학적 관리론은 20세기 자본주의의 생산양식이라고 할 수 있는 대량생산방식을 통한 생산성 향상에 극적으로 기여했다. 비슷한 시기에 등장한 컨베이어 벨트 시스템을 추가한 헨리 포드(Henry Ford, 1863-1947)에 영향을 주는 등 대량생산방식의 확산에 이론적 근거가 되었다고 할 수 있다. 작업과 노동을 과학적으로 관리함으로써 생산성을 높인다는 과학적 관리는 미국 제조업뿐만 아니라 전 세계에 전파되었다. 〈박스 4-1〉은 테일러의 과학적 관리기법이 자동차회사인 포드사의 작업현장에 접목되어 현대 자본주의의 대량생산시대가 활짝 열리게 된 놀라운 이야기를 전해준다.

인류의 삶의 질이 이전과는 비교할 수 없을 정도로 좋아진 이유가 대량생산방식을 통한 생산성 향상이 결정적이었다는 점을 감안할 때 과학적 관리가 중요한 역할을 했다는 점은 분명하다. 현대 경영학의 대가인 피터 드러커(Peter Drucker, 1909-2005)는 이렇게 극찬한다.

5 과학적 관리라는 명칭은 원래 미 연방대법원 판사였던 루이스 브랜다이스(Louis Brandeis)가 붙였다. 이후 테일러도 이 명칭을 사용했다.

박스 4-1

테일러의 과학적 관리법과 포드의 대량생산방식

전세계의 기업으로 확산되기 시작한 테일러의 과학적 관리법을 가장 성공적으로 적용한 기업가는 포드 자동차 창업자인 자동차왕 헨리 포드(Henry Ford, 1863-1947)다. 테일러와 거의 동 시대에 살았던 포드는 과학적 관리법의 개념을 생산현장에 적용함으로써 높은 생산성과 비용의 절감을 실현했고, 대량생산 시대의 막을 열었다. 특히 이동식 조립라인(컨베이어 시스템)은 생산성의 비약적인 증가를 가져 왔다. 포드가 사실상 만들어낸 대량생산 시스템은 산업혁명 이후 꽃을 피운 20세기 제조업의 지배적인 생산양식이 되었다.

아일랜드 이민자인 농부의 아들로 미시건 주에서 태어난 포드는 어린 시절부터 기계에 흥미를 가졌다. 에디슨 전기조명회사에서 엔진 개발에 몰두하기도 했던 포드는 자동차 산업에 뛰어들었고 1903년 포드자동차를 창립했다.

포드자동차가 1908년도에 출시한 모델이 그 유명한 모델 T이다. 당시로선 최초로 왼쪽 핸들에 엔진과 변속기가 내장 방식이었고 운전도 편리해 인기를 끌 수 있었다. 가격도 저렴한 편인 825달러였다.

초창기 모델 T 조립공장의 작업자는 엔진, 변속기, 바퀴, 발전기 등 부품을 차대에 혼자서 장착해야만 했다. 여러 가지 일을 해야 했을 뿐만 아니라 부품 호환도 잘 되지 않아 시간이 많이 걸렸다. 한 대를 조립하는 데 걸리는 평균 작업주기는 514분(8.56시간)이었다.

포드는 생산성을 높이기 위해 부품 호환성을 높였고, 조립공들이 작업대 사이를 이동하며 단 한 가지 작업을 수행하는 생산방식을 도입했다. 그 결과 포드 자동차의 평균 작업주기는 1913년이 되자 2.3분으로 단축되었다. 생산성의 비약적인 증가였다.

포드는 1913년 디트로이트의 하이랜드파크 공장을 건설하면서 생산방식을 다시 획기적으로 혁신했다. 바로 이동식 조립라인이었다. 작업자가 이동하면서 작업하는 게 아니라 작업 대상인 자동차가 이동하는 방식이었다. 이러한 이동식 조립라인은 다시 생산성의 증가를 가져와 작업주기는 이제 2.3분에서 1.19분으로 단축되었다.

이러한 생산성의 증가는 생산원가 절감으로, 그리고 모델 T의 가격 인하로 이어질 수 있었다. 포드 자동차는 최초 출고 당시 825달러이던 모델 T의 가격을 1923년이 되자 모델 T 자동차 가격을 230달러로 인하했다. 포드는 사치품이었던 자동차의 대중화에도 주목했다. 노동자들도 자동차를 살 수 있도록 1914년도엔 당시 하루 2달러이던 노동자들의 임금을 무려 5달러로 파격적으로 인상하는 조치를 단행했다.

자동차 가격이 내려가고 임금이 높아지면서 자동차의 판매량이 급증했고 생산량도 늘어났다. 1910년 1만 7천대이던 생산량은 1914년 27만대, 1916년엔 47만대에 달했다. 1927년까지 모델 T의 생산량은 1,500만대에 달했다.

전세계로 퍼져나간 포드의 생산방식은 생산성 향상과 소득수준 향상에 결정적으로 기여했으며 20세기 자본주의 생산방식이 됐다고 할 수 있다. 포드가 미친 영향이 워낙 컸기 때문에 그의 경영방식과 철학을 포디즘(Fordism)이라고 칭하기도 한다. 포드가 앞당긴 자동차의 대중화로 사람들의 생활방식이 근본적으로 변화했다. 사람들 사이의 거리는 가까워졌고, 여가와 쇼핑 문화가 확산되었다.

다만 포드는 비용과 효율에만 집착해 모델 T만을 고집한 결과 포드가 경쟁사인 GM에 추월당하는 결과를 초래했으며, 노동자에 대한 배려가 부족했다는 평가를 받기도 했다.

이후 테일러의 과학적 관리론은 전 산업 분야로 확산됐고 생산현장에서 소위 3S로 구체화돼 대량생산과 생산성을 근간으로 하는 산업사회를 떠받치는 기둥이 된다. 3S란 표준화(standardization), 단순화(simplification), 전문화(specialization)를 칭한다.

AT&T의 경영자였던 시오도어 베일(Theodore Vail, 1845-1920)은 표준화의 중요성을 일찌감치 인식해 회사를 거대기업으로 성장시켰다. 철도 우편 사무원으로 근무하던 그는 배달 경로의 표준화를 생각해 냄으로써 우편사업의 혁명을 이룩했다. 나중에 AT&T를 경영할 때엔 가정용 전화기 색깔을 모두 검은색으로 통일했고 업무처리 절차와 관리체계까지 표준화했다. 표준화에 대한 그의 확신은 그의 말에서 확인할 수 있다. "표준화된 공장을 중앙에서 관리함으로써 비용뿐만 아니라 전선이나 기타 시설비를 절약할 수 있다. 산업화시대에 성공하려면 하드웨어뿐만 아니라 업무의 절차, 관리업무 등도 모두 규격화해야 한다." 3S는 20세기 제조업의 생산방식을 상징하는 용어이자 구호가 되었다.

> "테일러는 작업이 체계적인 관찰과 연구의 대상이 되어야 한다고 생각한 첫 번째 사람일 것이다. 테일러의 과학적 관리론 덕택에 인류는 역사적으로 유례가 없는 풍요를 경험할 수 있었다. 아마도 테일러는 과학 분야의 아이작 뉴턴, 아마도 아르키메데스와 마찬가지로 새로운 기초를 놓았다. 테일러 사후 한참이 지났어도 더 이상 진전된 게 없다."

심지어 드러커는 '다윈-마르크스-프로이트'가 '현대 세계를 창조한 삼위일체'로 인용되고 있는 것에 불만을 표하면서 "만약 이 세상에 정의라는 것이

그림 4-6 포드의 모델T

그림 4-7 포드의 자동차 조립라인

있다면 마르크스는 빼고 테일러를 대신 넣어야 한다"고 주장한다. 드러커는 또한 지난 100여년간 폭발적인 생산성 향상을 통해 선진국 경제를 창조한 것은 작업현장에 지식의 적용이라는 것을 인식하는 사람이 너무나도 적은 것은 심각한 문제라고 주장한다. 어리석게도 기술자들은 기계에, 경제학자들은 자본투자에 그 공을 돌리고 있다는 것이다.[2]

테일러의 과학적 관리론은 공학적 측면에서 시작하였지만 노동자와 경영자의 사고방식의 전환을 강조했다. 1881년 연구가 시작되어 1911년 완성된 모습을 갖춘 과학적 관리론은 현대 경영학의 모태가 되었고, 이로 인해 테일러는 경영학의 시조로 불린다.

테일러의 과학적 관리론이 기술적 완성도를 갖추는 데에는 길브레스 부부(Frank B. Gilbreth, 1868-1924; Lillian M. Gilbreth, 1878-1972)[6]와 간트(Henry L. Gantt, 1861-1919) 등의 도움도 컸다. 과학적 관리의 신봉자이자 시간 및 동작 연구의 선구자였던 길브레스 부부는 생산성을 증가시킬 수 있도록 작업방법을 개선하는 작업의 과학화에 초점을 두고 작업할 때에 사용되는 동작들을 분류할 수 있는 기호를 개발하였다. 테일러의 동료였던 간트는 업무활동을 요약하고 각 업무별로 일정의 시작과 끝을 그래픽으로 표시함으로써 전체 작업일정을 한눈에 볼 수 있게 하는 간트 차트(Gantt Chart)를 만들었다. 그날의 작업량을 달성하지 못해도 최소한의 임금을 준다는 최저임금제(minimum wage)를 도입하기도 했다.

그러나 테일러의 과학적 관리론은 기계적인 생산성과 능률만을 강조했고,

6 길브레스 부부는 동작단위를 그들의 이름을 거꾸로 쓴 서블리그(therblig)로 불렀다. 동작분류에는 탐색(search), 발견(find), 선택(select), 쥐기(grasping), 잡기(holding), 자리잡기(position), 조립(assemble), 사용(use), 해체(dissemble), 검사(inspect), 옮기기(moving), 계획(plan) 등이 포함된다.

노동자에 대한 배려가 없었다는 비판을 받기도 한다. 테일러가 작업에만 많은 관심을 가진 나머지 인간에 대해 깊은 관심을 보이지 못했고, 그의 과학적 관리가 노동자들을 착취하는 수단으로 악용되었다는 것이다. 그러나 테일러에게 이런 비난은 정당하지 않다.

테일러로선 작업현장에 존재하는 엄청난 비효율과 낭비를 제거하는 데 주목했고, 비효율을 제거하고 작업을 과학적으로 관리함으로써 생산성을 향상시킨 결과, 경영자에게는 보다 많은 이익을, 노동자에게는 보다 많은 급여를 부여함으로써 모두에게 큰 혜택이 돌아간 것이다. 실제로 과학적 관리론을 대량생산에 적용함으로써 얻어진 노동생산성의 천문학적인 개선은 인간의 생활수준을 향상시킴으로써 인류 문명에 기여한 공로가 크다고 할 것이다. 미국에서는 중산층이 형성되어 자동차를 타고 주말에 여가를 즐기는 풍요의 시대가 열린 것이다. 이는 다른 그 무엇보다 테일러리즘의 덕분으로, 이로 인해 미국은 전 세계에서 경제 최강국으로 우뚝 서게 된다.

2) 고전적 관리론

작업현장에서의 효율성 제고에 주목했던 테일러에 비해 거의 같은 시기에 프랑스의 광산 관리자였던 페이욜(Henri Fayol, 1841-1925)은 경영의 일반 이론을 정립했다는 업적을 남겨 현대 경영학의 시조로 여겨진다. 그는 광산 관리자로서의 경험을 토대로 테일러가 〈과학적 관리의 원칙〉을 발표한 지 5년 뒤인 1916년 〈산업의 일반관리론〉(*Administration Industrielle et Générale*)[7]를 통해 경영관리의 개념과 원칙의 중요성을 주장했다.

테일러가 공장에서의 작업이라는 비교적 작은 단위에서 가장 효과적인 작업방식을 찾아내려고 한 데 비해 페이욜은 보다 넓은 범위에서 비교적 높은 계층에 보편적으로 응용할 수 있는 관리원칙을 제시하려고 노력했다. 최고경영자가 조직과 그 구성원으로 하여금 조직의 목표를 보다 효과적으로 달성할 수 있을지가 그의 관심이었다. 그는 이 책에서 경영관리의 주요 기능으로 다음과 같이 다섯 가지를 제시했다.

7 페이욜의 이론이 세계적으로 유명해진 것은 이 책의 영어 번역판이 나온 1949년부터이다.

(1) 계획(planning)
(2) 조직(organizing)
(3) 충원(staffing)
(4) 지휘(directing)
(5) 통제(controlling)

페이욜이 제시한 경영관리의 기능은 공식적인 조직구조에 일반적으로 적용 가능한 관리과정(management process)에 관한 것이었기 때문에 그의 이론은 관리과정론 내지 일반관리론으로 불린다.

페이욜은 또한 14가지의 경영원칙을 제시하였다. ① 분업, ② 권한과 책임, ③ 규율, ④ 명령의 통일, ⑤ 지휘의 통일, ⑥ 개인의 이해보다 전체의 이해 중시 ⑦ 보상, ⑧ 집중화, ⑨ 명령계통에 의한 의사소통, ⑩ 질서, ⑪ 공정성, ⑫ 안정성과 신분 보장, ⑬ 독창성 장려, ⑭ 단체정신 등이다. 그가 제시한 경영원칙들은 기업현장의 조직 관리에 이론적 체계를 제시함으로써 기업경영의 발전에 크게 기여했다. 그는 특히 경영의 원칙이 기업현장뿐만 아니라 정부·군대·교회·학교 등 다른 조직에도 적용될 수 있다는 이른바 경영의 보편성을 강조했다. 이는 경영학이 학문으로서 성립될 수 있는 이론적 근거를 제시했다는 평가를 받는다.

그림 4-8 헨리 페이욜

페이욜을 비롯한 관리론적 경영 이론가들의 사고는 관리과정(management processes) 학파의 뿌리가 되었으며, 오늘날에도 경영이론의 중심축을 형성하고 있다. 관리를 계획·조직·충원·지휘·조정 등의 과정으로 분석하는 사고는 오늘날 기업현장에서 업무절차의 형태로 폭 넓게 수용되고 있다. 관리과정에 관해서는 제6장에서 좀 더 자세히 살펴보기로 한다.

이 밖에 관료제(bureaucracy) 이론도 고전적인 경영이론에 일조했다고 할 수 있다. 관료제 이론은 권한과 계층구조(hierarchies)를 중시한다는 점에서 계층구조모형이라고 불리기도 한다.

관료제론의 창시자인 막스 베버(Max Weber, 1864-1921)는 가부장적 지배와 카리스마적 지배를 벗어나 조직 또는 제도로써 합리성과 합법성을 추구할 수 있는 조직형태가 관료제라고 보았다. 베버가 생각하는 이상적인 관료조직은 분업, 권한에 의한 위계질서, 채용 공식화, 공식적인 규칙과 규제, 탈개인적 관계(impersonal relationship) 등의 근대적 특징을 지니고 있는 조직을 말한다. 합리성, 공식적 절차, 전문성을 강조했다는 점에서 페이욜 이론과 유사한 인상을 준다.

사회학자인 베버가 일차적인 관심을 가진 대상은 정부조직이었고, 오늘날까지도 관료제하면 정부조직구조를 떠올린다. 그러나 역사적인 의미에서의 관료제론은 개인의 독재나 주관적인 통치를 대신할 수 있는 조직과 제도를 의미한다.

베버는 기업·정부·군대 등 산업혁명 이후 등장한 복잡하고도 규모가 큰 조직에 가장 적합한 조직방식이 관료제라고 주장했다. 계층구조를 바탕으로 하는 합리적·합법적인 절차와 권한을 기반으로 형성돼 있는 만큼 정확하고 안정적이며 예측가능하다는 장점을 갖는다.

오늘날 관료제는 기업현장과 정부조직 등에서 모두 공식적인 규칙·규정·절차에 대한 과도한 집착, 지나친 중앙집권화, 기득권 수호 등의 비판을 받기도 한다. 오늘날의 시대는 혁신과 창의력, 유연성, 환경적응, 다양성 등이 중시되는 만큼 관료제의 한계가 부각되고 있는 게 사실이다. 제4차 산업혁명이 진행되고 있는 지금의 상황에서 혁신이 그 어느 때보다도 강조되기 때문이기도 하다. 베버가 안정성을 확보하기 위한 방법으로 분업화·공식화·계층화를 중심으로 설계된 관료제의 조직구조가 조직의 환경 적응력을 저해하는 요인이 되고 있다는 점을 부인키 어렵다.

그러나 베버의 이론이 등장하게 된 배경으로는 산업혁명이 본격화된 19세기 말과 20세기 초 사람의 손에 의한 생산보다는 기계에 의한 대량생산이 시작됐고 여기에 걸맞는 새로운 조직형태가 필요하던 시기였음을 간과해서는 안 된다. 당시로선 베버가 새로운 대량생산방식에 어울리는 조직형태로

그림 4-9 1차 세계대전 당시의 미국 해군성 사무실 전경 (1918년)

서 관료제를 제시했다고 할 수 있다. 이는 21세기에 들어와서도 관료제에 의한 계층식 조직이 군대와 행정조직은 물론 기업의 조직형태로서 가장 일반적인 형태로 남아 있다는 점을 보면 알 수 있다. 대량생산에 의한 효율성 추구에 요구되는 최적의 조직형태로서의 관료제의 강점을 결코 간과할 수 없다는 것이다.

3. 인간관계론과 행동과학의 등장

20세기 초 대량생산방식이 정착하면서 전 세계적으로 생산성과 생산량이 모두 폭발적으로 증가했다. 자동차, 기계, 선박이 홍수처럼 쏟아져 나왔고 사람들의 생활방식을 바꾸어 놓았다. 과학적 관리로 대표되는 고전적 경영이론이 여기에서 한몫을 한 점을 부인키 어렵다. 1930년대 당시 크게 유행했던 무성영화 〈모던 타임스〉(*Modern Times*, 1936)에서 찰리 채플린(Charlie Chaplin, 1889-1977)의 연기에서 볼 수 있듯이 노동자는 기계의 부품처럼 취급되었지만, 노동생산성은 괄목할 정도로 높아졌고 인류의 소득수준은 급격하게 향상되었다.

이처럼 호황을 누리며 무한하게 비상할 것만 같던 자본주의는 어느 순간 엄청난 추락을 맛보아야 했다. 바로 1929년의 대공황(Great Depression)이다. 1929년 10월 24일, '검은 목요일'로 뉴욕 주식시장이 대폭락하여 시가총액은 40%나 떨어지면서 전 세계는 대공황의 소용돌이로 빠져들었다. 1933년이 되자 시가총액은 1929년의 1/5 수준으로 떨어졌다. 수많은 기업들과 공장들은 문을 닫았으며, 은행들도 파산했고, 농부들의 소득도 거의 절반 수준으로 줄어들었다. 1932년 루즈벨트 대통령은 수요의 부족을 메우기 위한 연방정부의 과감한 개입정책인 '뉴딜 정책'을 실행했다.

그림 4-10 영화 모던타임스의 찰리 채플린

대공황으로 기업들이 대거 도산하고 실업자들이 급증한 가운데 산업혁명 이후 무한질주를 계속하던 자본주의의 생산양식에 대한 자성의 목소리가 높아졌다. 동시에 합리적·기계적 접근법만으론 생산성 향상에 한계를 체감하기도 하였다. 이런 분위기 속에 등장한 경영이론이 인간관계론(Human Relations)이다. 고전적인 경영이론들이 합리성과 생산성만을 추구한 나머지 기계론적 인간관을 택했던 것과는 달리 인간관계론은 조직과 작업현장에서 인간이라는 요소를 중시함으로써 인간 중심의 경영이론이 출범할 수 있는 계기를 마련해 주었다. 전 세계를 풍미하던 과학적 관리론을 대신해 인간관계론은 하나의 중요한 경영 사조로 자리 잡았다.

1) 인간관계론

인간관계론은 1927년부터 1932년 사이에 하버드대학교 교수인 엘튼 메이요(Elton Mayo, 1880-1949)와 그의 동료들이 미국의 웨스턴전기회사(Western Electric Co.)의 호손(Hawthorne) 공장에서 실시한 연구에서 시작되었다. 이른바 호손 연구다.

메이요 연구팀은 당시 산업계에서 유행하던 과학적 관리이론에 근거를 두고 종업원들의 생산성이 조명도를 비롯한 작업현장의 환경에 의해 영향을 받을 것이라는 전제 하에 실험을 실시하였다. 작업자들은 작업장 안에서 기

그림 4-11 엘튼 메이요

그림 4-12 일리노이주 호손 공장(Hawthorne Works)의 1925년 전경

계와 비슷한 존재이기 때문에 작업환경을 개선해 주면 생산성이 향상될 것이라는 가정 아래 다양한 연구가 활발하게 이뤄지던 시절이었다.

그러나 연구팀은 조명과 생산성과의 관계에 관한 실험에서 난관에 봉착했다. 조명도를 개선하면 생산성이 올라갈 것이라고 생각했던 것과는 달리 조명도를 낮춰도 생산성이 올라갔기 때문이었다. 연구팀은 그 원인을 파헤치려다 조명도를 비롯한 작업환경의 개선보다는 회사 측이 작업환경에 관심을 보이고 있다는 사실이 종업원들의 사기를 높여 생산성을 높였다는 결론에 도달했다. 생산현장에서 인간의 중요성을 알게 된 연구팀은 이후 장기간에 걸쳐 여러 단계로 진행된 연구에서 기존의 이론과는 다른 놀라운 사실을 발견하였다. 그 내용은 다음과 같다.

첫째, 종업원의 개인적인 감정, 사기, 인간관계 등 심리적·사회적 요인이 생산성에 영향을 준다. 둘째, 조직의 공식적(formal)인 구조 이외에 비공식(informal) 집단이 존재하며 별도의 독특한 규범이 존재해 행동에 영향을 미친다. 셋째, 개인으로선 공식적 조직구조 이외에 비공식 집단에 소속되는 것이 보다 더 중요할 수도 있다.

호손 실험의 결론은 조직에서 효율과 비용의 논리도 중요하지만 구성원의 사회 심리적 요인도 중요하며, 인간관계 중심의 비공식 조직이 조직의 생산성에 큰 영향을 미친다는 것이다. 이를 호손 효과(Hawthorne Effect)라고도

한다. 과학적 관리가 작업현장의 과업에만 주목했던 것과는 달리 인간관계론은 사람을 발견했다는 평가를 받는다. 호손 연구 이후 개인과 집단, 개인간의 상호작용 등 사회 심리적 요인은 조직과 경영을 연구함에 있어서 중요한 주제가 되었다. 이에 따라 호손 연구는 인간관계론이라는 이론으로 자리잡게 되었고 이후 행동과학적 연구의 토대가 되었다. 인간관계론은 기업조직을 하나의 사회적 시스템으로 보고 사람들의 감정과 태도, 상호작용이 조직 생산성, 구성원의 만족과 발전에 영향을 미친다는 점을 강조한다.

그러나 인간관계론도 시간이 지나면서 고전이론과 마찬가지로 비판의 대상이 되었다. 종업원의 만족이나 비공식 집단 등 구성원의 중요성을 지나치게 강조한 나머지 조직의 목적, 과업 등과 같은 조직 전체의 문제를 너무 소홀하게 다뤘다는 비판이다. 또한 갈등을 없앰으로써 종업원들이 행복해지면 생산적이 된다는 견해는 과도하게 낙관적이라는 것이다. 이 때문에 인간관계론은 과학적 관리와 정반대로 '조직 없는 인간(people without organization)' 이론 또는 '행복한 젖소(happy cows)' 이론이라는 비판을 받기도 한다.[8] "젖소가 행복해지면 과연 우유를 더 많이 생산할까?"라는 조롱이 섞인 지적이다.

2) 행동과학

인간관계론은 학문영역으로 발돋움하는 데 성공했으나 실용적인 측면에선 기대 이상의 큰 힘을 얻지는 못했다. 그러나 인간관계론은 1940년대 이후 인간행위를 연구대상으로 삼되 과학적 접근법을 적용한 행동과학(behavioral science)으로 발전하였다. 행동과학이란 인간의 행위 또는 행동에 대한 일반이론의 수립을 목표로 하면서 심리학·사회학·인류학 등 다른 분야에서의 연구성과를 종합해 하나의 통일적인 이론체계를 구성하려는 학제적(interdisciplinary) 접근방법이다.

8 이에 앞서 사회운동가이자 경영이론가인 메리 폴렛(Mary P. Follett, 1868-1933)이 비공식조직, 협동, 소통 등 조직에서의 인간적인 측면을 강조하는 연구를 수행했으나 당시엔 주목을 받지 못했다.

행동과학은 조직 내 개인의 인간적 욕구, 성취동기, 동기부여, 리더십 등에 관하여 수많은 연구 성과를 남겼고 오늘날 경영학 교육의 필수과목으로 자리잡은 조직행위론(organizational behavior)의 이론적 기초가 되었다. 매슬로우(Abraham H. Maslow, 1908-1970)의 욕구단계설, 맥그리거(Douglas McGregor, 1906-1964)의 X, Y이론, 허즈버그(Frederick Herzberg, 1923-2000)의 동기이론이 여기에 해당한다.

4. 기업제도(신고전파) 이론

1920년대 이후 대기업들이 차지하는 비중이 높아지고, 전문인으로서 경영자 계층이 등장함에 따라 기업조직과 경영의 본질 그리고 경영자의 역할에 대한 연구가 본격화하기 시작했다.

벌리와 민즈(Berle & Means)[9]는 대기업이 경제의 중추세력이 되었으며 대기업 내에선 전문경영자들이라는 새로운 집단이 책임을 지게 되었다며 전문경영자의 역할을 강조했다. 먼 훗날 챈들러(Alfred Chandler, 1918-2007)는 이를 가리켜 "시장경제의 보이지 않는 손(invisible hand)을 대신해 보이는 손(visible hand: 경영자)이 근대적 산업의 유통을 조정하고 자원을 배분하는 역할을 맡게 되었다"며, 미국 기업에 경영자혁명이 일어나고 있다고 주장했다.

그림 4-13 피터 드러커

20세기를 대표하는 경영학자로 인정받는 드러커(Peter Drucker, 1909-2005)는 그의 저서 〈기업의 개념〉(*Concept of the Corporation*)에서 현대사회에서 경영과 경영자가 경제활동에서 중심을 차지하고 있다

9 벌리(Adolf A. Berle, Jr., 1895-1971)와 민즈(Gardiner C. Means, 1896-1988)는 그들의 저서 〈현대기업과 사유재산〉(1932)에서 대주주가 아닌 전문경영자가 기업의 지배계급으로 부상한다는 기업지배구조에 관한 당시로서는 획기적인 이론을 제시했다.

고 강조했고, 1954년 출간한 〈경영의 실제〉(*The Practice of Management*)에서 "어떤 제도도 경영조직처럼 신속하게 그 유용성을 입증한 경우는 인류 역사에서 찾아보기 힘들다"라며 "서구 문명이 존속하는 한 경영이라는 제도는 기본적이고 주요한 제도로 남을 것"이라고 강조함으로써 기업의 본질과 경영의 기능, 경영자의 역할에 관해 통찰력 있는 연구를 통해 경영학이론 발전에 기여하였다.

버나드(Chester I. Barnard, 1886-1961)[10]는 조직의 존재 이유와 경영자의 역할에 관한 이론을 제시했다. 그는 조직을 인간활동의 협력(cooperation)체계라는 관점을 갖고 조직이 생존하기 위해선 효과성(effectiveness)과 효율성(efficiency)이라는 두 가지 기준을 모두 충족해야 한다고 강조했다. 여기서 효과성이란 목표달성 여부를 말하며, 효율성이란 조직이 개인의 욕구를 충족시켜 줄 수 있는 정도로 정의된다.

그림 4-14 체스터 버나드

조직이 공식목표를 달성하는 동시에 구성원들의 욕구를 충족시켜 줄 수 있다면 협력체계가 유지될 것이라는 게 버나드의 관점이었다. 다시 말해서 조직의 존재는 구성원의 조직에 대한 공헌(contribution)과 조직이 제공하는 유인(incentive) 사이에 균형을 유지하는지에 달려 있으며, 이 균형을 유지하여 조직을 계속 존속시키는 것이 경영자의 가장 중요한 기능이라고 강조했다. 조직을 하나의 협력체계로 볼 경우 조직과 개인을 통합하려는 시도는 공식조직의 합리적인 측면과 비공식조직의 인간적인 측면을 동시에 고려해야 한다. 따라서 개인이 조직으로부터 만족을 얻기 위해선 물질적인 보상만으로는 부족하고, 심리적인 보상도 주어져야 한다는 게 버나드의 이론이다.

버나드는 자신의 연구성과를 집대성한 저서 〈경영자의 기능〉(*The Functions of the Executive*, 1938)에서 경영자의 기능을 ① 조직의 목적과 목표의

10 미국의 기업인이자 경영이론가로서 경영이론과 조직이론 분야에서 탁월한 업적을 남겼다. 전화회사인 AT&T에 장기간 근속했고 뉴저지벨 전화회사 사장을 역임했다. 기념비적인 저술 〈경영자의 기능〉(*The Functions of the Executive*, 1938)은 오늘날에도 대학 교재로 널리 읽힌다.

공식화, ② 조직 구성원들의 공헌방안 확보, ③ 사람 관리, ④ 의사소통체계 확립 및 유지 등 4가지로 파악하였다.

버나드의 조직이론은 의사결정론으로 발전하였다. 노벨경제학상 수상자인 사이먼(Herbert A. Simon, 1916-2001)[11]은 조직을 존속 발전시키는 기능이 경영이고, 경영의 중심은 의사결정이라는 이론을 전개하였다. 의사결정은 경영자가 전략 수립 및 집행과 관련해서만 이뤄지는 행동이 아니라 조직 내 모든 활동과 단계에서 이뤄지는 현상으로서, 모든 구성원의 행동을 의사결정의 관점에서 설명하려고 노력하였다.

사이먼의 의사결정론의 핵심적 개념은 '제한된 합리성(bounded rationality)'이다. 합리적(rational) 의사결정이라는 경제학의 기본가정이 현실세계, 그중에서도 기업현장에서 매일 이뤄지는 의사결정에선 적용되기 어렵다는 것이다. 사이먼은 현실세계에서 의사결정에 필요한 정보를 완벽하게 가지고 의사결정을 내리는 경우는 없다고 주장한다. 현실적으로는 지식과 정보수집 능력의 한계, 판단능력의 한계, 신체적 능력 및 시간상의 한계 등 현실적 한계를 고려하여 주관적으로 만족할 만한(satisficing) 의사결정을 내릴 뿐이라고 설명하였다. 따라서 조직은 의사결정에 직면한 개인의 합리성과 객관성을 높여줄 필요가 있다. 특히 '제한된 합리성'의 가정은 기업 내에서 일상적으로 이뤄지는 의사결정을 설명할 수 있는 이론적 근거를 제시함으로써 경영학 이론의 발전에 크게 기여했다.

5. 계량적 접근법

행동론적 접근법이 경영학의 주요한 흐름으로 자리 잡은 가운데 제2차 세계대전을 전후해 계량적 접근법(quantitative approach)이 등장하였다. 이 접근법은 수학적인 모델이나 통계적 모델 등 과학적인 접근방법을 사용하여 경

11 미국의 경제학자, 심리학자이자 컴퓨터 이론가로 의사결정, 정보처리, 조직이론, 복잡계 등의 분야에서 탁월한 업적을 남겨 1978년 노벨 경제학상을 수상했다.

영상의 문제 해결을 시도하는 게 주된 특징이다. 계량적 접근인 만큼 주관적 판단보다는 객관적인 해법을 중시한다.

계량적 접근은 2차대전을 수행하던 당시 군사전략 수립이나 군수물자의 수송문제를 해결하기 위해 이른바 작전연구(Operations Research: OR)를 시도한 데에서 출발한다. 당시 영국 정부는 과학자들로 구성된 OR팀을 구성했다. 전 세계가 작전지역이었던 만큼 전 세계에 걸쳐 출몰하는 적의 잠수함이나 전투기를 토대로 적국의 전력을 추산하거나, 방대한 지역에 걸쳐 이뤄지는 병참활동을 효율적으로 수행하는 방법, 효과적인 병력배치방법 등이 주된 관심사였다.

계량적 접근법을 가리켜 경영과학(management science)이라고 부르기 시작한 곳은 1953년 미국 경영과학회이다. 이후 경영과학은 선형계획(LP: Linear Programming), 게임이론, 대기행렬(Queueing)이론, 통계적 의사결정이론, 시뮬레이션 등의 수리적 분석방법을 대거 활용해 발전하였다. 경영과학의 특성은 과학적 방법의 중시, 문제 해결을 위한 체계적 접근, 수학적 모형의 설계, 계량화, 수학적·통계적 기법의 활용, 규범적 모형 선호, 시스템적 접근법 강조, 불확실성을 고려한 합리적 의사결정 등을 들 수 있다.

1980년대에 들어서면서 경영과학은 컴퓨터의 등장과 함께 경영정보시스템(MIS)과 결합하였다. 오늘날 기업에서 경영과학기법의 활용은 일반화되어 있다. MIS는 기업 내 구성원에게 중요한 정보를 제공하는 것은 물론 의사결정 지원시스템으로 발전해 경영관리의 모든 단계에서 의사결정과정을 단축시키는 데 공헌하고 있다. 전략적 의사결정을 제외하면 물류관리, 생산관리 등과 같은 일상적인 의사결정 분야에선 경영과학의 지원을 받은 경영정보시스템이 큰 역할을 하고 있는 것이다.

경영과학이 수리적 방법만으로 복잡하고 정성적인 경영상의 문제를 풀기에는 한계를 지니고 있다는 비판을 받기는 하지만 경영진의 전략적 판단이 요구되지 않는 일상적인 문제나, 문제를 정량화할 수 있는 분야에 활용할 경우 충분하게 훌륭한 경영기법이 될 수 있는 건 분명하다.

6. 현대 경영이론

1) 시스템 이론과 상황이론

행동과학이 새로운 사조로 등장하던 시기에 과학 분야를 중심으로 등장한 시스템 이론(systems theory)은 조직과 경영이론의 발달에 큰 영향을 미쳤다. 시스템이란 상호 관련된 부분들의 집합, 복잡하지만 통일된 전체를 이루는 부분들의 집합을 말한다. 인체도 하나의 시스템이며, 기업·학교·병원·자동차·에어컨 등도 하나의 시스템으로 이해할 수 있다.

시스템 이론은 원래 물리학자이자 생물학자였던 폰 베르탈란피(Ludwig von Bertalanffy, 1901-1972)가 제창한 이론으로, 생존과 성장이라는 공통목표 아래 각 부문과 기능이 유기적으로 움직이는 기업의 조직, 전략, 활동을 설명하고 분석하는 틀로서 경영학에서 널리 활용되었다.

기존의 전통적인 조직이론은 조직의 내부 구조, 과업 권한관계 등을 중심으로 조직과 경영의 문제를 분석하며 조직을 하나의 폐쇄 시스템으로 간주한다. 기업의 규모가 확장되고 경영의 관심범위가 단순한 작업장 내의 생산성 등을 훨씬 뛰어넘어 사회의 전반적인 문제를 포괄하게 되면서 기존의 폐쇄적 관점은 한계를 노출하였다. 이에 따라 현대의 경영이론은 조직이 폐쇄 시스템이 아니라 개방 시스템이라는 시스템 이론의 관점을 받아들인다.

개방 시스템 하에서 조직은 원재료, 정보, 노동력 등의 외부의 투입(input)을 받아들여 이를 변환(transform)시켜 제품이나 서비스 등의 산출물(output)을 외부에 내보내고, 이 과정에서 계속적인 피드백이 일어남으로써 외부환경과의 균형상태를 유지하게 된다(아래 [그림 4-15] 참조). 조직이 생존하고 성장하려면 외부환경과의 원활한 교환관계가 필수적인 만큼 조직은 환경의 변화에 적응할 수 있도록 목표와 내부 구조 및 기능을 재조정해야 한다. 요약하자면, 특정한 목표를 지니고 있고, 환경에 적응해 나가야 하고, 내부 활동과 기능이 분화돼 있지만 동시에 통합을 해야 하며, 투입-변환-산출의 과정을 거치는 게 시스템의 속성이다.

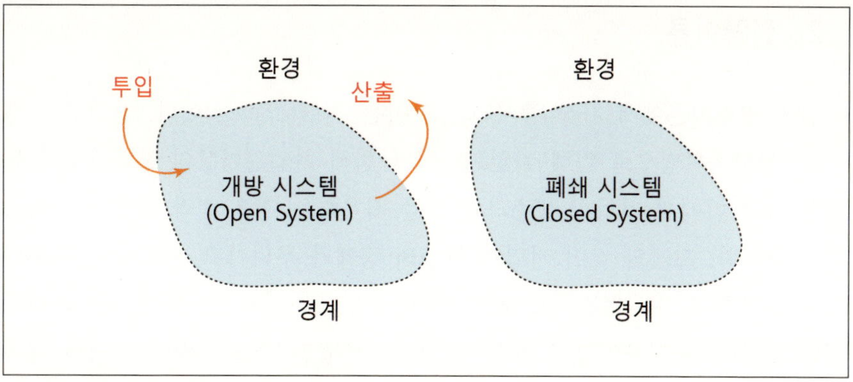

그림 4-15 개방 시스템과 폐쇄 시스템

시스템적 접근법이 경영학에 도입되면서 조직과 경영에 관한 연구가 좀 더 체계적으로 이뤄지게 되었다. 시스템적 접근법은 가치창출(value creation) 접근법이 등장할 때까지는 경영학의 주류로 남아 있었다.

시스템 중심의 사고가 한 단계 더 발전해 외부환경의 중요성을 강조하면서 등장한 이론이 바로 상황이론(contingency theory)이다. 1960년대 후반에 등장한 상황이론은, 모든 조직경영에 일괄적으로 적용할 수 있다고 가정하는 일반이론과는 달리, 조직경영의 원리는 각 조직이 처한 환경에 따라 달라져야 한다는 관점을 취한다. 대표적으로는 하버드대학교의 로렌스와 로쉬(Paul Lawrence, 1922-2011; Jay Lorsch, 1932-)의 상황이론을 꼽을 수 있는데, 환경이 불확실할수록 유기적인 조직으로, 환경이 안정적일수록 기계적인 조직으로, 환경의 특성에 알맞게 조직을 설계해야 한다는 주장이다.[3] 상황 변화와 관계없이 모든 조직에 성과를 가져다 주는 '유일한 이론(one best theory)'은 존재하지 않는다는 것이 상황이론이다.

사회·문화·기술·경제·법률·정치 등의 외부환경이 조직 시스템과 하위 시스템에 어떻게 영향을 미치고, 조직 시스템과 하위 시스템이 어떤 관계를 가질 때 조직성과가 좋아질 수 있는지 등의 문제에 관심을 기울이는 것이 상황이론이다. 상황이론에 의하면 (1) 환경·기술·규모 등 조직을 둘러싼 상황과 관련된 상황변수, (2) 조직구조나 관리체계 등 조직특성 변수, 그리고 (3) 조직의 성과를 나타내는 조직유효성 변수 등 세 가지를 고려해야 한다.

2) 전략이론

현대 경영이론에서 가장 중시되는 분야는 전략(strategy)이다. 실제로 경쟁심화, 정보화혁명으로 인해 기업환경이 급변해 기업경영상의 불확실성이 높아진 상황 하에서 기업의 생존과 성장을 좌우하는 것은 전략 수립과 선택이기 때문이다. 지금과 같이 기업과 산업의 경계가 무너지고, 경쟁자가 누구인지 예측조차 할 수 없는 '초(超)경쟁(hyper-competition)' 시대에서는 더더욱 그렇다. 원래 군사용어였던 전략이 경영에 도입된 것도 그만큼 기업의 경쟁환경이 치열하고 목표 달성의 중요성이 강조되기 때문이라고 할 수 있다.

기업의 존재와 경영자의 역할에 초점을 두던 기업제도이론에 그 뿌리를 두고 있다고 할 수 있는 전략이론은 1960년대 이후부터 경영학의 중심 영역으로 자리 잡기 시작했다. 기업의 규모가 커지고 사업분야가 넓어지면서 기업으로선 장기적인 성장을 위한 비전으로서 장기전략계획 수립이 일반화되면서 전략적 경영이론은 더욱 발전했다. 그 이후 경영환경의 불확실성이 높아질수록 전략경영의 중요성은 더 높아졌고 관련 이론도 발전해 왔다. 경영전략의 중요성이 높아지면서 오늘날 경영학 연구의 초점은 기능별 연구나 조직 연구에서 전략적 연구로 이행하는 추세다.

전략 연구의 선구자로는 기업제도 이론가이기도 한 드러커(Peter Drucker, 1909-2005)[12]를 꼽을 수 있다. 그는 기업의 본질과 경영자의 역할에 관해 일찌감치 많은 연구 업적을 발전시켜 목표 설정의 중요성을 인식함으로써 전략경영의 이론적 토대를 쌓았다. 그는 경영전략의 수립과 실행은 경영자의 본질적인 역할이라고 보았다. 특히 드러커의 랜드마크와 같은 경영기법인 목표관리(management by objectives: MBO)은 당초 취지와는 달리 계량적 목표에만 치중하고 구성원들의 창의성과 자율성을 저해한다는 비판에도 불구하고 아직도 전 세계에 걸쳐 대다수의 기업들이 목표 관리 및 평가 제도로서

---

12 드러커는 오스트리아 출신의 미국 경영학자이자 기업사가(企業史家)이다. 어린 시절 아버지의 친구였던 경제사상가 요제프 슘페터의 영향을 받아 기업가정신과 혁신에 일찌감치 관심을 가졌다. 현대 기업의 철학적 기반 및 실용적 근거, 경영자의 역할, 기업목표 등에 관해 방대한 저술을 남겨 현대경영학의 아버지라는 평가를 받는다. 민영화, 지식노동자라는 용어를 만들어내기도 했으며 목표경영(MBO)의 아이디어를 제시해 경영 실무계에 큰 영향을 주었다.

채택하고 있을 정도로 영향력을 발휘하고 있다.

전략의 중요성이 부각되던 시기에 기업사학자인 챈들러(Alfred Chandler, 1918-2007)는 1962년 발간한 저서 〈전략과 구조〉에서 전략과 조직구조의 연관성에 관한 이론을 제시했다. 1850년부터 1920년까지의 주요 미국기업들을 조사한 챈들러는 기업의 구조는 기업이 채택한 전략에 의해 결정된다는 결론을 내렸다. 기업은 장기적 목표와 구체적인 행동방침을 결정하고 목표를 이루는 데 필요한 자원을 배분하기 위한 전략을 수립하며, 수립된 전략에 맞는 조직구조를 만들어내는 노력을 기울여야 한다고 주장했다.

챈들러의 이 같은 견해는 조직의 목표와 전략, 경영자의 역할을 일관성 있게 정립함으로써 현대 전략이론과 조직이론의 발전에 결정적 영향을 주었다. 앤소프(H. Igor Ansoff, 1918-2002)도 전략결정과 경영관리 그리고 실행계획을 연결하는 전략계획 모델을 제시했다.

이후 전략경영연구는 전략 유형과 전략 형성요인, 그리고 경영성과까지 확장되어 전략의 중요성에 관한 실증연구로 발전하였다. 그러나 1980년대 들어서 기업 경영환경이 악화되면서 과거와 같은 성장전략이 불가능해지자 포터(Michael Porter, 1947-)의 산업조직론적인 관점과 결합한 경쟁전략의 개념이 전략경영의 중심이 되었다.

그림 4-16 마이클 포터

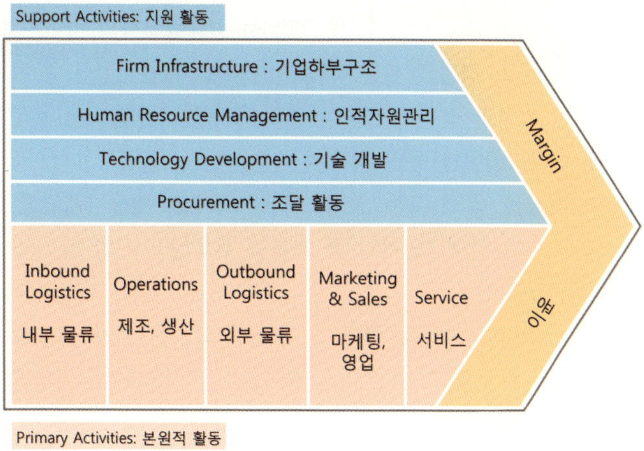

그림 4-17 마이클 포터의 가치사슬

포터는 기업이 경쟁우위를 갖추기 위해 선택할 수 있는 전략으로 원가우위(cost leadership) 전략, 차별화(differentiation) 전략, 집중화(focus) 전략 등 세 가지를 제시했다. 포터가 제시한 가치(value) 창출의 개념은 치열한 경쟁 환경 하에서 기업 경쟁력의 본질을 파악하는 동시에 일상적인 경영활동을 이해함에 있어서 중요한 역할을 하였다. 특히 포터가 제시한 가치의 개념은 고객 창출과 지속가능한 경쟁력을 확보하기 위한 경영전략이론의 발전에 중요한 역할을 하였다.

외부환경의 변화를 이해하고, 조직 내부의 능력을 점검한 뒤 조직의 목표를 달성할 수 있는 전략을 경영자가 선택한다는 게 전략적 경영의 핵심개념이라고 할 수 있다. 주어진 환경에서 최적의 의사결정을 내리는 경우 모든 기업 상황에 항상 유리한 전략은 존재하지 않으며, 전략은 기업의 환경과 경영자의 전략적 의도에 따라 선택되는 것이다. 여기서 전략적 의사결정은 단순하게 주어진 환경에 순응하는 것을 의미하지는 않으며, 보다 적극적으로 환경을 변화시켜나가는 능동적인 행위까지를 포함한다. 〈박스 4-2〉는 현대경영학의 아버지라 일컫는 드러커의 사상을 요약해서 설명한다.

박스 4-2

현대경영학의 아버지 드러커

드러커(Peter Drucker, 1909-2005)는 현대경영학의 아버지로 불린다. 드러커는 기업의 존재와 목표, 경영의 본질, 경영자의 역할, 기업가정신 등 20세기 자본주의의 주역으로 등장한 기업과 경영에 관한 이론적 토대를 다짐으로써 경영학의 체계화에 결정적인 역할을 했다. 50여년 동안 학자이자 컨설턴트, 경영사상가, 그리고 저술가로서 39권의 방대한 저작을 통해 그는 전략, 목표, 리더십, 커뮤니케이션, 고객지향, 지식경영 등 1960년대 이후 현대경영학의 큰 흐름을 주도했고 기업 실무적으로도 큰 영향을 미쳤다고 할 수 있다.

그는 1909년 오스트리아에서 태어나 독일에서 직장생활을 하다가 언론인으로 변신했고 법학박사 학위를 받았다. 이후 영국을 거쳐 1943년 미국으로 이주하면서 본격적으로 학자로서의 길을 걸었다. 어린 시절 부친의 친구였던 슘페터(J. Schumpeter)의 영향을 받아 혁신, 기업가정신 등의 중요성에 관해서 일찌감치 눈을 떴다.

드러커는 제너널모터스(GM)의 경영자인 슬론(Alfred P. Sloan)의 경영고문을 했던 경험을 토대로 1946년에 출간한 저서 〈기업의 개념〉(*Concept of the Corporation*)에서 기업이 사회에 어떤 영향을 미치는지에 초점을 맞추었다. 드러커는 GM의 성공 비결을 분석하면서 GM의 조직과 제도에 대해 칭찬하는 동시에 기업은 경제적 조직인 동시에 인간들이 복잡하게 얽힌 사회 시스템이라고 분석했다. 기업과 사회와의 관계에 각별한 관심을 가졌으며, 자신을 사회생태학자로 자칭했을 정도다.

그림 4-18 드러커의 저서 〈기업의 개념, 1946〉

기업의 본질을 규명한 드러커는 이어 1954년 출간한 〈경영의 실제〉(*The Practice of Management*)에서 경영의 본질 규명에 나섰다. 고객 창조가 경영활동의 핵심이라고 내다봤던 점이 드러커가 현대경영학에 남긴 중요한 업적으로 평가된다. "비즈니스의 목적은 단 하나, 고객 창출이다. 시장은 신이나 자연 또는 경제적 힘이 아니라 기업가에 의해 창조된다. (중략) 기업가의 활동에 의해서만 실질적인 수요로 바꾸어 냄으로써 고객과 시장을 창조해 낸다." "기업의 일차적인 책임은 고객에 봉사하는 것이다. 이익이 주된 목적이 아니라 기업의 존속과 지속가능성이다." 조직의 존재이유에 대해서도 혜안을 제공했다. "조직 자체가 목적이 아니다. 경영성과를 얻어내기 위한 수단일 뿐이다. 조직구조는 필수불가결한 수단이다."

그림 4-19 드러커의 저서 〈경영의 실제, 1958〉

이를 위해 드러커는 목표관리(MBO)의 아이디어를 제시했다. 드러커는 "경영관리자의 역할은 기업의 목표를 성취하기 위한 업무에 바탕을 두어야 한다"며 "경영자는 목표에 부합하는 성과를 내야 한다. 기업의 성공에 기여한 공헌의 정도에 따라 경영자의 성과를 평가해야 한다"고 강조했다. MBO는 오늘날 기업들의 목표 설정 및 성과평가 방법으로 정착돼 있다. 원래 드러커가 의도한 MBO에는 인간적 요소가 있었으나 실제 기업현장에서는 그 요소가 빠져 이해, 동기 유발보다는 계량적 목표를 설정하고 그 달성을 독려하는 방식으로 변질되었다.

이어 1973년에 출간된 〈경영: 과업과 책임 그리고 실천〉에서 드러커는 경영관리의 다섯 가지 기본 역할을 제시했다. 즉, 목표 설정, 조직화, 동기 부여와 원활한 커뮤니케이션,측정과 평가, 구성원 능력 계발. 또한 경영자가 해야 할 일은 다른 사람들에게 비전과 성취능력을 심어주는 것이라고 강조했다.

드러커는 기업의 존재이유, 경영의 본질, 경영자의 기능을 체계화함으로써 경영학의 이론적 발전에 기여했다는 평가를 받는다. 하지만 그의 관심영역은 단지 기업과 경영에만 머물지 않고 미래사회에서 일어날 변화로 확대되었다. 정보화 사회에선 지식이 경쟁력의 핵심요소임을 강조하면서 지식경영을 강조했으며, 노동자를 비용이 아닌 자산으로 인식해야 한다고 강조해 탁월한 안목을 보였다. 일찌기 1959년도엔 '지식노동자(knowledge worker)'라는 용어를 만들어냈으며, 민영화, 분권화, 아웃소싱, 평생교육, 정보화 사회의 도래 등을 예견했다.

3) 최신 동향

최근 들어 경영학의 주요 관심사는 대내외 환경의 급격한 변화로 등장한 새로운 과제를 해결하는 데 초점을 맞추면서 다양한 분야로 확산되고 있다. 큰 흐름으로 보면 전략의 중요성이 갈수록 높아지고 있다.

정보화사회, 지식사회의 도래에 따라 자본과 기계보다는 지식이 핵심 경쟁력의 원천임을 강조하는 지식경영이 1990년대 중반 이후 하나의 거대 조류를 형성했다. 지식을 창출하고 전수하는 방법, 지식을 효율적으로 활용하기 위한 시스템 구축 등에 관한 연구가 활발하게 이뤄졌다. 전반적으로 보자면 지식의 관점에서 업무 절차, 전략, 시장 등을 재설계하는 게 추세라고 할 수 있다. 시장환경이 오프라인에서 온라인 중심으로 바뀌면서 e비지니스 전략과의 연계방안도 지식경영의 범주에 포함된다.

정보화사회의 도래 등 변화가 일상화되고 이에 대한 적응과 능동적 대응이 기업경영의 핵심적인 과제로 등장하면서 혁신, 변화관리 등에 관한 연구도 중요한 흐름이다. 특히 급변하는 대내외 환경과 경쟁이 심화되는 시장상황 속에서 경쟁력 유지가 기업의 핵심적인 현안이 되면서 지속가능한

(sustainable) 경쟁력이나 핵심역량(core competence)을 확보하는 방안에 관한 연구가 하나의 대세로 자리 잡는 추세다. 이에 따라 지속가능한 경쟁력의 원천으로서 기업문화, 전략적 인적자원관리, 업무혁신, 가치사슬, 그리고 리더십 등에 관한 연구뿐 아니라, 기업의 사회적 책임이 강조되면서 환경, 사회공헌, 비영리기업 등에 대한 연구도 활발하게 이뤄지고 있다.

최근엔 4차 산업혁명과 관련된 연구도 증가하는 추세다. 특히 빅데이터가 기업경영, 그중에서 마케팅 활동 및 전략에 가져올 영향에 관한 연구가 현재 진행 중이며, 빅데이터를 이해하고 활용할 수 있는 조직설계 등이 주된 관심사다. 또한 미래시장을 선도할 인공지능(AI)가 확산됨에 따라 기업의 의사결정방식, 인적자원관리, 경영자의 역할에 미칠 영향에 관한 연구가 확산되고 있다.

주요 개념

- 과학적 관리론 • 시간연구 • 동작연구 • 컨베이어벨트 시스템 • 표준화
- 단순화 • 전문화 • 고전적 관리론 • 경영의 기능 • 관리과정 • 관료제
- 인간관계론 • 행동과학 • 비공식 조직 • 행복한 젖소 • 기업제도이론
- 제한된 합리성 • 시스템이론 • 상황이론 • 경쟁전략 • 목표에 의한 경영(MBO)

▮생각해 보기▮

1. 현대경영학의 발전에 커다란 전기를 마련한 것은 20세기 초 테일러의 '과학적 관리론(scientific management)'이었다. 작업현장의 기계 및 설비의 배치와 인간활동 사이에 존재하는 비효율을 과학적으로 제거함으로써 생산성을 획기적으로 개선하는 데 공헌한 것이다. 테일러의 과학적 사고와 접근법은 실제로 포드 자동차의 작업공정에 접목되어 포드社가 일약 세계최고의 자동차회사로 발돋음하는 데 기여했다. 생산성 제고는 곧바로 종업원들의 대폭적인 급여 인상을 가져왔고, 생산직 근로자들도 인상된 봉급으로 자동차를 구입하여 주말을 도시 근교의 공원에 가서 도시락을 즐기는 여유를 갖게 된 것이다. 포드사의 근로자들은 저임금으로부터 해방되어, 중산계층의 여가를 즐기고, 바야흐로 대량 소비시대가 활짝 열리게 된다. 그럼에도 후일 테일러는 작업현장에서의 인간성을 경시한 것으로 비판받는다. 이러한 비판은 과연 합당한가? 여러분이 테일러의 입장이었다면 애초부터 어떻게 다르게 접근할 수 있었는가? 각자 의견을 내놓고 토론해 봅시다.

2. 막스 베버의 관료제론은 전통사회에서 자본주의사회로 이행하는 데 필요한 조직적 기반을 제공하였다. 관료제는 (1) 노동의 분업화(수평적 분화), (2) 권한의 계층화(수직적 분화), (3) 사유 재산과 공적 재산의 분리, (4) 능력에 근거한 채용을 운영원리로 삼는 근대적 조직의 특성을 갖는다. 관료제는 전통사회에 뿌리깊이 자리잡은 권위주의와 연고주의를 철저히 배격하고, 합리적인 조직운영과 업무수행의 효율을 추구함으로써 자본주의의 발전에 크게 기여하였다. 그러나 베버의 비판론자들은 인간보다는 요식적 절차를 더 중시하는 '레드 테입(red tape, 관료주의 또는 형식주의)'이 인간성 말살이나 인간 소외와 같은 병폐를 낳는다고 공격한다. 죽은 자는 말이 없다지만, 베버는 이런 비판에 기분 좋을 리 만무하다. 그가 무덤에서 살아난다면 비판론자들에게 과연 어떤 대답을 해 줄까?

3. 최근 인공지능(AI)의 발전속도는 놀랍기만 하다. 경우의 수가 거의 무한대라서 인공지능이 직관에 의존하는 인간을 이길 수 없다는 바둑에서조차 알파고(AlphaGo)가 보란 듯이 이세돌 9단을 이겼다. 바야흐로 "이제 인간이 겸손하게 두 손을 모으고 인공지능의 가르침을 받아야 하는 게 아닌가?" 하는 탄식이 절로 나온다. 그렇다면 중요한 의사결정을 직관에 의존해야 하는 경영자의 업무도 인공지능이 대체할 수 있을까? 만약 인공지능이 경영자보다 우수한 결정을 할 수 있다면 경영자들뿐 아니라 그보다 더 반복적인 결정을 하는 하위 관리자들도 모두 일자리를 잃어버릴지 모른다. 그러나 반론도 만만치 않다. 일각에서는 인공지능이 발달할수록 보다 창의적이고 고도화된 새로운 일자리가 많이 생겨난다는 주장도 있다. 여러분의 의견은 어떤지 생각해 보고, 같이 토론해 보자.

참고문헌

- 김성국 외 (2014), 〈최신 경영학의 이해〉, 서울: 비엔엠북스.
- 박영배 (2016), 〈조직 행동〉, 서울: 청람.
- 스튜어트 크레이너 (2007), 〈경영의 역사를 읽는다〉, 심재관 역, 서울: 한스미디어.
- 신유근 (2011), 〈경영학원론〉, 서울: 다산출판사.
- 위키피디아(www.wikipedia.org).
- 이재규 (2006), 〈기업과 경영의 역사〉, 서울: 사과나무
- Shafritz, J. M., Ott, J. S., and Jang, Y. S. (2015), *Classics of Organization Theory*, 8th ed., Boston, MA: Wadsworth Publishing Co.

미 주

1. Taylor, Frederick (1911), *The Principles of Scientific Management*, New York: Harper & Row.
2. 피터 드러커 (1993), 〈자본주의 이후의 사회〉, 이재규 역, 한국경제신문사.
3. Lawrence, P. R. & Lorsch, J. W. (1967), *Organization and Environment: Managing Differentiation and Integration*, Boston, Massachusetts: Harvard University.

5 장

경영의 기본개념

1. 경영은 가치창출활동이다
2. 기업의 생존부등식
3. 기업 성장의 중요성
4. 경영역량
5. 경 영 자
6. 기업윤리

1. 경영은 가치창출활동이다

현대경영학의 아버지라고 불리는 피터 드러커(Peter Drucker, 1909-2005)는 '고객가치의 창출'이 본질적인 기업의 존재이유라고 갈파한 바 있다. 그런데 기업이 만들어내는 고객가치는 보는 관점에 따라 매우 다양하다. 그것은 이마트의 '상시저가(Every Day Low Price)'와 같이 낮은 가격일 수도 있다. 가격이 아니더라도 다른 기업이 제공하지 못하는 특별한 그 무엇일 수도 있다.

예컨대 최상 등급의 한우를 재료로 쓰는 시내 갈비집이나 서비스가 최상급인 5성급 호텔은 가격이 높더라도 이곳을 찾는 고객에게는 특별한 가치로 느껴진다. 또한 이태리산 명품 스포츠카 페라리(Ferrari)를 비싼 돈을 주고 구매하는 고객에게는 과시욕구의 충족이 특별한 가치일 수 있다. 타이레놀 독극물 사건이 터졌을 때 '우리의 신조(Our Credo)'를 끝까지 지킴으로써 오히려 매출증대에 성공한 존슨앤존슨(Johnson & Johnson)의 윤리적 행동 역시 고객에게 특별한 가치가 될 수 있음을 보여준 사례이다. 이 밖에도 기업이 만들어 내는 가치의 목록은 끝없이 이어진다.

기업을 이끌어 가는 경영자가 하는 일을 경영(management)이라고 한다면, 경영이란 과연 무엇일까? 시내 서점에서 구할 수 있는 국내외의 수많은 경영학 교재에서 최대공약수를 뽑는다면 '경영'은 "기업의 목적을 달성하기 위하여 물적·인적자원을 효과적으로 결합하는 과정이나 활동(The processes or activities of combining physical and human resources effectively in order to achieve the goals of a business)"으로 요약될 수 있다. 여기에다가 앞서 언급한 피터 드러커의 '고객가치의 창출'이 기업의 존재이유이자 목적이라는 견해를 받아들여 다시 정의한다면 '경영'이란 "고객가치를 창출하기 위하여 기업의 물적·인적자원을 효과적으로 결합하는 과정이나 활동"이라고 할 수 있다. 이러한 관점을 '가치중심적 접근법'이라고도 한다. 그렇다고 해서 가치중심적 접근법이 경제학에서 가정하는 '기업의 이윤극대화'와 반드시 배치되는 것은 아니다. 고객 입장에서 고객이 향유하는 가치가 고객이 지불하는 가격보다 높다고 느낄수록 기업 입장에서는 매출과 수익이 커져서 이윤이 극대화될 수 있기 때문이다. 경영의 본질을 가치 창출로 보는 가치중심적 관점은 오늘날 학계와 기업 모두에서 폭 넓게 받아들여지고 있다. 시장과 관련되는 경우 더욱 그러하다. 오늘날 기업들이 거래희망 기업에 제시하는 거래 제안서를 가치제안서(value proposition)라고 부를 정도다.

아래 〈박스 5-1〉에 제시된 우버(Uber), 아이폰(iPhone), 그래멀리(Grammarly)의 가치제안 사례를 읽어보자. 기업마다 다른 경쟁기업과 차별화된 '고객가치'를 어떤 방식으로 제공하는지를 간명하고도 설득력있게 설명하고 있다. 기업이 고객에게 경쟁기업과 차별화된 '가치' 제안을 제대로 하지 못하면 결국 고객의 선택을 받지 못해 시장에서 도태될 것이다.

박스 5-1

기업의 가치제안(사례)

■ 우버(Uber)

우버(Uber)는 승객과 운전기사를 스마트폰 버튼 하나로 연결하는 기술 플랫폼이다. 플랫폼이라는 단어가 상징하듯 우버는 택시를 소유하지 않는 택시 서비스회사인 것이다. 우버는 기존 택시와 견주어 비교우위에 있는 '고객가치'를 주문·탑승·결제라는 핵심 프로세스별로 간명하게 제시한다. 고객들이 우버 홈페이지에 떠있는 아래의 가치제안을 읽으면 기존의 택시가 감히 따라올 수 없는 우월한 가치임을 느낄 수 있다.

1. **"스마트폰에서 버튼을 누르면 차가 바로 옵니다." (주문)**
2. **"운전사는 목적지를 정확하게 압니다." (탑승)**
3. **"현금 없이도 항상 결제가 가능합니다." (결제)**

■ 애플의 아이폰

이미 레드오션이 되어버린 IT가전시장에서 애플의 아이폰은 아직도 독보적인 존재이다. 시장에 출시된 수백 개의 다른 제품과 차별화된 아이폰의 '고객가치'는 과연 무엇일

까? 아이폰은 자사 제품이 특별한 가치를 가지고 있음을 다음과 같이 설명한다.

"저희는 아이폰을 만들 때 다음과 같은 변치않는 신념에 따라 만듭니다. 폰은 기능만 많이 달려 있는 제품이어서는 안 되며, 그 무엇보다도 **사용하기에 단순하고, 아름다우며, 매력적이어야 합니다**(That a phone should be more than a collection of features. That, above all, a phone should absolutely simple, beautiful, and magical to use)."

▪ 그래멀리(Grammarly)

2009년 우크라이나의 그래멀리社(Grammarly, Inc.)에 의하여 개발된 앱으로 인공지능을 활용하여 문장 내의 맞춤법, 문법, 마침표, 의미전달의 오류 등을 수정해 주는 클라우드 기반의 문장작성 앱이다. 2021년 말 현재 전 세계에 2,000만 명의 사용자와 8,800만 달러의 매출을 올리고 있다. 그래멀리는 누구나 '간명하게(simplified)' 좋은 글을 쓸 수 있다는 고객가치를 가치제안의 제목과 내용에 모두 반영함으로써 이 앱이 제공하는 서비스가 무엇인지를 명확하게 전달하고 있다.

- **가치제안의 제목: "좋은 글을, 간명하게 작성한다(Great writing, simplified)."**
- **가치제안의 내용: 그래멀리의 인공지능 글쓰기 도우미의 도움을 받으면 막힘없이 명확하고 오류가 없는 글을 작성할 수 있습니다.**

이번 장에서는 먼저 경영활동을 통해 만들어지는 고객가치와 가격, 그리고 비용 간의 관계를 이해함으로써 기업의 생존조건이 무엇인지를 알아보고, 이를 통해 기업이 이윤을 확보하는 기본적 메커니즘을 설명하고자 한다. 또한, 기업의 외형적 규모의 성장이 왜 중요한지, 이를 달성하기 위한 전략적 행동과 경영역량이 무엇인지를 살펴본다. 마지막으로, 현대사회에서 요구되는 기업의 윤리적 기준과 윤리적 행동을 살펴보고, 이를 실천하는 과정에서 부딪히는 여러 가지 제약에 대해서도 알아본다.

2. 기업의 생존부등식

1) 가치란 무엇인가? - 정신적 가치 vs. 물질적 가치, 시장가치

국어사전을 찾아보면 가치(value)란 '사물이 지니고 있는 쓸모'를 뜻한다. 그런데 가치에는 물질적 가치만 있는 것이 아니라 정신적 가치도 존재한다. 비록 세상에는 물질적 가치는 저급하고 정신적 가치는 고상한 것으로 취급하는 풍조가 있지만, 이 책의 입장은 물질과 정신을 이분법으로 구분하는 것을 경계한다. 완벽하지는 않지만 정신적 가치도 시장에서 거래될 수 있고, 어느 정도까지는 (심지어는 효과적으로) 수요와 공급에 의하여 가격이 매겨진다는 입장이다.

아래의 〈박스 5-2〉를 읽어보자. 여기에는 미국의 작가 오 헨리(O. Henry, 1862-1910)의 단편 〈크리스마스 선물〉에 실린 가난하지만 서로를 너무 사랑한 부부의 아름다운 이야기가 실려 있다.

박스 5-2

오 헨리의 '크리스마스 선물 (The Gift of the Magi, 1906)'

남편 짐은 멋진 시계를 가지고 있지만 안타깝게도 시계줄이 없었다. 아내 델라는 아름다운 긴 머리카락을 가지고 있었다. 부부는 서로에게 크리스마스 선물을 사줄 돈이 없어서 고민하게 된다. 델라는 남편의 시계가 남편의 존재(무게있고 값진)와 같은 물건이기 때문에 시계줄을 선물하여 그의 시계에 채우면, 그가 어느 친구 앞에서도 떳떳하게 시계를 들여다볼 걸 생각만해도 흐뭇해진다. 한편 짐은 머리핀과 빗을 선물하면 아내의 아름다운 머리카락이

그림 5-1 오 헨리, 〈크리스마스 선물〉, 2008년판

더욱 아름다워질 것을 상상하며 즐거워한다.

고민 끝에 델라는 긴 머리를 20달러에 팔고 여기에 평소에 아낀 돈 1달러를 보태 시계줄을 산다. 짐도 갖고 있던 시계를 팔아 아내의 긴 머리를 장식할 머리핀과 빗을 산다. 선물을 사가지고 집에 돌아온 짐과 델라는 서로의 선물이 아무런 사용가치가 없다는 걸 깨닫게 되지만 둘은 서로에 대한 사랑이 진정한 가치임을 확인하고 감격해 한다. 오 헨리는 이렇게 글을 맺는다. "오늘을 사는 현명한 사람들에게 마지막으로 하고 싶은 말은 이 세상에 선물을 주는 사람들 중에서, 아니 선물을 주고받는 모든 사람들 중에서 이들 두 사람이 가장 현명한 사람이라는 점이다. 이 두 사람이 바로 동방박사들이기 때문이다."(〈오 헨리 단편선〉, 2017)[1]

위 이야기는 물질적 가치보다 정신적 가치가 우월함을 감동적으로 보여준다. 그런데 여기서 몇 가지 더 생각해봐야 할 것이 있다. 먼저 소설에 등장하는 시계줄과 머리핀은 상대방의 행복(정신적 가치)을 가져다주는 물질적 수단(물질적 가치)이 될 수 있다는 점이다. 물질이 사랑의 표현수단임을 부인할 사람이 과연 있을까? 사랑과 정성이 듬뿍 담긴 선물을 받아 기분이 나쁜 사람은 없을 것이다. 이런 점에서 정신적 가치는 고상하고, 물질적 가치는 저급하다는 이분법은 받아들이기 어렵다.

두 번째는 시장(market)의 존재이다. 델라가 짐을 행복하게 해 주기 위해서 시계줄을 산 시계방도 시장이고, 머리카락을 판 미장원도 다름아닌 시장이다. 델라에게 시장이 없었다면 무슨 수로 머리카락을 팔고, 시계줄을 장만할 것인가? 시장이 존재해야 가치를 교환하고 실현할 수 있는 것이다.

세 번째는 가격의 순기능이다. 델라의 아름다운 머리카락과 짐의 시계줄이 갖는 정신적 가치는 얼마였을까? 정신적 가치는 본질적으로 주관적인 것이므로 두 부부에게는 숫자로 표현할 수 없을 정도로 귀중한(invaluable) 가치였을 것이다. 그러면 객관적인 시장가치(market value)는 얼마였을까? 소설에 의하면 당시 머리카락의 가격은 20달러, 시계줄의 가격도 이와 비슷한 21달러였다(2022년 기준으로 653달러). 이들의 정신적 가치가 아무리 높았다 하더라도, 둘 간의 시장가격이 비슷했기 때문에 델라는 머리카락을 팔아 시계줄을 살 수 있었다. 만약 시계줄의 가격이 머리카락보다 훨씬 비쌌다면 델라는 아마도 좀 더 싼 시계줄을 대신 사려고 했을 것이다. 이처럼 가격의 존재는 거래의 가능 여부를 신속하게 판단하게 하고, 가능한 거래를 활성화함으로써 정신적 가치의 구현가능성을 높인다.

지금까지의 논의는 시장과 가격의 존재가 오히려 정신적 가치를 신속하고도 효과적으로 구현하는 데 도움을 줄 수 있음을 보여준다.

정신적이든, 물질적이든 경제학에서는 가치를 효용(utility)이라고 한다. 효용은 "한 개인이 상품이나 서비스를 소비함으로써 얻게 되는 주관적인 만족이나 행복"을 의미한다. 경영학에서도 고객의 주관적 가치에 주목한다. 고객의 주관적 가치는 제품이나 서비스에 내재되어 있는 불변적 가치가 아니라 고객의 개인적인 선호(preferences)와 상황에 따라 달라진다는 뜻이다.

예컨대 무더운 여름날 몇 시간이나 길거리를 걸어서 심한 갈증을 느끼는 사람은 생수를 비싼 가격을 주고 살 용의가 있을 것이다. 오지탐험에 대한 선호도 천차만별이라서 일반인에게는 절대로 가고 싶지 않은 마이너스의 효용이지만, 오지탐험에 꽂힌 전문탐험가에게는 수억 원을 지불하고서라도 시도해보고 싶은 가치있는 일일 것이다. 사람들이 가지고 있는 선호는 정말 다양해서 아마도 지구상에 존재하는 사람의 수만큼이나 개인적 선호나 주관적 가치의 종류와 크기가 다르다고 해도 틀린 말은 아닐 것이다.

2) 기업의 생존부등식

앞서 경영을 고객가치 창출활동으로 정의한 바 있다. 기업이 고객가치를 창출하면, 고객은 가치를 지닌 제품이나 서비스를 기업으로부터 획득함으로써 자신의 욕구를 충족시키고 만족을 얻을 수 있다. 그런데 제품이나 서비스를 기업으로부터 획득하기 위해서는 고객은 기업에게 적절한 가격을 지불해야 한다. 고객 입장에서는 자신이 누리는 가치(Value)가 가격(Price)보다 커야 물건을 산다($V > P$). 반면에 기업 입장에서는 자신이 부담한 원가(Cost)보다 가격(Price)을 높게 받아야 물건을 판다($P > C$). 기업은 이 두 가지 조건을 모두 충족시켜야 생존할 수 있다. 이런 논리를 한양대 윤석철 석좌교수(1940-)는 [그림 5-2]와 같이 기업의 '생존부등식'으로 표현하였다.[2]

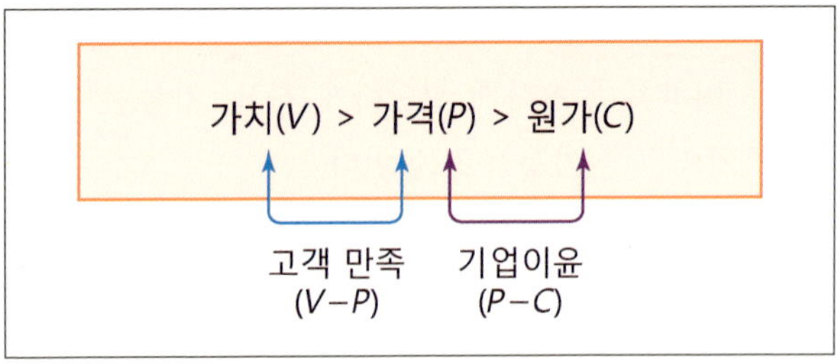

그림 5-2 기업의 생존부등식

기업이 생존하지 못하고 도태되는 이유는 간단하다. 위의 생존부등식을 충족시키지 못하기 때문이다. 예를 들어, 경쟁자가 혁신에 성공해서 더 우수한 고객가치를 제공하거나 가격을 파격적으로 떨어뜨리면, 기업의 고객가치는 축소되어 기존 고객들이 대거 이탈하게 된다($V<P$). 또한 기업 내부의 생산성이 떨어지거나 원재료 가격이 상승하면 비용이 증가하여 가격을 능가하게 된다($P<C$). 이렇게 생존부등식이 반대방향으로 가면 영업손실이 나고, 손실이 누적되면 결국 기업은 파산하게 되는 것이다.

그러면 생존부등식을 유지하기 위해 필요한 것이 바로 혁신이다. 기업의 혁신은 부단히 고객가치를 높이고($V>P$, 가치혁신), 부단히 원가를 떨어뜨린다($P>C$, 원가혁신). 이것을 일찍이 간파한 슘페터(Joseph Schumpeter, 1883-1950)는 '창조적 파괴'가 시장경제의 중심에 있다고 역설하였다.

우리 주변에서 얼마든지 볼 수 있는 예를 하나 들어보자. 어느 대형 아파트 단지의 끝자락에 부부가 운영하는 작은 재래식 김밥집(6평)이 있었다. 아내가 만드는 김밥 한 줄에 1500원, 치즈, 참치나 김치가 추가되면 200원을 더 받았다. 가게 위치가 외진 곳에 있어서 남편이 무료로 배달도 해주었다. 맛은 중간 정도, 위생과 신선도는 중간 이하였지만 저렴한 가격 덕분에 찾는 고객이 있어서 그런대로 장사가 되었다.

그러던 어느 날 단지 중앙상가에 전문김밥집(15평)이 들어섰다. 김밥 1줄이 무려 3500원, 참치나 치즈를 추가하면 600원을 더 받았다. 비싼 가격에 배달도 안 했지만 이 식당은 전문화·표준화되어 있다. 주방에 조리사 2명, 위생마스크를 쓴 김밥제조자 3명, 매니저 1명, 그리고 주문은 자동화기기로 받는다. 주문과 동시에 총 6명이 빠른 속도로 언제나 맛있고 신선하고 위생적인 김밥을 만든 것이다. 재래식 김밥집은 어떻게 되었을까? 아파트 주민들은 저렴한 가격 외에는 장점이 별로 없는 재래식 김밥집을 외면하게 되고 결국 이 가게는 문을 닫았다. 전문김밥집의 김밥 가격이 비쌌지만, 고객가치는 이보다 훨씬 더 높아 재래식 김밥집 고객까지 이곳으로 몰린 것이다.

위 사례에서는 전문김밥점이 재래식 김밥집을 누른 것으로 보이지만, 사실 두 가게 중 누가 혁신적이고, 누가 혁신적이 아닌지는 중요하지 않다. 재래식 김밥집이 오히려 더 싸고 맛있는 제조법을 개발하여 전문김밥집을 몰아내는 스토리도 가능하다. 경쟁에서 이기려면 이긴다는 보장이 없어도 기존의 방식과 다르게 고객가치를 만들어야 한다는 사실이 중요할 뿐이다. 혁신의 성공 여부 또한 사전적으로 알 수 있는 방법은 없으며 시장에 의해 사후적으로 결정된다는 사실과 함께 말이다.

혁신의 방식은 기업마다 다르다. 낮은 가격으로 더 많이 파는 '박리다매'로 경쟁자보다 더 많은 매출을 올릴 수도 있고, 차별적인 제품을 만들어 경쟁자보다 더 비싼 프리미엄 가격으로 이익을 올릴 수도 있다.

예를 들어, 포스트잇(Post-it)을 만드는 3M이나 아이폰을 만드는 애플 같이 세계적으로 유명한 혁신기업들은 경쟁자보다 훨씬 더 높은 가격을 매겨서 팔아 영업이익률(영업이익/매출)이 훨씬 높다. 2021년의 경우 스마트폰 1위 사업자인 애플이 전 세계 스마트폰 영업이익의 무려 75%를, 2위 사업자인 삼성은 한참 뒤처진 13%를 벌어들였다고 한다.[3] 이는 수많은 나머지 스마트폰 사업자들은 이익을 별로 내지 못하거나 손실을 본다는 걸 의미한다. 애플 같은 기업에게는 다른 경쟁자들이 쉽게 모방하지 못하는 혁신역량이 있기 때문에 높은 영업이익률을 유지할 수 있는 것이다. 기업이윤은 기업의 가치창출 및 혁신에 대한 대가이자 사느냐 죽느냐 하는 기로에서 실패 위험을 감수하고 이를 극복한 도전정신에 대한 대가이자 보상이다.

3) 기업의 가치창출 과정

기업의 가치창출 활동은 하나의 과정으로 이해해야 한다. 자금과 인력을 투입해서 공장과 설비를 갖추고, 조직화하고, 각종 원·부자재나 정보를 확보하여 이를 결합·가공하는 공정을 거쳐 최종적으로 제품과 서비스가 만들어진다. 기업은 경쟁자보다 더 차별적이고 우수한 가치를 가진 제품(서비스)과 경쟁력있는 가격을 고객에게 제공할 수 있어야 생존이 가능하다.

개념적으로는 이를 시스템의 투입(input) → 변환(throughput) → 산출(output) 과정이라 부른다. 시스템이란 여러 가지 구성요소나 부분들이 연결되어 있는 어떤 체계를 말한다. 예를 들어, 사람의 인체를 하나의 시스템으로 인식한다면 이를 구조와 과정으로 나누어볼 수 있다. 먼저 인체의 구조(structure)는 뇌·심장·혈관·신경·뼈·팔다리 등으로 구분할 수 있지만 인체구조만 가지고는 인체의 생명현상을 설명하기에 한계가 있다. 이보다는 인체를 산소를 흡입하고 음식물을 섭취해서 이를 혈관을 거쳐 순환시키는 과정으로 보는 것이 생명현상을 설명하기에 더 적합할지 모른다. 마찬가지로 기업의 고객가치 창출을 하나의 동태적 과정으로 보는 것이 더 타당할 수 있다. [그림 5-3]은 투입-변환-산출의 과정을 거치는 시스템적 관점과 경쟁우위의 확보를 통해 고객가치를 창출한다는 가치중심적 관점을 결합한 가치창출 과정의 모형이다.

기업은 투입-변환-산출의 과정에서 경쟁우위를 구축해야만 경쟁사에 비해 우월한 고객가치를 만들어낼 수 있다. 경쟁우위(competitive advantage)는 다른 기업과의 경쟁에서 우위를 차지할 수 있는 그 기업만의 강점을 말하는데, 마이클 포터(Michael Porter, 1974-)에 의하면 경쟁우위를 확보하는 전략에는 저원가(low cost)와 차별화(differentiation) 전략이 있다. 먼저 저원가전략은 대

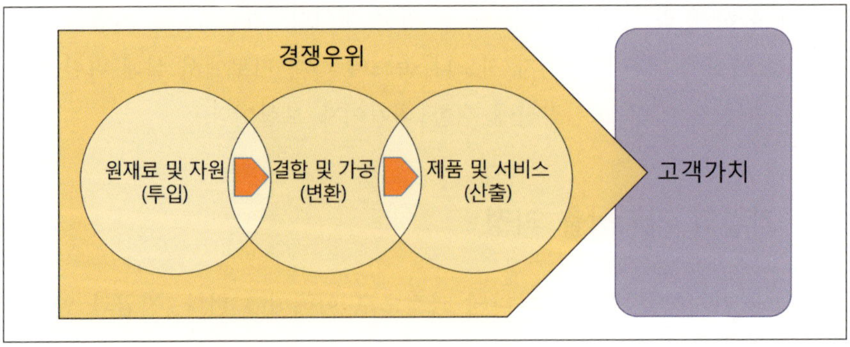

그림 5-3 기업의 가치창출 과정

량생산을 하거나, 원재료를 싸게 구할 수 있는 공급망을 확보하거나, 생산성을 높여 단가를 낮춤으로써 경쟁자보다 싼 가격으로 제품이나 서비스를 공급하는 전략이다. 상시저가(Everyday Low Price)를 슬로건으로 내건 미국의 월마트(Walmart)나 국내 이마트의 전략을 그 대표적인 예로 들 수 있다.

반면에 차별화전략은 브랜드, 품질, 디자인, 제품 구색, 배송시간, 반품이나 AS 등 고객에게 소구할 수 있는 제품 속성에서 경쟁자에 비해 차별적 가치를 제공하는 전략이다. 스포츠명차 페라리(Ferrari)나 명품핸드백 샤넬(Chanel), 최초의 6성급 호텔 시그니엘 서울(롯데월드타워)을 그 예로 들 수 있다. 물론 최저가 제품을 가장 편하게 주문하고, 가장 빠르게 배송하는 아마존(Amazon)과 같이 저원가와 차별화를 동시에 추구하는 전략도 가능하다.

경쟁우위는 모든 속성에 있어서 경쟁자를 압도해야 함을 의미하지는 않는다. 모든 면에서 경쟁자보다 '절대적 우위'를 가져야 할 필요는 없는 것이다. 기업이 타깃으로 삼은 특정 고객층이 중시하는 가격이나 품질, 디자인 등 자신만의 상대적인 장점을 부각시켜 경쟁자와 비교했을 때 어느 한 가지 속성만이라도 차별성을 제시할 수 있다면 경쟁우위를 갖게 된다.

4) 기업의 가치

경영학에서는 '고객가치' 말고도 가치와 관련된 용어를 많이 쓴다. 대표적인 것이 '기업가치'이다. 기업가치(firm value)는 '기업의 시장가치를 나타내는 경제적 척도'로서 가장 손쉽게는 주식가치로 계산할 수 있다. 증권업계나 투자자들은 '고객가치'와 같이 추상적인 개념보다는 구체적인 수치로 표시되는 '기업가치'를 더 선호한다. 주식시장에서 기업의 모든 정보를 즉각적으로 반영하여 주가가 결정된다는 장점이 있기 때문이다.

'기업가치'는 '고객가치'로부터 만들어진다고 할 수 있다. 기업은 고객가치를 창출해서 이윤을 취하고 궁극적으로는 기업가치를 극대화할 수 있는 것이다. 현실적으로 기업가치는 주식가치, 영업가치, 자산가치 등으로 파악한다. 이 중 가장 널리 쓰이는 방식은 주식가치인데, 주주들이 소유하고 있는 주식의 총수에 주식가격을 곱한 금액으로 계산한다. 기업의 주인은 주주이므로 주주가 보유하는 주식의 총가격이 기업의 가치라는 논리이다. 물론 주가는 수익성이 가장 중요하다. 현재 발생하는 수익과 미래에 기대되는 수익(기대수익)에 따라 주가는 결정되는 것이다. 주가에 영향을 주는 성장성(미래수익)과 안정성(안정적 수익)과 같은 요인들도 결국은 수익성과 관련되어 있다.

영업가치는 매출액에서 생산과 직결된 비용을 빼고 남는 영업이익을 가지고 평가한 가치로 계산한다. 앞으로 벌 돈(발생할 영업이익)을 모두 합하면 결국 그 기업의 가치가 된다는 논리이다. 마지막으로 자산가치는 기업이 보유한 유·무형 자산의 가치를 평가해서 합한 금액으로 계산한다. 현재 보유하고 있는 자산의 총합이 그 기업의 가치라는 논리이다. 실제로 주가를 평가하기 어려운 경우에는 영업가치나 자산가치로 기업의 가치를 평가하기도 한다.

위에서 설명했듯이 기업가치를 주식가치로 평가하는 것이 가장 보편적인 방법이라면, 이 방법은 '기업의 주인은 주주'라는 가정에 근거한다. 사유재산에 근거한 시장경제체제는 기업의 주인인 주주에게 잔여재산청구권(residual claims)을 부여한다.

잔여재산청구권은 [그림 5-4]에서와 같이 기업 재산을 배분할 때 종업원, 협력업체, 고객, 채권자, 정부 등 이해관계자들에게 진 채무를 먼저 갚고 남은 재산에 대해서 비로소 행사할 수 있는 주주의 권리를 의미한다. 다른 이

그림 5-4 맨 뒷줄에서 잔여재산을 기다리는 주주

해관계자들이 권리(채권)를 먼저 행사한 이후에 남은 재산, 즉 잔여재산에 대한 권리를 주주에게 주는 것이다. 예컨대 기업은 종업원의 월급 등 인건비, 정부의 세금 및 공과금, 협력업체의 납품대금, 고객으로부터 미리 받은 계약금이나 선수금, A/S, 채권자에게 빌린 원리금 등을 먼저 지급해야 하고, 그 다음에 이윤이 조금이라도 남는다면(잔여재산) 비로소 주주에게 돌아가게 된다.

주주에게 가장 낮은 순위의 재산권을 부여하는 이유는, 이렇게 해야 주주가 눈을 크게 떠서 기업활동을 감시하고 기업 내부의 의사결정의 질을 높이기 위해 노력하기 때문이다. 따라서 다른 어떤 이해관계자보다 잔여재산에 대한 관심이 가장 큰 주주에게 기업운영에 관한 가장 큰 권한[1]을 주고, 주주 이외의 다른 이해관계자들은 기업에 대한 간섭을 가급적 억제해야 한다.

만약 기업이 부실해져서 파산하게 되면, 다른 이해관계자들의 권리를 먼저 정산해 주어야 하기 때문에 주주로서는 투자한 돈을 한 푼도 건질 수 없는 경우도 발생한다. 몇 년 전 파산한 국내1위(세계7위)의 해운사였던 한진해운의 경우 세계적인 해운업 불황과 운임하락으로 경영환경이 급격하게 나빠져서 주주들이 큰 손실을 입게 되었다. 2011년에 최고가 3만 8000원을 찍었던 주가는 상장폐지 전날(2017.3.6.) 휴지조각 수준인 12원으로 떨어졌다. 부채를 청산하면 잔존가치가 거의 남지 않게 된 셈이다. 잔여재산청구권을 가지는 대신 기업운영에 대한 통제권을 행사해 온 오너경영자를 포함한 주주들은 더 이상 가져갈 재산이 없게 된 것이다.

사실 자본주의 모델에는 '주주자본주의(shareholder capitalism)'와 '이해관계자자본주의(stakeholder capitalism)'가 서로 경합한다고 보는 시각이 있다. 주주자본주의 모델은 주주의 이익을 극대화하는 것이고, 이해관계자자본주의 모델은 주주를 포함한 이해관계자의 이익을 총체적으로 극대화하는 것이다. 두 모델 간에는 근본적인 차이가 존재한다.

주주자본주의는 주주의 이익이 최우선시된다. 반면 이해관계자자본주의는 이해관계자의 총체적 이익 극대화를 위해서 주주 이익의 양보를 요구할 수 있다. 이해관계자의 이익 극대화라는 말은 겉으로는 그럴 듯하게 들리지만,

1 이를 통제권(control rights)이라고도 한다.

주주가 어디까지 물러서야 이것이 달성되는지를 아무도 알 수 없다는 게 문제이다. 잔여재산청구권자로서 자신의 재산을 모두 잃어버릴지도 모르는 위험을 안고 투자한 주주가 투자자가 아닌 사람들의 이익을 보장해주기 위해서 자신의 재산을 양보해야 하는 상황이 오히려 부도덕하고 불공정하다고 말할 수 있다.

주주자본주의 모델에서 주주의 이익만 챙기기 때문에 이해관계자의 이익은 훼손되는 걸까? 그렇지 않다. 주주가 이해관계자들에게 베풀 수 있는 가장 공정한 보상방식은 시장가격으로 보상해 주는 것이다. 물론 종업원과 협력업체 등 일부 이해관계자의 경우에는 기업특수적 자산(firm-specific assets)의 특성 때문에 기업과 상호독점(bilateral monopoly)의 관계가 생길 수 있다. 서로가 서로를 독점하기 때문에 착취하기 어렵고 관계가 지속될수록 서로를 잘 대접해 주면 시장 경쟁력이 강화될 가능성이 있다. 이럴 경우 서로에게 경쟁시장보다 높은 가격으로 보상이 가능해지기도 한다. 차별적인 우수한 제품을 생산해 점유율을 높인 기업에서 오랫동안 근무해온 근로자들에게 높은 임금과 복지를 제공해 주는 이유가 여기에 있다. 주주자본주의 하에서도 공정한 방식으로 이해관계자들에게 보상해 준다.

3. 기업 성장의 중요성

아무리 위대한 기업도 시작은 미약하다. 규모도 작고, 주변에 관심을 갖는 사람도 많지 않다. 신생기업과 선뜻 거래하려는 거래처도 별로 없다. 신용도 없고, 능력도 미지수라, 얼마나 오래 생존할 수 있을지 불확실하기 때문이다. 특히 사업규모가 작으면 헤어나기 어려운 '영세성의 악순환'에 빠져서 결국 오래 버티지 못하고 도태되기 쉽다.

창업 후 직면하는 이런 어려움을 학계에서는 '신생의 취약성(liability of newness)'이라고 하고, 실무계에서는 '죽음의 계곡(death valley)'이라 부른다. 최근 대한상공회의소 통계에 의하면 벤처기업을 포함한 모든 신생기업 10곳

중 6곳은 3년 뒤에 문을 닫는다고 한다. 이 시기가 바로 신생기업들이 '죽음의 계곡'을 지나는 시기라고 말할 수 있다.[4]

'죽음의 계곡'에서 벗어나려면 '영세성의 악순환'에서 탈출해야 되는 만큼, 창업 초기에는 수익성보다는 외형 성장을 최우선 과제로 삼을 필요가 있다. 실제 많은 세계적 기업들이 창업 초기에 내실보다 성장 위주의 전략을 밀어붙였다. 구글(Google), 페이스북(Facebook), 스타벅스(Starbucks)와 최근 무섭게 온-오프 시장지배력을 키워온 아마존(Amazon)이나, 국내의 대표적인 기업인 삼성그룹의 반도체 사업이나 현대그룹의 자동차 사업 등도 모두 그런 식으로 시장에 안착했고 성공할 수 있었다.

1) 성장의 긍정적 효과

기업 경영에 있어서 성장은 대단히 중요하다. 규모가 커지면 다양한 경제적 효과를 누리고 경쟁력을 높일 수 있다. 이를 '규모의 경제(economy of scale)'라고 한다.

먼저, 규모가 커지면 투입된 자원이나 설비의 활용도가 높아지고 그 결과 단위당 고정비가 감소한다. 예컨대 고객으로부터 대량구매 주문이 들어오면, 기존의 설비를 가동하여 기계설비나 노동시간 등 투입단위당 생산량(생산량÷투입자원)이 많아지기 때문이다.

둘째, 규모가 커질수록 개인이나 조직이 학습할 기회는 그만큼 많아진다. 규모가 커지면 더 많은 제품과 서비스를 만들게 되고 그 과정에서 더 많은 시행착오를 거듭하게 되면 구성원들의 전문성과 숙련도가 높아지게 된다. 이는 다시 제품과 서비스의 품질수준을 높이고 조직의 역량을 강화할 수 있다. 이를 경험곡선(experience curve) 또는 학습곡선(learning curve) 효과라고도 한다.

셋째, 규모가 커지면 기업이 구매하는 자재나 원재료의 수량도 많아져서 거래 협상력도 강화된다. 예를 들어, 강판 10만톤을 구입하던 자동차제조회사가 100만톤으로 구매량을 늘리면 구입 단가를 큰 폭으로 낮출 수 있다.

이처럼 기업의 규모가 커지면 성장의 긍정적 효과로 인해 성장이 가속화

됨은 물론, 구성원들도 기업성장의 혜택을 함께 누릴 수 있게 된다. 기업규모가 커질수록 임금과 복지수준이 높아지고, 부서와 업무가 늘어나는 만큼 구성원들이 승진과 같은 성장의 기회를 더 누릴 수 있기 때문이다.

2) 성장의 부정적 효과

'규모의 경제'의 긍정적 효과는 분명하지만, 현실세계에서 규모가 커지면서 부정적인 효과도 존재한다. 경제학에서는 규모가 커지면 어느 정도까지는 '규모의 경제'를 누리다가, 규모가 일정수준 이상으로 과도하게 커지면 '규모의 비경제'가 발생함을 지적하고 있다. 기업규모가 커지면서 조직과 인력이 비대해지면 불필요한 문서작업이 늘어날 뿐 아니라, 의사소통의 어려움과 의사결정의 지연 등과 같은 관료제의 병폐가 발생하고, 환경변화에 대한 적응력과 순발력도 떨어지게 된다. 또한 기업이 관리능력을 벗어나 과도하게 성장하게 되면 보유 자원과 역량의 낭비와 같은 경쟁력의 손상이 생길 수도 있다.

〈박스 5-3〉은 부서 이기주의로 인해 사업에 어려움을 겪게 된 마이크로소프트(MS)와 소니(Sony)의 사례를 보여준다. 혁신의 대명사였던 기업조차 규모가 커지면서 어려움을 겪는 것이다.

박스 5-3

"MS · 소니도 '부서갈등'에 무너졌다"

지난 7월 마이크로소프트(MS)의 최고경영자인 스티브 발머는 전면적인 조직개편을 발표했다. 그는 "우리는 부문 전략의 집합이 아닌 하나의 회사에서 나오는 하나의 전략으로 집결해야 한다"고 강조했다. 이는 MS 내 만연하던 부서 이기주의를 뿌리 뽑기 위한 결단이었다.

부서 내 소통불화와 이기주의는 비단 MS만의 문제는 아니다. 취업포털 사람인이 직장인 827명을 대상으로 실시한 설문조사 결과에 따르면 '타 부서에 업무협조를 요청하면서 어려움을 겪은 적이 있냐'는 질문에 '항상 겪거나 자주 겪는다'는 답변이 27.6%

(228명), '가끔 겪는다'는 답변은 40.3%(332명)로 나타났다. 업무협조 문제로 사업에 차질이 생긴 경우를 '자주' 또는 '매번 봤다'는 응답도 43.8%(362명)에 이르렀다.

그림 5-5 클레이튼 크리스텐슨과 그의 저서 〈혁신가의 딜레마〉(*Innovator's Dilemma*, 1997)

트랜지스터 라디오에서 워크맨, CD플레이어까지 장악하며 혁신의 아이콘으로 지목되던 소니는 어느새 시장 흐름을 따라잡지 못한 기업의 대명사로 전락했다. 2003년 소니가 야심차게 발표한 '트랜스포메이션 60 전략'은 '전자'와 '콘텐츠' 사업 부문의 부서 이기주의로 인해 빛을 발하지 못했다. 소니의 '전자' 사업부문은 소니의 음악 콘텐츠를 활용해 자사의 기기를 음악계의 표준 기기로 만들려 노력했다. 또한 '콘텐츠' 사업부문은 불법 복제를 차단하기 위해 음원을 저렴하게 제공하는 판로를 막았다. '전자'부문과 '콘텐츠' 사업부문의 시대착오적 발상은 자사의 휴대용 음악기기에서만 지원되는 파일 포맷을 고집하는 결과를 낳았다.

하버드 경영대학원 석좌교수이자 '파괴적 혁신' 이론의 창시자로 잘 알려진 클레이튼 크리스텐슨(Clayton Christensen, 1952-2020)은 부서 이기주의야말로 내부역량 결집을 통해 나올 수 있는 혁신을 가로막는 가장 큰 장애요인이라고 말했다. 조직의 발전을 위해서라면 내부로 시선을 모아 외부의 아이디어와 기술을 흡수할 수 있는 역량을 결집하는 것이 가장 우선적인 일일 것이다. (아시아경제, 2013)[5]

기업 입장에서는 성장의 긍정적 효과는 키우고, 부정적 효과는 줄이려고 노력해야 한다. 만약 부정적 효과가 긍정적 효과보다 크면, 성장의 속도를 늦추어 조직을 정비하고, 구성원들의 생각과 행동을 다지는 기회로 삼는 것이 바람직하다. 이러한 정체기를 다시 한 번 더 큰 성장을 하기 위한 준비의 시기로 활용하는 것이다.

4. 경영역량

사람의 능력(ability)이라는 개념을 기업에 대입하면 경영역량이 된다. '경영역량(managerial capabilities 혹은 management competences)'이란 기업이 각종 자원을 투입, 결합, 변환시켜 고객가치를 창출하는 능력을 말한다. 그런 능력을 발휘하여 기업은 이윤을 창출하고 사회에 기여한다.

그림 5-6 카지노의 행운의 숫자 777

기업의 성패가 경영역량에 의해 좌우되는지, 아니면 운이 더 중요한지에 대한 논란이 있다. 사업하는 사람들 사이에는 '운칠기삼(運七技三)'이라는 말이 있다. "실력있는 놈이 운좋은 놈을 못 당한다"라는 말도 있다. 이런 말들은 사업은 능력보다는 운이 더 중요하다는 것을 의미한다.

정말 성공한 사업가는 능력보다는 운 때문에 성공한다는 말이 사실이라면 경영학은 존재해서는 안 되고, 공부할 필요도 없을 것이다. 경영전문가를 자처하는 사람들조차도 어떤 기업이 성공하면 마치 예전부터 성공의 DNA가 존재해 왔던 것처럼 온갖 성공비결을 이야기하는 모습을 언론매체에서 볼 수 있다. 그런데, 수많은 사람들이 찬사를 아끼지 않았던 그 기업이 실패하게 되면 또 오만가지 실패의 요인이 애초부터 있었던 것처럼 비판하는 모습을 보면, 성공이든 실패든 모두 '운' 때문이라고 단정짓는 것이 맞지 않나 하는 자괴감마저 들기도 한다.

경쟁세계의 냉혹한 현실은 오히려 '운삼기칠(運三技七)'에 더 가깝다. 운이 작용할지언정 결국은 경영역량이 있는 기업이 높은 성과를 올린다는 것이 100년 이상 기업을 연구해 온 수많은 경영학자들의 공통적인 결론이다. 경영역량이 출중한 기업은 시장 경기나 산업의 부침과 상관없이 높은 성과를 올린다. 국가경제가 침체되어 있거나, 경쟁자들이 심각한 적자에 시달리고 있는 와중에도 승승장구하는 기업들이 있는 반면 위기가 닥치면 제아무리 재벌기업이라도 순식간에 무너지기도 한다.[2,6]

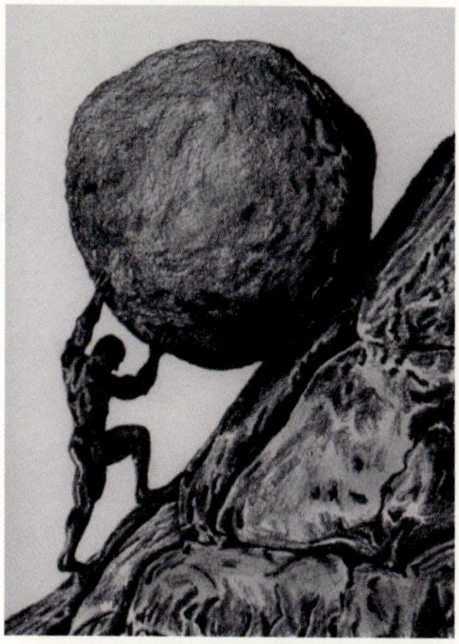

그림 5-7 온갖 역량을 발휘하여 돌을 산위로 들어 올리는 시지프스

경영역량은 유형적인 자원과 무형적인 자원의 보유 정도로 측정할 수 있다. 유형적인 자원으로는 자금·설비·부동산·현금 등의 자산을 말하는데, 이들을 많이 가질수록 경영역량이 크다고 볼 수 있다. 무형적인 자원으로는 기술(특허) 및 노하우, '기업문화', 브랜드 파워 등이 포함된다. 가치사슬(value chain) 활동별로는 제품이나 서비스를 만드는 본원적 활동(primary activities)과 관련된 역량도 중요하고, 이를 돕기 위한 연구개발 역량이나 재무관리, 인사관리 등 지원활동(support activities)과 관련된 역량도 결코 무시할 수 없다. 대학에서 경영학을 구성하고 있는 세부 전공인 생산운영, 마케팅, 재무금융, 회계, 경영정보, 인사조직 등은 가치사슬 활동과 관련된 세부 역량별로 전문지식이 축적되어 독자적인 학문영역으로 발전한 것이다.

경영역량을 구성하는 세부 역량 간의 연결은 경영 프로세스를 통해 구현된다. '계획-실행-평가'라는 경영 프로세스(management process)를 장기간에 걸쳐 수없이 거듭함으로써 기업이 보유한 다양한 능력이 유기적으로 연결되어 경영역량이 만들어지는 것이다. 그러기에 하루아침에 허물어지지 않으며, 경쟁자가 쉽게 모방하기도 어렵다. 물론 예외도 있다. "영원한 제국은 없다"는 말처럼 과거의 성공신화에 취하여 환경변화에 둔감해지면 아무리 출중한 역량을 이미 구축한 기업이라도 쇠락의 길로 들어서게 된다.

---

2 국내 상장사를 대상으로 경영성과를 분석한 연구에 의하면, 전체 경영성과를 100%라고 할 때, 기업효과가 32.8%, 경영자효과가 25.5%로 전체의 58.3%를 차지한다. 기업효과는 그 기업이 구축한 핵심역량을, 경영자효과는 경영자가 누구인지에 따라 달라지는 성과 차이를 의미하며, 이 둘을 합쳐서 경영역량이라고 봐도 된다. 이 연구에서는 경기변동효과나 산업효과는 합쳐서 6.3%로 미미하다.

5. 경 영 자

1) 경영자의 역할

지금까지 가치창출 과정으로서의 경영활동, 기업가치와 생존부등식, 기업 성장, 그리고 경영역량에 관해 살펴보았다. 그런데 이 모든 활동의 중심에는 바로 경영자(manager)가 있다. 경영자는 기업의 가치창출 활동을 맨 앞에서 이끌어 가고, 생존부등식을 혁신하며, 구성원들이 공유하는 가치관과 독특한 협동방식을 개발함으로써 기적 같은 성과를 일구어 내기도 한다. 이는 경영자가 실로 막중한 역할을 수행하고 있음을 의미한다. 80년대 위기에 빠진 회사를 프로세스 혁신으로 구해낸 제록스(Xerox)의 CEO 컨즈(David Kearns, 1930-2011)는 경영자의 어려움을 다음과 같이 토로한다.

> "CEO로 승진한 순간부터 수많은 일이 나를 기다리고 있었다. 하루 24시간, 일주일 내내 어느 한 순간도 고민이 머릿속에서 떠나지 않았다. 회사의 운명이 모두 내게 달려 있고, 하나라도 잘못되면 모든 책임이 내게 돌아오는 것이다. '아, 이런 일까지 해야 하나'는 생각이 들기도 했다."[3]

경영자의 사전적 정의는 '무엇인가를 관리하고 책임지는 사람(A manager is a person who manages or is in charge of something)'이다. 관리의 대상인 그 무엇(something)은 부서일 수도 있고, 사람들일 수도 있으며, 조직 전체일 수도 있다. 대상을 기업으로 국한하면 경영자는 '기업의 목표를 달성하기 위해 자원을 조직화하고 지휘하고 통제하는 사람'이라고 정의될 수 있다. 경영을 관리과정으로 보는 전통적인 관점에 의하면 경영자는 의사결정자(decision maker)로서 계획수립자(planner)이고, 조직가(organizer)이고, 지휘자(commander)이자 통제자(controller)이다. 그러나 경영환경이 급변하는 오늘날의 경영자에게는 단순한 상급자나 관리자가 아니라, 비전(vision)을 제시하고 변화를 주

3 컨즈의 피나는 노력으로 잠시 위기에서 벗어난 제록스는 결국 HP, 캐논(Canon) 등 경쟁자들의 공세에 밀려 아시아 사업을 후지필름(Fuji Film)에게 매각하는 등 사업이 크게 위축된다.

도하며 구성원들을 설득하는 리더(leader)로서의 역할이 강조된다. 시대가 변하면 경영자의 역할도 변하는 것이다.

2) 경영체제

일반적으로 창업경영자는 기업가(entrepreneur)로 최대 지분을 보유하면서 경영에도 참여하는 소유경영자(owner)라고 할 수 있다. 그러나 20세기 초반, 기업이 대규모화되고 지분이 분산되면서 소유와 경영의 분리현상이 나타났고 복잡한 경영문제를 전문적으로 담당하는 전문경영자(professional manager)가 등장하였다. 이를 가리켜 벌리와 민즈(Adolf Berle, 1895-1971; Gardiner Means, 1896-1988)는 전문경영자 지배의 시대가 도래했다고 주장했으며, 버넘(James Burnham, 1905-1987)은 '경영자혁명(managerial revolution)'이 일어나고 있다고 갈파했다.

챈들러(Alfred Chandler, 1918-2007)는 "시장 메커니즘의 보이지 않는 손(invisible hand)을 대신해 보이는 손(visible hand)이 근대적 산업의 거래를 조정하고, 자원을 배분하며, 방향을 결정하게 되었다"라며 경영자의 역할을 강조했다. 오늘날 전 세계적으로 경영자는 전문경영자를 가리키는 게 일반적이다. 다만 우리나라의 경우 아직까지는 소유경영체제가 유지되고 있지만, 전문경영자의 활용이 점차 증가하는 추세이다.

그림 5-8 챈들러의 저서 〈보이는 손, 1977〉

기업을 실질적으로 누가 지배하고 있는지, 이른바 경영권이 누구에게 있는지를 가리켜 경영체제 또는 지배구조(corporate governance)라고 한다. 소유와 경영의 분리 정도에 따라 경영체제는 크게 소유경영체제와 전문경영체제의 두 가지 유형으로 나뉘어진다. 소유경영체제는 지배적인 지분(소유권)을 갖고 있는 소유주가 기업경영의 중요한 의사결정권까지 지배·통제하는 경영체제를 말한다. 소유경영체제 하에서는 소유경영자가 기업의 자본과 경영을 모두 지배한다. 어느 나라에서나 중소기업의 경우 소유경영체제를 유지하고 있는 게 일반적이다. 소유경영체제는 신속하고 과감한 의사결정이 가능하다는 장점이 있지만, 소유경영자의 독단이나 족벌경영에 휘둘릴 수 있다는 약점이 지적되곤 한다.

전문경영체제란 소유권이 다수의 주주에게 분산됨에 따라 소유권과 경영권이 분리돼 경영자가 기업경영의 중요한 의사결정권을 지배·통제하는 경영체제를 말한다. 전문경영체제 하에선 이사회가 중요 의사결정을 맡게 된다. 기업의 역사가 오래되고 주식시장이 발달한 선진국의 경우 전문경영체제가 비교적 잘 정착되어 있다.

그러나 전문경영체제는 전문성과 합리성을 확보하기에 용이하지만 전문경영자의 최대 약점인 '대리인의 문제(agent problems)'를 피할 수 없고, 위험을 감수하는 공격적인 투자를 회피하게 된다는 근본적 한계를 지니고 있다. 실적이 나쁘면 해고될까봐 단기 업적에만 급급한 전문경영자의 경영방식을 '근시안적 경영(management myopia)'이라고도 부른다. 사실 어느 경영체제가 우월한지는 아직까지 논쟁이 계속되고 있지만, 경영성과는 소유경영체제가 더 우수한 것으로 알려져 있다. 〈표 5-1〉은 소유경영체제와 전문경영체제를 비교하여 요약한 것이다.

표 5-1 소유경영체제와 전문경영체제의 비교

	소유경영체제	전문경영체제
경영주체	• 소유경영자	• 전문경영자
장 점	• 최고경영자의 강력한 리더십 • 과감한 경영혁신과 결단력 • 환경변화에 신속한 대응	• 민주적 리더십과 자율경영 • 경영의 전문성과 합리성 • 회사의 안정적 성장
단 점	• 족벌경영의 폐단 • 개인능력에의 지나친 의존	• 대리인의 문제(agent problem) • 단기업적주의(management myopia)와 장기적 관점의 결여
사 례	• 한국, 동남아	• 미국, 유럽

3) 조직계층과 최고경영자

기업 내에서 다양한 경영활동을 수행하는 경영자는 기업의 위계(hierarchy) 상의 위치나 역할에 따라 크게 최고경영층, 중간관리층, 현장관리층 등 세 개의 계층으로 나눌 수 있다. 이들은 조직위계 상 서로 다른 권한과 책임을 지니게 된다.

그림 5-9 기업조직의 경영계층

먼저 현장관리층(first-line managers)은 작업자의 활동을 감독하고 조정하는 경영자로 조직 내에서 최하위에 있는 경영자를 지칭한다. 이들은 작업을 직접 실행하는 작업자만을 감독하고 다른 경영자의 활동에는 관여하지 않는다. 공장의 직장이나 생산감독자 등이 여기에 해당한다.

중간관리층(middle management)은 현장관리자들을 지휘하는 주요 책임이 있으며 경우에 따라선 작업자를 직접 지휘하기도 한다. 이들은 최고경영층이 설정한 조직의 방침과 계획을 실행하는 일차적인 책임이 있다. 공장장이나 각 부서의 책임자가 여기에 해당한다.

최고경영층(top management)은 조직에서 가장 소수로 조직전체의 경영에 책임을 진다. 이들은 조직의 활동방향을 설정하거나 조직 외부환경과 상호작용하는 과업을 맡는다. 그중에서도 최종적인 의사결정의 책임자를 최고경영자라고 한다. 최고경영자는 대표이사 또는 사장의 명칭을 갖는 경우가 많다. 미국에서는 CEO(Chief Executive Officer, 최고집행임원)라고 부른다.

앞에서 설명했듯이 최고경영자는 관리자이면서 리더의 역할이 요구되는 게 일반적이다. 민츠버그(Henry Mintzberg, 1939-)는 최고경영자의 역할을 대외관계 역할, 정보관련 역할, 의사결정 역할로 구분했다. 대외관계 역할로는 기관의 대표자, 리더, 외부와의 연결자 역할이 있다. 정보관련 역할로는 정보의 탐색자, 전파자, 대변자 역할을 들 수 있다. 의사결정 역할로는 기업가, 문제해결자, 자원배분자, 협상가 역할이 있다. 최고경영자의 일상적인 역할을 중시할 경우 기관의 대표자, 외부와의 연결자, 그리고 의사결정 역할이 강조된다.

그러나 최근 들어 경영환경이 급변하면서 일상적 역할보다는 비일상적 역할이 중요해지고 있다. 예컨대 최고경영자의 변화와 혁신 의지, 과감한 전략적 목표의 설정과 소통이 점점 중시되는 추세이다. 특히 구성원들이 공동의 목표를 달성하기 위해 한 방향으로 일사불란하게 움직일 수 있도록 지휘하는 리더십이 강조되고 있다.

6. 기업윤리

윤리(ethics)는 '사람으로서 마땅히 행하거나 지켜야 할 도리'로서 개인이나 집단의 행동의 '옳고 그름', '선와 악'을 판단하는 기준이 된다. 사람과 마찬가지로 기업도 윤리적 인격체라고 할 수 있다. 기업윤리(business ethics)는 '기업의 행동을 이끄는 도덕적 원칙'을 의미하며, 기업행동을 결정할 때 '옳고 그름', '선와 악'을 판단하는 기준이 된다. 기업윤리는 다음과 같은 4가지 원칙을 지켜야 한다. 첫째, 주주이익을 제일 먼저 앞세우고 그 다음으로 이해관계자들의 이익을 절충하여 기업가치를 극대화해야 한다. 이는 기업윤리의 가장 으뜸가는 덕목이다. 둘째, 납품업체, 고객, 종업원 등과 정직·성실·신의(약속이나 계약 준수)의 원칙에 입각해 거래해야 한다. 셋째, 다른 경쟁자와 공정하게 경쟁해야 한다. 시장교란, 매점매석, 담합 등 불공정행위를 지양하고 경쟁의 룰을 지켜야 한다. 넷째, 기업은 사회와 분리될 수 없는 사회적 조직이기 때문에 사회공동체의 일원으로서의 기본적인 규범을 지켜야 한다. 이러한 기업윤리의 4가지 원칙은 [그림 5-10]에 제시되어 있다.

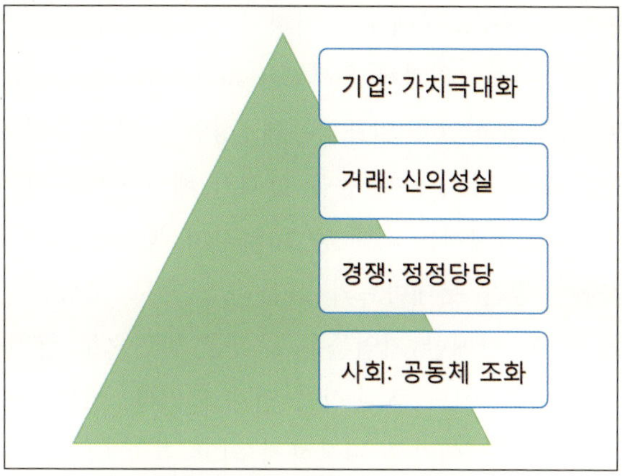

그림 5-10 기업윤리의 4가지 원칙

1) 기업윤리와 기업성과

기업에서 윤리적 문제는 일상적인 업무 수행과정에서는 크게 부각되지 않는다. 일상적 업무에서는 혹시 윤리적 문제가 발생한다 하더라도 사회적 통념에 맞게 합리적으로 행동하면 큰 무리가 없다. 기업에서 윤리의 문제는 대부분 경영상 중대한 의사결정을 할 때 발생하게 된다. 도덕적 기준을 위반함으로써 회사에 큰 이익이 발생하거나 큰 비용을 절감한다고 판단하는 순간, 경영자는 악마의 유혹에 넘어간다. 악마는 이렇게 속삭인다. "너만 눈감으면 아무도 몰라!", "남들은 너보다 더 형편없어!" 허위과장광고, 폐수 등 오염물질 배출, 저질 원료나 부품 사용, 정관계에 뇌물 제공, 경쟁자나 협력업체에 대한 기만·협박 등 비윤리적 행동사례는 실로 무궁무진하다. 기업은 큰돈을 벌고 악마는 승리한다. 그런데 악마는 승리만 할까?

대표적인 사례로서 국내에서 얼마 전 '가습기살균제'(세정제) 사건을 들 수 있다. 2017년 7월 26일 항소심 재판에서 법원은 가습기살균제를 제조·판매하여 영유아, 노인들의 폐손상을 일으켜 100명 이상을 사망에 이르게 한 회사 경영자 여러 명에게 실형을 선고했다. 법원은 인체영향에 대한 실험을 게을리한 채 독성물질을 섞은 가습기살균제를 판매하고, '인체에 무해하며 흡입 시에도 안전하다'는 허위광고를 해서 피해를 일으킨 점을 인정하여, 옥시의 당시 대표이사와 연구소장에게 징역형 등 실형을 선고한 것이다.

해당제품의 시장점유율 1위업체 옥시(Oxy-Reckitt Benckiser Korea)는 2016년 7월에 자체적인 피해 보상안을 발표했는데, 성인의 경우 위자료, 과거·미래 치료비, 일실수입(평생소득 추정액) 등을 합해서 배상하기로 했다. 사망·중상에 이른 영유아·어린이에게는 최대 총 10억원이 책정되었다. 유사한 제품을 판매하여 피해자가 생긴 롯데마트와 홈플러스 등도 보상안을 발표하였다. 가습기살균제를 제조·판매한 기업들은 보상금 마련으로 금전적 손해를 보았을 뿐더러 회사의 명성에도 큰 손상을 입게 되었다. 이들 회사는 비윤리적 행동으로 인해 결국은 큰 대가를 지불하게 되고 결국 악마도 눈물을 흘리게 된다.

그렇다면 "기업이윤과 기업윤리는 근본적으로 서로 배치되는 개념인가?"라는 의문이 남게 된다. 과연 기업이 이익을 추구하면 반드시 윤리를 저버리게 되고, 윤리적으로 행동하면 이익을 포기하게 되나? 그렇지 않다. 기업의 경영목표가 '기업가치 극대화'라는 가정은 결코 '윤리를 무시한 기업가치 극대화'를 의미하지는 않는다. 오히려 윤리적 행동이 장기적으로는 '기업가치 극대화'에 부합한다고 말할 수 있다.

윤리적 행동이 기업가치 극대화에 어떻게 공헌하는지의 논리를 기업 내부와 외부로 구분하여 살펴보면 다음과 같다. 먼저, 윤리적 행동은 기업 외부에 분명한 긍정적 효과를 미친다. 기업이 윤리적으로 행동하면, 회사 제품이나 브랜드에 대한 고객 충성도와 회사에 대한 신뢰도가 높아져서 재구매율도 동반 상승하게 된다. 윤리를 중시하는 고객일수록 윤리적 기업과의 심리적 일체감(identification)과 충성도가 점점 높아져서, 한번 제품을 구매한 고객은 또 다시 구매하게 된다. 또한 충성도가 높아진 고객은 본인이 사용하는 제품이나 서비스를 주변 사람들에게 적극 홍보하고 신규고객을 유치함으로써 기업의 마케팅비용을 절감한다. 높아진 재구매율과 낮아진 마케팅비용은 매출증대와 비용절감으로 이어져 이윤 극대화에 기여한다.

이번에는 윤리적 행동이 기업 내부에 미치는 긍정적 효과를 알아보자. 기업의 윤리적 행동은 구성원들의 회사에 대한 긍지와 자부심을 높임으로써 업무몰입과 동기부여를 강화하고, 이는 생산성 제고로 이어진다. 구성원들의 높아진 생산성은 다시 회사의 매출과 이윤 증대에 기여하게 된다. 이와 같이 기업 내·외부에 미치는 긍정적인 영향을 모두 고려하면 윤리적 행동은 장기적으로는 기업가치 제고에 공헌한다고 말할 수 있다.

그럼에도 불구하고 일부 기업들은 비윤리적인 행동을 멈추지 않는다. 개인의 도덕성이 기업의 도덕성보다 우월하다는 증거가 없는 상황에서, 기업들의 비윤리적인 행동을 태생적인 부도덕성 때문이라고 말할 수는 없다.

기업 경영자가 비윤리적 행동의 유혹에 빠지는 원인을 크게 두 가지로 구분하여 살펴보면 다음과 같다. 첫 번째 원인은 경영자 인센티브(incentives)의 문제이다. 기업의 경영자는 24시간, 365일 성과에 대한 압박 속에 산다. 특히 임기가 정해져 있는 전문경영자의 경우에는 임기(보통 3년) 중에 성과가 나쁘면 해고되거나 재임될 수 없기 때문에 장기적 성과보다는 단기적 성과에 집중할 수밖에 없다. 경영자가 단기성과에 집중할수록, 윤리는 후순위로 밀리기 쉽다. 앞서 설명한 바와 같이 윤리적 행동은 그 효과가 장기에 걸쳐 나타나고, 단기적으로는 오히려 손해가 될 수 있기 때문이다.

두 번째 원인은 비윤리적 행동이 초래하는 비용과 관찰(적발)될 확률의 문제이다. 비윤리적 행동이 초래하는 비용이 적을수록, 또 이것이 발각되거나 관찰될 확률이 작을수록, 경영자는 악마의 유혹에 빠지게 된다. 예를 들어보자. 공장에서 오폐수를 무단 방류하는 행위는 환경을 해치는 비난받을 행위이며, 현행법에 의해서도 벌과금 처분을 받는다. 만약 법에 의해 책정된 벌과금이 크지 않고 적발되기도 어렵다면, 악마의 목소리는 커지고 폐수 방류 행위는 근절되지 않을 것이다. 반면에 감시활동을 강화하고 벌과금을 높인다면(즉 적발 확률과 지불 비용을 높인다면), 악마의 목소리는 작아질 것이다.

2) 기업의 사회적 책임

기업은 본질적으로 경제활동을 하는 조직이지만 동시에 사회의 일원으로서 법적·윤리적 책임도 지게 된다. 세계 초우량기업들로 알려진 기업들은 예외 없이 모두 강력한 윤리기준에 입각한 경영원칙을 표방하고 있다. 대표적인 기업들이 GE, 도요타(Toyota), 휴렛패커드(Hewlett Packard), 존슨앤존슨(Johnson & Johnson), 머크(Merck) 같은 회사들이다. 국내에서도 삼성을 위시한 대기업들이 투명경영, 정도경영, 준법경영 등을 내세워 기업의 사회적 책임을 강조하고 윤리적 덕목을 실천하기 위해 애쓰고 있다.

한미약품을 예로 들어 보자. 한미약품의 경영철학은 '고귀한 생명을 위하여 더 좋은 약을 만든다'고 되어 있다(http://www.hanmi.co.kr). 제약 산업에서 대한민국을 '아시아의 스위스'로 발돋움시키는 데 기여하겠다는 의미를 담고 있다. 이와 함께 한미약품에서는 복합신약을 중심으로 연구개발하고 창조·도전함으로써 인간을 존중하고 인류건강에 기여하겠다는 당찬 각오를 밝히고 있다([그림 5-11] 참조).

기업윤리에 관해서 캐롤(Archie Carroll, 1941-)은 [그림 5-12]와 같이 기업의 '사회적 책임(Corporate Social Responsibility: CSR)'이라는 개념 안에 경제적 책임뿐 아니라 법적 책임, 윤리적 책임, 그리고 박애적 책임이 포함되는 모델을 제시하였다.[7] 기업의 사회적 책임은 기업윤리가 확장된 개념으로 주

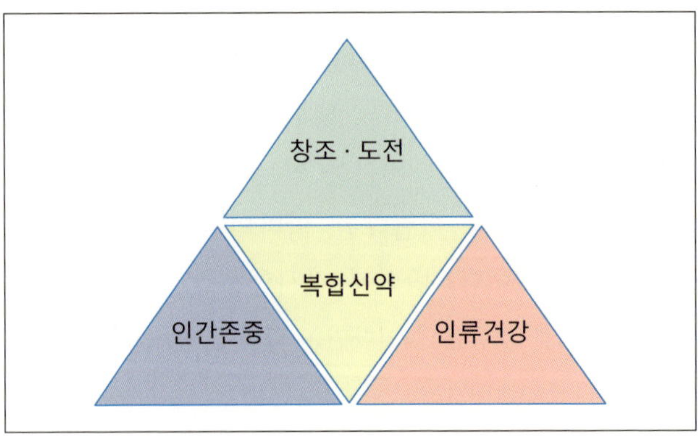

그림 5-11 한미약품의 자기소개

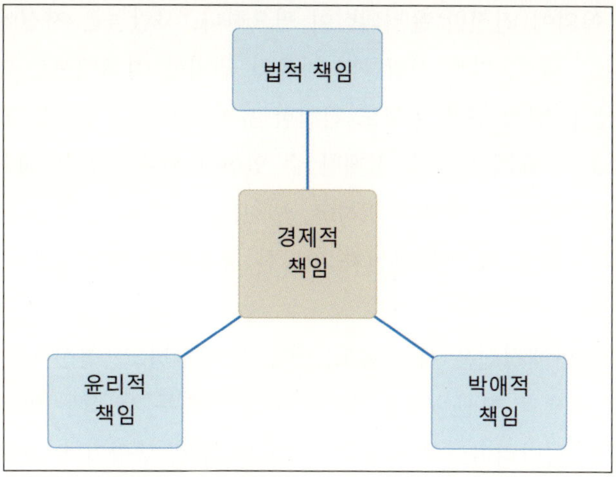

그림 5-12 기업의 사회적 책임

주, 기업 구성원, 고객, 협력업체, 지역사회, 일반 대중 등 기업과 관련된 이해 관계자들의 복지와 이익에 기여하도록 행동하는 기업의 책임감을 의미한다.

기업의 경제적 책임은 기본적으로 이윤을 창출하여 기업가치를 극대화하는 데 있다. 기업은 봉사단체나 자선단체가 아니고, 공공성을 구현하기 위한 정부기관도 아니다. 기업은 이익을 구현하기 위해 만들어진 사적 단체이다. 이 책의 2장에서 기업에게 부여되는 유일무이한 사회적 책임은 '이윤추구'라는 경제학자 밀턴 프리드만(Milton Friedman, 1912-2006)의 주장을 소개한 바 있다. 프리드만은 이윤을 창출하지 못하는 기업은 사회적 책임을 저버리는 부도덕한 기업이라고까지 말하였다. 그만큼 이윤추구라는 경제적 책임은 곧 기업의 존재이유이고 목적이자 신성한 권리인 것이다. 자신만의 이익을 추구하든, 사회적 공헌을 하든, 기업이 자유로운 선택으로 이익을 만들어 내야만 기업가 정신이 자극받아 혁신활동이 더욱 활발해지고, 일자리도 늘어나며, 사회가 발전하는 것이다.

둘째, 법은 우리 사회가 모든 구성원들에게 평등하게 적용하도록 강제하는 행동규범이다. 강제하는 만큼 구성원들의 자유와 권리가 훼손되지 않도록 각자 지켜야 할 최소한의 규범을 확정하는 것이 법이다. '법은 도덕의 최소한'이라는 말이 그런 의미이다.

셋째, 법 이외에 건전한 윤리의식이 필요하다. 사람들은 자신에게 자유와 권리가 있다고 해서, 다른 사람들의 자유와 권리를 침해해서는 안 된다. 따라서 '최소한의' 법적 규제 말고도 건전한 윤리의식이 구성원들의 내면에 자리잡아 스스로 탐욕과 야망을 절제할 수 있어야 한다. 거짓말하지 않고, 약속은 반드시 지키고, 성실하게 일하고, 빌린 돈은 반드시 갚는 등의 사업윤리는 우리가 지켜야 할 가치관이자 건강한 공동체를 발전시키기 위한 필수적인 조건이다.

마지막으로 박애정신은 서로 돕고, 베풀고, 사랑하고, 헌신하는 정신적 가치이다. 자기희생과 헌신, '착한 사마리아인의 의무'가 모두 이 카테고리에 속한다. '착한 사마리아인의 의무'란 다른 사람의 생명이나 신체에 중대한 위험이 닥쳤을 때 그냥 지나치지 않는 도덕적 의무를 말한다. 기업에게 '착한 사마리아인의 의무'가 있는 지에 대해서는 논란의 소지가 있으나, 기업이 자유의사로 '착한 사마리아인'으로 나서겠다면 이를 말려서는 안 된다. 박애정신의 발휘로 고객에게 더 큰 만족을 안겨 주고, 구성원들에게 더 큰 긍지를 불어넣어 경쟁력을 키울 수 있다면 이 또한 하나의 건전한 경영방식으로 인정받아야 한다. 반대로 박애정신의 발휘로 인해 기업경영이 어려워지거나, 경영상태가 나쁜 기업이 박애정신 구현에만 몰입한다면, 이는 기업의 본질을 망각한 행위로 비난받아야 한다.

3) 윤리적 행동의 딜레마

개인과 마찬가지로 기업도 윤리적으로 난처한 선택을 해야 하는 딜레마에 봉착할 수 있다. 이는 경제적 책임, 법적 책임, 윤리적 책임의 우선순위를 어떻게 매길지에 대한 딜레마일 것이다.

한 가지 구체적인 사례를 들면 다음과 같다. 패션의류를 만드는 국내의 한 중소업체 A는 최근 잇따른 최저임금의 인상으로 올해부터 이윤을 내기 어렵게 되었다. 더군다나 최저임금이 앞으로 2-3년에 걸쳐 더 오르게 되면 회사는 매년 수십억원씩 손해가 날 상황이다. 경쟁업체는 발 빠르게 움직여 연말까지 캄보디아로 공장을 이전하는 계획을 발표하는데, 알아보니 현지 인건비가 국내의 1/8 수준이라고 한다. 대표이사는 겁이 덜컥 났다. “우리 회사는 이러다가 망하고, 공장을 옮긴 경쟁업체는 돈을 더 잘 버는 것 아닌가?” 경제적 책임을 생각하면 나도 당장 캄보디아나 베트남으로 옮기는 게 좋겠지만, 사회적 책임을 생각하면 근로자들을 해고하는 것이 마음에 걸린다. 고민 끝에 경제적 책임이 기업의 가장 우선적인 책임이라는 이 책을 읽고 용기를 내어, 캄보디아로 공장을 이전하기로 최종 결정한다.

또 다른 예를 들어보자. 중소업체 B는 공장에 100명의 인력(매년 인건비 50억 원)을 신규 채용할지, 아니면 200억 원을 들여 인공지능이 장착된 로봇을 들여올지를 고민하고 있다. 로봇은 초기 설치비가 많이 들지만 4년만 지나면 설치비용 200억 원을 모두 회수한다(인건비 50억×4년=200억). 이 밖에도 로봇은 수명이 길고, 유지관리비도 적게 들고, 파업할 생각을 안 하는 등 장점이 많다. 그러나 로봇을 도입하면 새로운 일자리(100명)를 만들지 못하는 문제가 있다. 요즘처럼 일자리가 부족한 우리 사회의 어려움을 가중시키는 결정이 될 수 있다. 경제적 책임을 생각하면 로봇을 구매하는 게 좋고, 일자리 창출이라는 사회적 책임을 생각하면 로봇 대신 인력을 신규채용하는 것이 바람직할 것이다. 그러나 재래식 공장으로는 몇 년 버티지 못하고 회사문을 닫을지 모른다. 이 회사는 고민 끝에 로봇을 들이기로 최종 결정한다.

지금까지 기업의 경제적 책임과 사회적 책임 사이에서 갈등하는 경영자가 경제적 책임을 우선시하여 결정한 두 사례를 보여주었다. 그런데 여기에 법적 책임이 등장하면 결정은 더욱 곤혹스럽고, 어려워진다. 불법적인 방법 말고는 경제적 책임을 감당하기 어려워지면 문제가 더 꼬이는 것이다. 예를 들어보자. 기업 C는 출혈경쟁으로 인해 영업손실이 누적되어, 더 이상 영업손실이 발생하면 회사 문을 닫아야 하는 상황이다. 백방으로 노력해 봤지만 인건비도 크게 못 줄이고, 다른 비용을 절감할 뾰족한 방법도 없다. 회사 경영자는 궁리 끝에 양심에 꺼리지만 결국 장부를 조작해서 탈세하는 것이 가장 효과적임을 깨닫고 바로 실행에 옮긴다.

이와 같이 기업의 윤리적 이슈에는 마치 판도라의 상자를 여는 것과 같이 이럴 수도 저럴 수도 없는 선택의 딜레마가 내재되어 있다. 그래서 기업은 이런 일을 당하기 전에 사전에 방향과 원칙을 세워야 한다. 기업의 윤리와 관련된 경영철학이나 기업문화, 정책방향이 확립되어 있지 못하면 중요한 사안이나 돌발적인 사건·사고가 발생할 때마다 우왕좌왕하기 쉽다. 자칫 탈법·불법적인 선택을 하거나 사회적으로 지탄받을 결정을 하게 되면, 그때까지 공들여 쌓아온 탑이 일거에 무너질 수 있다. 대외적으로는 기업 이미지가 실추되고, 내부적으로도 구성원들의 신뢰와 자긍심이 크게 훼손될 수 있다. 최근 글로벌 IT업체인 페이스북(Facebook)이 고객정보를 유출했다는 의혹이 제기되어 회사의 명성이 크게 손상된 적이 있었다. 기업의 윤리문제는 평상시에는 그다지 심각한 이슈가 아니라 하더라도, 기업은 이와 관련된 정책적 방향이나 원칙에 대해 계속 고민하고 대응할 수 있는 시스템을 구축하는 것이 바람직하다.

4) 윤리적 선택

윤리적 딜레마에 직면했을 때 '반드시 이렇게 해야 한다'는 '정답'은 있을 수 없다. 어떤 기준에 입각해서 정답을 말할 수 있다면 이는 애초부터 딜레마가 아니다. 윤리적 딜레마 앞에서 이분법적 선악 기준에 따라 단정지어버린다면 자칫 독선이 되기 쉽다. 그래서 윤리적으로 선택하고 행동하려면 확고한 신념과 용기, 그리고 지혜가 필요하다.

그림 5-13 길거리에 방치되어 있는 창문 깨진 자동차

한 가지 확실한 점은 비윤리적 행동을 방치하면 나비효과처럼 사회적으로 큰 비용과 불신이 초래된다는 것이다. 콘서트나 영화관에서 제일 앞자리에 앉아있던 사람이 기립박수를 하려고 일어서면 뒷자리에 앉은 사람들도 따라 일어설 수밖에 없다. 마찬가지로 누군가의 비윤리적인 행동도 전염병처럼 사회 전반에 빠르게 파급된다. 이를 설명하는 방식 중의 하나가 '깨진 유리창 이론(broken window theory)'이다. 유리창이 깨져 있는 자동차가 거리에 방치되어 있으면 사람들의 준법정신이

약해져서 다른 차에게도 함부로 돌을 던져 결국 거리 전체가 무법천지로 바뀐다는 이론이다.

자동차보험을 예로 들어본다. 자동차 사고를 처리하는 과정에서 일부 고객들이 자동차 수리비를 부풀려서 과다하게 청구하면 보험회사 재정이 부실하게 되고, 자연히 보험료가 인상된다. 부도덕한 고객들이 선량한 고객들에게 비용을 떠넘겨 부당하게 피해를 입힌 셈이다. 윤리적인 사회를 만들기 위해서는 비윤리적 행동을 엄정히 다루어야 한다. 앞서 언급했듯이 비윤리적 행동이 지불해야 할 비용을 높이고 이를 적극적으로 고발해야 한다. 그래서 선진국일수록 법질서가 엄정하고, 국민들의 윤리의식이 높은 것이다.

최근 들어 우리나라 기업들도 신입사원을 채용할 때 개개인의 인성을 파악하고자 많은 공을 들이고 있다. 인성은 사람들 개개인의 오랜 경험과 가치관이 축적되고 만들어지기 때문에 쉽게 고쳐지지 않는다고 보아, 개인적인 능력과 함께 인성을 중시하는 것이다. 개인의 인성 문제는 기업조직의 상위직으로 올라갈수록 더욱 중요해진다. 그러므로 기업으로서는 인성이 바르고 균형감각이 있는 인재를 유치하기 위해 노력해야 한다. 또한 일단 유치한 인재가 윤리적으로 바람직한 행동을 할 수 있도록 최고경영자가 솔선수범하고 인사정책 등을 통해 일관성 있는 기업문화를 만들어가야 한다.

주주와 기업 간의 관계에 있어서도 윤리적 문제는 발생한다. 전통적으로 기업가치는 (사유재산권자로서의) 주주가치와 동일하다고 인식해왔는데, 이런 인식이 자칫 대주주(오너)의 '제왕적 경영'을 당연시하는 잘못된 사회적 풍조를 낳기도 한다. 주식을 가장 많이 보유하고 있는 대주주가 기업이라는 법인의 재산을 마치 자신의 개인적 사유재산처럼 함부로 사용하는 경우가 생기는 것이다. 주주로서의 권리는 자연인의 권리이므로 사적인 영역이지만, 기업의 재산은 법인의 권리이며 공적인 영역이다. 〈박스 5-4〉의 '어느 프랜차이즈 사례'는 오너경영자가 과도하게 사익을 추구하다가 법적 처벌을 받은 것은 물론 기업가치를 치명적으로 훼손한 사례를 보여준다.

박스 5-4

'어느 피자 프랜차이즈 사례'

2017년 7월에 검찰은 어느 유명 피자 프랜차이즈로 일어선 그룹의 회장을 각종 비리 혐의로 구속 기소했다. 이 회사는 주식시장에 상장된 공개기업으로서, 소액주주가 1만 1,277명에 달하는 법인인데도 불구하고 회사 재산을 마치 자신의 개인 재산인 것처럼 자기 자신뿐만 아니라 가족들의 생활비와 유흥비 등에 회사돈을 탕진하였다는 것이다. 2018년 1월 23일 1심 재판에서는 관련된 그룹 회장에게 징역 3년, 집행유예 4년, 사회봉사 200시간을 선고했다.

이처럼 소유경영자가 사적 이익을 극대화함으로써 주주가치를 훼손할 수 있다. 그러나 장기적으로 보면 이윤극대화와 주주가치는 같이 움직인다. 주주가 위험부담을 안고 기업이 필요로 하는 자금을 과감하게 투자해주었기 때문에 기업이 이윤을 챙기고 그 과실로 주주가치가 올라가는 것이다. 이윤과 주주가치 간의 상호적 측면이 강화되어야 기업이 강한 경쟁력을 가지고 보다 높은 경제적 목표를 달성할 수 있다.

여기서 주주의 권리와 책임에 관해 좀 더 깊이 있게 살펴볼 필요가 있다. 주주는 기본적으로 기업이라는 법인에 자본금을 투자하고 개개인이 투자한 지분만큼 법인이 발행한 주식을 소유한 자연인이며, 이 중에는 단기적 이득을 노리고 투자한 사람도 있고, 장기적인 수익을 기대하고 투자한 사람도 있다. 엄밀하게 말하면 주주는 기업이라는 법인의 재산을 소유한 사람이 아니다. 주주는 기업이 다른 이해관계자들과 맺은 모든 계약을 준수하고 그들에게 지불해야 할 비용을 뺀 나머지 잔존가치에 대한 권리(residual claims)를 소유한 사람이다. 즉 주주는 기업이 고객이나 납품업체와의 납품계약, 직원들과의 고용계약에 명시된 법적 의무(우선청구권, prior claims)를 이행한 후에 남는 이윤을 가져갈 수 있는 것이다.

따라서 기업이라는 법인의 재산은 모든 이해관계자들의 권리가 포함되어 있는 공동재산이라 할 수 있다. 경영자는 기업에 의해 고용된 대리인으로서 주주를 최우선시하고, 그 다음으로 이해관계자들의 재산가치를 보호하고 성장시킬 책임이 있다. 이 관계를 표현하면 [그림 5-14]와 같다.

기업가치=우선청구권자 가치+주주가치(잔존가치)
주주가치(잔존가치)=기업가치−우선청구권자 가치

그림 5-14 기업가치와 주주가치의 관계

주주는 이렇게 주식을 소유하고, 그 소유 주식의 비율(지분)에 해당되는 만큼의 의사결정권과 잔존가치에 대한 청구권자이지, 기업의 재산을 사적인 용도로 마음껏 사용할 수 있는 '주인'은 아니다. 다만 잔존가치가 커져야 자신에게 돌아오는 이익도 커질 수 있기 때문에, 기업가치를 극대화하고자 하는 관심이 그 누구보다 큰 주인이다. 주주가 아닌 다른 이해관계자들의 경우에는 계약상 제한된 (그러나 주주들의 권리보다는 우선하는) 권리만 갖기 때문에 기업에 대한 관심과 애착이 상대적으로 취약할 수밖에 없다. 이런 이유로 현대 자본주의경제에서는 경영상의 주요 사안에 대해서 이해관계자를 배제하고 주주에게 결정권을 부여하는 것이다. 그렇다고 해서 주주가 다른 이해관계자의 권리를 무시해도 괜찮다는 의미는 아니다. 주주의 잔존가치청구권은 주주만의 이익만을 위하는 것이 아니라, 동시에 이해관계자의 이익을 보호하는 제도적 장치이기도 하다.

만약 기업이 부실해져서 청산하게 되면 다른 이해관계자들의 권리를 먼저 정산해 주어야 한다. 이 경우 주주들이 투자했던 돈은 한 푼도 건지지 못할 수도 있으며, 누구보다 많은 투자를 한 대주주의 손실이 가장 클 것이다. 대주주일수록 회사의 주요결정이 가져올 잠재적 이득과 손실의 폭이 가장 큰 이해관계자이기 때문에, 주인의식이 강하고 기업경영에 대한 관심과 애착이 클 수밖에 없다. 대주주의 '주인의식'은 다른 이해관계자들에 비해 질적으로 차원이 다른 우월성을 갖는다. 대주주의 이해득실과 주인의식이 바로 가치창출을 위해 끊임없이 도전하는 기업가정신의 든든한 버팀목이라 하겠다.

반면, 같은 주주라 하더라도 모두 같은 입장은 아니다. 소액주주나 기관투자자의 경우, 자신이 소유한 지분이 상대적으로 작아서 이해득실이 대주주만큼 크지 않다. 이들은 주식투자로부터 벌어들일 이익에 일차적인 관심이 있고, 실제 기업경영에 대한 책임감은 대주주만큼 크지 않다고 할 수 있다. 그만큼 기업경영에 관한 중요한 의사결정을 할 수 있는 권리도 작아져야 한다. 자본주의 시장경제체제에서는 투자한 지분만큼 비례해서 권리를 가지기 때문이다.

여기까지의 논의는 기업 경영자가 윤리적 선택을 함에 있어서도 그 출발점이 '기업가치 극대화'이어야 함을 보여준다. 기업마다 다른 윤리와 기업가치 간의 관계를 치열하게 고민해서, 윤리적 책임을 소홀하게 되면 기업의 장기적 가치가 훼손될 수 있다는 점을 인식해야 한다. 따라서 기업 경영자는 사전에 윤리적 원칙과 기준을 세우고, 어렵고 결정적인 순간에 '옳은 길'을 선택하기 위한 시스템과 프로세스를 평소에 마련할 필요가 있다.

주요 개념

• 가치(효용) • 정신적 가치 • 물질적 가치 • 시장가치 • 고객가치 • 희소성 • 생존부등식 • 가치창조 과정 • 기업가치 • 잔여재산청구권 • 영세성의 악순환 • 위험 • 창조적 파괴 • 규모의 경제 • 규모의 비경제 • 경영역량 • 기업윤리 • 사회적 책임 • 윤리적 딜레마 • 잔존가치 • 윤리적 선택

▌생각해 보기▐

1. 현대 자본주의 기업에서 경영자는 무엇을 하는 사람인가? 최근의 급변하는 환경변화와 관련하여 경영자의 역할은 어떻게 변화하고 있는가? 마지막으로 경영자를 기업가(entrepreneur), 관리자, 리더와 비교하고 각각에 해당하는 적합한 인물을 예로 들어 설명해 보자.

2. 기업의 '생존부등식'이 무엇인지 다시한 번 상기하고 왜 그런 '부등식'이 요구되는지 설명해 보자. 기업은 (1) 고객가치를 가격보다 높게 만들고 ($V > P$), (2) 가격보다 원가를 낮게 만드는($P > C$) 두 가지 조건을 모두 충족해야 생존할 수 있는데, (1)과 (2) 중에서 어느 조건을 충족하는 것이 더 중요한가? 그리고, 만약 고객가치가 가격에 비해서 훨씬 높게 형성되어 있다면, 기업은 가격을 더 높여 이윤을 더 많이 창출함으로써 기업의 생존 가능성을 더 높일 수 있지 않은가? 각자 의견을 내고 토론해 보자.

3. 기업경영에서 혁신이 왜 필요할까? "혁신은 해도 위험하고, 안 해도 위험하다"는 말이 있는데 그 이유가 무엇일까? 혁신으로부터 초래되는 위험을 극복하는 방법은 과연 존재하는지, 만약 존재한다면 어떤 것이 있을지 토론해 보자.

4. 기업의 경영역량이란 무엇인가? 4차산업혁명이 빠르게 진행되는 현대사회에서는 전통적인 산업의 경계도 의미가 없게 되었고, 예상치 못한 곳에서 나타난 경쟁자가 우리 기업이 그동안 애써 구축해 놓은 사업기반을 순식간에 무너뜨릴지 모른다. 이런 상황에서 살아남기 위해서는 어떤 경영역량을 키워야 할까? 그리고 그러한 역량을 키우기 위해서는 어떤 준비를 해야 할까? 각자 의견을 내고 토론해 보자.

5. 사업의 성공과 기업윤리는 어떤 면에서 보완적이고, 어떤 면에서 상충적일까? (단기적 이익과 장기적 이익을 구분하면 생각하는 데 도움이 될 것이다.) 본 장에서 언급한 '가습기살균제' 사건을 가지고 기업이 왜 그런 행동을 저지르게 되었는지, 여러분이 가습기제조업체의 입장이었다면 무엇을 어떻게 다르게 했을지 생각해 보자.

참고문헌

- 권구혁 외 (2016), 〈경영학의 이해〉, 제11판, 서울: 생능출판사.
- 김병도 (2016), 〈경영학 두뇌〉, 서울: 해냄.
- 데이비드 핸더슨과 찰스 후퍼 (2006), 〈판단력 강의 101〉, 서울: 에코의 서재.
- 연합뉴스 (2017.2.15), '죽음의 계곡'.
- 윤석철 (2012), 〈경영학의 진리체계〉, 서울: 경문사.
- 이건창 (2015), 〈기업가 정신〉, 서울: 무역경영사.
- 이건창 (2013), 〈현대경영의 이해〉, 제5판, 서울: 무역경영사.
- 이고르 앤소프 (2008), 〈전략경영〉, 서울: 비즈니스맵.
- 조선경제 (2017.9.20), '샴푸의 세정력'.
- 조선일보 (2017.3.3), '남성 정장'.
- 토마스 홉스 (2018), 〈리바이어던 1〉, *Leviathan*, 서울: 나남.
- 허병성 (2007), 〈영업은 과학이다〉, 서울: 에코의 서재.
- Carroll, A. B. (1991), "The Pyramid of Corporate Social Responsibility", *Business Horizons*, July-August.

미 주

1. 오 헨리 (2017), 〈오 헨리 단편선〉, 김희영 역, 서울: 민음사.
2. 윤석철 (2012), 〈경영학의 진리체계〉, 서울: 경문사.
3. Walla, H. S. (2021). "Apple Captures 75% of Global Handset Market Operating Profit in Q2", *Counterpoint*, Oct. 14.
4. 대한상공회의소 (2017), "통계로 본 창업생태계 제2라운드 연구", 2월 16일.
5. 노미란 (2013), "MS · 소니도 '부서갈등'에 무너졌다", 아시아경제, 2013.09.24.
6. 김용민 · 이은형 (2007), "한국 대기업 최고경영자가 기업성과에 미치는 영향: 투하자산수익률 및 토빈의 Q를 중심으로", 인사조직연구, 15(2): 193-237.
7. Carroll, A. B. (1991), "The Pyramid of Corporate Social Responsibility", *Business Horizons*, July-August.

6 장

경영 프로세스

1. 계획과정
2. 실행과정
3. 평가과정

경영자(manager)는 조직목표를 달성하기 위해 조직 구성원들을 모으고 동기를 유발해서, 각자 최선을 다해 일하고 서로 협력하도록 촉진하고 주도한다. 이를 위해 경영자는 일련의 의사결정 과정을 거쳐 어떤 목표를 설정하고, 이를 달성하기 위한 계획을 세우고, 실천하고, 그 결과를 평가한다. 그리고 다시 새로운 목표를 세우고 계획해 나간다. 이 과정을 약칭해서 PDS(Plan-Do-See) 과정이라고 한다. 이번 장에서 다루게 될 주요 내용이다.

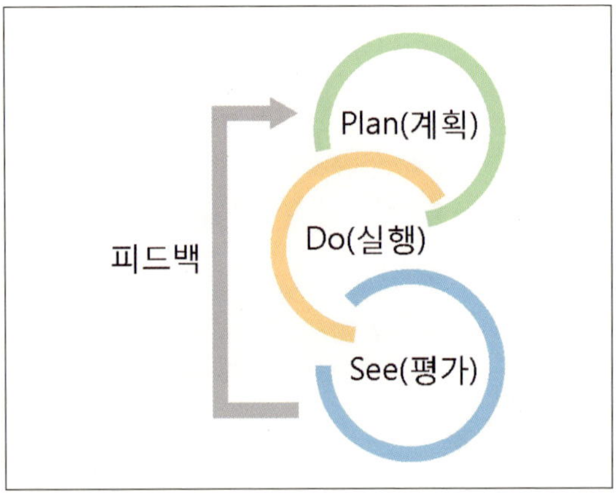

그림 6-1 PDS 과정

[그림 6-1]은 이 3가지 과정이 서로 밀접하게 연결되어 있음을 보여준다. 계획한 일을 실행하고, 실행한 일을 평가하고 그 결과를 새로운 계획에 피드백하는 식으로 일이 순서대로 또 순환적으로 진행되는 것이 바람직하다는 뜻이다. 먼저 계획이 잘 수립되어 있어야 일을 실행하기 쉽다. 계획이 부실하면 이를 실행과정에서 바로 잡을 수도 있지만, 잘못된 계획에 따라 일을 추진하면 자칫 엉뚱한 방향으로 가게 된다. 1980년대에 온 세상이 PC로 바뀌었는데 수퍼컴퓨터 개발계획에 집착하여 위기를 자초한 IBM의 사례는 방향 설정의 중요성을 잘 보여준다.

실행과정에는 여러 가지 업무를 사람들이 나누어 수행하기 위한 조직구조를 설계하는 일과 함께, 업무를 지시하고 사람들과 소통하며 동기를 유발하는 활동이 필요하다. 평가과정에는 업무를 얼마나 잘 진행해서 어떤 성과를 올렸는지 측정하고, 계획한 목표와 실제 성과 간의 오차를 분석한다. 그리고 그 오차를 시정하고 통제하는 일도 포함된다. 이런 일련의 과정을 거치고 나서 그 결과를 새로운 계획을 세울 때 반영할 수 있도록 피드백(feedback)하는 활동으로 마무리된다. 피드백 활동은 현재 진행된 PDS 과정으로부터 얻은 경험을 새로운 PDS 과정에 전수하고 환류하는 역할을 한다. [그림 6-2]에는 이 PDS 과정의 세부 내용이 요약되어 있다.

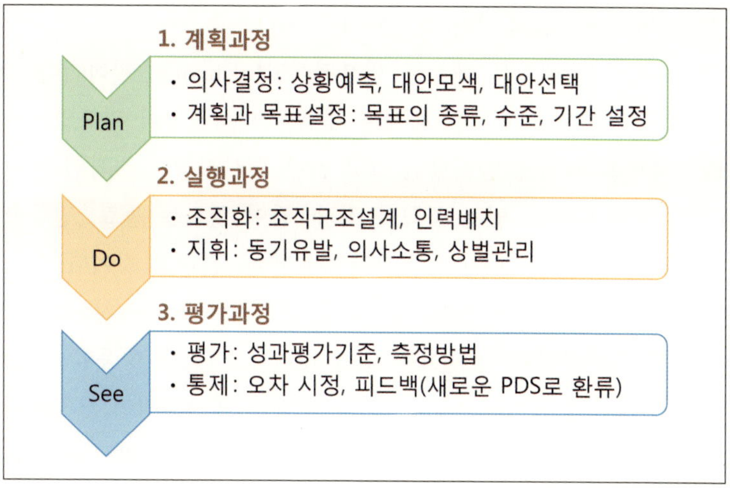

그림 6-2 PDS의 세부 내용

1. 계획과정

1) 의사결정

경영자는 PDS 과정 전반에 걸쳐 크고 작은 의사결정을 수시로 한다. '의사결정(decision making)'이란 '어떤 목표를 달성하거나 문제를 해결하기 위해 여러 가지 대안 중에서 한 가지를 선택하는 의도적 과정'이다. 설정된 목표를 향해 어떤 전략이나 방법을 채택할지, 누구에게 무엇을 맡길지, 예기치 않은 사고가 생기면 어떻게 대응할지 등과 같은 수많은 이슈에 대해 시간,

비용 및 파급효과를 감안해서 결정한다.

'의사결정은 합목적(合目的)적인 과정'이라는 표현을 자주 쓴다. 좀 더 바람직한 어떤 상태나 의미 혹은 가치 있는 목적을 설정하고 이에 맞는 선택을 한다는 뜻이다. 목적을 달성할 수 있는 구체적 목표를 설정한 다음 이를 추진하기 위한 여러 가지 대안 중에서 가장 효율적이고 효과적인 대안을 선택한다. 그러기 위해 누가, 무엇을, 언제, 어디서, 왜, 어떻게 하는지 등과 같은 여러 가지 요소가 고려된다. 이를 5W1H(Who, What, When, Where, Why, How) 또는 '6하(何) 원칙'이라고 부르기도 한다.

그런데 우리 일상생활은 대부분 반복적이고(routine) 습관적이다. 이렇게 반복적이고 습관적으로 행동할 때에는 새로운 의사결정이 필요없는 것처럼 보이지만, 사실은 과거에 일어났던 크고 작은 의사결정의 결과인 경우가 많다. 예컨대 현재 다니고 있는 학교나 직장, 같이 일하는 동료, 만들고 있는 제품, 만나는 고객 등은 과거의 의사결정에 따른 결과인 것이다.

다만 오직 외길만 있어서 되돌아갈 수도 없고 앞으로 가야만 하는 경우라면 딱히 어떤 의사결정을 할 필요가 없을 것이다. 그러나 행동할 수 있는 대안이 둘 이상이어서 선택의 여지가 있을 때에는 의사결정이 요구된다.

개인이든 기업이든 중요한 의사결정일수록 반복적이지 않고(non-routine), 정형화되어 있지 않다(non-programmed). 개인의 경우 대학 진학, 직장, 결혼, 아파트 구입과 같은 중요한 사안은 딱히 무엇이 최선인지 알 수 없는 불확실한 상황에서 결정을 해야 한다. 기업의 경우에도 회사의 사활이 달려 있는 신규사업 진출, 합병 및 인수, 해외 공장이전, 구조조정과 같은 중요한 사안은 결정을 내리는 데 필요한 정보가 충분하지도 않고, 시간이 부족한 상황에서 결정을 내려야 한다. 다만 결과가 좋으면 '신(神)의 한 수', '미래를 꿰뚫어보는 경영능력'이라는 찬사를 받고, 결과가 나쁘면 '인생 최대의 실수', '환경변화를 읽지 못한 무능함'이라는 비난을 받게 된다.

〈박스 6-1〉에 '치명적 선택'에 관한 이야기가 나와 있다. 전 세계에서 가장 권위있는 백과사전으로 알려진 브리태니커(Britannica) 회사가 CD롬 백과사전의 등장에도 불구하고 새로운 변화를 거부하는 바람에 예전의 명성을 잃고 몰락하게 되었다는 내용이다. 브리태니커는 결과만 보면 환경변화를 감지하지 못해서 위기를 자초한 것으로 보인다.

박스 6-1

'치명적 선택'

그림 6-3 브리태니커 백과사전 초판(1768년)

1768년 창간되어 200년 이상 세계 최고의 백과사전으로서의 명성을 유지해 온 브리태니커는 결국 몰락한다. 아직도 많은 사람에게 브리태니커가 몰락한 이유가 위키피디아(Wikipedia)의 등장 때문이라고 알려져 있지만 사실은 마이크로소프트(MS)의 디지털 백과사전 엔카타(Encarta) 때문이다. MS에서 1993년 윈도우用 CD롬으로 출시한 엔카타 사전 때문에 학생들이 브리태니커 백과사전이 없어도 알고 싶은 것을 알 수 있게 된 것이다. 이로 인해 브리태니커는 1990년 6억 5천만 달러의 기록적인 매출이 불과 5년 후에 3억 2,500만 달러로 반토막나고, 파산의 위기에 몰리면서 1996년 1억 3,500만 달러에 매각된다.[1]

브리태니커는 오랫동안 고가(高價)를 지불하고서라도 최고의 지식을 갈망하는 매우 얇은 고객층을 대상으로 영업을 해왔다. 특히 영업조직은 브리태니커가 자랑하는 핵심인력으로 가정집을 직접 방문, 자녀들에게 꼭 필요한 사전이라고 부모님을 설득하여 판매해 온 것이다(이를 직판이라 함). 타깃 고객층은 얇지만 고가에 안정적인 매출과 수익이 보장된 성공적인 비즈니스 모델을 가지고 있었기 때문에, 넓은 고객층을 대상으로 저가(低價)에 읽기 쉬운 사전을 만드는 경쟁자들을 간과하는 실수를 저지르게 된다.

그 사이에 경쟁업체들은 선명한 그래픽 기술, 낮은 제조단가, 낮은 가격으로 소비자 구매를 자극하는 CD롬 백과사전을 시장에 출시하였다. CD롬 백과사전을 만드는 가장 강력한 경쟁업체가 MS였는데, 아이러니컬하게도 MS는 최고의 권위를 가지고 있는 브리태니커社와의 제휴를 갈망했다.

1985년 여름 MS는 CD롬 백과사전을 만들기로 마음먹고 브리태니커에게 제휴를 제안한다. MS가 브리태니커 백과사전을 자신의 CD롬에 탑재하여 판매하는 대신 판매되는 CD 1장마다 로열티를 지불하겠다는 좋은 조건으로 말이다. 브리태니커는 MS의 제안을 보기 좋게 거절한다. 표면상의 거절이유는 향후 모든 가정의 4-5%만이 PC를 소유할 것으로 예측되므로 브리태니커에게는 별 이득이 없을 것이라는 것이다(브리태니커의 예상과는 달리 PC는 급속도로 확산되어 거의 전 가정에 보급되었다). 가격도 문제였다. 브리태니커 백과사전이 한 질당 1500달러의 고가였음에 비해, 엔카타는 395달러에 출시된 다음 바로 99달러로 가격을 내린다. 그러나 브리태니커가 MS의 제안을 거절한 가장 중요한 이유는 따로 있었다. 브리태니커가 판로를 CD롬으로 바꾸면 자사의 핵심역량인 직판조직이 와해될 것을 우려한 것이다. 브리태니커 경영진은 1989년 뒤늦게 CD롬 백과사전을 출시하기에 이르고, 1994년 온라인 서비스를 시작하지만, 이미 기울대로 기울어진 사세를 회복하기엔 너무 늦었다.[2]

그림 6-4 MS 엔카타 백과사전(1994년)

만일 MS가 등장할 무렵 브리태니커 경영진이 자신들이 '출판사'라고 생각해 온 기존의 틀을 깨고 '어른과 아이들에게 더 나은 정보를 제공해 주는 회사'라고 생각의 틀을 바꾸었더라면 일찍부터 다른 관점에서 전혀 새로운 제품과 판매방식에 눈을 뜰 수 있었을 것이다(Russo and Schoemaker, 〈이기는 결정〉, 2010).[3]

의사결정에 있어서 어떤 대안을 선택한다는 것은 다른 대안을 포기한다는 것을 의미한다. 특히 중요한 결정을 할 때에는 선택대안으로부터 기대되는 혜택이나 수익을 계산하고, 동시에 선택의 결과 지불해야 할 대가나 비용도 따져봐야 한다. 이때 포기한 대안을 선택했더라면 발생했을 수익을 비용으로 인식해야 하는데, 이를 기회비용(opportunity cost)이라고 한다. 실제 비용이 발생하지는 않았지만, 선택했더라면 얻을 수 있었을 수익을 포기했기 때문에 이를 비용으로 간주해서 의사결정에 반영하는 것이다.

예컨대 어떤 사업으로부터 기대되는 투자수익률을 15%라고 하자. 그런데 사업에 투자하는 대신 그 돈을 은행의 정기예금에 넣었을 때 연 5%의 이자수익을 얻을 수 있었다면, 이때 5%는 (사업에 투자하기로 선택했을 때 포기해야 되는) 기회비용으로 간주한다. 따라서 사업으로부터 얻을 수 있는 '순수익률'은 10%[15%(사업수익률) − 5%(이자수익률)]로 계산한다. 이와 같이 여러 가지 대안의 득실을 비교할 때에는 대안별로 기회비용이 다르기 때문에 이를 감안해서 판단해야 한다.

(1) 의사결정 과정

의사결정은 달성해야 할 목표나 해결해야 할 문제를 인식하는 데서 출발한다(1. 문제 인식). 목표를 달성하고 문제를 해결할 수 있는 여러 대안 중에 하나를 선택하려면, 어떤 기준에 따를 것인지 미리 결정해 두어야 한다(2. 기준 결정). 대안의 선택 기준으로는 목표달성의 기대효과, 문제해결 가능성, 경제적 타당성, 합법성 내지는 윤리성 등 여러 가지가 있다. 이런 기준에 의거해서 여러 대안을 비교·분석한 후 최적의 대안을 선택하게 된다(3. 대안 선택). 그런 후에, 선택한 대안을 실행하고(4. 대안 실행) 결과를 만들어내고 평가한 다음, 잘못을 시정하는 단계(5. 결과 평가 및 시정)로 이어진다. 이런 일련의 의사결정 과정이 [그림 6-5]에 나타나 있다.

특히 조직 상층부의 의사결정은 조직 전반에 미치는 영향이 크기 때문에 여러 가지 고려해야 할 변수가 많다. 좀 더 먼 미래를 내다봐야 하고, 조직 내부의 여러 가지 이해관계가 복잡하게 얽혀있기도 할 것이다. 복잡한 문제일수록 문제의 본질을 파악하기 어렵고, 어떤 기준에 입각해서 대안을 평가

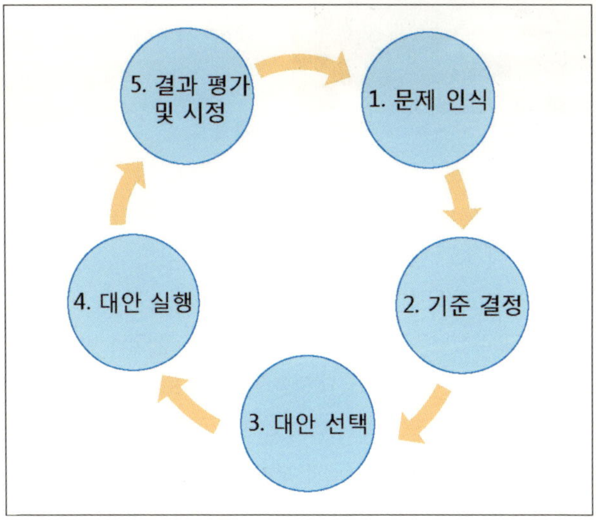

그림 6-5 의사결정 과정

해야 할지 판단하기 어려울 수도 있다.

예를 들어, 인력 충원을 결정할 때, 충원이 필요한 업무와 인원, 후보자들의 인성과 적성, 경험이나 전문성 혹은 실적 등의 채용기준, 노조와의 협의, 충원에 요구되는 예산규모 등 여러 가지 측면을 모두 고려해야 한다. 이렇게 의사결정에는 여러 가지 요인이 복합적으로 내재되어 있는 경우가 많다. 결국 완벽한 의사결정은 없다는 뜻인데 사실 모든 의사결정에는 정보, 시간, 예산 등 자원의 제약이 상존한다. 또한 의사결정자의 성격, 가치관, 판단능력 등의 한계도 있다. 이런 제약과 한계 때문에 최선의 선택은 항상 어렵다. 〈박스 6-2〉의 '대안 모색의 실패' 사례는 최선의 선택이 얼마나 어려운지를 잘 보여준다.

박스 6-2

'대안 모색의 실패'

그림 6-6 독일군 암호를 해독하는 영국군

제2차 세계대전 중 영국의 유명한 수학자인 앨런 터링(Alan Turing, 1912-1954)은 이루 말할 수 없이 난해한 독일의 암호 메시지를 기어이 해독해 내었다. 이를 위해 당시에 그가 고안해서 자료를 입력하고 분석했던 기계가 오늘날 컴퓨터의 효시라고 한다. 그러나 독일군은 암호가 해독될 수 없다고 철석 같이 믿었기에 영국군이 독일군 내부에 스파이 시스템을 구축했다는 가능성에 집착했다. 그래서 스파이 색출에 온갖 노력을 쏟은 결과, 상당수의 스파이들을 잡아내기도 했다.

그러나 중요한 전투에서는 계속 지고 있었다. 자신들의 암호가 해독되었을 수도 있다는 아주 단순한 가능성을 고려했더라면 거짓 암호를 보내고 영국의 반응을 살피는 등 다양한 방법으로 암호해독 사실을 감지하고, 대책을 세울 수도 있었을 텐데 그러질 못했다. 결국 독일군의 치명적인 전략·전술이 무력화되고 오히려 그때마다 반격을 자초하고 말았다. 문제는 암호해독에 대한 대비였는데, 정보유출 문제에 집중한 나머지 제대로 된 대안을 모색하지 못했던 것이다(Russo and Schoemaker, 전게서).

이런 어려움을 극복하려면 목표나 해결과제, 대안 선택기준 등을 최대한 분명하게 정의해야 한다. 또한 정확한 정보를 신속하게 입수해서, 사람들에게 맡길 역할과 권한 및 책임을 명확히 하고, 의사결정이 실행된 결과를 평가해서 피드백하는 노력도 필요하다. 마지막으로 의사결정자의 편견과 오류의 가능성을 인식하고, 이를 개선하기 위한 자기성찰을 게을리하면 안 된다. 자신으로부터 한 발짝 떨어져서 자기 자신을 객관적으로 보고 성찰할 수 있으면 의사결정에 큰 도움이 될 뿐 아니라, 다른 사람과의 소통도 더 원활하게 할 수 있을 것이다.

(2) 의사결정자 오류

아무리 탁월한 사람이라도 단점이 없는 사람은 없다. 사람마다 성격적 특징이나 가치관이 다르고, 능력에 차이가 있고, 장단점도 각양각색이다. 따라서 주어진 상황에 꼭 필요한 능력이나 반드시 피해야 할 약점이 무엇인지 파악할 수 있어야 한다. 그래야 '적재적소'의 인력배치가 가능해진다. 판단력이 중요한 이유이다.

'판단력'이란 경험, 직관, 지능을 결합하여 상황과 대안을 평가하고 최선의 선택을 할 수 있는 정신적 능력이나 기술을 의미한다. 판단력은 다양한 시행착오의 경험을 통해 학습되고 강화된다. 판단력은 이성적인 추론으로 나타나기도 하고, 모호한 상황에서 사물의 이치를 꿰뚫어 보는 통찰력으로 표현되기도 한다. 판단력이 뛰어나야 명확한 비전과 전략을 제시하고, 뛰어난 인재를 한눈에 알아볼 수 있다. 또한 위기에 직면해서도 흔들리지 않고 방향감각을 유지할 수 있다. 그래서 판단력은 유능한 리더가 되기 위한 중요한 덕목이라 할 만하다. 뒤집어 말하자면, 합리적인 의사결정을 해야 할 때 가장 경계해야 할 점은 판단 착오라 하겠다.

판단 착오의 가장 중요한 원인은 바로 의사결정자 자신이다. '의사결정자 오류'란 어떤 상황이나 사실에 대해 너무 단순하게 이해하고 판단하는 오류를 말한다. 물론 단순할수록 편리하고, 신속하고, 비용도 덜 들기 때문에 효율적이긴 하지만, 오류를 야기할 수 있다. 〈표 6-1〉에는 일반적인 의사결정

표 6-1 의사결정자 오류

유형	설명
자만	자신과 자신의 행동을 비현실적으로 긍정적으로 인식함.
선택적 지각	편의적으로 일부 정보만을 선택하여 해석함.
프레이밍	새로운 정보를 기존의 고정된 틀 안에 꿰맞춤.
선호 충동	즉각적 만족(보상)을 우선시하고 즉각적 손실은 기피함.
매몰비용 오류	현재나 미래보다 돌이킬 수 없는 과거에 집착함.

자 오류로 자만, 선택적 지각, 프레이밍, 선호 충동, 매몰비용 오류가 요약되어 있다.

첫 번째 의사결정자 오류로는 자만이 있다. 자만은 자기 과신(overconfidence)에서 비롯된다. 자신이 본모습보다 더 똑똑하다든지, 매력적이라든지, 인기가 더 많다고 생각하는 등 자신을 실제보다 더 높게 평가함으로써 저지르는 오류이다. 남들은 다 전망이 없으니 하지 말라는 사업을 "나는 똑똑하니 잘 할 수 있다"고 판단하고 뛰어들어 큰 손해를 보는 이유는 자기 과신 때문이다.

두 번째 오류는 선택적 지각(selective perception)이다. 사람들은 과거의 경험이 축적되면서 자신만의 '어림짐작셈법(rule of thumb)'에 따라 한정된 정보만 선택하는 경향이 있는데 이를 선택적 지각이라고 한다. 예를 들면 어떤 사람이 얼핏 쓴 단어, 가벼운 행동이나 외모의 특정부분, 나이 등의 단편적인 정보만 가지고 그 사람의 성격이나 능력, 집안 사정 등 많은 것을 어림짐작으로 유추하곤 한다. 어림짐작으로 인해 상대방의 진면목에 대한 판단을 그르치는 것이다.

세 번째로 '프레이밍(framing)' 오류가 있다. 자신이 기존에 가지고 있던 어떤 신념, 가치관, 지식으로 정형화된 틀에 맞추어 정보를 왜곡하려는 경향을 말한다. 대표적인 예로는 혈액형과 성격 간의 관계가 과학적으로 근거가 없음에도 불구하고 혈액형과 성격을 결부시키는 잘못된 프레임에 집착하는 것을 들 수 있다. 또한 정치적인 진영논리에 빠져서 비정치적인 사안까지도 반대진영에 속한 사람의 주장이라면 무조건 매도하고 배척하는 것도 프레이밍 오류에 빠져 있는 경우라고 할 수 있다.

네 번째 오류는 선호(preference) 충동이다. 선호 충동은 사람들이 지금 당장의 손실은 기피하고 이익부터 추구하는 성향을 말한다. 손실의 경우에는 '크더라도 나중에 발생하는 손실'을 '작더라도 당장 발생하는 손실'보다 선호하는 반면, 이익의 경우에는 '작더라도 당장 생기는 이익'을 '크더라도 나중에 생기는 이익'보다 선호한다. 바로 이런 선호 충동 때문에 잘못된 판단을 하기 쉽다. 널리 알려진 '마시멜로 실험'이 대표적인 예다. 미국 스탠퍼드 대학교 심리학자 월터 미셸(Walter Mischel, 1930-)은 네 살 먹은 아이들에게 마시멜로 한 개를 당장 안 먹고 참으면 15분 후에 한 개 더 주겠다는 제안을 했다. 이 실험의 결과, 선호 충동에 따라 바로 먹은 아이들이 70%, 먹고 싶은 충동을 참은 아이들이 30%였다. 미셸은 이 아이들이 성인이 될 때까지 자라기를 기다린 다음 SAT(미국식 수능) 점수를 측정해 보니 놀랍게도 두 집단 간에 차이가 큰 것으로 나타났다. 마시멜로를 바로 먹었던 아이들의 SAT 평균점수는 먹지 않고 참았던 아이들보다 무려 210점이나 낮았다. 정학 처분을 받거나 약한 아이를 괴롭힐 가능성도 훨씬 더 컸다. 즉, 충동을 절제하고 지연시킬 수 있는 판단력이 있는 아이들은 비행을 저지를 가능성이 훨씬 더 낮고, 결과적으로 성공할 가능성이 훨씬 더 높다는 것이다. '마시멜로를 바로 먹은' 아이들처럼 기업 경영자가 눈앞의 업적을 선호하면, 오랜 시간이 걸려야 수익이 발생하는 사업기회를 놓칠 수 있다.

그림 6-7 마시멜로를 앞에 놓고 먹고 싶은 충동을 참고 있는 아이

마지막으로 매몰비용(sunk cost) 오류가 있다. 이미 지출한 비용과 시간 등을 회수하는 것이 불가능함에도 불구하고 이를 회수하려고 집착하는 오류를 말한다. 예를 들면 경영자가 어떤 신규 사업이 유망하다고 판단하여 회사 돈을 투자했다고 하자. 그런데 이 사업이 잘못되어 큰 손실이 발생했는데, 경영자는 과거의 결정이 잘못된 결정이 아님을 정당화하기 위해서, 또는 이전에 투자한 돈이 아까워서 더 많은 돈을 투자하기로 결정한다면 이는 매몰비

용 오류에서 비롯된 것이다. 냉정하게 생각해 보면 과거에 발생한 손실은 이미 과거의 일로 과거에 연연하여 현재의 결정에 영향을 미쳐서는 안됨에도 불구하고 종종 매몰비용의 오류에 빠지는 일이 벌어진다.

(3) 집단 의사결정

앞에서 설명한 의사결정의 오류를 극복하는 좋은 방법 중의 하나는 다른 사람들과 함께 의사결정을 하는 것이다. 다른 사람들과 함께 지혜를 모으면 개인적인 편견이나 한계를 극복할 수 있다. 자유로운 의견 개진을 통해 자극을 서로 주고받으면 창의성도 높아질 수 있다. 이렇게 얻어진 지적 능력을 소위 집단지성(collective intelligence)이라고 한다. 또한 여러 사람이 의사결정에 참여할수록 실행과정에서 보다 적극적으로 나설 수 있다.

그러나 집단 의사결정에도 오류는 발생한다. 대표적인 오류가 집단사고(group think)이다. 집단사고는 강한 응집력을 보이는 집단에서 의사 결정을 할 때, 만장일치에 도달하려는 분위기가 팽배하여 다른 대안들을 현실적으로 평가하는 것을 억압하는 집단 구성원들의 비합리적인 사고방식을 말한다.[4]

그림 6-8 쿠바 피그즈 만 침공사태를 표지 기사로 실은 라이프지(1963. 5. 19)

예일대학의 심리학 교수인 제니스(Irving Janis, 1918-1990)가 든 예를 소개해보자. 1961년 케네디 미국 대통령의 특별자문위원회는 만장일치로 쿠바에서 미국으로 탈출한 난민들을 중앙정보국(CIA)이 훈련시켜 쿠바의 피그즈 만(Bay of Pigs)을 침공했다가 처참하게 실패하여 커다란 국가적 손실을 초래하게 되었다. 피그즈 만 침공의 의사결정 상황으로부터 다음과 같은 특성을 발견할 수 있었다. (1) 대통령과 참모들 사이에 형성된 강한 응집력과 집단에 대한 과신이 자신들이 세운 계획을 자만하게 만들었다. (2) 집단 내에서 좋은 감정을 유지하기 위해 반대 의견을 억제하였기 때문에 제시된 결정사항은 마치 만장

일치인 것처럼 느껴졌다. 제니스는 이처럼 겉으로는 합리적으로 만장일치에 도달한 것처럼 보이지만 사실은 비합리적인 의사결정 과정을 집단사고라고 이름 붙이고,[1] 이를 "집단 구성원들 간에 강한 응집력을 보이는 집단에서, 의사결정 시에 만장일치에 도달하려는 분위기가 다른 대안들을 현실적으로 평가하려는 경향을 억압할 때 나타나는 구성원들의 사고방식"이라고 정의했다.

집단 의사결정의 오류를 줄이고, 장점을 살리기 위한 다양한 방법이 많이 개발되어 있다. 대표적으로 구성원들의 의견을 최대한 많이 도출해내기 위한 브레인스토밍(brainstorming)이 있다. 이는 여러 사람들이 모여서 일단 누구의 비판도 없는 상태에서 각자 자신의 의견이나 아이디어를 충분히 개진하고 난 다음에 허심탄회하게 토론하고 의견을 모아가는 방법이다.

2) 계획과 목표설정

경영자는 가치창출을 하기 위해 여러 활동의 목표를 세우고 실천 방안을 계획한다. 기업 내의 부서·업무·개인별 역할에 맞게 기간(주·월·분기·년)별로 PDS(Plan-Do-See) 과정을 추진한다. 이 과정에서 구성원들 간에 서로 긴밀하게 소통·협력하여 전체적으로 시너지가 극대화되도록 노력한다.

〈표 6-2〉에서와 같이 계획과정에서 기업 내·외부 상황을 잘 분석하고 예

표 6-2 계획의 종류

기 준	유 형	필요조건
단 위	기업/부서/직무	목표와 계획 실천 수립방안
기 간	단기/장기	우선순위 확정
상 황	시나리오 플래닝	예측 시나리오 개발 및 관련대안 발굴
자 원	예산	실행 예산 수립 및 자금조달
	인력	인력계획(수요와 공급), 인력배치, 개발 및 보상정책 수립

1 집단사고는 제니스 교수가 1972년 그의 저서 〈그룹사고의 희생자〉(*Victims of Groupthink*)에서 만든 용어이다.

측한 다음, 해당 조직단위별로 장단기 목표를 세우고 해결과제를 파악한다. 그런 후에 이를 실천할 수 있는 최선의 대안을 선택한다. 계획을 세울 때에는 시간적 측면(계획기간 및 일정표 등), 예산 배분, 인력 배치 등 여러 가지 측면을 동시에 고려해야 한다.

기업 조직의 상위계층으로 올라갈수록 의사결정이 조직 전체에 미치는 영향이 크고, 시간이 걸리며, 때로는 그 결과를 예측하기도 어렵다. 그럴수록 어떤 상황이 벌어질지를 미리 예상해서 특정 대안의 파급효과가 어떻게 나타날지 예측(forecasting)하려는 노력이 필요하다.

예측은 기업활동 모든 부분에서 필요하다. 예를 들면, 마케팅에서는 경기변동이나 경쟁 상황, 고객의 구매 동향 등을 조사해서 매출 규모를 예측한다. 마케팅 예측에 따라 생산·운영 측면에서는 각종 원부재료의 시장 수급 및 가격 동향을 조사하여 구매 규모를 예상하고, 생산에 필요한 설비투자 규모를 예측할 수 있다. 자금 부서는 이와 관련된 자금 흐름(cash flow)을 예측해서 예산을 책정하고, 인사 부서에서는 인력 수급을 예상해서 인원 충원과 교육훈련 등의 계획을 세울 수 있다.

물론 예측을 안 해도 목표를 세우고 실행 계획을 짤 수는 있다. 그러나 환경변화가 가져오는 기회나 위협, 그리고 내부적인 자금이나 인력 수급 등에 대한 추정 없이 계획을 세운다면 좋은 결과를 기대하기 어렵다. 다행히 정확한 예측을 돕기 위해 오늘날 고도로 발달된 과학적 분석기법과 다양한 통계기법, 그리고 전문조사기관들이 있다. 경영학에는 세부 전공별로 이 같은 과학적 접근방법과 통계에 근거한 예측기법들이 많이 개발되어 있다.

물론 경영인이 과학적 예측에만 의존하는 것은 아니며, 오랜 경험에서 우러나오는 직관을 사용하기도 한다. 직관은 단순한 느낌이나 근거 없는 자신감이 아니라, 오랫동안 갈고닦은 경험과 실력으로 문제의 본질을 꿰뚫어보는 통찰력이다. 〈박스 6-3〉의 기사 '양파값 예측'은 통계를 믿을 수 없어서 어림짐작으로 내년도 양파재배 물량을 결정할 수밖에 없는 농부의 어려운 상황이 설명되어 있다.

박스 6-3

'양파값 예측'

2016년 3월 양파 값은 상품(上品)이 kg당 평균 소매가 2702원이었는데, 이는 1년 전에 비해 두 배나 뛴 가격이다. 전국 최대 양파 산지인 전남 무안에서 지난 36년간 양파를 키워온 윤미순(59)씨는 올해 양파를 어디 팔아야 할지 모르겠다고 했다. "재작년에는 양파를 직접 팔아보려고 했는데 가격이 폭락해서 내가 1억원 가까이 손해를 봤당께요. 그래서 작년에는 겁이 나서 한 마지기 160만~180만원에 미리 상인한테 팔았더니 양파 값이 그렇게 올라도 이익도 못 봤으야."

그림 6-9 지난 10년간의 양파 가격변동

양파 농사는 보통 2년마다 '가격 하락 → 재배 감소 → 가격 상승 → 재배 증가'를 반복하며 온탕과 냉탕을 오간다. 진폭을 줄이려고 정부는 예상 생산량 등의 '미래' 정보를 제공하지만, 정작 농민을 움직이는 건 '과거' 경험이다. 한 농민은 "재작년 헐값으로 수천만원 손해 봤는데 많이 심으란다고 하겠는가"라고 되물었다.

양파 가격의 급 변동 요인을 찬찬히 살펴보면 부실한 농정 탓도 적지 않다. 우선 예측이 엉터리인 경우가 많다. 온난화 등으로 양파 재배가 늘어나기도 했고, 변덕스러운 날씨로 인해 출하량이 크게 달라지기도 하고, 농민들이 그때그때 반사적으로 재배량을 조절하기 때문이다. 농산물 수급을 안정시키려고 판매량을 미리 계약해서 재배하도록 권장하고 있지만, 그런 생산량은 전체의 20% 수준에 불과해서 효과가 제한적인 것으로 알려져 있다(조선비즈, 2016. 3. 11).[5]

예측에 있어서 필수적인 조건은 예측자료가 정확해야 한다는 것이다. 자료가 부정확하거나 오래된 것이면 어떤 예측기법을 활용하더라도 결과가 부정확할 수밖에 없다. 정보에는 객관적인 정보뿐 아니라 주관적인 정보가 필요한 경우도 많다. 다만 주관적인 정보를 접했을 때, 이를 전달하는 사람의 능력과 신뢰성 그리고 목적이나 의도를 잘 간파해야 한다.

예측에 근거하여 기업은 여러 가지 업무계획을 세운다. 위의 〈표 6-2〉에서 본 바와 같이 단위별 계획으로는 전사 계획, 사업부문 및 팀, 그리고 개인별로 계획을 세울 수 있다. 계획을 기간에 따라 구분하기도 하는데, 대개 1년 이하를 단기계획, 1년 이상을 장기계획으로 구분한다. 단기계획으로는 연간 혹은 분기별로 예산계획, 인력수요 예측 및 확보 계획, 생산 일정표, 판매계획 등이 있다. 장기계획으로는 '중장기 비전 및 전략'과 같이 기업이 미래의 야심찬 비전을 선포할 때 작성하는 계획이 있다.

장기계획은 먼 미래를 예측해야 하기 때문에 단기계획과의 일관성이 확보되어야 하고, 우선순위가 잘 정리되어야 한다. 일반적으로 단기계획은 일상적 활동과 생존에 초점을 두는 반면 장기계획은 먼 미래에 대한 비전에 주안점을 둔다. 기업이 단기계획에만 몰두하다가 장기적인 비전이 막연한 희망에 그쳐버리면, 기업의 미래 대책이 없는 거나 마찬가지다. 단기계획이 장기적 전략과의 연계성을 확보하지 못하면, 문제가 발생하는 순간마다 미봉책을 내놓기에 급급하게 되어 전략의 방향성을 놓치기 쉽다. 이런 상황을 피하려면 단기와 장기를 잇는 징검다리에 해당되는 대책이 필요하다.

이때 가교 역할을 하는 계획 기법으로 '시나리오 플래닝'(scenario planning)이 있다. 미래에 발생가능한 거시적 변화를 예측해서, 이를 몇 가지 예상 시나리오로 구성해보고, 시나리오별로 대응책을 계획하고 준비하는 것이다. 몇 가지 중요한 예상 시나리오에 따라 장기계획과 단기적인 대응책을 미리 마련해두면, 급작스럽게 상황이 바뀌더라도 그 상황에 맞는 예상 시나리오를 선택해서 사전에 준비한 행동 방안에 따라 순발력 있게 대처할 수 있다. 대표적인 예로는 미래 인구변화나 자원시장 동향 등에 대응하기 위한 시나리오 플래닝이 널리 알려져 있다. 여기에는 여러 시나리오별 행동 방안에 따라 사전에 준비해보는 시뮬레이션(simulation)식 예상 학습과 훈련 과정이 포함된다.

계획을 수립할 때 가장 먼저 해야 할 작업은 목표 설정이다. 목표는 조직이 어떤 상황에 처하더라도 우왕좌왕하지 않고 노력과 자원을 집중시킬 수 있는 하나의 방향이다. 이 방향에 따라 리더는 구성원들의 노력을 결집시키고, 구성원들은 각자의 역할을 수행하면서 협력해 나갈 수 있다. 또한 목표는 계획을 실행하는 과정이나 실행 후의 성과를 평가하고, 시정조치를 하는 기준점이 된다. 따라서 목표는 가급적 명확하고(specific) 충분히 도전적(challenging)이어야 한다. 그래야 실행상의 혼선을 줄이고, 좀 더 잘 해보려는 동기를 유발할 수 있다. 또한 목표는 측정가능(measurable)해야 평가와 시정조치를 하기 쉽다.

〈박스 6-4〉에는 전사 차원의 목표와 기능분야별 목표의 예가 제시되어 있다. 전통적으로 목표는 조직의 상부에서 하부로 하향식(downward)으로 결정된다. 이 방식은 상급자의 일방적 지시와 감독을 통해 하급자들의 행동을 통제하는 방식에 가까우며, 경영진이 구상한 여러 가지 계획을 일사불란하게 실천할 수 있다는 장점을 가진다. 대부분의 기업들은 이처럼 하향식을 목표 설정의 기본방식으로 채택하고 있다.

박스 6-4

목표의 예

기업 전체 차원의 목표의 한 예로 기업가치에 근거한 목표가 있다. 기업가치를 측정하는 기준 중 하나로 주식가치가 있다. 주식가치는 기업이 발행한 총 주식 수에 주식가격을 곱해 얻어지는데, 기업을 사고 팔 때 중요한 기준이 된다(주식가치 = 주식 수×주식 가격). 이는 특히 주주들에게 가장 민감한 수치이기 때문에 경영자로서는 최우선적인 관심을 두지 않을 수 없다. 주식가치를 높이는 일이 경영자가 애초에 경영책임을 맡게 된 가장 근본적인 이유이기 때문이다.

일반적인 업무와 관련해서는 영업활동을 통해 얻어지는 영업이익률도 중요한 목표 중 하나이다(영업이익률 = 영업이익÷매출). 마케팅 활동의 목표로는 시장점유율, 매출성장률, 고객 만족도나 충성도 등이 있다. 생산목표로는 생산성(산출량÷투입량)이나 품질 불량률, 재고 수준 등의 기준이 있다. 재무관리 측면에서는 부채비율(부채÷자본금), 투자수익률(이익÷투자금), 현금 흐름 등이 중요한 기준이다. 인사관리 차원에서는 직원들의 근무태도, 업무 몰입도나 만족도, 이직률 등이 중요하다.

그러나 전통적인 방식의 문제점도 지적되고 있다. 먼저 의사소통이 일방적이고 목표 설정과정에서 구성원들의 참여를 제한하면 하급자들은 수동적으로 자칫 '시키는 대로만' 하는 분위기가 팽배해질 수 있다. 이렇게 되면 지시받지 않은 일은 안 하려고 할 가능성이 높다. 자발성과 창의성이 떨어지는 것은 물론이고 유능한 리더들이 성장할 수 없을 뿐 아니라 조직 내부에 불만이 쌓이기 쉽다. 좀 더 심각한 문제는 구성원들이 일선 현장의 문제점을 상부에 전달하기 어렵다는 점이다. 이렇게 되면 경영진의 현장감각이 떨어져 판단을 정확하게 못하고 환경변화에 순발력 있는 대응이 어렵게 된다.

이런 문제점 때문에 최근에는 조직 전체의 목표와 하위계층의 개별 목표를 연결시키는 방식이 각광받고 있다. 이 방식이 바로 '목표관리(Management by Objectives: MBO)'이다. MBO는 구성원들이 목표 설정에 적극 참여하고, 이를 추진하기 위한 계획도 자발적으로 수립하도록 함으로써 성과를 달성하고자 하는 동기를 극대화하는 관리방식으로, 현대경영학의 아버지라 불리는 피터 드러커(Peter Drucker, 1909-2005)가 주창한 시스템이다.[6]

목표관리는 우선 달성해야 할 성과목표를 상급자와 하급자가 서로 의논하고 합의하여 결정하고, 일이 다 끝난 다음에 사후적으로 평가하고 보상하는 시스템이다. 하급자는 상급자의 지시와 감독에 의존하기보다는 합리적이고 도전적인 목표를 스스로 결정할 수 있는 기회를 갖는다. 그리고 이를 추진하기 위해 필요한 권한을 위임받아 자율적으로 행동할 수 있다. 이 과정에서 상급자는 하급자들에게 지시와 감독보다는 최대한 지원하고 조언하는 역할을 수행한다.

목표관리의 실행기간이 끝나면 상급자와 하급자는 함께, 원래 계획했던

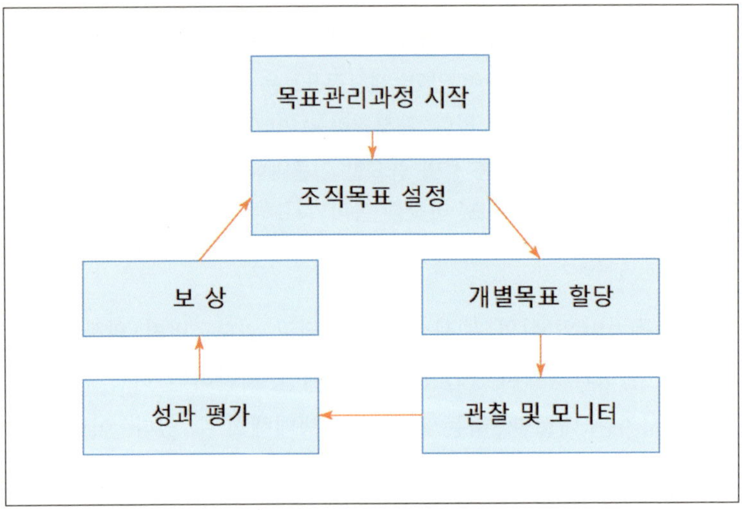

그림 6-10 목표관리의 과정

목표와 실천한 성과를 비교해서 그 괴리를 평가하고 괴리의 원인을 분석한다. 필요하면 괴리를 조정하기 위해 목표 수준이나 기준을 바꾸기도 하고, 실행방안을 새롭게 구상하기도 한다. 이후, 평가 결과에 따라 적절히 보상한다.

그러나 '목표관리'는 말처럼 쉬운 것은 아니다. 우선 무엇보다도 목표 자체가 잘 설정되지 않으면 안 된다.

[그림 6-11]에는 목표를 설정할 때 기준으로 삼아야 할 SMART 기준이 제시되어 있는데, 그 내용을 살펴보면 다음과 같다. S는 Specific, 즉 목표가 구체적이어야 하며, M은 Measurable, 즉 측정가능해야 하며, A는 Agreed-upon, 즉 리더와 구성원이 합의한 목표여야 한다는 것이다. R은 Realistic, 즉 현실적이어야 하고, T는 Time-bound, 즉 시한을 정해야 한다는 것이다.

SMART

S: Specific, 구체적인

M: Measurable, 측정가능한

A: Agreed-upon, 리더와 구성원이 합의하는

R: Realistic, 현실적인

T: Time-bound, 시한이 정해진

그림 6-11 목표 설정시 기준

목표가 추상적이면 실행하기도 어렵고 측정하기도 어렵다. 예를 들어 '좋은 기업이 되겠다'는 목표를 정했다고 하자. 이런 추상적인 목표는 개인마다 다르게 해석할 수 있고, 따라서 실행하는 방법도 달라질 수 있다. 그러므로 목표는 '매출의 30%는 5년 내 신제품에서 발생하도록 한다'는 것처럼 구체적인 내용이어야 한다. 또한 목표는 측정가능한 것을 담고 있어야 한다. 측정할 수 없으면 달성 여부를 판단하기도 어렵기 때문이다. 구성원들은 측정할 수 없는 목표에 동기부여되기 어렵다.

목표가 리더에 의해 일방적으로 결정된다면 구성원들은 수동적으로 따르게 된다. 구성원의 합의에 따라 수립된 목표는 동기수준을 올리게 되고 달성할 가능성도 높다. 목표는 현실적이어야 하는데, 비현실적인 목표는 구성원으로 하여금 의욕을 떨어뜨리기 때문이다. 현실적이며 실현 가능성이 있는 목표일 때 구성원들은 의지를 가지고 노력하게 된다. 마지막으로 시한을 정해야 한다. 언제까지 목표를 달성해야 한다는 기준이 없으면 구성원들의 동기수준이 올라가기 힘들다.

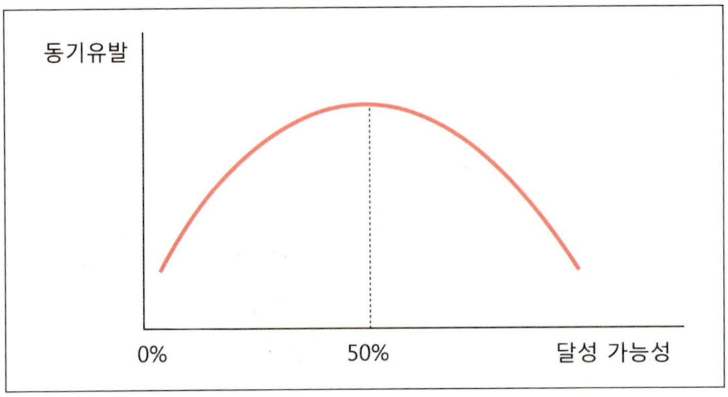

그림 6-12 달성 가능성과 동기유발 효과

그런데 이 기준들을 모두 만족시키기는 결코 쉽지 않다. 예컨대 목표가 너무 어려우면 해보기도 전에 지레 포기할 수 있다. 반대로 목표가 너무 쉬우면 의욕이 생기지 않아서 성과가 낮아질 것이다 심리학에서는 [그림 6-12]와 같이 달성 가능성이 50% 내외일 때 동기유발 효과가 극대화된다고 한다. 측정가능한 목표의 설정도 그리 쉬운 작업은 아니다. 눈에 보이는 측정가능한 목표에 집착하다보면, 측정이 어렵지만 그럼에도 반드시 추구해야 할 중요한 목표를 간과하기 쉽다. 예컨대 자발적으로 새로운 문제를 찾아내거나 아직 보이지 않는 위기를 미연에 방지하려고 애쓰지도 않을 것이다. 이런 한계로 인해 목표관리가 제대로 되려면 중요한 활동에 한정해서 위의 5가지 기준에 입각하여 목표를 관리하고, 그 외의 활동은 비계량적 방식으로 관리해 나가는 것이 필요할 것이다.

이처럼 목표 설정에는 여러 가지 어려움이 수반된다. 그렇다고 이를 예방하기 위해 계획을 너무 치밀하게 세운다면 시간과 노력을 과다하게 지불해야 한다. 특히 상황이 복잡하고 가변적인 경우, 처음 수립한 계획의 방향이나 목표, 실행방안 등이 빗나가는 경우가 많고, 계획과 목표를 설정하는 것 자체가 애초부터 어려울 수 있다. 이런 경우에는 처음 설정한 계획이나 목표에 너무 집착하기보다 일종의 비상계획(contingency plan)을 마련해서 실행해 나가는 것이 바람직할 것이다.

일반적으로 목표설정은 하향식과 상향식 두 가지 방식으로 절충해서 운용된다. 추상적이면서, 도전적이고, 장기적인 목표는 상급자가 제시한다. 그런 목표를 실천가능하고, 측정가능하며, 명확하게 하기 위해 하급자들의 의견을 충분히 반영하는 것이 바람직하다. 특히 단기적인 목표는 하의상달식으로 구성원들이 주도하여 설정하는 것이 바람직하다. 이렇게 해서 상위목표와 하위목표, 장기목표와 단기목표, 전사 목표와 하위부문 목표가 상호 유기적으로 연결되고, 전체적인 일관성이 확보되어야 효과적인 목표체계가 완성될 수 있다.

2. 실행과정

'시작이 반'이라는 말이 있다. 실행하지 않으면 아무 것도 이룰 수 없다는 말이다. 그만큼 실행이 중요하다. 경영자가 주어진 계획을 제대로 추진하기 위해선 사람들을 조직하는 일과 함께 동기를 유발하고 소통하고 지휘하는 리더십이 필요하다.

실행의 첫 번째 과제는 조직구조를 설계하는 일이다. 계획을 실천할 조직의 기능과 부서에 업무를 할당하고, 각 업무에 적합한 인재들을 뽑아 맡긴다. 이들에게 각종 자원을 활용할 수 있는 권한을 위임해주고 그에 상응하는 책임을 적절히 부여한다. 그리고 구성원들 간에 수평적·수직적 관계를 규정해서 서로 원활하게 소통하고 협력할 수 있는 시스템을 만드는 것이다. 마지막으로 구성원들의 의욕과 동기를 유발할 수 있는 리더십을 발휘해야 한다. 구성원 간의 의사소통이 원활해야 업무를 효과적으로 처리하고 문제를 해결할 수 있기 때문에 이를 촉진하는 것이 리더의 역할이고 책임이다.

1) 조직화

어떤 목표를 계획해서 실행에 옮기려면, 다양한 사람들을 모아 구성원들이 가진 전문성을 최대한 발휘하고 서로 협력할 수 있는 조직체계를 구축해

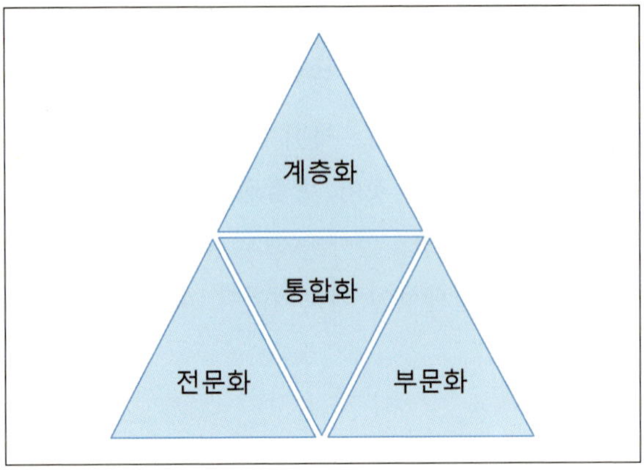

그림 6-13 조직구조의 설계

야 한다. 이를 가리켜 조직구조의 설계라고 한다. [그림 6-13]에는 조직구조 설계에 있어서 전문화, 부문화, 통합화, 계층화라는 4대 요소가 제시되어 있다.

첫 번째 요소는 전문화이다. 전문화란 구성원들이 특정 업무에 대한 지식과 경험을 쌓아 문제해결 능력과 업무 숙련도를 높이는 조직설계의 과정을 의미한다. 조직구조의 설계에서 전문화는 특정 업무를 일정한 기준에 따라 나눈 다음, 세분화된 업무를 각기 다른 사람에게 맡기는 데에서 출발한다. 이렇게 하면 각자 맡은 업무의 범위가 좁아지고 업무의 복잡성과 다양성이 줄어들어, 한 사람이 동일한 일을 더 자주 반복하면서 경험을 축적할 수 있다. 전문화를 통해서 부서와 사람 모두가 업무의 숙련도가 높아지고 전문적인 지식이나 노하우가 깊어지는 것이다. 예를 들어, 마케팅, 생산, 인사, 재무, 회계, IT 등의 업무 영역별로 각각 다른 사람이 맡으면, 한 사람이 모든 영역을 맡는 것보다 각자의 전문성이 훨씬 더 높아질 수 있다. 업무가 세분화되고 구성원들의 전문성이 높아지면 깊이 있는 의사소통도 가능하고 자신의 전문성을 다른 사람에게 전수하기도 용이해진다. 이렇게 하면 업무 효율성과 생산성을 높이고 비용도 절감할 수 있다.

조직설계의 두 번째 요소는 부문화이다. 전문화된 업무들 중에 서로 밀접하게 연관되어 있고 자주 협력해야 하는 업무들을 하나의 부서로 통합하면,

업무를 훨씬 더 효율적으로 추진할 수 있다. 연관된 업무를 사업이나 기능 영역별로 묶는 것을 부문화라 하고, 이를 다시 세분화하는 것을 부서화라 한다. 부문화의 예로는, 어느 IT업체가 생산하는 제품을 사업분야로 분류하여 소비자가전, 멀티미디어, 자동화로봇 등으로 묶는 것이다. 부서화의 예로는, 자동화로봇 사업을 수행하는 데 필요한 연구개발, 생산, 마케팅 및 유통, 경영지원 등의 부서로 다시 세분화하는 것이다. 전문화와 부문화를 통해 업무를 나누고 합치는 조직설계의 과정을 '수평적 분화'라고 한다.

조직설계의 세 번째 요소는 통합화이다. 통합화는 구조적 통합을 말하는데, 특히 여기서는 통합 역할을 전담하는 관리자에 관해 언급하고자 한다. 수평적 분화를 통해 구성된 부서나 부문별로 이를 총괄하는 관리자가 필요하다. 관리자는 여러 가지 세분화된 업무와 전문화된 사람들을 조정·통합하고 다른 부서 혹은 상위 부서와 소통하는 역할을 한다. 다양한 활동을 하나의 부서로 통합하고 이를 한 명의 관리자가 통솔하면 구성원들 간 소통이 더욱 긴밀해질 수 있고 협력이 강화될 수 있다. 각 부서마다 부서장은 한 명만 두는 게 원칙인데, 의사결정상의 혼선을 피하고 부서의 행동을 일사불란하게 하기 위함이다. 이를 '명령통일(unity of command)의 원칙'이라고 한다.

그런데 관리자가 통제할 수 있는 사람의 숫자나 업무의 범위에는 한계가 있다. 사람의 능력에는 한계가 있기 마련이다. 이를 '통제의 범위(span of control)'라고 한다. 관리자의 능력이나 리더십이 출중할수록, 하급자들이 유능하고 결속력이 강할수록, 통제의 범위는 더 넓어져서 관리자가 더 많은 수의 부하들을 효과적으로 관리할 수 있다. 이 밖에도 업무가 단순반복적이고 자동화되어 있을수록 관리자가 통제할 수 있는 범위는 더욱 넓어진다. 반면에 업무가 너무 복잡하고 어렵거나, 업무환경이 열악하거나, 리더-구성원 간의 신뢰도가 낮으면 통제의 범위는 좁아질 수밖에 없다. 이런 상황에서 통제 범위가 커지면 관리가 부실해지기 쉽다([그림 6-14] 참조).

조직설계의 네 번째 요소는 계층화이다. 상위 직급의 리더가 계속 늘어나고 그 위로 또 새로운 상위 직급이 생기면, 이를 두고 '수직적 분화'라고 한다. 수직적 계층에 따라 상하 간 직급별로 적절한 지위와 역할이 주어지고 그에 걸맞은 권한과 책임이 부여되는 것이다. 이 계층이 바로 상하 간 위계

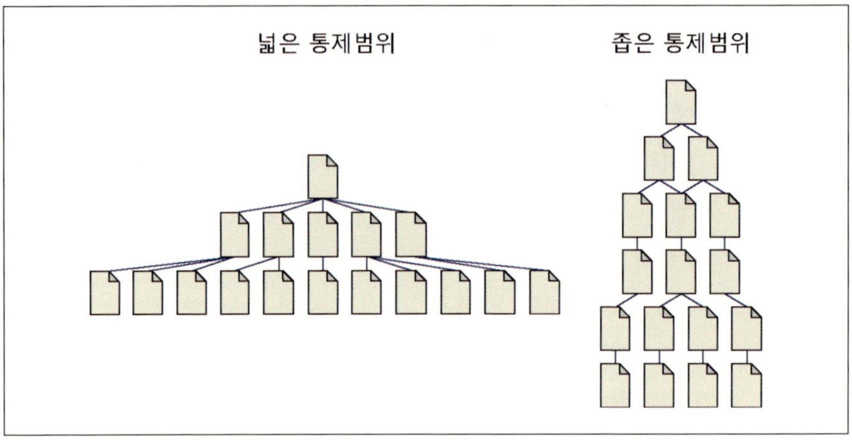

그림 6-14 넓은 통제범위 vs 좁은 통제범위

질서(hierarchy)이고 그 상하관계가 지휘와 보고의 체계이자 의사소통 채널이다. 이런 식으로 기업 내에 사장-부문장-팀장-팀원이라는 수직적 직위체계가 만들어진다.

이처럼 기업조직을 전문화, 부문화, 통합화, 계층화하여 조직구조의 설계가 마무리된다. 기업마다 조직구조는 상이한데 사업환경, 사업내용, 기업규모, 경영정책, 기업문화 등에 따라 적합한 설계방식이 다르기 때문이다. 또한 실제 어떤 사람이 어떤 자리를 맡느냐에 따라 조직구조가 달라지기도 하는데, 이는 관리자마다 관리능력과 전문성이 다르기 때문이다. 따라서 어떤 상황에서나 효과적인 유일무이한 최선의 조직설계방식이란 없다고 할 수 있다.

2) 의사소통과 동기유발

(1) 의사소통

의사소통은 사람들 간에 정보, 아이디어, 이해, 감정을 교환하는 과정이다. 사람들이 서로 소통하지 못하면 공감하기 어렵고 신뢰가 생기지 않아 서로간에 갈등과 불만이 누적될 수 있다. 이런 상황에서는 기업의 구성원들이 어려운 업무를 수행하려거나 목표달성을 위해 자발적으로 나서지 않을 것이

표 6-3 의사소통 장애

장애요인	설 명
정보 왜곡	발신자가 수신자의 선호도에 따라 정보를 걸러내거나 조작함
정보 선택	자신의 욕구나 경험 등의 기준에 따라 선택적으로 지각함
정보 과부하	정보 저장 및 처리 능력이나 시간 대비 과다한 정보 흐름
감 정	감정기복이 심할수록 합리적 소통에 장애
개인차	나이나 성별에 따라 사용하는 용어, 소통매체, 가치관의 차이

다. 따라서 기업은 원활한 의사소통을 가로막는 여러 가지 물리적·문화적·심리적 장벽을 낮추기 위해 각별한 노력을 기울여야 한다.

먼저 물리적 장벽으로는 과밀한 업무공간, 사무실 칸막이나 비효율적 공간 배치 등의 요인이 있다. 구성원들이 자유롭게 모일 수 있는 회의실이나 공용공간이 없을 때에도 소통이 어려워진다. 문화적 장벽도 원활한 소통을 방해하는 데 일조한다. 경직된 위계문화나 부서이기주의 등이 만연하게 되면 소통이 원활하지 못하고, 공감대가 형성되기 어려운 것이다. 의사소통을 방해하는 심리적 장벽은 자신의 선호나 가치관, 편견 등으로 인해 야기된다. 〈표 6-3〉에는 대표적인 의사소통의 장애가 예시되어 있다.

첫째, 정보 왜곡이란 발신자가 수신자가 좋아하는 정보만 추려 내거나 조작하여 전달하는 것이다. 둘째로 정보 선택은 자신의 욕구나 경험으로 말미암아 다른 사람의 의견이나 정보를 선별해서 지각하는 것이다. 셋째는 정보 과부하이다. 일반적으로 정보는 많을수록 좋다고 생각하기 쉽지만 정보 수집에는 돈, 시간, 노력이 들어간다. 특히 정보가 너무 많으면 혼란스러워져서 의사소통이 더 어렵고 의사결정이 더욱 어려워질 수 있다. 넷째는 감정이다. 평소에 감정의 기복이 심하면 합리적인 소통에 장애가 생긴다. 기분이 좋을 때는 정보를 긍정적으로 받아들이지만, 기분이 나쁠 때는 같은 정보를 부정적으로 받아들여 의사소통이 어려워진다. 마지막으로 개인차가 있다. 연령대나 성별이 다르면 사용하는 언어나 경험치가 서로 다르고 소통의 매체도 달라져서, 동일한 의사표시를 해도 이해를 못하거나 공감하지 못하는 경우가 많다.

(2) 동기유발

경영자가 소통의 장애를 극복하고 조직 구성원들의 공감대를 넓히면, 구성원들이 좀 더 적극적으로 업무를 추진하고 계획을 실행하려는 동기가 유발될 수 있다. 동기유발(motivation)이란 구성원들이 자발적이고 지속적으로 어떤 목표를 달성하기 위해 노력하도록 의욕을 고취시키는 경영활동이다. 동기유발에 영향을 미치는 변수는 크게 개인적 특성, 직무 특성, 작업환경 특성의 세 가지로 나눌 수 있다.

먼저 개인적 특성으로는 욕구(needs)가 있다. 욕구는 무엇인가 결핍되어 있기 때문에 이를 충족시키려는 동기(motives)에서 생겨난다. 사람들은 욕구를 충족시키기 위해 본능적으로 혹은 의식적으로 노력하기 마련이다. 경영자는 구성원들이 원하는 다양한 욕구를 충족시키고 자극함으로써 어떤 일을 추진하고자 하는 열정과 동기를 유발할 수 있다.

그림 6-15 에이브러햄 매슬로우

매슬로우(Abraham Maslow, 1908-1970)는 인간의 욕구를 생리적 욕구, 안전 욕구, 소속 욕구, 자기존중 욕구, 자아실현 욕구의 다섯가지로 구분하였다. 생리적 욕구란 삶을 유지하기 위해 필수적인 신체적·본능적 욕구를 말한다. 안전 욕구는 생리적 욕구가 불안하거나 단절되지 않고 지속적으로 보호되기를 원하는 욕구이다. 소속 욕구는 사회적 욕구의 다른 표현인데, 서로 인정하고 공감하고 사랑하는 욕구를 말한다. 가장 대표적인 소속 욕구는 바로 가족 사랑이다. 자기존중의 욕구는 자신의 자아를 존중하고 보호하려는 욕구로서 다른 사람으로부터 무시되거나 업신여김을 당하기 싫어하는 욕구를 포함한다. 이런 자기존중 욕구가 발현되는 표현 중 하나가 '나는 잘 할 수 있다'는 자기 확신인데, 어려움에 처했을 때 분발해서 오뚝이처럼 일어서려는 동기이다. 마지막으로 자아실현 욕구는 자기 스스로 어떤 절대적 경지에 오르고자 하는 내면적 자기 완성 욕구를 말한다. 장인정신이 대표적 예일 것이다.

맥클리런드(David McClelland, 1917-1998)는 성취 욕구, 권력 욕구, 친화 욕구를 강조하였다. 성취 욕구란 사회적 명성이나 지위, 실력이나 실적 등에 있어서 다른 사람이나 자기 자신의 기대치보다 더 높은 경지에 오르고 싶어하는 욕구이다. 맥클리런드는 특히 교육에 있어서 높은 성취 욕구가 한 사회의 경제적·정치적 성장과 발전의 척도라고 강조하였다. 권력 욕구는 자기 자신이 통제할 수 있는 대상이나 영역을 강화하고 확대하고자 하는 욕구를 말한다. 권력을 가지면 대부분 다른 정치적·사회적·경제적 욕구를 충족시킬 수 있기 때문에 가장 강력한 욕구 중 하나로 인식되고 있다. 친화 욕구는 집단의 일원으로서 다른 사람과 함께 일하고, 인정받으며, 사랑받고 싶어하는 욕구를 말한다.

그림 6-16 데이비드 맥클리런드

욕구의 종류와 강도는 개인에게 주어진 업무특성이나 작업환경, 사회적 지위, 소득수준에 대한 선호도 등에 따라 사람마다 다르다. 먼저 업무특성이란 업무 난이도, 업무의 범위, 자율성 등을 말한다. 이 중에서 자율성을 예로 들어보면, 남이 시킨 일을 어쩔 수 없어서 수동적으로 일하는 것보다는 자기 스스로 상황을 통제하고 능동적으로 일할 수 있는 기회가 주어지면 자아실현욕구나 성취욕구가 자극되어 더 열심히 일한다.

작업환경에는 상사나 동료와의 관계, 팀 분위기와 같은 팀 내부의 환경뿐 아니라 금전적 보상이나 승진, 복지 정책과 같이 회사의 정책도 이에 포함된다. 일반적으로 급여나 보너스 등과 같은 금전적 보상이 아주 낮을 때 보상수준을 높여주면 작업동기가 크게 올라간다. 그러나 자신이 받는 보상이 자신의 준거집단 혹은 비교대상이 되는 집단의 수준보다 훨씬 높은 수준일 때에는, 금전적 보상을 조금 더 주는 것만으로는 동기를 유발하기 어려워진다. 〈박스 6-5〉에서는 보상을 통해 성과를 높이려면 단순히 보상을 더 주는 것만으로는 미흡하고 좀 더 세심한 배려가 필요하다는 점을 지적하고 있다.

박스 6-5

'보상으로 성과 높이기'

그림 6-17 세이프라이트의 직원이 자동차 유리를 설치하는 장면

자동차유리 제조 및 설치 기업인 '세이프라이트(Safelite)'는 1994년 새로 취임한 리더가 새로운 경영방침을 채택했다. 그동안 유리 설치기사들이 시간제로 받아왔던 임금을 생산성에 따라 지급하기로 한 것이다. 유리를 더 많이 설치할수록 더 높은 임금을 받는 구조로 바꾸어, 일한 시간이 아니라 성과에 따라 보상하는 체제로 바꾼 것이다. 이 간단한 변화로 3000명 직원들의 평균 생산성이 44% 증가했다.

그런데 좀 더 자세히 들여다보면, 생산성을 높이지 않으면 안 된다는 강박 때문에 직원들 스트레스가 심해지기도 했다. 이를 줄이기 위해 세이프라이트는 직원들이 업무 성과와 관계없이 최소한의 임금을 받을 수 있도록 보장해주었다. 직원들의 90%는 새롭게 변화된 보상제도로 더 많은 돈을 벌었고, 그렇지 못한 직원들도 별 불만이 없었다.

회사에서는 또한 새로운 설비를 들여와 직원들이 자신의 생산성이 어떻게 나타나는지 실시간으로 정확히 알 수 있게 하였다. 이에 더해 성과주의 보상제도가 불러올 수 있는 위험 즉 생산성 등과 같은 양적 성과를 위해 품질과 같은 질적 성과가 소홀히 되지 않도록 문제가 발견되는 즉시 상급자가 스스로 시정할 수 있도록 조치하였다(닐 도쉬 · 린지 맥그리거, <무엇이 성과를 이끄는가>, 2016).

위에서 언급한 직무 특성이나 작업환경 특성을 '외재적 요인'이라 한다. 반면 개인적 욕구나 성격, 선호 등의 심리적 특성은 '내재적 요인'이라 부른다. 보상을 높여주는 방식으로 작업환경을 바꾸어주는 외재적 요인은 경영자가 상당 부분 자기 재량으로 할 수 있기 때문에 경영자가 개입해서 상황을 개선시킬 수 있는 여지가 많다. 외재적 요인 중에서 특히 경영자가 관심을 가져야 되는 부분이 바로 직무를 잘 설계하고, 그 직무에 적합한 사람을 배치하는 일이다. 따라서 '적재적소'(適材適所)의 인사는 동기유발을 위해 가장 중요한 결정일 수 있다. 본인이 좋아하고 잘하는 일을 하면, 외재적 요인이 충족되지 않아도, 자발적으로 동기가 부여되고 성과도 좋아질 것이기 때문이다.

반면에 금전적 보상과 같은 외재적 동기(extrinsic motives) 유발은 잘못 사용하면 부작용을 낳을 수 있다. 외재적 요인이 없어지면 불만을 갖게 되어 동기도 사라질 가능성이 높기 때문이다. 예를 들어, 아버지가 자식에게 심부름을 시킬 때마다 용돈을 주는 걸 당연시하게 되면, 용돈을 주지 않는 심부름은 안 하려고 들 것이다. 어떤 경우에는 금전적 보상이 오히려 동기를 잃게 하거나 역효과를 내기도 한다. 점점 더 많은 돈을 기대하게 되거나 '고작 그 정도의 돈으로 사람을 무시하느냐?'며 반발심이 생길 수 있다는 것이다.

따라서 구성원의 동기를 효과적으로 유발하려면 그 사람의 '내재적 동기(intrinsic motives)'에 대한 깊은 이해가 필요하다. 그러나 '내재적 심리요인'을 경영자가 이해한다고 해서 동기를 실제로 유발해내는 것은 쉽지 않은 일이다. 사람의 성격이나 욕구, 선호, 가치관 등은 일정 부분 타고나기도 하고, 가정환경이나 친구관계에 의해 영향을 받기도 한다. 내재적 동기는 오랫동안 경험을 하면서 내면화되어 굳어졌기 때문에, 스스로 자각하기 전에는 바뀌기 어렵다. 다만 일단 내재적 동기가 생기면, 자기가 좋아서 하는 일인 만큼 다른 사람이 시키거나 보상으로 유인하지 않아도 스스로 알아서 적극적으로 나서게 된다. 내재적 동기를 유발하는 직무를 설계하고 그 일을 원하는 인재를 배치하는 게 중요하다.

그림 6-18 내재적 동기를 가지고 공부하는 아이

3) 리더십

기업활동은 사람의 손을 반드시 거쳐야 한다. 조직 구조나 시스템도 사람이 설계하고 사람에 의해 운영된다. 모든 가치창출 과정이나 관리 과정이 사람 손이 아니면 원활하게 추진되기 어렵고 소기의 성과를 거두기도 어렵다. 물론 과학기술의 발달로 수많은 일이 기계화·자동화·인공지능화되어가고 있지만, 여전히 사람이 모든 일의 설계자이고 운용자이다. 강(强)인공지능(Strong AI)이 언젠가는 등장할지도 모르지만, 그때까지는 그래도 인간만이 감성적이고, 창의적이며, 불가능에 도전할 수 있는 유일한 존재라고 할 수 있다. 그래서 사람들을 조직화해서 서로간에 소통하고, 열정을 다해서 일할 수 있도록 이끌고 돕는 리더십이 앞으로도 상당 기간 중요시될 것으로 예상된다.

리더십은 구성원들로 하여금 공동의 목표를 향해 자발적으로 협력하도록 동기를 유발하는 능력 내지는 영향력을 말한다. 탁월한 리더는 〈표 6-4〉에서와 같이 목표지향성, 판단력, 추진력, 자신감, 포용력, 신뢰성 등 6가지 조건을 갖추어야 한다. 기업환경이 급변하고 이에 효과적으로 대응할 수 있는 조직 내부의 수평적 관계가 중시되는 오늘날의 현실에서는 리더십의 발휘가 그 어느 때보다도 필요하다.

표 6-4 탁월한 리더의 조건

특 성	설 명
목표지향성	과감하고 도전적인 목표를 제시할 수 있는 능력
판단력	문제의 본질을 꿰뚫어보는 통찰력과 상황과 대안을 평가하고 선택할 수 있는 능력
추진력	원대한 비전, 열정과 몰입, 능동성, 솔선수범, 목표달성 • 필요한 수단(조직, 기술, 자금 등)을 동원할 수 있는 능력
자신감	문제해결 및 비전달성에 대한 자기 확신과 진취성 • 위기나 난관 앞에서 위축되지 않는 담대함과 용기
포용력	팔로워를 수용, 소통, 이해, 인내, 영향력을 행사하려는 의지 • 팔로워에 대한 배려, 정서적 친밀도, 공감, 공유
신뢰성	목표달성 능력 및 약속 준수, 언행일치 등의 일관성과 진정성

리더는 제1덕목으로서 목표지향성으로 구성원들과 함께 모든 노력을 집중할 수 있는 과감하고 도전적인 목표를 함께 만들어 나갈 수 있어야 한다. 여기서 목표는 효율성(efficiency) 목표와 효과성(effectiveness) 목표로 구분된다. 먼저 효율성은 투입(량) 대비 산출(량)의 비율로서 소위 생산성(또는 가성비)과 같은 개념이다. 예를 들어, '1인당 생산량'이라는 척도는 산출량을 투입인원으로 나눈 수치인데, 여기서 투입인원을 줄일수록 인건비를 줄일 수 있고 1인당 생산량은 증가한다. 이는 효율성이 높아지는 것을 의미한다.

효과성은 투입량에 관계없이 목표의 달성 정도를 의미한다. 비극적 전쟁으로 기억되는 6·25전쟁에서 중공군 1개 사단 6000명이 한국군 1개 대대 400명이 지키고 있는 고지를 인해전술로 공격하여 무려 4000명의 사상자를 남기고 결국은 점령했다고 하자. 중공군 입장에서는 엄청난 병력손실로 인해 전투의 효율성은 매우 낮다고 말할 수 있다. 그러나 병력손실이 어찌 되었든 간에 승리라는 목표를 달성했기 때문에 효과성은 있는 것이다.

리더로서 필요한 제2덕목은 판단력이라는 점은 앞서 '의사결정' 부분에서 강조하였다. 또한 리더의 제3, 제4의 덕목인 추진력과 자신감이 없으면 구성원들이 따르기를 주저할 것이다. 특히 위기상황이 닥쳤을 때, 누구도 확신을 가지지 못하고 불안에 떨게 될 때 리더의 자신감과 추진력은 구성원들에게는 캄캄한 밤에 바다 위에서 표류하는 배에게 불을 밝혀주는 등대로 비유될 수 있다. 제5의 덕목인 포용력은 흔히 우리가 리더의 '그릇'이라고 말하는 것이다. 리더에게는 그의 견해에 반대하고 불신하는 사람들과도 소통하고 공감할 수 있는 넉넉한 품성이 필요하다. 포용력이 있어야 더 유능하고 열정적인 사람들과 긴밀한 관계를 유지할 수 있고, 더 크고 어려운 목표를 달성할 수 있을 것이다. 마지막으로 제6의 덕목인 리더-구성원 간의 신뢰성으로, 인간적 품성뿐 아니라 능력에 대한 신뢰도 이에 포함된다.

그런데 아무리 탁월한 리더라고 하더라도 이와 같은 조건을 다 갖추지는 못할 것이다. 그렇다면 어떤 상황에서, 어떤 과업이나 문제를 해결해야 하는지에 따라 필요한 리더의 특성이 달라지기 때문에 경영학에서는 탁월한 리더의 '상황 적합적인' 조건에 주로 관심을 둔다.

예를 들어, 위기상황에 처한 조직에서는 리더의 문제해결을 위한 판단력과 추진력이 절대적으로 필요하다. 또한 구성원들이 서로 불신하는 상황에서는 리더의 신뢰성이 가장 중요한 조건일 것이다. 이렇게 리더십과 리더-구성원 관계에서 필요로 하는 조건이 상황마다 다르기 때문에, 리더는 그런 상황에 적합한 리더십을 갖추도록 노력해야 한다.

3. 평가과정

계획을 실행한 후에는 누가, 무엇을, 어떻게, 얼마나 잘했는지 성과를 평가하는 과정이 반드시 필요하다. 성과란 애초 계획할 때 세운 목표가 달성된 정도를 말한다. 성과를 평가해야만 사후적으로 개선할 수 있고, 평가결과에 따라 개인이나 집단에게 보상할 수 있다. 평가는 평가시기에 따라 수시평가, 정규 기간별 평가 등이 있다. 평가단위에 따라서는 개인별, 팀별, 전사 차원의 평가로 나누기도 한다.

이와 같은 평가 후에 계획을 추진한 과정과 결과를 돌아보고, 조정하고 시정하는 일련의 활동을 통제(control)라고 한다. 일반적으로 기업 내부에 각종 비리가 발생하고 무사안일하게 되는 이유는 개개인 사람의 잘못도 있겠지만 '통제 시스템'이 작동하지 않기 때문일 것이다.

평가와 통제 과정이 끝나면 마지막으로 피드백(feedback) 과정이 있다. 피드백은 이제까지 언급한 모든 PDS 과정을 거친 후 그 경험을 보다 새로운 PDS 활동을 위해 전달하고 전수하는 과정이다. PDS는 하나의 과정으로 끝나지 않고 새로운 과정으로 계속 이어진다. 그 순환(환류) 과정의 연결고리가 바로 피드백이다. 피드백 과정이 없으면 과거의 시행착오와 경험, 지식이나 노하우가 축적·계승되지 않기 때문에 경영역량을 지속적으로 강화하기 어렵다. 〈박스 6-6〉의 사례는 미국 월트디즈니사가 유럽에 처음으로 테마파크를 개장한 다음, 회사의 피드백 체계가 제대로 작동되지 않아 겪게 된 어려움을 말해주고 있다.

박스 6-6

'월트디즈니, 평가의 중요성'

1992년에 월트디즈니사는 파리 근처에 그들의 첫 번째 유럽 테마파크를 개장했다. 유로디즈니는 유럽의 가장 인기 있는 관광지 중 하나가 되었다. 그러나 개장한 지 2년 만에 10억 달러 이상의 손실을 입고 말았다. 그 대답의 일부는 시작부터 가정을 잘못했기 때문이었다. 정보수집 단계에서 디즈니사의 중역들은 음식과 음료수의 평균 소비량, 유럽인들이 놀이기구를 타기 위해 얼마나 오랫동안 줄을 서서 참고 기다릴 것인지, 입장료 가격에 대한 민감성 등에 대해 많은 추정을 했다. 그리고 수입의 반은 입장료로부터, 나머지 반은 호텔과 음식, 기념품들로부터 올릴 수 있을 것으로 예상했다. 이런 많은 가정들은 미국과 일본 디즈니의 성공 사례에 근거한 것이었다.

그림 6-19 디즈니랜드 파리

그런데 막상 유럽인들은 일본인이나 미국인에 비해 이런 종류의 유흥과 오락에 돈을 지불하는 것을 상당히 꺼리는 것으로 나타났다. 결국 어른 입장료 가격을 대폭 내려야 했다. 1회 방문당 평균 쓴 돈도 예상을 훨씬 밑돌았고, 호텔 평균 체류기간은 예상했던 4일보다 적은 2일에 불과했다. 유럽인들은 미국인이나 일본인들처럼 세 끼 식사를 하루 종일 돌아다니며 하지 않고 식사를 모두 정오에만 하려 했기 때문에 식당에서 그들을 전부 수용할 수가 없었다. 뿐만 아니라 디즈니는 어떤 경험적 자료가 생겼을 때 그 정보를 모아 관련자들에게 전달하는 체계적인 보고방식이 없었던 것도 문제였던 것으로 밝혀졌다. 적시에 보고해야 잘못된 점을 즉시 수정할 수 있는데, 모니터링 자체가 제대로 안 되고 있었던 것이다(Russo and Schoemaker, 전게서).

이제부터는 평가과정상의 성과평가, 통제, 피드백 활동에 대해 좀 더 구체적으로 살펴보기로 한다.

1) 성과평가

기업은 기본적으로 가치를 창출하는 조직이고 이를 통해 이윤을 극대화한다. 성과를 달성한 다음 이를 배분하는 과정에서 기업은 생존을 확보하고, 성장을 지속할 수 있다. 기업은 구성원들에게 성과에 연동된 보상을 줄 수 있어야 경쟁력이 강화되고 기업가치가 극대화될 수 있기 때문이다.

일반적으로 널리 강조되는 기업의 성과지표로는 매출, 영업이익, 순이익 등이 있다. 주요 부문별 성과로는 생산부문에서는 생산성, 수율(yield ratio), 납기 등이 중시되고, 마케팅 부문에선 매출, 시장점유율, 재구매율이나 반품률 등이 강조된다. 글로벌 기업인 GE의 경우, 1950년대부터 다음과 같은 8가지 성과지표를 활용해 왔다. 여기에는 수익성, 시장점유율, 생산성, 제품리더십, 이해관계자에 대한 책임, 인적 자원의 개발, 구성원들의 태도, 단기목표와 장기목표 사이의 균형이 포함되어 있다. 이들 성과지표 중에는 쉽게 계량화하여 측정가능한 것도 있고, 측정하기 어려운 비계량적인 것도 있다.

특히 단기목표와 장기목표 간에는 자칫 괴리가 커질 수 있기 때문에 어떤 식으로든 조화를 모색하는 게 필요하다는 점을 GE와 같은 선진 기업들이 오래 전부터 주목해왔다는 것이 놀랍다. 예를 들어, 단기적으로 매출 성장을 강조하다보면 광고비를 과감하게 지출해야 하는데, 그렇게 되면 연구개발 투자 등이 부실해져 장기적인 매출 성장을 저해하는 결과가 나타날 수 있다. 장·단기 목표 간의 균형을 유지하기 위해서는 전술한 바와 같이 단기목표와 장기목표를 이어주는 '시나리오 플래닝'과 같은 징검다리 로드맵이 필요할 것이다.

성과평가는 그 과정과 결과를 구성원들이 납득하고 수용할 수 있어야 한다. 그렇지 않은 상태에서 평가가 단행되면 이는 평가를 안 하느니만 못한 결과가 초래될 수 있다. 구성원들이 평가를 받는 것 자체를 부담스러워 하거나, 평가 결과가 부당하고 불공평하다는 반감을 갖기 쉽다.

이 때문에 평가 기준은 [그림 6-20]과 같이 가급적 객관적이고, 예측 가능해야 한다. 즉 평가자의 주관적 판단이 개입되지 않고, 다른 사람들과 비교했을 때 공평하고 공정해야 한다. 그리고 평가결과를 충분히 소통하고 이해를 구해야 피평가자들이 평가의 목적과 필요성을 수긍하고 결과를 긍정적으로 받아들일 것이다. 평가에 대한 신뢰가 없으면 구성원들의 자발적인 노력과 협력을 기대하기 어렵고 우수한 성과를 만들어내기 어렵다.

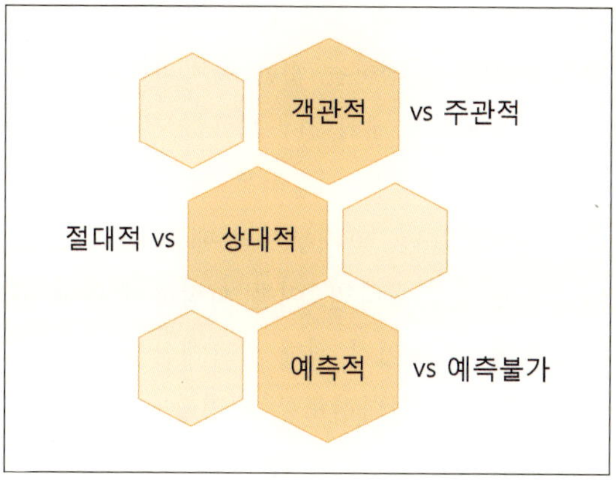

그림 6-20 성과평가의 기준

그래서 '측정 없이는 개선도 없다'는 말이 있다. 성과를 평가하려면 측정이 제대로 되어야 한다는 뜻이다. 다만 측정을 하려다 보면 대개 손쉽게 측정할 수 있는 계량적이고 단기적 측면에만 집중하기 쉽다. 겉으로 잘 드러나지 않는 정성적인 측면, 즉 협동이나 헌신, 자부심과 사기, 혁신적인 아이디어, 장기적 성장성 등과 같이 측정하기 어려운 측면이 무시될 수 있다.

따라서 편리하고 신속하며 비용이 덜 드는 측정이라고 반드시 좋은 게 아니다. 예를 들어, 원자재를 대량으로 싸게 구매하여 비용을 절감했다고 해서, 오래된 거래처와 신뢰가 약해진다거나 구매한 원자재의 품질이 떨어지면 기업에게 오히려 손해가 될 수 있다. 이런 어려움 때문에 성과평가에는 전문인력이 필요하고, 이들이 주축이 되어 성과평가제도에 대한 꾸준한 개선과 함께 구성원들의 이해와 공감이 동반되어야 한다.

2) 통 제

통제라는 용어는 일반적으로 행동을 억제하고 강요한다는 부정적인 의미가 강하지만, 경영학에서는 계획과 실행 사이에 발생하는 괴리를 시정하는 활동이라는 긍정적인 의미로 주로 사용된다. 여기서 통제는 계획이 제대로 실행되고 있는지 확인한다는 차원에서 '평가과정'의 일환으로 소개되고 있으나, 실제 통제활동은 평가 이전의 실행단계부터 전개된다. 계획을 실행하는 과정 중에 계획과의 오차가 발생하는 것은 불가피하다. 그에 따라 시정활동이 수시로 필요하고, 그때그때 계획이나 목표를 적절히 수정해야 한다.

통제에는 부서나 사람의 행동을 시정하는 행동통제와 비용지출을 조절하는 예산통제가 있다. 예를 들면, 판매부서의 매출 목표를 10억 원으로 세웠는데 실제 실적이 8억 원에 그쳤다면, 이를 시정하기 위해 여러 조치가 행해질 수 있다. 우선 실적을 더 높이기 위해 광고예산을 더 많이 배정하거나 영업사원을 늘리고 판촉활동을 강화하도록 독려할 수 있다. 연구개발 부서와 협력해서 신제품 출시를 앞당길 수도 있다.

통제는 또한 통제시점을 기준으로 사전에 예방 차원에서 하는 '사전통제', 실시간으로 조율하는 '동시통제', 괴리가 발생한 후 사후적으로 시정하는 '사후통제'로 구분할 수 있다.

사전통제는 예상 시뮬레이션, 정기점검, 수시점검, 모의훈련과 같은 예방활동을 말한다. 아직 발생하지 않은 어떤 사건·사고 같은 일이 발생하기 전에 미리 준비하고 훈련하는 일은 자칫 안 해도 되는 노력(혹은 비용)처럼 여겨지기 때문에 기피하는 경우가 많다. 이를 소홀히 함으로써 발생되는 대표적인 문제로 산업재해를 들 수 있다. 건설 공사장이나 화학공장, 지하철의 안전사고 등 국내 기업의 산업재해 및 인적 피해와 사망률은 OECD 국가들 중 가장 높은 그룹에 속한다. 재해를 예방하기 위한 훈련 등 기업의 노력이 부족하고, 매뉴얼이 있어도 현장에서 제대로 따르지 않기 때문이다.

동시통제는 업무진행 도중에 실시간으로 확인하고 시정하는 방식인데, 가장 일반적인 관리감독 방식이라 할 수 있다. 대개 리더가 지시하고 실무담당자가 실시간으로 따르는 상의하달식 방식을 따른다. 일방적인 지시는 직접적 소통방식을 사용하므로 명확하고 신속하다. 권한을 이용해서 강압적으로 다그치기도 해야 하는 경우도 발생한다. 하지만 담당자가 자율적으로 조치하거나, 리더에게 건의할 수 있는 분위기가 조성되면 더 바람직할 것이다. 지위와는 관계없이 자발적으로 참여하게 되면 구성원들의 만족도가 높아질 뿐만 아니라 창의성과 유연성이 더 잘 발휘될 수 있다.

통제 중에 사후통제가 가장 어렵다고 알려져 있다. 괴리가 발생하고 문제가 커질 때까지 리더는 담당자가 하는 일을 인내심을 가지고 지켜봐야 하기 때문이다. 그렇지만 사후통제는 중요한 장점을 가지고 있다. 우선 앞에서 언급했던 '목표관리'를 제대로 수행할 수 있다. 사후통제를 실행하기 위해서는 계획과 목표가 실행되고 나서 괴리가 발생할 때까지 기다려야 하고, 괴리의 원인을 분석하고 성과를 평가해야 한다. 이런 경험을 거쳐 '목표관리(MBO)'의 수준이 높아지고 경영역량이 강화될 수 있다.

3) 피드백

[그림 6-21]과 같이 성과 평가와 통제활동 이후에 하게 되는 마지막 활동이 바로 피드백 과정(feedback process)이다. 피드백은 계획하고 실천했던 시행착오와, 이를 평가하고 통제했던 과정 및 그 결과를 모두 취합해서 학습하고, 자료로 저장해둔 다음, 이를 새로운 PDS 과정에 전수하는 활동이다.

피드백 활동의 예로는 앞서의 '통제 과정'에서 살펴보았던 매출목표와 실적 사이에 괴리가 발생했을 때, 목표 수준이 과도하게 너무 높지는 않았는지, 미처 고려하지 못했던 변수가 있었는지 등에 대한 분석이 필요하다. 애

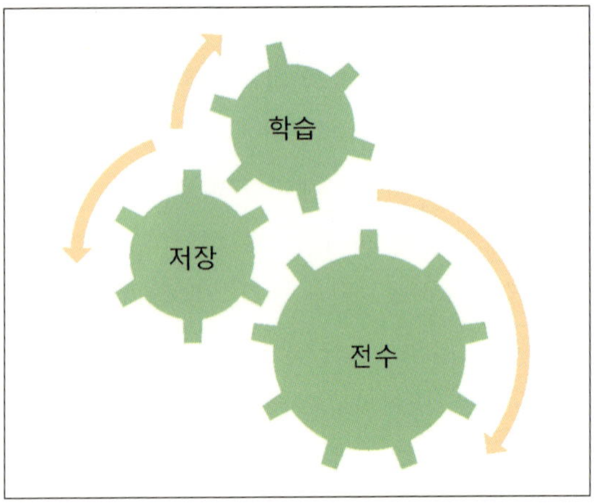

그림 6-21 피드백 과정

초부터 매출목표의 설정이 무리한 것으로 판단된다면, 이를 새로운 PDS과정에 어떻게 반영할지도 고민해야 한다.

기업은 과거의 성공이나 실패경험을 새로운 성장의 계기로 활용할 수 있어야 앞으로 더 높이 도약할 수 있다. 피드백 과정이 바로 그런 도약대라 할 수 있다. 사람 간, 업무 간의 인수인계를 철저히 하는 것도 피드백 활동의 일환이다. 우수한 기업일수록 피드백 활동을 꼼꼼하고 철저하게 진행한다.

피드백의 중요성은 최근에 더욱 강조되고 있다. 특히 애초에 기대했던 성과를 달성하지 못하고 실패한 경험은 미래 성과와 창의성을 촉진할 수 있는 기반이 된다. 부주의하거나 고의적인 실패는 마땅히 반복되어서는 안되겠지만, 과감한 도전의 결과로 인한 실패는 허용되고 인정되어야 한다. 창의성 연구자들은 실패를 경험해볼 수 있는 실험을 끊임없이 해보고, 그 경험을 새로운 학습의 기회로 활용하고 이를 전수하기 위한 자료로 저장할 것을 적극 권장하고 있다.

안타깝게도 조직차원의 피드백 과정에 대한 인식과 연구는 아직도 미흡한 수준에 있다. 피드백이 등한시되어왔던 이유는 기업 차원에서 그 중요성을 인지하지 못해서이기도 하겠지만, 지시와 감독 위주의 획일적인 '동시통제'가 일상화되어 있기 때문이다. 우리나라의 경우, 주입식 암기 위주의 점수따기 경쟁에 매몰된 교육의 영향으로 피드백을 긍정적으로 받아들이는 경험

자체가 부족한 점도 중요한 원인으로 지적된다.

구체적인 피드백 방법으로 현장 순회관리, 회의, 그리고 '체크인(Check-in)' 등을 들 수 있다. 이들 방법은 PDS 전 과정에 걸쳐 활용되고 있지만, 특히 피드백을 위해 주로 사용된다.

첫째, 직접적인 피드백 방법으로 현장 순회관리(management by wandering around: MBWA)가 있다. 리더가 현장을 직접 찾아다니면서 구성원들과 대면 소통하고 '동시 통제'를 통해 실시간으로 피드백을 하는 방식이다. 이는 단순히 리더가 구성원들에게 다가간다는 상징적인 의미 이상의 효과가 있다. 특히 조직이 커지고 복잡해질수록, 사람들이 많아질수록, 상황이 가변적일수록, 대면 소통이 더 중요하고 절실하다. 그러나 실제로는 시간이 많이 소요되고 번거롭다는 이유로 대면 소통을 오히려 기피하기 쉽다. 그런 상황일수록 더욱 활발한 소통과 피드백이 필요하다. 뿐만 아니라, 이를 통해 상급자 자신의 현장 감각이 더욱 날카로워지고, 상황 변화에 순발력 있게 대응할 수 있는 판단력과 행동능력이 키워질 것이다.

두 번째 피드백 방법으로는 보고체계를 밟아 의견을 주고받거나 회의를 하는 것이다. 업무 추진과정에서 발생하는 사안이나 추진결과를 일대일로 만나 소통하거나, 여러 사람이 회의에서 모여 토론한다. 어떤 방식으로 할지는 업무성격이나 평가결과 및 사후대책, 사람들과의 관계 등에 따라 달라진다. 예컨대, 기밀을 요하거나 부정적인 사안이라면 대면(face to face) 소통이 필수적일 것이다. 여러 사람의 의견이 필요하면 회의를 열어야 한다. 그러나 회의가 너무 잦으면 구성원들의 시간과 노력이 과다하게 소모되어, 정작 업무를 처리하는 시간이 부족할 정도로 문제가 심각해진다. 회의의 폐단을 줄이기 위해 가급적 회의주제와 회의시간을 사전에 정해 놓고, 꼭 회의에 와야 할 사람만 참석시키거나, 최근에는 아예 서서하는 회의(standing meeting)나 줌(Zoom) 등을 활용한 온라인 화상회의를 도입하는 기업들이 늘어나고 있다.

마지막으로, 불확실성이 급속하게 증폭되는 기업환경에 대응할 수 있는, 신속하고도 수평적인 피드백 방법으로 '체크인(Check-in)'이 있다. '체크인'은 글로벌 소프트웨어업체 어도비(Adobe)가 처음 도입한 이후, 민첩성(agility)에 근거한 성장전략을 추구하는 실리콘밸리의 많은 혁신기업들이 이와 유사한 제도를 속속 채택하였으며, 이제는 전세계적으로 확산되고 있다. '체크인'은 기존기업들이 사용해 온 경직적인 하향식 성과평가를 지양하고, 수시로(주, 월 단위) 리더와 하급자가 만나 동료, 타부서, 고객과 같은 다양한 원천으로부터 수집된 피드백을 허심탄회하게 주고받으며, 보다 수평적인 관계에서 성과개선을 위한 코칭을 그때그때 제공하는 선진적인 피드백 시스템이다. 아래 〈박스 6-7〉에서는 '체크인'을 도입한 기업들의 사례와 그 효과를 소개하고 있다.

박스 6-7

'체크인(Check-in)' – 글로벌 성공기업의 새로운 피드백 시스템

디지털화와 함께 '민첩성'을 강조한 애자일(agile) 경영원칙이 급속도로 퍼지고 있다. 그렇다면, 얼마나 빨라야 할까? 효율보다 속도를 강조하는 고도성장 전략을 설명하는 저서 <블리츠스케일링>(*Blitzscaling*, 2018)에서 링트인(Linkedin)의 창업자 리드 호프만(Reid Hoffman, 1967-)은 "절벽에서 몸을 던져 떨어지는 동안 비행기를 조립하는 것"이라고 표현하였다.

팬데믹을 거치면서 더욱 빨라진 디지털 전환 속에서 지금 요구되고 있는 HR 혁신의 모습은 '신속하고 지속적인 피드백', '구성원 경험', 그리고 '스킬 중심'으로 요약될 수 있다. 특히 이 중에서 지속적으로, 적시에 피드백을 주고받아 고객에게 새로운 가치를 제공할 수 있도록 끊임없이 제품과 서비스를 혁신하는 피드백 시스템의 구축이 핵심으로 (1) 더 자주, 수시로 피드백을 제공하는 것과 (2) 직속 매니저에 의한 하향 평가뿐 아니라 동료, 타부서, 고객 등 다양한 원천으로부터의 피드백을 제공하는 것이 주요 내용이다.

글로벌 소프트웨어업체 어도비(Adobe)는 2012년에 연말 평가를 폐지하고 '체크인(Check-in)' 방식을 도입하여 목표 달성도에 대한 진척도를 수시로(주, 또는 월 단위) 확인하고 성과 향상을 위한 코칭을 제공하는 양방향의 성과관리 방식으로 개선하였다. 분기 단위로 피드백을 제공하는 방식에서 언제든 피평가자의 업무에 대해 잘 알고 있는 사내 동료들에게 피드백을 요청할 수 있는 방식으로 제도를 개편한 것이다. 제너럴일렉트릭(GE), 카길(Cargill) 등 설립된 지 100년이 넘은 기업들도 수시 피드백 제도를 받아들였다. 구글(Google)은 2022년부터 연 2회 진행하던 성과 평가를 연 1회로 줄이고, 대신 수시로 직원들의 성장을 위한 피드백을 주고받을 수 있도록 하였다.

컨설팅업체 딜로이트(Deloitte)에 따르면, 새로운 성과관리를 도입한 후 어도비

(Adobe)는 자발적 이직이 30% 줄었고, IBM의 직원 몰입도는 크게 올랐다. 아웃도어 브랜드 파타고니아(Patagonia)도 분기별 목표 수립과 체크인을 도입한 결과, 업무에 대한 기대치가 분명해지고 피드백의 품질이 향상되었다. 마켓워치(MarketWatch)에 따르면, 직원 몰입 및 피드백 소프트웨어의 글로벌 시장 규모가 2019년 8억1700만달러(약 1조 800억원)에서 2026년 21억3000만달러로 커질 전망이다(한경, 2022.07.26. 일부 기사내용을 축약, 또는 수정함).[7]

지금까지 본 장에서는 PDS 과정의 기본원리에 대해 알아보았다. 이 기본원리들을 제대로 실천하기 위해서는 다음과 같은 사항을 고려할 필요가 있다.

첫째, 기업마다 여러 가지 독특한 상황이 있기 마련이므로 위에서 언급한 PDS 과정의 기본원리들을 해당 기업의 상황에 맞게 적용할 수 있어야 한다. 기업마다 주어진 여건과 걸어온 여정이 독특하고, 환경변화에 적응하는 방식이 달라야 하기 때문에 기업에게는 유연성이 필수적이다. PDS 과정을 한 치의 오차없이 움직이는 톱니바퀴처럼 만들기보다는 어느 정도 '여백의 미'를 허용하여 언제든지 변화에 대응할 수 있도록 운용하는 것이 바람직하다.

둘째, PDS 과정과 시스템의 성공 여부는 결국 사람들의 손에 달려 있다. 사람의 능력과 열정, 책임감과 도전정신, 구성원들의 공감과 신뢰를 얻어낼 수 있는 리더의 역할이 중요하다.

셋째, 기업에서는 계획, 실행, 평가를 각각 다른 부서나 다른 사람에게 맡기는 행위를 지양해야 한다. PDS 과정을 단계별로 전문화하면 효율이 올라갈 수 있지만, 전문화로 인해 계획부서는 실행의 세세한 사항이나 현실적 제약조건 등을 등한시하기 쉽고, 실행부서는 실행 후 사후관리에 대한 인식이 부족하며, 평가부서는 새롭게 계획을 수립하는 부서에 피드백을 안 하게 된다. 이 같은 전문화로 인한 문제를 최소화하려면 여러 단계를 전체적으로 다시 통합하는 메커니즘을 준비해야 한다. 통합하는 부서나 리더를 지정하고, 피드백과 관련된 지침을 공식화하는 것이 필요하다.

넷째, PDS는 시간의 흐름에 따른 여러 가지 변화를 반영해야 한다. 계획하는 시점과 이를 실행하고 평가하는 시점이 각각 다르기 때문에, 그 사이에 많은 변화가 있을 수 있다. 자신이 예측하거나 통제할 수 없는 환경 변화로 인해 실적이 나빠진 경영자나 담당자로서는 억울한 경우도 발생할 수 있다. 이러한 시점의 차이를 충분히 감안해야 PDS 과정이 원활하게 진행될 수 있다.

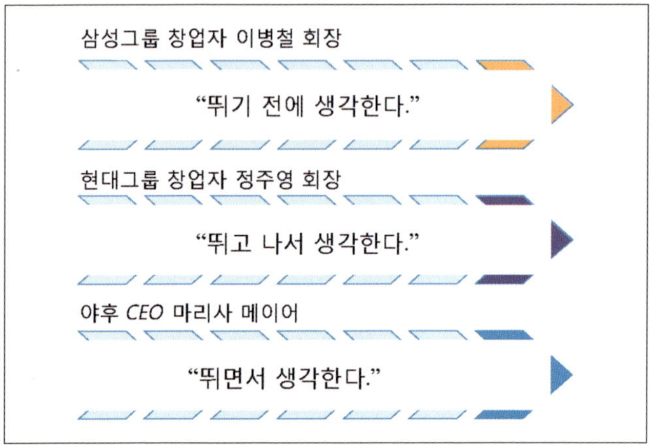

그림 6-22 생각과 행동의 방식

마지막으로, [그림 6-22]에 PDS 과정에서 의사결정을 하고 계획하고 목표를 세우는 전 과정을 '생각하는 과정'으로, 실행하는 여러 가지 다양한 활동을 '행동하는 과정'으로 보아야 할 필요가 있다. 이는 우리나라가 낳은 세계적인 사업가, 삼성그룹의 창업자 이병철 회장과 현대그룹의 창업자 정주영 회장, 그리고 미국에서 포털사이트 초기 시장의 절대적 강자였던 야후(Yahoo)의 CEO 마리사 메이어(Marissa Mayer, 1975-)가 남긴 어록에서 공통적으로 발견할 수 있다(http://blog.naver.com/wonderpark8).

주요 개념

- 효율성 • 효과성 • 기회비용 • 판단력 • 의사결정자 오류 • 선택적 지각
- 6하 원칙 • 목표관리 • 목표의 기준 • 조직구조 설계 • 의사소통 장애
- 동기 유발 • 보상의 중요성 • 리더십 조건 • 평가기준 • 통제의 중요성
- 피드백 과정 • 체크인(Check-in)

▮생각해 보기▮

1. 본문의 〈박스 6-1〉에는 환경변화를 읽지 못하고 몰락한 브리태니커 백과사전의 사례가 나와 있다. 다수의 노벨상 수상자를 포함한 세계 최고의 권위자들이 제작한 세계 최고의 백과사전이 MS의 디지털 백과사전 엔카타(Encarta)의 등장으로 불과 수년 만에 몰락의 위기를 맞이하게 된다. 처음에는 MS가 엔카타를 독자적으로 출간할 자신이 없어서 브리태니커 백과사전의 내용물을 탑재하고 대신 로열티를 지불하는 제휴방안을 제안하였는데, 브리태니커가 이를 보기 좋게 거절한 것이다. 역사가 흘러간 지금의 시점에서는 "브리태니커가 멍청했다"고 비난할 수 있지만, 당시의 시점으로 돌아가면 그렇게 만만한 결정은 아니었다. 그 때의 결정이 왜 만만한 결정이 아니었는지 각자 의견을 내놓고 토론해 보자. 여러분이라면 "어떻게 다르게 결정했을까?"에 대해서도 의견을 나누어보자. 실제로 발생한 사건을 토대로 말하지 말고, 창의성을 발휘해 보자.

2. 내가 과거에 했던 의사결정 중에서 지금 생각해 봐도 잘한 것을 하나 골라서 그것이 잘한 결정인 이유를 말해보자. (아무래도 잘된 결정인지, 아닌지를 좌우하는 가장 중요한 조건은 결정 이후에 발생한 '결과'일 것이다. 결과가 좋으면 좋은 결정, 결과가 나쁘면 나쁜 결정이다.) 한 가지 더 생각해 보자. 지금 내가 잘되었다고 말한 의사결정이 좋은 결과 대신 만약에 나쁜 결과가 나왔다 하더라도, 사전적으로 그 결정을 바꾸지 않고 그대로 밀고 나갔을까? 앞으로 동일한 문제를 가지고 의사결정을 한다면, 어떻게 더 잘할 수 있을지 궁리해 보자.

3. 부모님이나 형제, 또는 친구들과의 소통이 어려웠던 경험을 떠올려보자. 무엇이 잘못되었는지, 누구의 책임인지, 어떻게 했더라면 소통이 더 원활할 수 있었을지 생각해 보고 한두 가지만 서로 의견을 나누어 보자.

4. 계획이 아무리 훌륭해도 실행을 못하면 아무런 소용이 없을 것이다. 그래서 전략의 본질이 '계획(planning)'이 아니라 '실행력(execution)'이라고 주장하는 경영학자들도 있다. 그러면 기업이 실행력이 강하다는 의미는 무엇일까? 실행력이 강한 기업은 도대체 무엇이 강하다는 말인가? 각자 의견을

나누고 공통점을 도출해 보자.

5. 동기를 유발하기 위해 '외재적(extrinsic) 요인'과 '내재적(intrinsic) 요인' 중 어느 것이 더 중요할까? 자신이 경험했던 일 중에, 어떤 요인이 더 효과적이었나? 역효과는 없었나? 내재적 요인이 외재적 요인에 의해 대체된 경우는 없었는가? 그런 경우에 동기부여에는 어떤 영향을 주었는지 서로 토론해 보자.

6. 집단의사결정 과정에서, 특히 집단의사결정에서 발생할 수 있는 집단사고(group-think)의 문제점을 지적하고, 이러한 문제점을 보완할 수 있는 구체적인 방법을 제시하시오.

7. 목표설정 과정에서 Top-down과 Bottom-up을 동시에 충족시킨다고 하는 목표관리(MBO)의 문제점은 무엇이고, 이를 어떻게 개선할 수 있는지에 대해 토론해 보자.

8. 전통적인 중앙집권적(centralized) PDS 과정이 (1) 기술 및 고객 환경이 급변하는 미래의 기업에게도 과연 통할 것인지 같이 토론하고, (2) 미래 기업에 요구되는 관리과정에 대해서 의견을 서로 나누어 봅시다.

▌참고문헌▐

- 권구혁 외 (2016), 〈경영학의 이해〉, 제11판, 서울: 생능출판사.
- 김병도 (2016), 〈경영학 두뇌〉, 서울: 해냄.
- 닐 도쉬 · 린지 맥그리거 (2016), 〈무엇이 성과를 이끄는가〉, 서울: 생각지도.
- 이건창 (2015), 〈기업가 정신〉, 서울: 무역경영사.
- 이건창 (2013), 〈현대경영의 이해〉, 제5판, 서울: 무역경영사.
- 양모듬 (2016), "36년 농사꾼도 헷갈리는 양파값, 왜?", 조선비즈, 2016.03.11.
- 크리스토퍼 차브리스 · 대니얼 사이먼스 (2011), 〈보이지 않는 고릴라〉. 서울: 김영사.
- Drucker, Peter (2006), *The Practice of Management*, HarperCollins.
- Russo, J., and Schoemaker, P. (2010), 〈이기는 결정〉, 서울: 학지사.

▌미 주▐

1. Greenstein, S. & Devereux, M. (2006), *The Crisis at Encyclopaedia Britannica*, Kellogg School of Management, Northwestern University, p. 11.
2. *op cit.*, pp. 3-5.
3. Russo, J. and Schoemaker, P. (2010), 〈이기는 결정〉, 서울: 학지사.
4. Janis, Irving (1982), *Groupthink: Psychological Studies of Policy Decisions and Fiascoes*. Boston, MA: Houghton Mifflin.
5. 양모듬 (2016), "36년 농사꾼도 헷갈리는 양파값, 왜?", 조선비즈, 2016.03.11.
6. Drucker, Peter (2006), *The Practice of Management*, New York: Harper-Collins.
7. 추가영 (2022), "추가영의 HR테크 트렌드 리포트: 빨라지는 HR의 진화 속도", 한경, 2022.07.26.

PART

3

기업의 역사

7장_ 세계기업사
8장_ 한국기업사

al Brand Rankings (2021) by Interbrand

7 장

세계기업사

1. 상업의 발달과 기업의 진화
2. 중세시대의 초기기업
3. 대항해시대의 칙허회사
4. 산업혁명시대의 주식회사
5. 트러스트와 거대기업
6. 전문경영인시대의 기업
7. 글로벌화와 다국적기업

기업사를 시작하기 이전에 기업이 무엇인지를 정의하고 기업의 역사를 어떻게 시대별로 나누었는지를 설명하고자 한다. 기업의 역사를 기술하기 위해서는 먼저, 그 주체가 되는 기업을 정의하는 것이 필요하다. 기업에 대한 다양한 정의 중에서 대표적인 것을 두 가지만 꼽는다면, '이윤추구를 목적으로 제품이나 서비스를 생산하는 경제조직'이라는 의미가 첫 번째이며, '법적인 실체로서의 주식회사'가 두 번째이다. 역사 속에서 발견되는 다양한 기업의 변천사를 살펴보기 위해서는 근대 이후에 한정되는 주식회사보다는 아무래도 '이윤추구를 목적으로 제품이나 서비스를 생산하는 경제조직'이라는 포괄적 의미를 선택해야만 이야기가 수월하게 진행될 것 같다.

경영학자들이 저술한 기업사를 살펴보면, 기업과 경영의 역사를 시대별로 구분하는 방식도 기업의 정의만큼이나 매우 다양함을 알 수 있다. 대표적인 예로서, 미래학자인 앨빈 토플러(Alvin Toffler, 1928-2016)는 그의 저서 〈제3의 물결〉(1984)에서 역사발전을 핵심 산업의 변천에 따라 세 단계로 나누어, 제1의 물결은 '농업혁명의 시대', 제2의 물결은 '산업혁명의 시대', 제3의 물결은 '정보혁명의 시대'로 구분하였다.

미국의 경영학자인 피터 드러커(Peter F. Drucker, 1909-2005)는 〈자본주의 이후의 사회〉(1993)에서 사회발전과정을 지식과 기능의 변화라는 관점에서 '산업혁명 이전시대', '산업혁명시대'(18세기 중반-19세기 중반), '노동생산성시대'(19세기 중반-20세기), '지식혁명생산성시대'(20세기 후반 이후)의 4단계로 구분하고, 시대별로 기업의 변천사를 살펴보았다.

이 책에서는 기업의 발전사를 3단계로 구분한다. 먼저, 1단계에서는 고대에서 중세까지 초기 형태의 기업이라 할 수 있는 '가족기업'과 '길드조직(조합)'을 다룬다. 2단계에서는 대항해시대(15세기 말)가 열리면서 제국주의가 등장하게 되는데 이 시기에 크게 활약한 '공동출자회사'와 '칙허회사'를 다룬다. 3단계에서는 산업혁명시대(18세기 말) 이후의 기업에 초점을 맞추어 (1) 근대적 의미의 '주식회사', (2) 막대한 자본과 생산력을 기반으로 탄생한 '거대기업', (3) 기업의 경영권과 소유권이 분리되는 '전문경영인기업', 그리고 (4) 세계를 무대로 활약하는 '다국적기업'을 다루기로 한다. 역사적으로 진행된 거대한 변화에 때로는 순응하면서, 때로는 맞서 싸우면서 발전해온 다양한 형태의 기업을 시대별로 소개하고 당시의 사회, 경제, 정치에 미친 효과에 대해서도 살펴본다.

1. 상업의 발달과 기업의 진화

1) 상거래의 발달과 재산권의 인정

지금 모든 사람들이 당연시하고 있는 기업은 인류의 역사 속에서 어느 날 갑자기 탄생한 것이 아니라 원초적인 기업의 모습을 갖추기까지에는 기나긴 시간이 흘렀다. 기업 형성을 위한 많은 조건 중에서 대표적인 두 가지만 추려보면 '상거래'와 '재산권'을 꼽을 수 있다. 기업의 본질적 행위는 경제활동이고, 경제활동의 핵심은 상거래라는 점에서, 기업이 형성되기 훨씬 오래 전부터 존재했던 상거래의 역사에 대해 살펴볼 필요가 있다.

인류 역사에서 초기의 상거래는 주로 개인과 개인 간의 일시적 필요에 의한 물물교환의 형식으로 시작되었으며, 점차 금융기능과 화폐가 도입되면서 거래가 더 활발해졌다. 이미 기원전 3000년 경 메소포타미아 지역에서 물물교환 이상의 상거래행위가 성행했으며, 당시 종교의식을 거행했던 사원(temple)은 개인에게 곡물을 대출해 주는 은행의 기능을 수행하기도 했다. 또한 화폐의 등장은 상거래를 활성화하는 데 크게 기여한다.

초기에는 청동으로 만든 작은 칼이나 삽을 화폐로 사용하다가 유통의 편의를 위해 점차 금, 은, 동으로 만든 동전을 사용하기에 이른다. 역사의 기록은 이미 기원전 7세기부터 인도, 중국, 동지중해 지역에서 금과 은의 합금인 일렉트럼이 동전으로 사용되기 시작했음을 보여준다.[1] [그림 7-1]은 기원전

1 최초의 금화는 기원전 6-7세기 사이에 근동지방의 리디아(Lydia)에서 유통되었던 일렉트럼(electrum)이다. 이 지역에서는 순금은 거의 없었고, 금과 은이 섞인 일렉트럼(금의 비율이 40-90%)이 많이 발견되었기 때문에 이를 동전으로 주조한 것이다. 최근 전 세계적인 구매 열풍을 불러일으킨 가상화폐 비트코인 지갑(bitcoin wallet)을 최초의 금화 이름을 본따 일렉트럼 비트코인이라고 부른다.

그림 7-1 페르시아 아카이메네스 왕조의 금화(기원전 4-5세기)

4-5세기 경 페르시아 왕조 시대에 주조된 금화를 보여준다.

인류 역사에서 상거래는 거래 당사자 간의 자유로운 계약으로 인해 더욱 활성화된다. 지중해 일부에서 고대 상인들이 합작계약서를 작성하고 이에 의거하여 펀드에 투자하는 행위가 도입되면서 페니키아인과 아테네인들까지 이 제도를 따랐으며, 이후 자유로운 계약에 근거한 상행위 관행은 지중해 전역으로 번져갔다.

동양에서도 상거래는 일찍부터 꽃피웠다. 지금도 우리가 매일 쓰는 상업(商業)이라는 단어는 갑골문자로 유명한 고대 중국의 '상(商, 기원전 1600년-1046년)나라 사람이 종사하는 직업'에서 유래한다. 상나라는 주나라에 의해 멸망당하는데, 상나라 백성들은 나라의 중심이 주나라, 즉 서쪽의 시안(西安) 지방으로 옮겨감에 따라 삶의 근거지를 잃게 되었고, 대부분의 백성들이 거리로 나서 날품팔이를 할 수밖에 없었다. 이렇게 '이곳저곳을 떠돌아다니며 물건을 팔아 살아가는 상나라 유민'들을 가리켜 행상(行商)이라고 불렀고, 물건을 사고팔며 생계를 이어가는 사람들의 대부분이 '상나라 사람'인 까닭에 상인(商人)이라고 부르게 된 것이다.

고대 서양의 상거래는 지역적인 제한을 뛰어넘어 육상과 해상을 통한 무역으로 발전하게 된다. 특히 세금징수의 목적으로 설립된 로마의 상업조직인 조합은 조합원들이 공동출자하여 관리자를 선임해서 지중해 무역에 나섰다. 소규모였지만 오늘날의 주식회사와 유사한 형태로 조직이 운영되기도 하였다. 로마제국이 멸망한 다음에는 상업의 중심지가 인도와 중국, 이슬람 국가들이 위치한 동쪽으로 이동하였으며, 실크로드(Silk Road)를 통한 아라비아 상인들의 무역이 번성하게 된다.

오늘날의 기업의 형태를 갖추게 한 몇 가지 법률적 기본요건을 역사 속에서 살펴볼 수 있다. 먼저, 기원전 18세기 경 제정된 바빌로니아의 함무라비법전([그림 7-2])은 교환의 공정성을 확립했고, 페니키아와 아테네인들은 해상무역에 있어 위험을 관리하기 위해 합작계약서를 작성했다. 이후 상업계약은 계약을 체결한 양측 당사자가 자신이 소유한 재산과 노동력을 자신의 의지대로 자유롭게 사용할 수 있는 권리를 보장하는 계약으로 발전되었다. 상업의 발달에 따라 사유재산권이 보장되고, 계약의 자유가 확장된 것이다.

그림 7-2 바빌로니아의 세계 최초의 성문법인 함무라비법전(기원전 1772년)

2) 상거래의 국제화

사유재산을 인정하고 상인의 역할을 중시한 고대 그리스나 로마와는 달리 중세의 봉건제도 하에서의 폐쇄적 경제는 반이익(反利益), 반부자(反富者)의 사회적 정서와 함께 상업을 천시하고 상인들의 활동을 억압하는 형태로 이루어졌다. 그럼에도 불구하고 당시의 상인들은 악조건 하에서도 제한적으로나마 활동영역을 넓혀나갔다.

중세 십자군 전쟁 중 이탈리아 반도의 베네치아와 제노아, 피렌체의 상인들은 군대를 따라다니며 군수물자를 조달하고 동방에서 건너온 향수, 후추, 양탄자, 비단, 유리병 등의 상품을 거래하며 막대한 이익을 챙기면서 상대적으로 약화된 기사계급과 교회의 권위를 능가하는 세력을 얻게 되었다. 칭기즈칸의 정복전쟁의 산물인 실크로드(Silk Road)는 중앙아시아를 통해 유럽으로 이어지는 동서양의 무역경로로서 '대상(caravan, 낙타를 타고 가는 상인)'들의 원거리 상업활동으로 인해 거대한 경제문화권으로 발전하였다.

[그림 7-3]에서와 같이 실크로드는 위치상 맨 북쪽의 초원 길(몽골-타클라마칸 사막(Taklamakan Desert) 북쪽-남부 시베리아-흑해를 연결하는 루트), 사막길(중국-타클라마칸 사막 남쪽-파미르고원-이란-지중해 동해안을 연결하는 루트), 바닷길(이집트-아라비아-인도-중국을 연결하는 해상 루트)을 모두 포함하는 광대

그림 7-3 실크로드

한 지역이었다. 실크로드는 동방에서 서방으로 간 대표적 상품이 중국산 비단(silk, 중국어로는 씨, 丝)이었던 데에서 유래하는데, 서방으로부터도 보석·옥·직물 등의 다양한 산물이나 불교·이슬람교 등의 종교도 이 길을 통해 동아시아에 전해졌다.

박스 7-1

상업에 대한 역사적 인식의 변화

동서양을 막론하고 상업에 대한 사상적·종교적 반감은 역사적으로 뿌리가 깊어서, 상업에 대한 인식이 긍정적으로 변하기까지는 오랜 시간이 소요되었다. 상거래에 대한 부정적 시각은 고대사회 초기로 거슬러 올라가며 그 근본은 고대 그리스 철학에서 발견된다.

고대 그리스 도시국가에서는 시민생활의 미덕을 사회복지에서 찾았는데, 유명한 철학자였던 소크라테스(Socrates, 470-399 BC)를 위시한 당시 대부분의 사상가들은 '시민들이 상거래를 통한 돈벌이에 몰두할수록 미덕에서 멀어진다'고 믿었다. 또한 그리스, 아테네 도시국가에서 시민들의 기본적인 경제생활을 위해서는 해외무역이 필수적이었고 개인이 시민권을 인정받기 위해서는 적정량의 부의 소유가 반드시 필요했음에도 불구하고, 당시 경제활동의 주체였던 상인, 은행가, 사채업자들은 일반 시민으로 인정받지 못하고 정치참여를 허락받지 못했다. 시민권을 부여받는 자유인의 개념을 정리했던 아리스토텔레스(Aristotle, 384-322 BC)는 개인이 경제적으로 자립하기 위한 적정 수준의 부의 소유는 인정했지만 상인처럼 적극적으로 부를 축적하는 것을 비판했다.

고대 그리스 철학사상이 강조한 윤리는 극단적인 상태를 거부하는 중용이었기 때문에, 끝없이 더 많은 부를 추구하는 상인들의 상거래는 당연히 비윤리적인 행위로 간주되었다. 또한, 힘든 노동을 통해 부를 얻는 농업이나 수공업과 비교해서 돈을 이용해서 돈을 버는 상업에 대한 반감을 가졌고, 상거래를 자연의 질서를 어기고 일반 사람들이 어렵게 번 돈을 훔치는 범죄로 치부했다.

중세시대에 이르러서도 상업에 대한 반감은 줄어들지 않았으며, 중세사회를 지배했던 기독교 사상에 따라 교회는 상업에 대한 노골적인 적대감을 드러냈다. 성경에 등장하는 "낙타가 바늘귀로 나가는 것이 부자가 하나님의 나라에 들어가는 것보다 쉽다"는 예수의 설교와 성전에서 장사하는 상인들을 채찍으로 내쫓은 예수의 일화는 당시 기독교 사회에서 부자를 경멸하고 상인을 비난하는 근거로 오랫동안 인용되었다. 상거래를 통한 이윤추구에 대한 비난은 영적인 구원을 강조한 종교적 윤리에 뿌리를 둔 것이었다. 초대 기독교 사상가인 아우렐리우스 아우구스티누스(Aurelius Augustinus, 354-430)는 "사회 전체가 지닌 물질적 부는 일정수준으로 정해져 있어서 소수의 사회구성원이 필요 이상의 이득을 취하게 되면 나머지 사람들은 그만큼 손해를 보아야 한다"고 믿었기 때문에 끝없이 부를 추구하는 상인집단에 대해 호감을 가질 수 없었다.

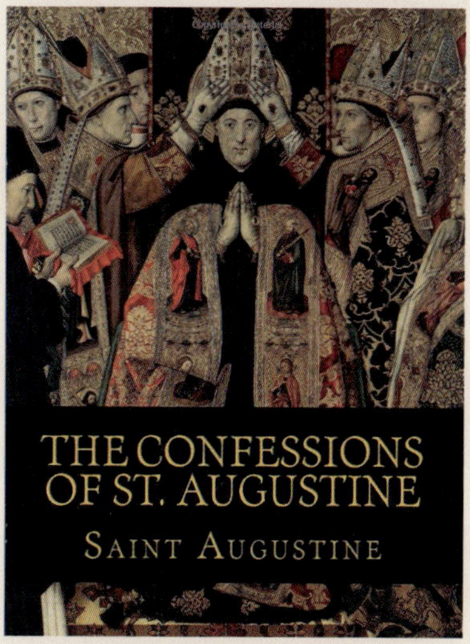

그림 7-4 〈성 아우구스티누스의 고백〉 (401년) [2018년 번역본]

중세시대 후반부터 해외무역활동이 활발해짐에 따라 상업도시를 중심으로 경제가 부흥하면서, 유럽사회는 상업의 중요성을 인지하게 되었다. 이러한 사회적 인식의 변화를 종교에서도 무시할 수는 없었기 때문에, 상거래에 의한 이윤추구를 어느 정도 인정하는 분위기로 변하게 되었다. 특히, 스콜라 철학자들은 상업에 대해 좀 더 관대한 입장을 취해서 정당한 거래와 고용을 통한 합법적인 상거래를 '돈으로 돈'을 취하는 고리대금업과 구분하여 그 가치를 인정했다. 특히 이탈리아의 유명한 스콜라 철학자였던 토마스 아퀴나스(Thomas Aquinas, 1225-1274)는 개인의 사유재산을 사회적으로 인정해야 한다는 아리스토텔레스의 주장을 근거로 상거래를 통한 이윤추구를 정당화했다. 또한 당대 영국출신의 스콜라 철학자였던 둔스 스코투스(Johannes Duns Scotus, 1266-1308)와 그의 철학을 발전시킨 이탈리아의 베르나르디노(Bernardino da Siena, 1380-1444)는 "먼 곳으로부터 제품을 들여와 손님에게 제공하는 상인의 서비스도 농업이나 수공업의 일반 노동과 동등하게 인정해야 한다"는 입장을 취했다. 그렇지만, 당시 사회의 영적, 윤리적 가치를 지배했던 대부분의 종교지도자들은 기본적으로 겸손과 온유를 최고의 미덕으로 삼았기 때문에, 상인들의 부에 대한 과도한 욕구와 이윤추구 행위를 온전히 인정할 수는 없었다.

그림 7-5 토마스 아퀴나스

중세 기독교의 상업에 대한 반감은 종교개혁 이후 새로운 기독교 사상 하에서도 계속되었다. 분명히 프로테스탄트가 상업에 대해 보다 긍정적인 입장을 취하기는 하였으나, 그들조차도 종교적인 윤리의식을 강조하며 상인들이 부를 축적하는 행위를 비판하였다. 특히 네덜란드의 칼뱅파와 영국의 청교도는 물질적 풍요를 금기시하는 그들만의 교리에 근거하여 상거래를 정당한 행위로 인정하지 않았다. 18세기에 감리교를 창시한 존 웨슬리(John Wesley, 1703-1791)는 사람들에게 종교인으로서 근면하고 검소해야 함을 강조했지만, 부를 쌓아 부자가 되고 현세에 집착하면 영적인 구원에서 멀어지게 될 것이라고 경고하였다.

중세를 지나 근대에 이르러서도 상업에 대한 비판은 계속되었다. 당시 유력한 정치사상이었던 공화주의는 개인의 사적인 이익보다는 공공의 이익을 우선하여 공화국으로서의 국가를 지켜내는 것을 최고의 미덕으로 여겼다. 개인보다는 공동체를 강조했던 시민공화주의는 이윤추구에 몰두했던 상업활동을 맹렬히 비판하였다. 특히, 16세기 이탈리아의 정치사상가 마키아벨리(Niccolò Machiavelli, 1469-1527)와 17, 18세기의 시민공화주의자들은 공공선을 위한 개인의 희생을 강조했으며 개인적 소유욕을 중시하는 상인들을 사회의 분열을 가져오고 공동체의 결속력을 약화시키는 공공의 적으로 치부했다. 17세기 영국의 시민공화주의자였던 제임스 해링턴(James Harrington, 1611-1677)은 상거래가 공동체를 와해시키고 국가를 쇠락하게 한다고 주장하였다.

상업에 대한 부정적인 인식이 점차 누그러지게 된 데에는 오랜 기간에 걸쳐 여러 계기가 있었지만, 그중 가장 핵심적인 세 가지를 꼽으라면 (1) 상업의 발전과 (2) 시민법의 등장, 그리고 (3) 종교전쟁을 들 수 있다. 첫째는 상업의 발달이 가져온 경제적 풍요이다. 고대 그리스 시대부터 활발했던 해상무역은 중세 이후 거래물품과 지역을 더욱 확장하면서, 상업은 경제적 풍요를 가져온다는 인식이 확산되었다.

두 번째로, 시민법의 발달은 상거래 활동에 정당성을 부여하게 되었다. 시민법은 기독교와 시민공화주의만큼이나 중세와 근대를 거쳐 유럽사회에 커다란 영향을 미쳤던 전통으로서, 거래의 자유와 사유재산이라는 법적 정당성을 상거래에 부여하였다. 일반인의 자유로운 거래를 합법화한 성문법인 로마법 대전(Corpus Iuris Civilis)을 본따서 12세기부터 수많은 시민법이 제정되었다. 개인에게 사회윤리적인 미덕이나 종교적 금욕을 강요했던 기독교나 시민공화주의와는 다르게 시민법은 개인의 권리, 특히 왕을 비롯한 국가권력으로부터 자신의 재산을 지킬 수 있는 독립적인 권리를 보장함으로써 상인들의 개인적인 이윤추구를 위한 상거래 활동에 정당성을 부여하였다.

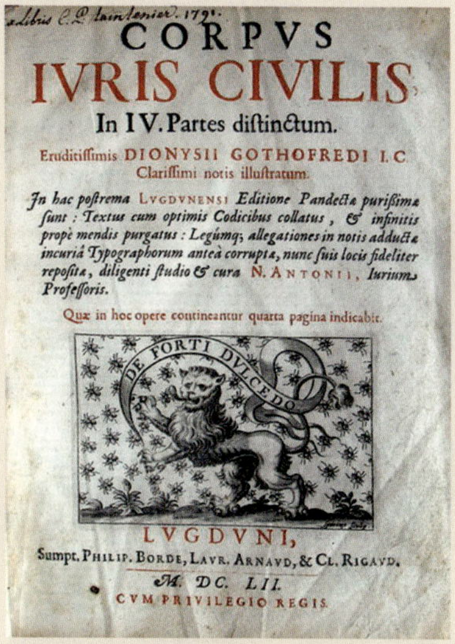
CORPVS
IVRIS CIVILIS
In IV. Partes diſtinctum.
Eruditiſſimis DIONYSII GOTHOFREDI I.C.
Clariſſimi notis illuſtratum.
In hac poſtrema LVGDVNENSI *Editione Pandectæ puriſſimæ ſunt : Textus cum optimis Codicibus collatus , & infinitis propè mendis purgatus : Legúmq; allegationes in notis adductæ incuriâ Typographorum anteà corruptæ, nunc ſuis locis fideliter repoſitæ, diligenti ſtudio & cura* N. ANTONII, *Iurium Profeſſoris.*
Quæ in hoc opere contineantur quarta pagina indicabit.

LVGDVNI,
Sumpt. PHILIP. BORDE, LAVR. ARNAVD, & CL. RIGAVD.
M. DC. LII.
CVM PRIVILEGIO REGIS.

그림 7-6 로마법 대전(표지)

세 번째로, 중세시대 내내 상업에 대한 부정적인 입장을 고수했던 기독교의 권위에 금이 가기 시작한 계기는 종교전쟁과 종교박해였다. 16세기 중반부터 종교에 대한 견해 차이로 인한 피비린내 나는 종교전쟁을 겪으면서 유럽인들은 종교적 윤리에 회의를 느끼게 되었다. 가톨릭교회가 이교도에게 가했던 가혹한 종교박해 역시 기독교에 대한 절대적 신뢰를 약화시켰다. 이에 17세기 정치 사상가들은 영생이나 구원과 같은 비현실적인 요구가 아닌 개인의 현세적인 욕구를 충족시킬 풍족한 삶이 평화와 번영을 이끌어 낼 수 있다고 믿었다. 네덜란드의 법학자 위고 그로티우스(Hugo Grotius, 1583-1645)는 "사회구성원 모두가 본인이 원하는 것을 선택할 수 있는 권리를 지닌다"고 주장했으며, 영국의 정치철학자 토머스 홉스(Thomas Hobbes, 1588-1679)는 "국민들이 정당한 노동을 통해 현세에서 행복한 삶을 누릴 수 있도록 국가가 보장해야 한다"고 강조했다.

근대에 들어와서 상업에 대한 긍정적인 평가는 상업 옹호론으로 발전하게 된다. 18세기 초 영국의 작가이자 도덕사상가인 버나드 맨더빌(Bernard Mandeville, 1670-1733)은 인간의 물질적 욕망이 국가의 경제발전과 기술적 혁신을 불러온다고 주장했다. 프랑스의 계몽주의 사상가인 볼테르(Voltaire, 본명 François-Marie Arouet, 1694-1778)와 영국의 공리주의(utilitarianism) 철학자인 데이비드 흄(David Hume, 1711-1776), 경제학자인 애덤 스미스(Adam Smith, 1723-1790) 등 당대를 대표하는 사상가들의 "개인의 이익(self-interest) 추구가 사회적 이익(social-interest)을 가져온다"는 주장은 상업의 가치를 옹호하게 되는 결정적인 계기가 되었다.

그림 7-7 막스 베버의 저서 <프로테스탄트 윤리와 자본주의 정신>(2014년 번역본)

상업 경시풍조에 종지부를 찍은 사람은 독일의 사회학자이자 경제학자인 막스 베버(Max Weber, 1864-1920)이다. 베버는 근대 자본주의가 프로테스탄티즘(개신교)에 의해 발전했다고 주장하여 당시 서구의 지성계에 엄청난 반향을 불러일으켰고, 그의 저서 <프로테스탄트 윤리와 자본주의정신>(1920)은 오늘날까지도 자본주의 연구자들에게 필독서로 꼽힌다. 베버에 따르면, 개신교도(프로테스탄트)는 인간의 기본적인 욕망인 향락, 방탕, 사치 등을 멀리하고 무슨 일에 종사하든 최선을 다하는 것이 신(神)이 부여한 소명이라고 생각한다(이를 '직업소명설'이라 함). "어떤 일을 하느냐?"가 아니라, "얼마나 열심히 일하는가?"가 더 중요해져서 직업의 귀천이 없어지게 된 것이다. 여기서 한 걸음 더 나아가 개신교도는 열심히 일한 결과로 얻게 된 재산은 신의 구원을 입증하는 간접적인 징표로 해석한다. 돈을 벌어 천국 가는 길이 열린 것이다. 베버는 상업과 전문직에 종사했던 개신교도의 소득이 가톨릭, 유태교, 이슬람교보다 높다는 사실을 통계적으로 밝힘으로써 자신의 주장을 뒷받침하였다. 개신교도(청교도)의 부의 축적이 근대 자본주의의 발달을 이끌었다는 것이 베버의 결론이다.

3) 길드와 한자동맹의 결성

중세 초기 교회를 중심으로 발전한 유럽도시들과는 달리 중세 말기에는 상업활동을 중심으로 함부르크, 아우크스부르크, 마르부르크와 같은 상업도시들이 등장하기 시작했다. 이러한 상업도시의 주체는 상인들과 수공업자들이었으며, 이들은 자유로운 상업활동을 보장받기 위해 국왕이나, 귀족, 주교에게 돈을 주고 도시의 자치권을 획득했다. 상인과 수공업자들은 상거래의 규모가 커지게 되자, 서로의 공동이익과 상호부조를 위해 조합(guild)을 조직하게 되었다. 수공업 길드는 수직적 도제제도와 경쟁을 제한하는 엄한 규칙 하에서 폐쇄적인 조직으로 운영되었다.

12세기 북유럽 독일의 상인들은 한자(Hansa)라는 상인단체를 결성하여 도시 간의 교역에 있어 자신의 이익을 보호하고 치안을 유지했다. 북유럽의 뤼베크, 러시아의 노브고로트, 노르웨이의 베르겐, 벨기에의 브뤼지는 당시 대표적인 한자동맹의 중심도시였다. 하지만, 독일 군주국으로부터의 억압과 영국과 네덜란드 등 신흥 상업국에 밀려 한자동맹은 점차 쇠퇴하여 17세기 말에 해체되었다. 한편 14세기에는 벨기에의 브뤼지를 중심으로 도시동맹이 등장했으나, 비회원에 대한 규제 등의 폐쇄적인 활동으로 인해 15세기 말경 사라졌다.

2. 중세시대의 초기기업

1) 가족기업

중세시대에 상업이 발달하면서 상거래를 원활하게 수행할 수 있는 기업이라는 조직형태가 서서히 모습을 갖추기 시작하였다. 초기에는 이탈리아의 '콤파니아(compagnia)'와 같은 가족기업의 형태로 출발하여 주식을 발행하는 법인으로서 현대 주식회사의 모태라고 불리는 공동출자회사(joint stock

그림 7-8 중세시대 유태인이 전당포의 형태로 운영했던 방키(banchi)

company)가 출현하게 되었다.

이탈리아 피렌체에서는 12세기에 가족들이 공동 출자한 '콤파니아'라는 가족회사가 등장했다. 투자자 전원이 기업경영에 무한책임을 지녔다는 점에서 현대의 주식회사와는 다르다. 콤파니아는 외부자금 조달을 위해 해외사무소의 경영 투명성을 확보하기 위한 복식부기를 1340년에 도입했으며, 거대해진 자금의 관리를 위해 당시 은행의 초기형태로 고리대금업을 수행했던 방키(banchi)와 밀접한 거래관계를 유지했다.

피렌체 북부 출신의 메디치(Medici) 가문은 동방무역을 포함한 국제무역의 부흥과 함께 활발해진 은행업을 통해 유럽 최고의 부호가 되었으며 14세기에는 메디치은행을 설립했다. 상업과 마찬가지로 서구사회에서 오래 전부터 천한 직업으로 멸시받았던 고리대금업은 아이러니컬하게도 근대 은행의 모태가 된다. 〈박스 7-2〉는 고리대금업의 역사를 요약해서 보여준다.

박스 7-2

'은행의 시작은 고리대금업에서…'

태생적으로 대규모 자본을 필요로 했던 기업들은 은행과 밀접한 관계를 맺어왔다. 역사적으로 기업이 초기형태로 시작해서 점차 발전해왔던 것과 마찬가지로 은행도 상업이 본격화되기 시작하면서 상거래에 필요한 자금을 제공했던 대부업으로 시작되었다. 초기 은행업은 이미 중세 이전에 급전이 필요한 개인에게 높은 이자를 받고 자금을 빌려주었던 고리대금의 형태로 시작되었다는 것이 정설이다.

실제 은행(bank)이라는 이름이 14세기 피렌체 등의 상업도시에서 고리대금업자들이 벤치(banco)에 앉아 고객을 상대했던 방키(banchi)에서 유래된 것으로 알려져 있다. 하지만, 고리대금업은 과거에도 사회로부터 좋은 대접을 받지 못했다. 특히 중세 유럽에서는 성경에 기록된 기독교적인 관행에 따라 남에게 이자를 받고 돈을 빌려주는 행위는 큰 죄악으로 치부되었다.

그림 7-9 단테의 〈신곡〉(神曲, Divine Comedy)

이처럼 중세 사회에서는 고리대금업이 1139년 2차 공의회 때부터 명시적으로 금지되었을 뿐만 아니라 단테(Dante Alighieri, 1265-1321)의 〈신곡〉(Divine Comedy, 1308-1320)에 나올 만큼 일반 대중에게도 "고리대금업자는 죽어서 지옥에 간다"는 믿음이 절대적이었다. 상업에 비교적 관대했던 스콜라 철학자 토마스 아퀴나스(Thomas Aquinas, 1225-1274)조차도 '돈은 스스로 증식할 수 없다'고 믿었으며 상거래와 고용을 통한 합법적인 이윤추구와 명예롭지 못한 고리대금업을 구분했다.

14세기 이후부터는 유럽에서 상업이 더욱 발달함에 따라 대규모 상거래를 관장하는 상인들에게 필요한 자금을 융통해 주는 대부업이 절실하게 필요했다. 하지만, 14, 15세기 해양무역을 하던 상선에 투자자를 알선하거나 왕실에 자금을 조달했던 피렌체의 바르디, 페루치, 메디치 은행 같은 당시 교황이나 왕과 친분이 두터웠던 금융자본가들조차도 종교적 금기 때문에 이자 대신에 외국화폐, 정부의 인허가, 현물 등의 우회적인 방법으로 대가를 취하였다.

종교적으로는 구제받을 수 없는 죄악이지만 현실 경제에서는 필수불가결한 고리대금업의 딜레마를 극복하기 위해 교회가 선택한 해결책은 기독교의 교리에 따를 필요가 없는 유대인들에게 이 업무를 떠맡기는 것이었다. 원래 유럽의 유대인들은 농업과 가내수공업에 종사했으나, 중세 가톨릭 시대에 이르러 비기독교인이라는 이유로 토지소유나 길드의 조합원 자격취득이 허락되지 않았다. 떳떳한 직업으로의 진입이 원천적으로 불가능했기 때문에 대부분의 유대인들은 당시 유일한 생계수단이었던 고리대금업이나 상업에 종사할 수밖에 없었다. 또한, 농업이나 수공업보다 여유시간이 더 많은 고리대금업은 종교행사에 상당한 시간을 보내야 했던 유대인들에게 적합한 직종이기도 했다. 유럽 전역에 흩어져 살면서도 동일한 언어로 서로 의사소통이 가능했던 그들은 무역중개상으로도 큰 장점을 지니고 있었다. 이처럼 중세 이후로 고리대금업은 유대인과 불가분의 관계를 갖는다.

고리대금업에 대한 사람들의 경멸 풍조는 이후로도 계속되어 18세기까지도 교회법과 시민법에서 합법적인 거래로 인정되지 않았다. 1745년 교황 베네딕투스 14세(Benedictus XIV, 1675-1758)는 대부업을 금지하는 교서를 내렸으며, 프랑스에서는 1789년 대혁명 시기까지 고리대금업을 불법행위로 단속하였다. 대표적인 프로테스탄트 신학자였던 마틴 루터(Martin Luther, 1483-1546)와 장 칼뱅(Jean Calvin, 1509-1564)마저 고리대금업에 대해 비판적인 입장을 고수했다. 신교도 국가에서도 이자율에 상한선을 두어 대부업을 제한적으로 허용했을 뿐이고 교회에서는 대부업자와 은행가를 교회공동체의 일원으로 인정하지 않았다. 이후에 점차 경제적인 필요에 의해 법적인 인정을 받게 되었으나 사회 통념상 비난의 대상이었던 고리대금업은 19세기 중반에 이르러서야 로마 바티칸의 제한적인 인정을 받아 일반 기독교인들도 대부업에 종사할 수 있게 된다.[1]

15세기 독일에서는 푸거(Fugger) 가문이 직물업과 금융업으로 큰 성공을 거두었고 독일뿐만 아니라 스웨덴, 노르웨이, 아프리카까지 무역의 범위를 확장한 다국적 무역회사로 성장하게 되었다. 이러한 가족기업은 의욕적이고 유능한 가족대표가 경영을 맡아 급격하게 성장하였으나, 가족구성원에게만 경영권이 승계되고 외부와의 접촉이 제한된 폐쇄적인 조직으로 운영되는 한계를 보임으로써 4-5대를 넘어 지속되는 경우는 거의 없었다.

2) 공동출자회사

15세기 말에서 18세기 중반까지 진행된 '대항해시대(The Age of Exploration)'에 서부유럽에서 발달한 무역회사들은 다수의 투자자로부터 자금을 조달받아 공동출자회사(joint-stock company)를 설립하고, 정부에 세금을 내는 대가로 해외무역의 독점권을 인정받아 사업을 확장해 갔다. 공동출자회사는 다수의 주주가 주식(또는 지분)의 형태로 투자하고 주주간 주식거래를 허용함으로써 회사의 영속성이 확보된 기업형태로 영국에서 처음 출현하였다. 공동출자회사는 개인(주주)으로부터 독립된 법적 인격(legal person)과 투자금액 한도 내의 유한책임(limited liability)을 가지기 때문에 회사법인(corporation 또는 corporate body)이라고도 부른다.

박스 7-3

법 인

법인(corporation 또는 corporate body)이란 법률에 의해 자연인과 동등한 권리능력이 인정된 단체 또는 재산을 말한다. 자연인 이외에 단체나 재산에게 법인을 인정하게 된 이유는 다음과 같다. 자연인들의 수명이나 능력은 제한되어 있기 때문에, 어느 정도 영속적이거나 대규모의 사업을 경영하기 위해서는 여러 사람의 협력이나 또는 일정 목적에 특화된 재산이 필요하게 된다.

법인은 개인(자연인)이 소멸하거나 행위를 중지할 수밖에 없는 사유(예: 사망, 질병 등)가 발생하더라도 문제없이 자연인과 동등한 권리와 지위를 가지고 소유, 계약, 소송 등의 법률적 행위를 할 수 있다. 공동출자회사의 출현으로 말미암아 주주들이 개인적인 유고가 발생하거나 자신의 투자금을 회수하더라도 회사는 이와 관계없이 영속적인 사업 운영이 가능해졌다.

근대적 의미에서 최초의 공동출자회사는 왕실로부터 러시아와 런던 사이의 교역권을 허가받아 1555년 설립된 영국의 머스코비社(Muscovy Company)이다.[2] 물론 이보다 훨씬 앞서 인류 최초의 공동출자회사는 10-12세기 중국 송(宋)에서 양쯔강 연안의 상업거래를 위해서 상인들이 동업 형태로 출자하여 만든 회사에서 유래를 찾을 수 있다.[3] 이 밖에 영국의 리반트社(Levant Company, 1581년)와 영국과 네덜란드의 동인도회사(17세기 초)가 모두 공동출자회사이다.

공동출자회사의 법률적 특성은 세계 기업사에서 매우 큰 의미를 갖는다. 당시의 공동출자회사는 (1) 세계 최초로 회사의 영속성(going concern)을 보장하기 위해 자연인(개인)과 동등한 입장에서 사업을 영위할 수 있었던 법인(corporation)으로 설립되었으며, 2) 투자자들이 임의로 매매할 수 있는 회사의 주권인 주식을 발행하고 (이로 인해 대부분의 경우 주주 간 주식거래가 가능해짐), (3) 주주를 대신하여 이사회(board of directors)가 회사를 경영하는 것이 가능해졌고, (4) 회사가 빚을 졌을 때 주주들의 책임을 투자금액 이내로 제한하는 유한책임(limited liability) 제도를 도입하였다. 이로써 근대 주식회사의 모습을 제법 갖추게 되는데, 오늘날 경제사와 기업사 분야에서 공동출자회사를 주식회사의 전신이라고 평가하는 이유이다.

3. 대항해시대의 칙허회사

16세기 포르투갈과 네덜란드의 향신료무역 독점으로 인해 후추 가격이 급격하게 인상된 이후, 동인도제도와 인도네시아, 인도, 아메리카와의 해상무역을 장악하기 위한 제국주의 국가들의 패권다툼이 더욱 심화되었다. 재미있게도 해상무역의 주도권 장악을 위해 국가가 직접 나서지 않고 해상무역에 전문성을 가진 기업들을 앞세운다. 대표적인 국가가 영국과 네덜란드이다. 먼저 영국은 엘리자베스 1세 여왕의 지휘 하에 해상무역 경쟁에 뛰어들지만 다른 강대국에 뒤진 열세를 뒤집기 위한 새로운 경쟁전략으로 칙허(勅許)회사(chartered company)라는 카드를 꺼낸다. 영국의 상인들이 국왕으로부터 원양무역의 독점권을 허가(charter)받고, 사업에 필요한 막대한 자금을 끌어모아 경쟁국 대비 자본력이 막강해진 칙허회사를 설립하게 된 것이다.[2]

이들 회사는 투자자들이 자신들이 투자한 금액만을 책임지는 유한책임제를 따른다는 점에서 현대의 주식회사와 매우 흡사했지만, 국가의 특별허가(charter)를 받아야만 설립이 가능했다는 점에서 주식회사와는 다르다. 칙허회사에 대한 부연설명이 〈박스 7-4〉에 제시되어 있다.

2 물론 칙허회사가 공동출자회사로 설립된 것만은 아니다. 최초의 칙허(勅許)회사는 1407년 영국 왕실의 허가로 설립된 런던상인모험가회사(Company of Merchant Adventurers of London)이며 상인조합(길드)으로 출발하였다.

그림 7-10 런던에 위치한 영국의 동인도회사 건물(1817년)

박스 7-4

칙허(勅許)회사

칙허(charter)는 왕이나 정부가 수임자(recipient)에게 부여한 공식적 특권이나 권한을 의미한다. 칙령(勅令, 왕의 명령), 칙서(勅書, 왕의 서신)라는 단어에서 알 수 있듯이 칙(勅)은 왕(王)을 뜻한다. 칙허회사(chartered company)는 국왕이나 정부가 법령이나 조례의 제정을 통해 설립을 허가한 특수법인기업이다. 영국, 네덜란드 등의 중세유럽국가에서 국왕의 공인이나 정부의 특별허가를 받아 설립되었으며 주로 식민지 지역에서의 독점권을 부여받아 해외무역을 수행하고 식민지 경영까지 하게 된다.

역사상 가장 성공적인 칙허회사는 영국과 네덜란드의 동인도회사이다. 그러면 영국의 동인도회사부터 알아보자. 1599년 가을 영국 런던에서는 후추 가격이 3배 가까이 폭등하는 이례적 사건이 발생한다. 그 배후에 후추무역을 독점한 포르투갈과 네덜란드가 가격조작을 한 것이 밝혀지면서 영국인들은 크게 분노하게 된다. 포르투갈과 네덜란드의 가격조작에 대한 대응방안으로 런던 상인들은 후추무역에 직접 진출하자는 의견을 모았고, 그 결과 1600년

12월 말 동인도회사(British East India Company)가 출범하게 된다(위의 [그림 7-10] 참조).

동인도회사는 처음에는 동인도(현재의 동남아 지역)에서 시작해서 이후에는 아시아 전역의 무역 독점권을 영국왕실로부터 부여받고 수많은 투자자들의 자금을 끌어 모아 막대한 사업이익을 취하게 된다. 당시 영국정부(왕실)는 동인도회사의 해외사업 확장을 지원하기 위해 입법권, 교전권, 협상권, 사법권, 행정권 등의 국가권력을 회사에게 부여했고, 회사는 제국주의의 첨병으로 식민지에서 전쟁을 일으키고 현지의 자원을 수탈하였다.

한 가지 사례를 들어보자. 영국의 동인도회사는 1757년에 발발한 무골 왕국의 벵골지역 정권과의 팔라시 전투(Battle of Plassey)[3]에서 승리하게 된다. 동인도회사가 고용한 불과 3000명의 용병부대가 5만 명의 기병과 보병으로 구성된 인도군을 압도적인 화력과 조직력으로 11시간 만에 궤멸시킨다. 이 전투의 승리로 인해 영국은 인도를 250년 동안 식민통치하는 결정적 계기를 마련하게 된다. 영국의 일개 회사의 전투력이 아시아 대국의 전투력을 압도한 것이다.[5]

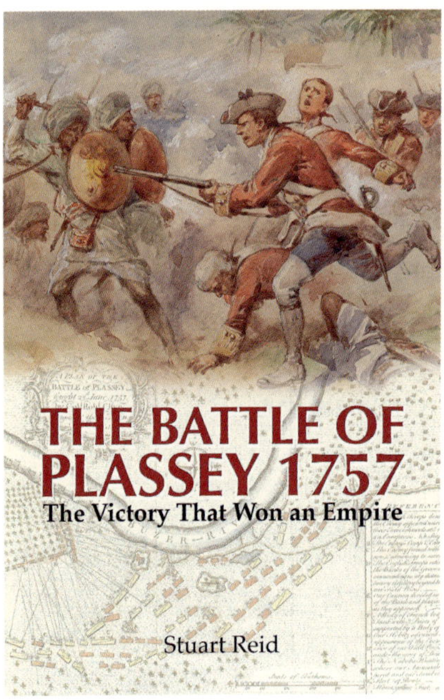

그림 7-11 팔라시 전투 1757(Reid, S., 2017)[4]

영국의 동인도회사는 인도, 버마, 말레이시아, 싱가포르, 홍콩 등을 영국정부를 대신하여 통치한 사실상의 국가였다. 후세의 역사학자들은 이를 '기업국가(company-state)'[6]라고 부른다. 믿기 힘들겠지만, 영국의 동인도회사가 가장 융성했을 때 보유한 군대는 30만 명이 넘었으며, 이 정도면 웬만한 국가의 군사력을 훨씬 능가하는 셈이다. 19세기 중반에 영국의 일개 회사인 동인도회사가 지배한 식민지의 인구가 그 당시 전 세계 인구(12억 명)의 20%(2억 4천만 명)를 차지할 정도로 막강한 영향력을 행사하였다. 이는 '해가 지지

3 영어로는 플라시(Plassey)라고 발음하지만, 인도어 원명으로는 팔라시라고 읽는다.

않는 나라(The empire on which the sun never sets)'인 영국의 또 다른 영토인 미국, 캐나다, 호주, 남아프리카, 뉴질랜드 등 대서양 연안의 식민지를 제외한 것이니 그 영향력이 얼마나 대단했는지를 가늠해 볼 수 있다.

후추전쟁에서 우위를 점한 영국에 뒤질세라 네덜란드도 1602년 연방의회의 제청으로 6개의 소규모회사를 끌어 모아 국가지원을 받는 칙허회사로 네덜란드 동인도회사(Dutch East India Company)를 설립하게 된다. 네덜란드 동인도회사는 인도네시아를 위시한 아시아 각국으로부터 후추와 향료 등을 수입하는 무역권을 독점했을 뿐 아니라 영국과 마찬가지로 식민지를 개척하고, 요새를 건설하며, 필요하면 전쟁을 수행하였으며, 심지어는 화폐도 발행하게 된다. 따라서 무역을 위해 건조된 선박은 동시에 군함이기도 했다.

그림 7-12 17세기 네덜란드 선박 복제품(암스테르담 해양박물관 전시)

영국의 동인도회사가 특정인에게만 주식을 발행한 반면 네덜란드 동인도회사는 자금 모금에 더욱 적극적으로 나서 모든 일반 시민에게 주식을 발행하는 세계 최초의 상장회사가 되었다. 암스테르담에서만 1000명이 넘는 일반인들이 주주로 참여하였는데, 이들 중에는 선원, 상인, 건축사, 직공, 하녀 등 소시민들이 대거 포함되어 있었다.[7] 또한 네덜란드 동인도회사의 경리부서는 일반인들 간의 주식거래를 매개하는 사실상의 증권거래소 역할을 하였다. 현대 자본주의국가의 주식공개(going public)와 비견할 수 있는 대목이다. 400년 전 유럽의 작은 나라에서 이런 놀라운 일이 벌어진 것이다. 덕분에 네덜란드 동인도회사는 영국에 비해 10배가 넘는 대규모 자본을 끌어 모아 이 자금으로 그 어느 나라보다 견고하고 효율적인 선박을 건조하여 저 멀리 지구 반대편으로 보낼 수 있었다. 결과는 대성공이었다.

이를 계기로 네덜란드는 17세기 소위 '황금시대(Golden Age)'를 맞이하여

그림 7-13 암스테르담 시내 운하를 따라 들어선 황금시대 건물들

세계에서 가장 부유한 국가로 부상한다. 이 시기에 네덜란드는 경제력을 바탕으로 건축, 문화, 예술 등 모든 분야가 꽃을 피운다. 암스테르담 시내에 거미줄 같이 연결된 운하, 도시 곳곳에 들어선 건축물, 렘브란트(Rembrandt Harmenszoon van Rijn, 1606-1669)와 베르메르(Johannes Vermeer, 1632-1675)와 같은 당대의 뛰어난 예술가들이 황금시대가 불멸의 유산임을 아직까지도 증명한다. 네덜란드 동인도회사의 광범위한 주주모집과 자유로운 주식매매를 허용한 덕분이라고 할 수 있다. 유럽 변방의 작은 나라를 당시 전 세계 무역을 주름잡는 경제대국으로 변모시킨 네덜란드인들의 실용주의적 영리함을 엿볼 수 있다. 네덜란드의 주식공개 발행방식은 이후 영국을 비롯하여 덴마크, 프랑스, 스웨덴, 러시아 등의 국가들이 벤치마킹하여 증권거래소와 은행을 통해 막대한 자본을 모았고, 수혜를 받은 각국의 기업들은 세력을 크게 확장할 수 있었다.

하지만 칙허회사들의 전성기는 그리 오래가지 않았다. 물질적인 성공에 눈이 먼 국가와 회사들이 증시 거품의 위험을 미처 예상하지 못한 것이다. 1711년 칙허회사로 설립된 영국의 남해회사(The South Sea Company)[4]는 스페인 왕위계승전쟁 수행을 위해 정부가 발행한 국채(부채)를 회사가 떠안는 대신 영국정부로부터 서인도제도의 노예무역 및 남미의 무역 독점권을 얻게 된다. 그런데 남미와 서인도는 스페인이 이미 장악하고 있는 시장이라서 남해회사의 사업전망은 애초부터 어두웠다. 이런 상황에서 남해회사는 투자자들의 돈을 끌어 모을 생각으로 1720년 정부 및 국회와 짜고 신규 회사(공동출자회사)의 설립을 금지하여 사실상 경쟁을 봉쇄하는 거품법(Bubble Act)을 제정하기에 이른다.[5] 남해회사는 또한 사업전망이 좋은 것으로 가짜 소문을

4 여기서 남해(South Sea)는 당시 남태평양(South Pacific)을 의미한다. 남해회사의 활동반경은 남미와 인근의 남태평양이었다.

5 1720년 거품법 도입으로 인해 영국은 거품법 폐지를 선언(거품회사법, Bubble Companies Act 제정)한 1825년까지 100년 이상 새로운 공동출자회사의 설립이 사실상 불가능하였다. 이로써 영국은 산업혁명을 먼저 일으키고도 산업화 경쟁에서 미국에 뒤처지게 된다.

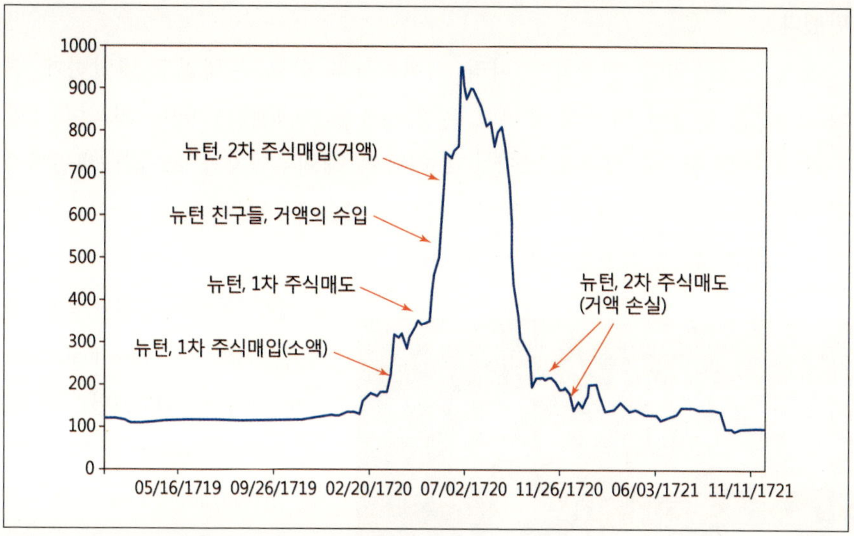

그림 7-14 뉴턴의 남해회사 주식투자(1720)

퍼뜨려 내막을 모르는 투자자들이 기대심리로 불나방처럼 덤벼들었고 주가는 천정부지로 솟아올랐다. 낌새를 알아차린 검찰이 수사에 착수하면서 주가가 땅바닥에 떨어지고, 많은 투자자들이 엄청난 손해를 보게 되면서 남해회사는 물론이고 당시까지 전성기를 누렸던 칙허회사들은 쇠퇴의 길을 걷게 된다.

이 때 돈을 잃은 사람 중에 당대 최고의 물리학자인 아이작 뉴턴(Isaac Newton, 1642-1727)과 '로빈슨 크루소'의 저자로 유명한 소설가 다니엘 디포(Daniel Defoe, 1660-1731)도 포함되어 있었다. 뉴턴의 주식투자 실패사례는 아직까지도 사람들 입에 오르내린다. 남해회사의 주가가 한참 오르고 있을 시기에 소액을 투자한 뉴턴은 처음에는 7000파운드를 벌어 수익률 100%를 올렸다. 그러나 친구들이 떼돈을 버는 것을 보고 이미 오를 대로 오른 주식에 거의 전 재산을 투입한 그는 주가가 땅바닥에 떨어진 다음에 팔게 된다(위의 [그림 7-14] 참조). 오늘날 증시 '거품(bubble)'이라고 하는 현상이 영국에서 처음으로 생긴 것이다. 당시 78세 고령의 뉴턴은 재산의 90%인 2만 파운드(현재 가격으로 300만 달러)를 잃고 거의 파산상태에 이른 후, "나는 복잡한 천체의 운동을 계산할 수는 있지만, 사람의 광기는 계산할 수 없다"고 한

탄했다.[8]

한편 제국주의가 팽창함에 따라 칙허회사와 함께 은행업도 발달하게 된다. 1762년 설립된 영국의 베어링 은행(Barings Bank)은 1792년 영국이 프랑스와 전쟁을 할 때 전비를 조달했고 미국의 해외무역자금 조달과 채권매각의 창구 역할을 했으며 영국 동인도회사의 자금을 조달하는 등 당시 국가와 회사의 재정을 지원하여 돈을 벌게 된다.

그림 7-15 로스차일드 가문의 문양

한편 독일인 마이어 암셸 로트실트(Mayer Amschel Rothschild, 1744-1812)는 1760년대에 프랑크푸르트에서 로스차일드 은행(Rothschild Bank)을 설립하였다. 로트실트는 프랑크푸르트의 유태인 거주지역인 게토(ghetto)에서 대대로 상업에 종사해 온 독일계 유태계 가문이었다. 소규모 상인으로 출발했던 로트실트는 은행을 설립한 다음 다섯 아들들과 함께 회사를 경영하게 되는데, 프랑스 혁명과 나폴레옹 전쟁 기간에 전비조달로 크게 이윤을 얻은 후 영국, 프랑스, 이탈리아에 지점을 둔 국제은행으로 성장했다. 특히 세째 아들 네이선 로스차일드(Nathan Mayer Rothschild, 1677-1836)가 경영한 런던 지점은 영국과 프랑스 간의 워털루 전쟁 당시 영국 정부가 발행한 국채를 싼 값에 매입하는 등 사업수완을 발휘하여 사세를 크게 확장하였다. 그 후 로스차일드 은행은 국제영업 거래를 통한 정부의 공채, 보험회사의 증권, 기업의 주식을 중개하는 업무를 담당했고, 산업혁명 이후에도 철도, 석탄, 철강 등에 투자함으로써 크게 성장할 수 있었다. 몇 년 전 선풍적인 인기몰이로 프랑스 대통령으로 선출된 마크롱(Emmanuel Macron, 1977-) 도 한때 로스차일드 은행에서 일한 바 있다.

4. 산업혁명시대의 주식회사

국가권력의 식민지 확장에 의지해 발전했던 제국주의 시대의 칙허회사가 주가폭락과 식민지 주민들의 저항으로 쇠퇴하게 되자 국가 개입의 인위적인 경영방식에 대한 비판이 일게 되었다. 영국의 경제학자 애덤 스미스(Adam Smith, 1723-1790)는 그의 저서 〈국부론〉(*The Wealth of Nations*)에서 국가권력을 비판하고 개인 간의 자유롭고 평등한 계약을 통해 경제를 발전시키는 자유무역을 주창했다. 1장에서 다루었듯이 스미스는 '보이지 않는 손'에 의해 시장경제에서 자연스럽게 발생하는 개인 간의 자유로운 거래를 통해서 자원이 효율적으로 분배되어, 그 결과 '국가의 부(國富)'는 더욱 커진다고 보았다.

영세규모에 머물렀던 대부분의 기업들이 근대적인 의미의 주식회사로 발전하고, 더 나아가 거대기업과 다국적기업으로 진화하게 된 결정적인 역사적 사건은 바로 산업혁명이다. 산업혁명은 18세기 중엽 영국에서 증기기관의 발명으로 촉발된 기술혁신과 그에 따른 사회 및 경제구조의 변혁을 칭한다. 산업혁명으로 인해 당시 영세한 규모의 기업들은 방직, 기계, 제철 등의 분야에서 대량생산체제를 구축하여 대기업으로 발돋음하게 된다. 또한 시장경제의 생산주체로 자리 잡은 주식회사는 경영방식이 더욱 고도화되어 기업소유주(owner)가 경영자(manager)를 겸하기 어려워지게 되고, 이에 따라 전문경영인 기업이 출현하게 된다. 전문경영을 통해 효율성을 극대화한 기업들은 걸음을 멈추지 않고 거대기업과 다국적기업으로 변모하게 된다. 그러면 산업혁명 이후 출현한 회사형태인 주식회사와 이를 기반으로 진화한 전문경영인 기업, 거대기업, 다국적기업을 차례대로 알아보자.

산업혁명 이후의 경이로운 대량생산체제와 국제무역체제를 수행할 수 있는 기업의 형태가 바로 인류 최고의 발명품이라고 칭송받는 '주식회사(Company Limited by Shares)'이다. 공식명칭으로는 줄여서 'Co., Ltd.'[6]로 표기한다. 주

6 주식회사로 설립된 우리나라 기업들도 영문명칭 마지막에는 Co., Ltd. 또는 Ltd.를 사용하고 있다. 미국에서는 유한책임의 주식 발행, 연방 법인세 부과, 그리고 자본시장에 상장이 가능한 주식회사를 '공개기업(Public Company)', 또는 'C회사(C Corporation)'라고 부르기도 한다.

식회사의 도입으로 인해 서구경제는 비약적으로 발전하게 되었고, 오늘날에도 가장 발전된 기업형태가 주식회사라는 데 큰 이견은 없다.

주식회사제도는 제국주의 시대의 공동출자회사와 칙허회사에서 그 뿌리를 찾을 수 있지만, 1862년 제정된 영국의 '회사법(Companies Act 1862)'에서 완성된 모습을 갖추게 되었다고 보는 것이 정설이다.[7] 회사법은 기존에 여러 군데 산재해 있던 기업관련법들을 모아, 주식회사 설립과 활동의 자유를 크게 신장한 통합법이다. 회사법은 회사설립, 자본의 분포와 주주의 책임, 경영진의 구성, 청산 등 9개의 파트로 나누어지는데 주로 (1) 7명 이상의 발기인으로 법인설립(정부의 허가없이 간단한 등록절차), (2) 주주의 유한책임(limited liabilities) 보장(대신 회사이름 마지막에 Ltd.를 삽입하여 유한책임을 명시하는 조건임), (3) 지분의 자유로운 양도, (4) 주주를 대신하는 경영자의 선임 등을 주요 내용으로 한다.

회사법의 도입으로 기업활동이 정부의 간섭을 받는 폐쇄적 형태에서 시장에서의 자유로운 경쟁에 의한 개방적 형태로 바뀌게 되어 기업사의 일대 전환점을 마련하게 된 것이다. 바야흐로 기업의 자유방임(laissez faire) 시대가 온 것이다. 주식회사제도는 이후 발원지인 영국을 넘어 유럽 및 기타 지역의 국가로 번져 갔는데, 특히 광활한 국토와 풍부한 자원, 그리고 유럽으로부터 전수된 기술력을 보유한 미국은 엄청난 잠재력을 가진 주식회사의 발전기지로 부상하였다.

여기서 주식회사제도를 다시 한 번 정리해 보자. 하버드 법대의 크라크먼(Reinier Kraakman, 1949-) 교수 등에 의하면 오늘날의 주식회사는 (1) 법인격, (2) 주주의 유한책임(limited liability), (3) 지분의 자유양도, (4) 소유와 경영의 분리(이사회로의 경영권 위임), (5) 주주에 의한 소유 등 5가지의 특성을 갖는다.[9] 20세기 들어와 가속화된 '소유와 경영의 분리' 빼고는, 160년 전 영국의 회사법에서 규정한 주식회사제도는 오늘날의 주식회사제도와 견주어도 전혀 손색이 없다. 오늘날 시장경제를 채택하는 국가들은 예외 없이

---

7 물론 그 이전에 영국의회에서 제정된 등기법(1844년)은 간단한 등록절차를 통해 회사설립이 가능하도록 만들었고, 공동출자회사법(1856년)은 주주의 유한책임을 보장하는 등 주식회사의 발달에 제도적으로 기여하였다.

지배적인 기업형태로서 주식회사를 채택하고 있다. 예컨대 한국과 일본의 주식회사, 미국의 주식회사(C-corporation, S-corporation), 독일의 AG(Aktiengesellschaft), 영국의 유한책임주식회사(company limited by shares), 중국의 유한공사(有限公司)가 이에 해당된다.

5. 트러스트와 거대기업

그림 7-16 스티븐슨이 발명한 증기기관차

18세기에 시작된 1차 산업혁명은 농업과 수공업 위주의 경제를 공업과 기계를 이용하는 제조업 중심의 경제체제로 바꿨고 기업이 제품의 대량생산을 통해 이윤을 증대시킬 수 있는 기회를 제공했다. 산업혁명 초기 대량생산방식은 원료에서 실을 뽑는 방적기와 실로 천을 짜는 방직기의 개발로 인해 섬유산업에서 시작되었으나, 이후 다른 산업으로도 전파되었다. [그림 7-16]에서와 같이 1829년 영국의 조지 스티븐슨(George Stephenson, 1781-1848)이 발명한 증기기관차가 상용화되고 1830년 영국의 리버풀과 맨체스터를 연결하는 세계 최초의 철도가 건설된 후, 철도산업은 1830년대부터 경제불황이었던 1850년대까지 유럽과 미국에서 큰 호황을 누렸다. 철도건설에 필요한 막대한 자본을 끌어 모으기 위해 수많은 소액투자자들이 투자를 할 수 있는 주식회사가 더욱 각광을 받게 되었다.

막대한 양의 철강을 필요로 하는 철도산업의 발달은 철강산업의 발전을 촉진했다. 18세기 이후 꾸준히 전개된 제강기술의 발달과 함께 산업혁명 이

그림 7-17 창업자 프리드리히 크루프

그림 7-18 티센크루프 본사 전경 (독일 에센)

후 증가된 철강수요는 유럽과 미국의 철강제조회사들의 비약적인 성장을 가져왔다. 독일의 대표적인 철강회사인 크루프(Krupp)는 창업자인 프리드리히 크루프(Friedrich Carl Krupp, 1787-1826)에 의해 1811년 독일 에센(Essen)에서 전기기구, 철도, 차량 등의 부품을 제작하는 회사로 설립되었다.

크루프는 철도산업의 발달과 함께 철도와 관련된 여러 철강제품을 생산하였고 이를 유럽 여러 나라에 판매함으로써 성장했으며, 3대에 걸쳐 크루프 가문이 회사의 경영을 이어받아 제2차 세계대전 종전까지 독일은 물론 유럽 전역에 수많은 산업공단과 산하기업을 두며 발전했다. 독일 패망 이후, 크루프의 경영권은 더 이상 크루프 가문에 승계되지 않았으며, 1997년 독일의 또 다른 철강회사인 티센(Thyssen) 그룹과 합병되면서 티센크루프(Thyssen-Krupp)의 이름으로 세계 10위 안에 드는 거대 철강회사로 명성을 유지하게 되었다. 티센크루프는 철강, 스테인리스 제품, 자동차 및 공장 기술, 엘리베이터, 조선, 서비스업 등으로 사업을 다각화하여 현재 종업원 16만 명, 매출 480억 달러를 올리는 다국적기업이다(2017년 말 기준).

19세기 중반 당시 독일의 크루프에 버금가는 철강산업의 강자는 미국의 카네기 스틸(Carnegie Steel)이었다. 스코틀랜드 출신으로 미국으로 이주한 후 방적공장에서 직공으로 일했던 앤드류 카네기(Andrew Carnegie, 1835-1919)는 1853년부터 펜실베이니아 철도회사 피츠버그 지사 책임자의 조수로 일하면서 당시 확장일로에 있던 철도사업에 뛰어들게 된다. 철도회사의 부사장으로까지 승진한 카네기는 몇 개의 철강회사에 투자하다가 1873년 스스로

7-19 카네기 동상(켄터키주 코빙턴市 카네기 공공도서관)

그림 7-20 US스틸 피츠버그 홈스테드 공장(1905년)

제철소를 세웠다. 그는 철도사업에서 배운 경험을 바탕으로 효율적인 철강 생산공정을 설계하여 에드거톰슨(Edgar Thomson) 제철소를 세웠으며 피츠버그의 홈스테드(Homestead) 제철소를 매입하는 등 사업을 확장했다.

1870년대 미국의 기업합병 붐에 편승하여 그는 1892년 제철소를 중심으로 석탄, 철광석, 광석 운반용 철도, 선박 등을 포함한 세계 최대의 철강트러스트를 건설하였다(〈박스 7-5〉 '트러스트' 용어 설명 참조). 1900년에 이르러 카네기 스틸의 철강 생산량은 미국 전체의 25퍼센트를 차지하게 된다.

카네기는 끊임없이 제철기술을 개발했고 생산과정을 일관작업공정시스템

박스 7-5

트러스트

트러스트(trust)는 기업합병이라고도 불리며, 카르텔보다 더 강력한 기업집중의 형태로 주로 시장독점을 목적으로 동종업계 혹은 이종업계에 소속된 다수의 기업체가 협력하는 체제를 뜻한다. 트러스트라는 용어는 19세기 말과 20세기 초 사이에 미국에서 성행했던 독특한 기업결합의 형태에서 유래하며, 다수 기업의 주주들의 주식을 특정한 수탁자(trustee)에게 위탁하고, 그 수탁자는 모든 소속기업의 경영권을 독점하는 독특한 경영체제를 유지하였다. 당시 고정설비투자에 거대자본이 필요했던 철강과 정유산업에서 주로 이러한 형태의 기업활동이 활발하였다.

에 따라 배열했으며 모든 작업공정을 표준공정에 맞게 규격화하여 '규모의 경제'를 실현함으로써 생산량을 증대시키고 생산원가를 절감하였다. 1901년 카네기 스틸은 J.P. 모건에 양도되었고 모건의 제강회사와 합병되어 미국 철강시장의 65퍼센트를 점유하는 US스틸(United States Steel Corporation)이 탄생한다. 큰 부자가 된 카네기는 "부자로 죽는 것은 부끄러운 일이다", "가난한 사람들에게 돈을 주는 것보다는 일자리와 교육을 제공하는 것이 더 중요하다"는 명언을 남기고 평생 모은 재산의 90% 이상을 기부하여 전 세계에 5000개가 넘는 도서관을 지었다. 어려서부터 책벌레였던 카네기는 공부하는 것이 가난을 벗어날 수 있는 가장 효과적인 돌파구가 된다고 믿었던 것이다. 그의 이 같은 기부정신은 당대의 존 록펠러와 훗날 워런 버핏, 빌 게이츠 등의 기부에 큰 영향을 주게 된다.

가난한 뱃사공의 아들로 태어난 코넬리우스 밴더빌트(Cornelius Vanderbilt, 1794-1877)는 증기선회사에서 일한 경험을 바탕으로 1829년 스스로 증기선회사를 설립했다. 그의 증기선회사는 저운임과 고품질 서비스를 무기로 10년 만에 허드슨강의 운송을 장악하게 되었고, 북동부해안으로까지 사업영역을

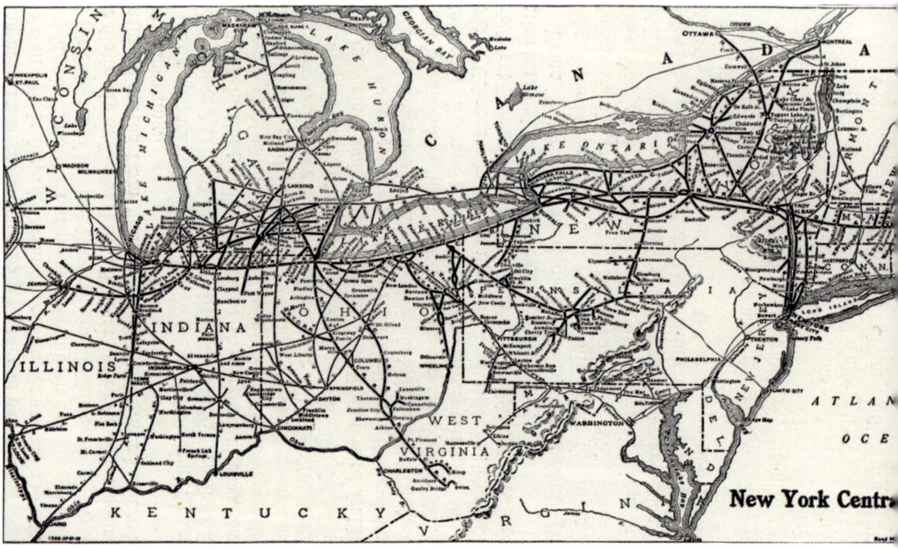

그림 7-21 코넬리우스 밴더빌트 **그림 7-22** 미국 동부-중부의 도시들을 거미줄같이 연결한 뉴욕센트럴 철도망(1925년)

확장하였다. 그 후로도 그의 회사는 롱아일랜드 주에서 프로비던스와 보스턴까지 그리고 뉴욕, 뉴올리언스, 샌프란시스코를 연결하는 해상수송을 장악했으며, 1849년 골드러시(Gold Rush)로 인한 서해안 수송량의 증가에 힘입어 밴더빌트는 엄청난 부자가 된다.

1863년에 그는 해운업 사업을 접고 철도사업에 몰두하여 뉴욕할렘 철도회사를 필두로 허드슨리버, 뉴욕센트럴, 레이크쇼어-미시간서든 철도회사들을 인수했으며 뉴욕과 시카고를 연결하는 최초의 철도노선을 개통시켰다. 1877년 그의 사후에는 아들 윌리엄(William H. Vanderbilt, 1821-1885)이 철도사업을 이어받아 뉴욕센트럴 철도망을 크게 확장시켰고 시카고 노스웨스턴 철도 등의 여러 철도회사들을 추가로 인수해 경영하였다.

프랑스 중농주의 경제학자의 아들로 태어난 이레네 듀퐁(Irénée du Pont, 1771-1834)은 프랑스 왕실 화약공장에서 기사로 일하다가 미국으로 이주한 후 1802년 델라웨어 주 윌밍턴 근처에 듀퐁 화약공장을 세웠다. 두 차례에 걸친 미국 독립전쟁 중 큰 이득을 본 듀퐁은 남북전쟁 후 사업을 더욱 확장하여 캘리포니아의 공장을 인수했고 가족구성원들과 동업자 관계를 맺으며 회사를 더욱 성장시켰다.

그 후로도 회사는 그의 아들과 사촌들로 이어지는 가족경영체제를 유지했으며, 듀퐁중앙연구소가 1903년 개발한 프레온 냉매와 합성고무 네오프렌을 생산하게 되면서 더욱 발전했다. 특히 1938년 개발한 나일론은 섬유산업에 일대 변혁을 가져왔으며, 그 후로도 듀퐁은 1950년 폴리에스테르, 1963년 탄성섬유 라이크라, 1967년 아라미드섬유, 1990년 고온초전도 물질 등의 신소재를 꾸준히 개발하면서 지금까지 화학산업에서 그 명성을 유지해 오고 있다.

그러면 이제 카네기와 함께 미국의 초기 자본주의의 성공 스토리를 대표하는 록펠러로 눈을 돌려보자. 1858년 클리블랜드에 위치한 작은 무역회사의 견습생이었던 존 록펠러(John D. Rockefeller, 1839-1937)는 동업자와 함께 곡물가게인 클라크 앤 록펠러(Clark & Rockefeller Co.)를 설립했다. 1860년대에는 등불에 사용되는 등유를 취급하는 석유사업에 뛰어들어 1863년 정유회사를 세웠다. 성장하는 회사에 필요한 자금을 모으기 위해 추가로 동업자들

그림 7-23 존 록펠러

그림 7-24 미국 뉴욕 맨해튼에 위치한 록펠러 센터

을 동참시켜 1870년에 스탠더드오일(Standard Oil) 회사를 만들었다. 록펠러는 34개의 석유회사들을 끌어모아 스탠더드오일 트러스트를 형성했고 송유관과 철도를 이용하여 전국에 석유를 공급하였다. [그림 7-24]는 뉴욕 맨해튼에 록펠러가 건축한 록펠러 센터를 보여주는데, 몇년 전 우리나라 가수 싸이가 록펠러 센터 앞 광장에서 '강남스타일'을 공연한 곳으로도 알려져 있다.

그의 회사는 본사가 전국의 석유 재고와 공급량을 통제하는 중앙집권형 조직으로 운영되었으며 석유산업에서 독점권을 유지하며 막대한 이윤을 얻을 수 있었다. 1890년 제정된 반독점법(Anti-Trust Act)에 의해 1911년 스탠더드오일 트러스트는 해체되었고, 해체된 회사들 중 뉴저지 스탠더드오일(Standard Oil of New Jersey)은 엑슨(Exxon)으로, 뉴욕 스탠더드 오일(Standard Oil Company of New York)은 모빌(Mobil)로 변신한다. 두 회사는 1999년에 다시 합병한 후 엑슨모빌(Exxon-Mobil)이 되어 오늘날 전 세계 1위의 석유회사가 되었다.

막대한 자본을 필요로 하는 거대기업의 성장은 은행산업의 발전을 가져왔다. 특히, 1871년 존 모건(John P. Morgan, 1837-1913)이 설립한 J.P.모건은행과 1870년 게오르크 지멘스(Georg von Siemens, 1839-1901)가 설립한 도이체방크(Deutsche Bank)는 미국과 독일에서 유망한 기업들을 발굴·육성하기 위한 목적으로 설립되었다. 기존의 은행들이 이자놀이에 집착한 반면, 새로 설립된 은행들은 투자자들의 돈으로 생산성과 수익창출이 뛰어난 기업에게 자금을 지원함으로써 금융산업에 파격적인 혁신을 가져왔다. 오늘날 전 세계 금융을 주름잡는 투자은행(Investment Bank: IB)의 효시이다.

그림 7-25 존 모건

1854년 동업자와 피바디모건은행(Peabody, Morgan and Co.)을 설립한 후 J.P. 모건의 부친 J.S. 모건(Junius Spencer Morgan, 1813-1890)은 1864년 은행의 이름을 J.S. 모건으로 바꾸고 미국기업이 발행한 채권을 영국인 투자자들에게 판매하여 큰 성공을 거두었다. 그의 아들 J.P. 모건은 남북전쟁 당시 듀퐁과 손잡고 무기중개상으로 큰돈을 벌었으며,[8] 1871년 J.P.모건은행의 전신인 드렉셀 모건앤컴퍼니(Drexel, Morgan & Company)를 설립하고 영국은행으로부터 받은 자금을 급성장하는 미국회사에게 공급했다. J.P. 모건은 벤처투자에도 손을 대 1892년 발명왕 에디슨(Thomas Alva Edison, 1847-1931)을 지원해 GE(General Electric)의 설립을 도왔으며, 1898년 페더럴 철강회사에 창업자금을 투자해 록펠러의 철강회사를 매수하고, 그 외 여러 철강회사를 합병하여 거대기업인 US스틸을 설립하였다.

모건의 기업합병은 그 후로도 계속되어 1902년에는 주요 농기구 제조업체를 통합한 인터내셔널 하비스터(International Harvester Company)와 대서양 해운업체 대부분을 합병한 인터내셔널 머천트 해운회사(International Merchant Marine Company)를 창설했으며, 1907년에는 미국 전역의 전화를 독점한 AT&T(American Telephone and Telegraph Co.)를 인수했다. J.P. 모건은행은 1907년 미국의 금융위기 때에는 여러 은행들을 규합하여 구제금융을 시행하

8 J.P. 모건은 남북전쟁 당시 미정부 무기창으로부터 소총 5,000정을 1정당 3.5달러에 매입하여 이를 북군의 장군에게 1정당 22.5달러를 받고 되팔아 큰돈을 벌었다고 한다. J.P. 모건의 사업수완을 보여주는 일화이다.

그림 7-26 포드社의 모델T 생산라인

그림 7-27 모델 T 1000만대 생산돌파 기념 자동차(1924

였고 제1차 세계대전 후에는 유럽재건사업에 총 10억 달러 이상을 제공하는 등 기업이라기보다는 웬만한 국가 이상의 권력을 과시하였다.

이제는 세계 자동차업계의 신화적 인물인 헨리 포드를 다루어 보자. 헨리 포드(Henry Ford, 1863-1947)는 아일랜드에서 이주해온 농민의 아들로 태어나 이미 15세에 자동차제작에 몰두하기 시작했다. 1903년 11명의 동업자들과 함께 2만 8천 달러의 자금으로 포드 자동차 회사(Ford Motor Company)를 설립했으며 1908년부터 그 유명한 '모델 T'를 생산하기 시작했다(당시의 생산라인은 [그림 7-26] 참조).

포드는 제품과 부품, 제조공정에 있어서 철저한 표준화를 강조하며 컨베이어벨트 시스템이라는 이동식 조립라인을 개발하였고, 부품의 호환성을 확보하여 생산비용과 제조공정시간을 단축시키고 생산성을 높여 제품단가를 현저히 낮춤으로써 시장 경쟁력을 확보할 수 있었다. 결과는 대성공이었다. 먼저, 생산성이 획기적으로 향상되어 노동자 1인당 차체 조립시간이 1908년의 840분에서 1924년 24초로 줄었으며, 1914년 당시 경쟁업체의 임금이 일당(日當) 2.25달러일 때 '일당 5달러(Five-Dollar a Day)'로 대폭 인상하여 지불하였다.[10] 모델 T의 가격 또한 1908년의 825달러(당시 경쟁업체의 고급승용차 가격은 2000달러)에서 1920년에는 255달러까지 낮아졌고 1924년에 누적생산 1000만대를 돌파하게 된다[11,12]([그림 7-27] 참조).

1841년 베르너 지멘스(Werner von Siemens, 1816-1892)는 독일에서 식기를 도금하는 전기도금법을 발명하여 돈을 모았으며, 1846년 기존의 전기전신기를 개선한 기술을 개발한 후 1847년 전신기와 전신선로를 건설하는 지멘스 운트 할스케(Siemens & Halske) 전신설비회사를 설립했다. 지멘스는 1848년 독일에서 베를린과 프랑크푸르트를 연결하는 전신선로를 건설했으며, 1853년에는 러시아에 진출하여 상트페테르부르크에서 흑해를 연결하는 전신선로를 건설하였다. 그 후 지멘스는 그의 형제들과 함께 발전기, 케이블, 전화, 전력, 전등 등을 비롯한 전기기기를 생산하며 사업영역을 확대했다. 지멘스(Siemens)는 현재 전기·가스·풍력·수력 발전, 에너지관리 및 재생산, 공장 및 빌딩 자동화, 의료기기, 철도차량, 화재경보, CAD·CAM 소프트웨어 등의 사업 분야에 진출하여 종업원 37만명을 거느리고, 매출 400억 달러를 올리는 글로벌 기업으로 성장하였다(2017년 기준).

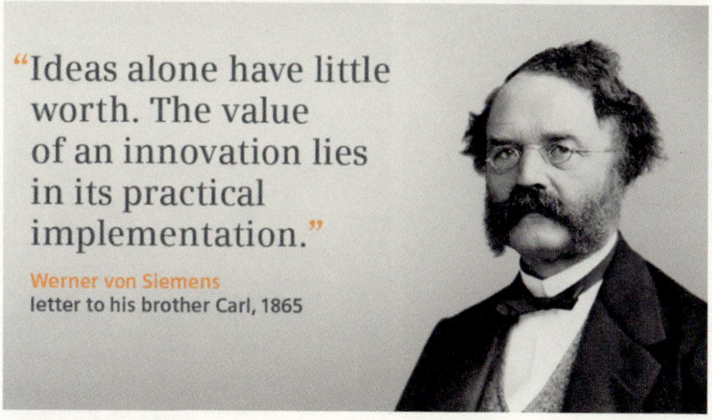

그림 7-28 베르너 지멘스

토마스 에디슨(Thomas Alva Edison, 1847-1931)은 전기산업의 초기인 1863년부터 전기연구에 전념하여 축음기, 전화송화기, 백열전구, 발전기, 전기철도, 가정용 영사기 등 다양한 전기기기를 발명했으며 평생 1,093개의 특허를 획득하는 등 발명가로서의 탁월한 능력을 발휘했다. 1878년 J.P. 모건과 윌리엄 밴더빌트의 지원을 받아 에디슨전기조명회사(Edison Electric Light Company)를 설립하였으며, 1882년 뉴욕에서 첫 발전공장을 가동하여 85개소에 2,300개 전등을 사용할 수 있는 전기를 공급했다.

이후 전기 사용량의 증가와 전력기술의 광범위한 응용은 전력공업 및 전기설비공업의 급속한 발전을 가져왔고, 이와 관련된 재료제조기술, 통제 등 공정기술의 발전을 가져왔다. 1892년 에디슨전기회사는 J.P. 모건의 주선으로 미국의 두 발명가 엘리후 톰슨(Elihu Thomson, 1853-1937)과 에드윈 휴스턴(Edwin J. Houston, 1847-1914)이 세운 톰슨-휴스턴 전기회사(Thomson-Houston Electric Company)와 합병하여 오늘날 초우량 글로벌 기업으로 성장한 GE(General Electric)가 탄생하게 된다.

18세기 말 산업혁명 이후 발전을 거듭한 서구의 철도회사들은 노련한 창업자들이 투자자들로부터 막대한 자본을 끌어 모음으로써 거대한 규모의 기

그림 7-29 에디슨이 발명한 축음기(phonograph, 왼쪽 사진)와 전구(오른쪽 사진)

업으로 성장하게 된다. 거대기업들의 등장으로 고도의 생산력을 유지시키기 위한 기술혁신과 함께 표준화, 과학적 관리기법 등의 공정관리, 그리고 대규모의 조직을 효율적으로 관리하기 위한 정보와 명령의 중앙집권시스템과 같은 새로운 경영관리기법이 발전하게 된다.

오히려 산업혁명이 시작된 종주국인 영국에서는 가족이나 개인 중심의 기업체가 주를 이루는 초기 자본주의의 형태를 벗어나지 못함으로써 미국이나 독일에서와 같은 대기업들이 성장하지는 못했다. 다만 담배회사인 임페리얼 토바코(Imperial Tobacco), 정유회사인 브리티시 페트롤리움(British Petroleum), 양모생산회사인 제이 앤드 피 코트(J & P Coats), 화학회사인 임페리얼 케미컬 인더스트리(Imperial Chemical Industries), 비누제조와 식품회사인 유니레버(Unilever) 등 소수의 대기업들이 시장에서 성공을 거두었다.

서구국가들이 자본주의의 발달에 따라 거대기업을 출현시키는 동안에 동양에서의 사정을 살펴보면 다음과 같다. 당시 동양을 대표하는 중국과 인도가 서구열강의 침략에 신음하고 있던 사이 일본만이 유독 근대화에 눈을 떠 자본주의체제 구축과 산업화에 성공하였다. 일본은 메이지 유신 이후 개혁개방을 주도한 엘리트 계층에 의해 서구식 시장경제 도입과 산업화가 급속하게 진전되었다. 특히 당시 사상가이자 기업가인 시부사와 에이이치(澁澤榮一, 1840-1931)는 그의 책 〈논어와 주판〉[9]에서 일본의 전통 유교사상과 서양

9 이 책은 여러 번 한국어로도 번역되었는데 그중 하나를 소개한다. 시부사와 에이이치 (2012), 〈논어와 주판: 일본을 경제 대국으로 굴기시킨 불멸의 상경〉, 노만수 역, 서울: 페이퍼로드.

의 자본주의정신을 적절히 조합함으로써 상업과 경제발전을 촉진하기 위한 사상적 정당성을 부여하였다. 시부사와 에이이치는 제일국립은행, 도쿄전력, 도쿄가스, 도쿄해상화재보험, 기린(麒麟)맥주, 데이고쿠(帝國)호텔, 도쿄증권거래소, 오우지(王子)제지, 치치부(秩父)시멘트(현 태평양시멘트) 등 무려 500개 이상의 기업설립에 관여했으며, 이 밖에 600여개의 복지단체 설립에도 관여했다고 한다. 이 같은 공로로 인해 그는 오늘날까지 '일본 자본주의의 아버지'라고 불린다.

그림 7-30 〈근대 일본을 건설한 앙트러프러너: 시부사와 에이이치〉(2017)

산업혁명의 후발주자로서 일본은 정부의 강력한 부국강병책의 일환으로 공업의 대약진을 추진하였다. 특히 통산성[10]은 서양의 산업화 기술을 빠르게 습득하는 것을 목적으로 사회간접자본을 구축하고 대학을 설립하기 위한 자금을 지원했으며 서양의 기술과 사업모델을 배우고 개발하는 다수의 공공연구소를 세웠다.

정부의 이와 같은 적극적인 지원에 힘입어 일본기업들은 급속도로 성장할 수 있었으며, 특히 4대 재벌인 미쓰이(三井), 미쓰비시(三菱), 스미토모(住友), 야스다(安田)는 광범위한 산업에 걸쳐 수많은 계열사를 거느리고 제2차 세계대전 이후에도 일본경제를 좌지우지하는 거대기업으로 성장해 갔다. 일본의 거대기업들은 가족중심 재벌경영을 유지해 오다가 1930년대부터 전문경영인체제로 전환되기 시작하였다. 일본의 금융업과 중화학공업 등 주요 기간산업은 거대 재벌기업에 의해 지배되어온 반면, 제조업의 적지 않은 부

10 일본의 경제와 무역, 산업 정책 등을 담당하던 정부기구로서 통상산업성의 약칭이다. 지금은 경제산업성으로 개편되었다.

분은 경쟁력있는 중소기업에 의존하고 있다는 특징을 지니고 있다. 대기업과 중소기업이 모두 탄탄한 경제구조를 일찍부터 가지게 된 것이다.

동서양을 막론하고 거대기업의 출현과정에서 독점자본가가 등장하여 사회적 논란과 비난을 야기하게 된다. 그런데 이들 자본가 중에는 말년에 상당한 규모의 재산을 사회에 기부하여 찬사를 받게 된 사람들도 있었다. 그중 한 사람이 석유왕 록펠러이다. 〈박스 7-6〉은 록펠러가 수단과 방법을 가리지 않고 엄청난 부를 축적한 다음, 말년에는 기부가로 변신한 사례를 보여준다.

박스 7-6

경영윤리에 대한 고찰 – 석유왕 록펠러의 명암

철강왕 앤드류 카네기, 금융황제 JP 모건과 함께 미국 기업사에서 신화적인 존재로 여겨지는 존 D. 록펠러(John Davison Rockefeller, 1839-1937)는 20세기 초 미국의 석유왕이라는 명성을 얻기까지 수많은 찬사와 비판을 동시에 받았던 인물이다. 1839년 독일에서 미국 리치퍼드로 이주한 평범한 가문에서 태어난 록펠러는 고등학교 졸업 후 한 작은 회사의 경리과 직원으로 경력을 시작했으며 후일 독립하여 철도운송업에 진출한다. 이후 본격적으로 석유사업에 뛰어들게 되어, 1870년에 오하이오 스탠더드 석유회사(Standard Oil Company)를 세운 후 다수의 경쟁회사를 흡수, 병합하는 방식으로 급속히 성장시켜 1882년 스탠더드오일트러스트(Standard Oil Trust)를 창설하고 미국 내 정유소의 95%를 차지하게 된다.

그림 7-31 구걸하는 걸인을 외면하는 록펠러 (왼쪽에서 두 번째, 1880년)

록펠러는 타고난 근검절약 정신과 시간에 대한 철저한 관리, 기독교적 금욕주의를 고수했던 거대기업의 경영자로서 경영에 참여한 평생 동안 하루도 빠짐없이 모든 거래사항을 회계장부에 기록했을 정도로 자기관리에 철두철미했던 사람이었다. 하지만, 그가 스탠더드오일트러스트라는 당시 미국 유일의 독점기업을 세우게 된 배경에는 정경유착, 무자비한 회사인수, 문어발식 기업확장, 비밀카르텔 형성, 리베이트 제공 등 오늘날까지 비판받는 어두운 과거가 있었다. 특히 그는 당시 수단과 방법을 가리지 않고 자신의 사업영역을 넓혀 수많은 경쟁기업을 희생시켰다. 이처럼 석유사업의 성공으로 막대한 부를 가지게 되었지만, 그가 낸 기부금을 한 목사가 더러운 돈이라고 공개적으로 경멸했을 만큼 그의 경영방식에 대한 사회적인 평판은 좋지 않았다. 실제로 그가 설립한 스탠더드오일트러스트는 1911년에 미국 대법원으로부터 셔먼반독점법(Sherman Antitrust Act) 위반으로 유죄평결을 받고, 30개가 넘는 독립회사로 해체되기에 이른다. 재미있는 사실은 반독점법 위반으로 해체된 독립회사들의 주가가 급등하여 록펠러는 더 큰 부자가 되었다는 것이다.

그림 7-32 84세 생일에 어린아이에게 적선하는 록펠러 (1923년)

이런 록펠러의 인생에 커다란 반전이 찾아온다. 1896년에 경영일선에서 은퇴한 그는 본격적인 자선가로 탈바꿈하여, 그의 아들 록펠러 주니어와 함께 1917년부터 1960년까지 록펠러 재단(Rockefeller Foundation)을 통해 5억 3,700만 달러를 사회에 직접 기부했으며 간접적으로는 5억 400만 달러를 사회에 환원했다. 그의 이 같은 변화는 당대의 재력가이자 독실한 기독교도인 앤드류 카네기(Andrew Carnegie, 1835-1919)의 왕성한 기부활동에 큰 영향을 받았다고 한다. 록펠러 재단은 시카고 대학을 비롯한 미국 전역의 수많은 교육기관에 막대한 자금을 지원했으며, 록펠러 의학연구소를 통해 다수의 노벨의학상 수상자들을 배출하는 등 인류의 건강증진을 위한 의학발전에도 크게 기여하였다.

이처럼 록펠러는 은퇴 전에는 부를 얻는 수단과 과정에서 '탐욕스러운 기업가'라는 불명예스런 별명을 얻었지만, 은퇴 후에는 평생 쌓아올린 재산 대부분을 사회에 환원한 '위대한 자선가'라는 영예로운 별명을 모두 갖춘 양면적인 인물로 평가되고 있다. 록펠러의 인생은 '개같이 벌어서 정승처럼 써라'라는 속담처럼 "기업경영에 있어 목적을 위해서는 어떤 수단이라도 정당화될 수 있는가?"라는 다소 대답하기 난감한 질문을 하게 만드는 대표적 사례로 지금까지 거론되고 있다.[13]

6. 전문경영인시대의 기업

거대기업들은 막대한 자본에 의한 강력한 생산능력과 효율적인 경영관리체제를 유지해 왔으나 19세기 말에 이르러 점차 과잉생산 및 관료주의 조직 등의 가족승계에 의존한 경영체제의 한계점을 보이게 되었다. 시간이 흐를수록 많은 기업에서 회사의 소유권과 경영권이 분리되었고 가족기업의 주인인 사장과 종업원 사이를 연결하는 대리인으로서 회사경영에 전문성을 갖춘 전문경영인에 의한 경영체제가 보편화되었다.

1908년 윌리엄 듀란트(William C. Durant, 1861-1947)에 의해 설립된 자동차 회사인 GM(General Motors)은 한동안 창업자에 의해 경영되는 전통적인 경영체제를 따랐으나, 1920년 경제 불황기에 이르러 회사 경영이 어려워지자 불세출의 전문경영인 알프레드 슬론(Alfred P. Sloan, 1875-1966)에게 경영권이 넘어가게 되었다. 회사의 대주주가 아닌 전문경영인으로서 슬론은 기존의

그림 7-33 알프레드 슬론과 그의 회고록 〈GM과 함께한 세월들〉(1963)

GM이 가지고 있던 문제를 해결하기 위한 묘수로 사업부제(multi-divisional form)를 채택하고 여러 자회사들의 경영을 독립된 사업부가 관리하도록 함으로써 경영의 효율성을 획기적으로 높였다.

제품생산에 있어서도 당시 경쟁회사였던 포드가 고수했던 제품의 단순화 정책에 대항하여 소비자들의 다양한 욕구를 충족시키기 위한 제품의 차별화와 다양성을 유지함으로써 시장경쟁력을 키울 수 있었다. 또한 해외 자회사를 포함한 독립사업부 조직들은 본사의 간섭이나 직접적인 감독을 받지 않는 철저한 독립관리체제를 보장받아 운영하는 대신, 본사는 사업부 평가와 회사전체의 전략개발에 치중하였다. 기존의 최고경영자에 의한 주먹구구식 사업부 평가방식을 배제하고, 투자자본 수익률(Return on Investment: ROI)과 같은 명확하고 객관적인 수치에 근거하여 사업부 성과를 평가하고 이에 근거하여 다시 투자하는 당시로서는 매우 파격적인 경영방식으로 엄청난 성공을 거두었다.

이후 GM은 포드자동차를 추월하여 자동차 시장의 최강자로 부상하였다. 알프레드 슬론(Alfred Sloan)은 경영사학자들에 의해 20세기 서구기업의 가장 위대한 경영자로 꼽힐 정도로 지금까지도 현대경영의 기초를 다진 업적을 인정받고 있다. 〈박스 7-7〉은 GM이 어떻게 당시 자동차업계 1위 사업자인 포드사를 누르고 최강자로 부상하게 되었는지를 설명하고 있다.

박스 7-7

포드사와 GM

우리나라에서 삼성그룹과 현대그룹을 비교하는 것처럼, 세계 기업사에서 영원한 맞수로 언급되어 온 두 기업은 포드사(Ford Motor Company)와 GM(General Motors)일 것이다. 미국 자동차산업의 개척자였던 헨리 포드는 포드사의 창업 후 컨베이어 생산방식과 모델T의 개발로 1920년까지 자동차산업을 주도했다. 특히, 당시 대부분 미국거대기업의 창업자들이 그러했듯이 포드는 가부장적인 경영방식을 고수하여 회사경영의 모든 중요의사결정권을 독점했으며 객관적인 조사나 논리적인 경영원칙에 근거하기보다는 주로 직관에 의존하여 신속하게 결정하는 전통적인 경영방식을 유지했다.

1908년에 포드사가 모델T를 출시했을 때만 해도 GM은 신생 자동차회사로 존재감이 별로 없는 회사였다. 설상가상으로 사업초기 심각한 경영위기에 직면하게 되면서 창업자에만 의존한 전통적인 경영방식을 과감히 버리고, 회사자본과 관련이 없는 전문경영인인 알프레드 슬론(Alfred Sloan)을 영입해 현대적인 경영시스템을 도입하게 된다. 슬론은 각기 다른 소비계층을 겨냥한 제품과 서비스를 제공하기 위해 사업부제도를 도입하고 각 사업부에 직책과 권한을 가진 다수의 전문경영진이 공동으로 경영함으로써 당시 전통적인 가부장적 경영방식을 고수했던 포드사와 크게 대조를 이루었다.

경영방식 이외에도 포드사와 GM은 제품관리에서도 차별적인 방식을 취했다. 포드사의 제품은 제품기능과 디자인, 그리고 색상까지도 극단적으로 단순화한 모델T에 국한되었다. 당시 자동차시장은 극히 초창기로서 초기 막대한 개발비용과 제한적인 수요로 인해 자동차라는 제품 자체가 대부분의 소비자들로부터 사치품으로 인식되었다. 이러한 시장상황 하에서 제품가격 인하를 통한 시장수요의 확대를 위해 제품종을 단순화함으로써 대량생산을 가능하도록 한 포드의 결정은 불가피한 선택이었다.

하지만 모델 T만을 고집하여 신제품 개발을 등한시한 포드사는 1920년대 중반부터 자동차시장의 외연이 확장되고 소비자들의 수요 다양화 추세에 대응하지 못함으로써, 1940년대에 이르러서는 시장점유율이 68퍼센트에서 20퍼센트까지 하락하는 경영위기를 맞게 된다.

그림 7-34 GM의 브랜드

이에 반해 GM의 전문경영인인 슬론은 각기 다른 소비계층에 맞는 다양한 제품을 적적으로 개발하여, 소득과 소비성향에 따라 소비계층을 구분한 이른바 시장세분화(market segmentation) 정책을 시도했다. 이에 따라 1924년에 모델T에 실증을 느낀 소비자들에게 다양한 색상으로 무장한 저가형 모델(entry-level) 쉐보레(Chevrolet)를 출시하여 큰 호응을 얻었고, 1920년대 말 포드사를 제치고 자동차 산업의 최강자로 올라설 수 있었다. 슬론은 점점 더 고가형으로 차별화전략을 확장하여 폰티악(Pontiac), 올즈모빌(Oldsmobile), 뷰익(Buick), 캐딜락(Cadillac) 브랜드를 다양한 소비자계층의 욕구에 맞게 내놓음으로써 자동차업계 최강자로서의 지위를 견고하게 지켜냈다.

이처럼 GM에서 시작된 기업의 현대화는 점차 다른 미국 회사들과 외국 기업들에게도 확산되어 1925년에는 영국의 유니레버(Unilever), 1968년 독일의 지멘스(Siemens)가 가족이 아닌 전문경영인에 의한 경영체제를 시작했다. 전문경영 시스템은 기업뿐만 아니라 학계에도 큰 영향을 미치게 되어, 20세기 중반에는 경영관리가 중요한 학문분야로 자리를 잡게 되었다.

실용교육을 중시하는 미국의 명문대학들은 일찍부터 경영전문대학원을 설립하여 경영학 교육에 앞장섰다. 아이비리그인 펜실베이니아 경영대학원(Wharton School of the University of Pennsylvania, 1881년), 다트머스 경영대학원(Amos Tuck School of Business Administration, Dartmouth College, 1900년), 하버드 경영대학원(Harvard Business School, 1908년) 등이 MBA 교육과정을 개설한 이후 세계 각국의 대학들이 속속 뒤따라갔다.

7-35 펜실베이니아 경영대학원(Wharton School)

그림 7-36 하버드 경영대학원

MBA과정을 이수한 수많은 졸업생들은 중간 관리자 및 경영자로서 기업과 공공기관의 '경영계층(managerial hierarchies)'을 무서운 속도로 채워 나갔다. 이들은 현대 자본주의의 이념과 가치를 최전방에서 수호하고 전파하는 전도사 역할을 하게 된다. 피터 드러커(Peter Drucker, 1909-2005)를 위시한 현대 경영학자들은 전문경영자들이 이념과 실력으로 무장된 하나의 거대한 세력으로 등장함으로써 자본주의의 권력이 자본가로부터 전문경영자 집단으로 이동했다고 진단하였다. 자본가와 노동자의 계급갈등이 자본주의의 숙명이라는 마르크스의 주장이 틀렸음을 다시 한 번 보기좋게 확인한 것이다. 소유와 경영의 분리로 인해 '전문경영자의 시대'가 활짝 열리게 된다.

세계경제의 주역으로 등장하게 된 기업의 왕성한 생산활동이 경제 전체에 긍정적인 영향을 미친 것만은 아니었다. 20세기 들어 기업의 과잉생산은 경제의 거품현상을 야기함으로써 1907년의 미국금융위기와 1929년 대공황 등 수차례에 걸친 경제위기를 불러왔다. 이로 인해 기존의 자유방임적 경제체제를 마냥 놔두어서는 안 되며 경제위기와 실업극복을 위해서는 정부가 적극적으로 개입해야 한다는 영국의 경제학자 존 케인즈(John Maynard Keynes, 1883-1946)의 주장이 힘을 얻게 되고, 이에 따라 정부지출로 공황을 극복하기 위한 적극적인 프로그램들이 시행되었다.[11]

7. 글로벌화와 다국적기업

20세기 들어 기업사회에 나타난 뚜렷한 현상 중의 하나는 경제활동의 글로벌화로 인한 다국적기업의 성장이었다. 물론 다국적기업의 등장은 이미 근대 이전부터 시작되었다. 중세 이래 이탈리아 상인들은 양모를 해외에 수출하였고 16세기 독일의 푸거(Fugger) 가문과 회히스테터(Höchstetter) 가문과

11 케인즈의 권고를 받아들인 루즈벨트 대통령의 뉴딜(New Deal) 정책은 정부지출을 늘려 경제공황을 극복하기 위한 시도였다. 일각에서는 정부 주도의 공공사업이 불황극복에 기여했다고 보지만, 최근에는 루즈벨트의 정책은 결국은 실패로 돌아갔고, 미국과 유럽의 불황이 실제로는 '제2차 세계대전'의 발발로 인해 극복되었다는 견해가 설득력을 얻고 있다.

그림 7-37 미국 뉴욕시 타임스퀘어에 있는 다국적기업들의 전광판

같은 금융자본가들은 타국의 군주들을 대상으로 대부업을 행했었다. 하지만, 기업의 글로벌화는 20세기 이후 본격화되어, 통신과 수송기술의 발달은 끊임없는 새로운 시장개척과 사업확장이라는 기업의 본성과 맞물려 국가 간의 장벽을 넘어 기업활동을 확장시키는 현상이 더욱 활발해졌다.

제조업이든 서비스분야이든 기존의 방식대로 노동생산성에 의지하기보다는 소비자의 새로운 욕구를 충족시킬 수 있는 제품이나 서비스를 개발하는 창의적 지식이 각광을 받게 되고, 경영관리체제에 있어서도 상품, 시장, 생산과정, 조직설계와 같은 기업활동의 혁신이 강조되기 시작한다. 바야흐로 슘페터(Joseph Schumpeter, 1883-1950)가 주장한 '창조적 파괴'를 주도하는 기업가가 각광을 받고, 이들에 의해 국내시장뿐 아니라 국경을 넘어 전 세계로 기업활동의 범위를 넓힌 다국적기업의 시대가 열린 것이다.

당시에 활동무대를 글로벌로 확장하는 데 앞장섰던 대표적인 기업을 살펴보면 다음과 같다. 로열더치쉘석유회사(Royal Dutch Shell), 네슬레(Nestlé), 알리안츠생명보험(Allianz) 등 많은 유럽 기업들이 떠오르지만, 아무래도 광활한 영토와 풍부한 자원을 보유한데다가 당시로서는 첨단 통신수단과 철도 및 수송 인프라를 일찍부터 갖춘 광활한 대륙에서 거대 자본을 축적한 미국 기업들이 19세기 후반부터 글로벌화에 앞장섰다고 보는 것이 정설이다.

그림 7-38 세상을 지배했던 필름 - 코닥

그럼 전 세계 필름시장을 석권한 코닥(Kodak)부터 이야기해 보자. 미국의 조지 이스트먼(George Eastman, 1854-1932)은 1880년 로체스터에서 이스트먼 건판필름회사를 설립한 후 코닥(Kodak)이라는 이름으로 보다 작고 저렴하며 간편한 사진기와 세계 최초로 감광(빛에 의해서 현상되는) 필름을 개발하였다. 1987년에는 1회용 카메라를 출시하는 등의 새로운 제품개발과 마케팅에 매진하여 1927년 미국의 사진업계를 사실상 독점하였고 1990년대 말까지 무려 70년 동안 미국 필름시장의 80%를 차지할 정도였다. 1969년 우주선 아폴로 11호를 타고 인류 최초로 달에 착륙한 닐 암스트롱(Neil Armstrong, 1930-2012)이 달 사진을 찍은 필름도 코닥이었고, 영화업계의 가장 명예로운 아카데미(오스카)상을 받은 영화의 80%가 코닥필름을 사용할 정도로 코닥은 그야말로 전 세계 필름시장을 휩쓸었다.[14] 지구상의 수많은 사람들이 멋진 장면, 대박 광경을 찍을 때 '코닥의 순간(Kodak Moment)'이라고 부를 정도였다.

이렇게 승승장구하던 코닥은 1975년 세계 최초로 디지털카메라를 개발했음에도 불구하고 기존의 성공방식에 사로잡혀 아날로그 필름시장에 집착함으로써 새로운 사업기회를 놓치게 된다. 2000년대 들어 니콘(Nikon), 소니(Sony), 캐논(Canon) 등 경쟁업체들이 공격적으로 디지털카메라를 출시함에 따라 100년 이상 명가(名家)의 전통을 이어온 코닥은 급속하게 시장 지배력을 잃어버리고 2012년 파산신청을 하게 되며 결국 필름사업부는 매각된다.

다시 일본으로 눈을 돌려 보자. 마쓰시타 고노스케(松下幸之助, 1894-1989)는 1918년 전기소켓과 선풍기스위치를 제작하는 마쓰시타 전기기구제작소(Matsushita Electric Industrial Company)를 설립한 후 배선기구, 전등, 진공관, 트랜지스터 라디오, TV 등의 새로운 전기제품을 생산하고 판매함으로써 일본 굴지의 전기제품생산회사로 키웠다. 마쓰시타의 경영방식은 매우 독창적

이어서 1920년대 말 GM과 유사한 독립 사업부제를 일본에 처음으로 도입하는 파격을 선보였다. 그는 회사에 자전거전구 전지 사업부, 전기소켓 사업부, 라디오 사업부 등 제품별 사업부를 설치하고, 제품별로 전국영업부서를 조직한 다음 그 밑에 지역별 영업소를 두어 영업과 제조를 조정하는 역할을 맡게 하였다. 결과는 매우 성공적이었다. 이 같은 성공을 바탕으로 2차대전이 끝난 다음에도 나쇼날(National), 파나소닉(Panasonic, 마쓰시타 그룹의 대표 브랜드), 산요(Sanyo), JVC 등과 같은 상표로 다양한 전자제품을 판매함으로써 계열사 580개, 종업원 26만명, 매출액 740억 달러(2017년 기준)를 올리는 세계적인 전자제품 제조업체로 성장하였다.

그림 7-39 마쓰시타 고노스케(1963년 2월 23일자 타임지 표지인물)

마쓰시타는 남들은 감히 생각도 하지 못하고 있을 때에 현대적 경영기법인 사업부제와 주5일제, 65세 정년 등 당시로서는 파격적인 경영 및 인사제도를 도입하고, 일찍부터 기업의 사회적 책임을 강조하였으며, 말년에는 '마쓰시타 정경숙(政經塾)'을 설립하여 국가를 이끌 인재 양성에 힘썼다. 마쓰시타는 이와 같이 시대를 앞서나가는 경영철학의 실천으로 일본에서는 아직까지도 '경영의 신(神)'으로 존경을 받는다. 다음과 같은 일화가 아직도 전해 내려온다. 그는 직원들에게 고객이 "마쓰시타는 무엇을 만드는 회사입니까?"라고 물으면 "마쓰시타 전기는 인간을 만드는 회사입니다만, 전기제품도 만듭니다"라고 대답하라고 시간이 날 때마다 당부했다고 한다.[15] 사람을 중시하는 그의 경영철학을 엿볼 수 있는 대목이다.

이번에는 글로벌 유통업체 월마트에 대해 간략하게 언급해 보자. 샘 월튼(Sam Walton, 1918-1992)은 1945년 미국 아칸소 주에서 잡화점을 인수하여 소매업을 시작했다. 그는 인구 만 명을 넘지 않는 소도시에서도 할인점의 사

그림 7-40 월마트 창업자 샘 월튼

그림 7-41 월마트 수퍼센터

업성이 충분하다는 점을 인식하고 1962년 아칸소 주 벤튼빌(Bentonville)에 본사를 두고 각 지역에 할인점인 월마트(Walmart)를 운영하며 박리다매 판매 전략에 원칙을 둔 EDLP(Everyday Low Price)라는 정책으로 미국 소비자들을 사로잡아 미국 소매업계에서 선두의 종합 유통업체로 발전시켰다. 신속한 물품 공급을 가능하게 하는 대규모 배송창고의 건설, 매장-창고-납품업체 사이에 실시간 판매 및 재고정보를 공유하는 IT 인프라, 그리고 대량구매로 인한 납품단가 인하 등이 EDLP를 가능하게 한 요인으로 꼽힌다.

현재 월마트는 미대륙은 물론 아시아와 유럽, 아프리카 등 전 세계 26개국에 진출하여 6360개 매장과 80만명의 종업원을 거느린 매출액 4800억 달러(2017년 기준)의 세계 최대의 기업이 되었다. 그러나 입점하는 지역마다 골목상권을 무너뜨린다는 비난[12,16]을 받아온 오프라인 소매업의 최강자 월마트도 최근 들어 창사 이래 최대의 위기를 맞이하게 된다. 어느 틈에 전 세계 1위의 온라인 소매업체가 된 아마존(Amazon)과 온-오프 시장 모두에서 생사를 건 숨가쁜 싸움을 하고 있다.

지금은 전 세계 어느 도시를 가도 거리마다 패스트푸드점을 발견할 수 있

---

12 월마트가 소도시에 진출하면 그 도시의 골목상권이 무너진다는 현상을 '월마트 효과(Walmart Effect)'라고 한다. 처음에는 주로 부정적인 의미(Fishman, 2006)로 쓰였지만, 긍정적인 효과가 더 크다는 반론도 만만치 않다. 월마트 효과에 대한 최근의 연구들은 월마트가 지역사회에 입주하면 (1) 평균 8%의 가격할인으로 年 2500달러의 소비자 편익(4인가구 기준)을 제공하고, (2) 기존 골목상권을 보다 경쟁력있는 상권과 일자리로 대체하여 오히려 지역경제를 성장시킨다고 지적한다(cf. Ghemawat & Mark, 2006; Kestenbaum, 2017).

7-42 맥도널드 창업자 레이 크록

그림 7-43 'The Founder'의 한 장면(Michael Keaton 주연, 2016년 제작)

지만 그중에서도 맥도널드(McDonald's)가 가장 먼저 다국적기업으로 성공한 사례라고 할 수 있다. 맥도널드의 창업자는 레이 크록(Ray Kroc, 1902-1984)으로 알려져 있다. 그러나 맥도널드의 놀랍도록 표준화된 주문 및 음식제조 시스템은 레이 크록의 작품이 아니라 캘리포니아의 어느 작은 도시에서 햄버거 레스토랑을 낸 맥도널드 형제(Richard and Maurice McDonald)의 역작이다. 1954년 어느 날 50대 초반의 평범한 주방기기 영업사원이었던 크록은 맥도널드 형제의 햄버거 식당을 영업차 방문하고는 깜짝 놀란다. 이 식당이 마치 포드 자동차공장의 어셈블리 라인(assembly-line)에서 자동차를 조립하듯 햄버거를 척척 만들어낸 것이다. 이런 식으로 멋드러지게 음식을 만드는 광경은 그야말로 난생 처음 보는 것이었다. 단숨에 돈냄새를 맡은 크록은 바로 맥도널드 형제와 동업관계를 맺고 1955년 일리노이주 데스 플레인즈(Des Plaines)에 맥도널드 1호점을 열게 된다.

크록은 레스토랑의 소유주가 경영을 전담하는 조건으로 맥도널드 제품의 판매를 허용하는 대신 로열티, 임대료, 서비스료를 받는 프랜차이즈 계약을 맺어 맥도널드 체인점을 빠른 속도로 확대해 갔다. 크록은 또한 표준화·자동화된 햄버거 조리과정을 가맹점주들에게 교육시키고 고객서비스 강화에 성공함으로써 맥도널드를 글로벌 패스트푸드 체인업체로 성장시켰다.

레이 크록의 성공담을 소재로 만든 영화 '창업자(The Founder, 2016년 제작)'에서는 맥도널드 형제가 크록을 '자기들이 창안한 사업을 훔친 사기꾼'으로 맹비난하는 장면이 나온다. 아닌 게 아니라 맥도널드 형제는 1961년 자신들의 이름만을 회사명으로 남긴 채 크록에게 회사운영권을 넘겨주고 사업

에서 손을 떼게 된다.[13]

그런데 만약 크록이 영화에서처럼 '사기꾼' 짓을 하지 않았다면 패스트푸드 혁명은 훨씬 뒤로 미루어졌을 뿐 아니라 지금과 같이 전 세계인이 즐겨 찾는 맥도널드는 존재하지 않았을 것이다. 크록을 두둔하는 입장에서 보면 맥도널드 형제가 햄버거 제조과정을 표준화한 '유능한 기술자'에 불과한 반면, 크록은 정교한 프랜차이즈 사업모델을 고안하여 글로벌화에 성공한 '위대한 경영자'라고도 볼 수 있다. 이 영화는 우리에게 "경영이란 과연 무엇인가?", "경영자의 역할은 과연 무엇인가?"라는 질문에 대한 답변을 고민하게 한다.

맥도널드는 현재 전 세계 130개국에 진출하여 3만 7000개 매장, 23만 5천 명의 종업원을 거느리고 연매출 230억 달러를 올리고 있다(2017년 말 기준). 심지어 미국과 핵폐기 협상을 벌이고 있는 북한도 미국으로부터 맥도널드 매장 유치를 원하고 있다고 할 정도로 맥도널드는 세계인이 사랑하는 브랜드이다.

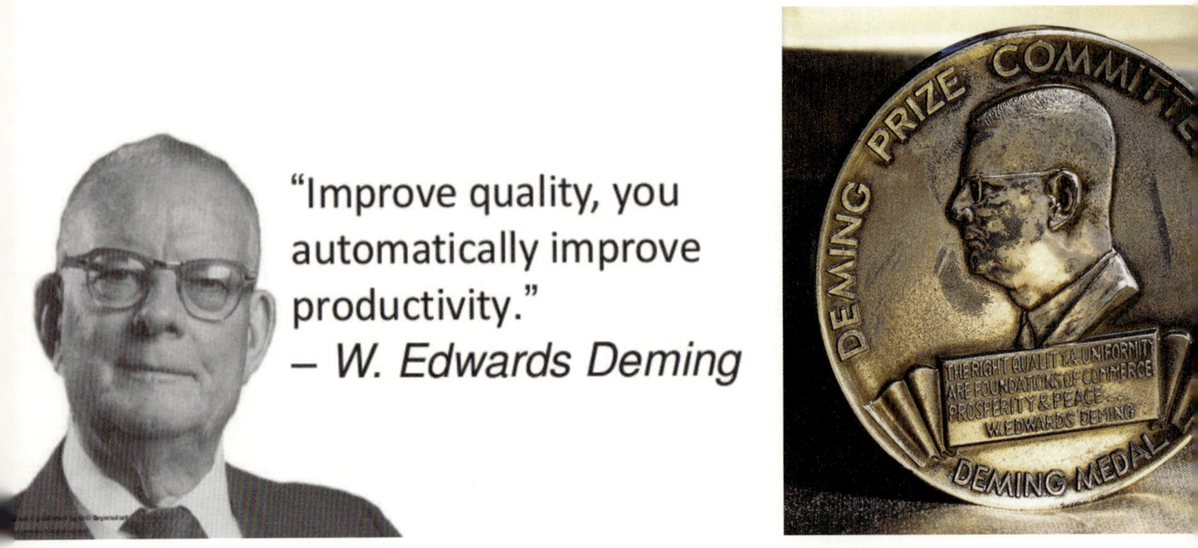

그림 7-44 에드워드 데밍과 TQM 공로자에게 수여되는 데밍 메달(Deming Medal)

13 맥도널드 형제가 사업을 포기하는 대가로 크록은 1961년 두 형제에게 270만 달러(2017년 기준으로 2,210만 달러에 해당)를 지불한다.

제2차 세계대전의 패전 후 일본은 국가재건을 위한 경제부흥에 힘쓰며 산업발전을 이루게 되었다. 일본의 기업들은 에드워즈 데밍(Edwards Deming, 1900-1993), 조셉 주란(Joseph Juran, 1904-2008), 피터 드러커(Peter Ferdinand Drucker, 1909-2005)와 같은 미국의 품질학자와 경영학자들의 충고에 귀를 기울여 새로운 지식을 받아들이고 이를 자신들의 기업조직에 맞게 변형하고 적용함으로써 성공적인 결과를 얻을 수 있었다.

특히 집단에 충성하는 전통적인 조직문화를 바탕으로 한 연공서열제와 종신고용제는 환경변화에 민첩한 조직력을 키워왔다. 또한 점진적으로 끊임없이 개선하는 카이젠(改善) 철학과 무조건적인 대량생산체제를 탈피하여 유연성을 강조하는 린(Lean) 생산방식은 고품질의 제품들을 효율적으로 생산해내는 결과를 가져와 일본기업들은 1970년대 말부터 세계시장에서 고도의 경쟁력을 갖추며 두각을 나타내기 시작했다.

일본의 자동차 회사인 도요타와 혼다에 의해서 기존에 빅 3[14]가 장악하고 있던 미국 자동차시장이 잠식되는 결과를 보면서 미국의 대기업들은 1980년대 후반부터 고객만족을 목표로 한 제품개발과 의사결정 등 모든 기업 활동 영역에 신속성을 강조하는 리엔지니어링(Reengineering) 프로그램을 도입하게 되었다. 〈박스 7-8〉에는 '품질관리의 역사'가 간략하게 소개되어 있다.

박스 7-8

품질관리의 역사

품질관리의 역사는 인류가 처음 제품을 생산하면서부터 시작되었다고 할 수 있다. 중세시대 유럽의 길드와 도제제도 하에서 장인(master)에 의해 주도적으로 제품의 품질관리가 이루어졌는데, 당시의 품질관리는 표준화된 기준이나 관리제도에 따라 행해지기보다는 장인이 좋은 제품을 스스로 만들거나 다른 작업자들을 훈련시키는 것에 스스로 자부심을 갖는 정도의 수준으로 인식되었다. 1800년대 말까지는 제품을 제조하는 작업자가 제품 품질을 책임지는 '작업자 품질관리시대'가 유지된 것이다.

산업혁명 이후 노동의 분업과 작업의 전문화라는 개념이 공정에 적극적으로 도입되면

14 당시 미국 자동차산업의 대표적인 3대 기업으로서, GM, 포드, 크라이슬러를 말한다.

서, 근대의 공장에는 동일한 과업을 수행하는 다수의 작업자들이 하나의 그룹으로 구성되어 이들을 통제하는 작업반장이 품질을 관리하는 '작업반장 품질관리시대'가 시작되었다. 20세기 초에는 제조공정이 복잡해지고 컨베이어벨트 시스템의 도입으로 인한 대량생산이 본격화되면서, 제품이 제조된 후에 공식적인 검사가 전문적인 검사자에 의해 실시되는 '검사자 품질관리시대'가 도래했다.

대량생산이 보다 확대된 1920년대 이후로는 쏟아져 나오는 제품을 일일이 모두 검사하는 것이 불가능하게 되어, 주기적으로 표본을 추출하고 이를 검사함으로써 불량의 여부를 판단하는 통계학을 접목한 새로운 품질관리기법이 발달하게 되었다. 1924년 미국의 벨전화연구소의 슈워츠(Walter A. Shewhart, 1891-1967)는 품질관리에 '통계적 기법'을 최초로 적용하여 제조과정에서 발생하는 품질의 변동이 우연 혹은 특정한 이상원인에 의한 것인지를 구분하기 위해 통계학을 이용한 '관리도(control chart)'를 개발하여 통계적 품질관리(statistical quality control)의 기초를 마련했다. 제조공정에서 관리범위를 설정하고 관리범위를 이탈하는 현상([그림 7-45] 관리범위 이탈점 x)에 대해서 집중적으로 개선하는 것이 관리도의 핵심이다.

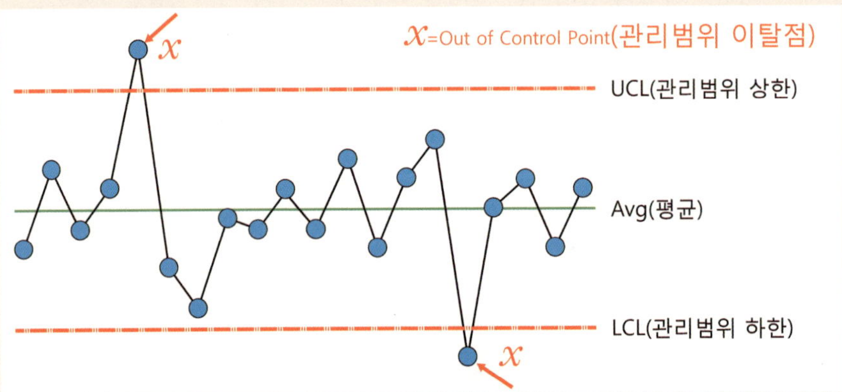

그림 7-45 관리도(Control Chart)의 예

이후 통계적 품질관리에 대한 연구는 계속되어 1920년대 말에는 같은 연구소 소속인 닷지(Harold F. Dodge, 1893-1976)와 로믹(Harry G. Romig, 1892-1964)이 '표본추출검사법(acceptance sampling)'을 고안하여 기존의 전수검사를 대체하게 되었다. 이러한 통계적 품질관리기법은 제2차 세계대전 중 군수산업에서 적극적으로 활용되어 더욱 발전하게 된다.

1960년대에 들어서 품질관리의 의미는 검사를 통해 불량을 파악하고 이를 수정하는

그림 7-46 품질분임조 회의(Quality Control Circle)

기존의 방법에서 벗어나 품질관리의 책임을 기업 전부서로 확대하여 경영자와 근로자들 모두 적극적으로 이에 참여해야 한다는 종합적 품질관리의 개념으로 발전하였다. 파이겐바움(Armand V. Feigenbaum, 1922-2014)은 1951년 그의 저서 〈전사적 품질관리〉(*Total Quality Control*)에서 제품설계에서부터 판매에 이르기까지 모든 과정에 품질관리의 개념을 적용해야 한다고 주장함으로써, 제품뿐만이 아니라 경영과정에서도 품질을 중요시하는 종합적 품질관리로의 발전의 계기를 제공하였다.

품질관리를 가장 적극적으로 산업에 시도한 기업은 일본기업으로서, 1970년대까지만 해도 불량제품으로 소비자들의 외면을 받았던 일본 제품이 이후 우수한 제품품질로 각광받게 되며, 미국뿐 아니라 전 세계 시장을 석권하게 되는 가장 큰 원인으로 지적되고 있다. 일본기업들은 제2차 세계대전에서의 패전 이후 무너진 국가산업을 일으키기 위해 품질관리를 기업경쟁력의 도구로 파악하고 이를 산업에 적용하는 데 노력했다.

일본기업들은 1950년대 초부터 미국의 품질관리학자인 데밍(Edwards Deming, 1900-1993)과 쥬란(Joseph Juran, 1904-2008)을 영입하고 그들의 지식을 적극적으로 산업에 적용함은 물론 그들 나름대로의 노력을 가미하여 더욱 정교하게 만들었다. 이시카와(Ishikawa Kaoru 石川馨, 1915-1989)의 '품질관리분임조(Quality Control Circle)'와 다구치 겐이치의 로버스트 설계법 등이 개발되었고 이마이(Imai Masaaki, 1930-) 등이 기존의 종합적 품질관리를 개선하여 전사적 품질관리로 발전시켰다. 1950년대 이후 소비가 생산을 초과하는 대량생산과 대량소비의 시대는 막을 내리고 치열한 판매경쟁이 본격화되면서 그동안 품질관리와 마케팅전략에 소홀했던 미국기업들은 국내 및 세계시장에서 점차 경쟁력을 잃어갔다. 반면에 1970년대 이후 일본기업들이 전 세계 시장을 잠식하는 현상이 벌어지게 되었다.

1980년대로 들어서면서 저품질로 인한 수익성감소와 소비자 권익의 신장, 그리고 일본기업들에 의한 시장잠식이라는 냉혹한 현실을 목격한 미국기업들은 품질관리의 중요성을 인식하게 되었으며, 품질관리를 전략적 경영과정으로 받아들여 고객만족을 목적으로 제품설계, 제조, 마케팅, 재무 분야 등으로 확대·적용하는 '전사적 품질경영(Total Quality

Management: TQM)'으로 발전시켰다.

이후 말콤볼드리지상(Malcolm Baldrige National Award)과 같은 미국 정부의 적극적인 지원과 기업 자체의 노력으로 품질경영 우수기업을 육성하였다. 또한 1988년 모토롤라(Motorola)가 불량률을 파격적으로 감소시키기 위해 개발한 '6시그마'와 같은 실무적인 품질관리 프로그램이 미국 산업에 소개되었으며 실제 GM, IBM, 소니, 텍사스인스트루먼트와 같은 기업들은 이를 통해 획기적인 성과를 이룰 수 있었다.[17]

컴퓨터의 발달과 3차 산업혁명이라고 불리는 IT기술의 발전은 20세기 기업들에게 제조업과 일반 서비스업을 뛰어넘는 새로운 사업기회를 열어주었다. 이 과정에서 전 세계 기업혁신의 메카 실리콘밸리(Silicon Valley)가 탄생한다. 1950년대 휴렛패커드사(Hewlett-Packard Company)와 함께 몇 개의 회사가 스탠퍼드 대학이 세운 산업연구단지로 이전한 후 수많은 벤처기업들이 모여들어 정부의 지원과 함께 실리콘밸리가 형성되었다. 창업 동업자인 휴렛(William R. Hewlett, 1913-2001)과 패커드(David Packard, 1912-1996)는 실리콘밸리의 자그마한 창고를 빌려 첫 제품 '음향 교류 진동장치(Audio Oscillator)'를 생산하는 데 성공하고, 경쟁력있는 기술개발과 경영기법으로 회사를 초

그림 7-47 실리콘밸리의 탄생지 휴렛 패커드社의 창고

그림 7-48 실리콘밸리에 위치한 구글 본사 전경

우량 글로벌 IT기업의 반열에 올려놓았다.

1970년대 반도체 메모리칩 개발과 스티브 잡스(Steve Jobs, 1955-2011)와 스티브 워즈니액(Steve Wozniak, 1950-)의 애플컴퓨터회사(Apple Computer Inc.)의 성공을 계기로 이곳은 주목을 받기 시작했으며, 인터넷 사업이 본격화되면서 1990년대 말 이곳의 수많은 회사들이 증권시장에 상장되었다. 글로벌 검색엔진 1위업체인 구글(지금은 알파벳으로 개명)도 이곳에 자리잡고 있다. 2000년 이후에는 생산성과 개인 소득이 미국 평균치의 두 배를 상회하고 미국 전역에서 생성되는 특허 12개 중 하나는 이곳에서 만들어지는 등, 실리콘밸리는 창조적 파괴를 일으키는 '기업가정신(앙트러프러너)'의 산실로 그 명성을 이어오고 있다.

주요 개념

- 조합(guild) • 가족기업(compagnia) • 방키(banchi)
- 공동출자회사(joint-stock company) • 법인 • 유한책임
- 칙허회사(chartered company) • 주식회사(company limited)
- 산업혁명 • 거대기업 • 전문경영인 • 대공황 • 다국적기업 • 창조적 파괴
- 린 생산방식(lean production system) • 품질관리
- 리엔지니어링(reengineering)

▌생각해 보기▐

1. 근대 이전의 상업에 대한 천시는 동서양을 막론하고 모두 존재했는데, 서양사회에서 동양에 비해 상대적으로 이를 일찍 극복할 수 있었던 근본적인 이유를 설명하시오. 동서양의 종교적, 사회적, 경제적 요인들이 다를 수 있는데, 이들 요인들을 먼저 파악하고 비교하는 것이 이유를 설명하는 데 도움이 될 것이다.

2. 우리나라에서는 사농공상의 유교적 전통과 함께 반기업(反企業)·반이익(反利益)의 정서가 아직까지도 강하게 남아있다. 자본주의가 발달한 서구에서도 초창기에는 반기업·반이익의 정서가 사회 전반에 넓게 깔려 있었다. 서구사회는 이를 어떻게 극복했을까? 우리나라의 경우에는 이를 극복하기 위해서 어떤 노력이 필요할까? 정부와 기업, 언론, 그리고 지식인들의 역할에 대해서 의견을 내놓고 토론해 봅시다.

3. 대기업에 의한 시장독점 현상에 대한 사회의 긍정적인 평가(혁신과 효율적인 경영관리로 얻은 정당한 권리)와 부정적인 평가(공정한 시장의 와해)에 대해 기업은 어떻게 대응해야 하는지에 대한 구체적인 방법을 제시하시오.

4. 산업혁명 이후 영국은 제품생산에의 기계의 도입으로 인해 커다란 경제발전을 이룰 수 있었으나, 1817년부터 기계의 노동력 대체현상으로 인해 일자리를 잃게 된 많은 노동자들은 영국 각지를 돌아다니면서 기계를 부순 러다이트 운동(Luddite Protest)을 일으켰다. 1980년대에 빠른 속도로 기업현장에 도입된 컴퓨터가 인간을 허드렛일로부터 해방시킬 것이라는 찬사도 있었지만, 컴퓨터가 도입되면 업무가 자동화되어 인간의 일자리를 없앨 뿐 아니라, 로봇, AI가 발달하여

그림 7-49 러다이트 운동에서 기계를 부수는 노동자들(삽화)

인간을 오히려 컴퓨터의 노예로 만든다는 반론도 거세게 일어났다. 지금 와서 평가해 본다면, 러다이트 운동과 컴퓨터 도입 반대운동은 정당했는가? 솔직하게 의견을 내놓고 서로 토론해 봅시다.

5. 과거의 대공황과 같은 경제위기사태에 대한 전문경영인의 책임은 무엇인지 생각해보고, 미래에 발생가능한 유사한 사태를 방지하기 위해 기업이 해야 할 일을 구체적으로 제시하시오.

6. 다국적 패스트푸드업체인 맥도널드에게도 창업 초기의 어려움은 있었다. 창업자 레이 크록의 성공담을 소재로 만든 영화 '창업자(The Founder, 2016년 제작)'에서는 맥도널드 형제가 크록을 '자기들이 창안한 사업을 훔친 사기꾼'으로 맹비난하는 장면이 나온다. 그런데 만약 크록이 영화에서처럼 '사기꾼' 짓을 하지 않았다면 아마도 지금과 같이 전 세계인이 즐겨 찾는 맥도널드는 존재하지 않았을 것이다. 크록을 두둔하는 입장에서 보면 맥도널드 형제는 햄버거 제조과정을 표준화한 '유능한 기술자'에 불과하고, 크록은 프랜차이즈 사업모델을 정교화해서 글로벌화에 성공한 '위대한 경영자'라고도 볼 수 있다. 여러분은 레이 크록을 어떻게 평가하는가? 맥도널드 형제의 아이디어를 훔친 사기꾼인가? 아니면 위대한 경영자인가?

7. 오늘날 많은 나라에서 국가 간의 자유로운 거래를 통해 모두 이득을 볼 수 있다는 자유무역주의와 자국의 산업이 국제경쟁력을 갖출 때까지 무역에 대한 통제를 통해 국가가 국내 산업을 보호해야 한다는 보호무역주의가 충돌하고 있다. 기업의 입장에서는 어떤 관점을 취해야 하는가? 이러한 기업의 선택은 그 기업이 속한 산업에 따라 또는 장·단기적 관점에 따라 달라야 하는가?

▮참고문헌▮

- 강금식 (2016), 〈품질경영〉, 서울: 도서출판 오래.
- 론 처노 (2010), 〈부의 제국 록펠러 I〉, 안진환 · 박아람 역, 서울: 21세기북스,
- 론 처노 (2010), 〈부의 제국 록펠러 II〉, 안진환 · 박아람 역, 서울: 21세기북스,
- 이영석 (2012), 〈공장의 역사: 근대 영국사회와 생산 언어 정치〉, 서울: 푸른역사.
- 이재규 (2006), 〈기업과 경영의 역사〉, 서울: 사과나무.
- 제리 멀러 (2015), 〈자본주의의 매혹 – 돈과 시장의 경제사상사〉, 서찬주 · 김청환 역, 서울: 휴먼앤북스.
- 존 미클스웨이트 · 에이드리언 울드리지 (2004), 〈기업, 인류최고의 발명품〉, 유경찬 역, 서울: 을유문화사.
- 주경철 (2008), 〈대항해 시대 : 해상 팽창과 근대 세계의 형성〉, 서울대학교출판부.
- CCTV 다큐제작팀 (2014), 〈기업의 시대〉, 허유영 역, 서울: 다산북스.
- Fishman, Charles (2006), *The Wal-Mart Effect: How the World's Most Powerful Company Really Works*, New York: Penguin Books.
- Ghemawat, P. and Mark, Ken A. (2006), "The Real Wal-Mart Effect", *Working Knowledge*, Business Research for Business Leaders, August 23.
- Hopp, Wallace J. and Spearman, Mark L. (2001), *Factory Physics*, New York: Irwin McGraw-Hill.
- Kestenbaum, Richard (2017), "Is Walmart Good or Bad for America?", *Fortune*, May 18.

▮미 주▮

1. 제리 멀러 (2015), 〈자본주의의 매혹 - 돈과 시장의 경제사상사〉, 서찬주 · 김청환 역, 서울: 휴먼앤북스.
2. https://en.wikipedia.org/wiki/Muscovy_Company, accessed 2018.04.16.
3. http://www.zhangzhiyong.cn/english/economy.htm, accessed 2018.04.16.
4. Reid, Stuart (2017), *The Battle of Plassey 1757: The Victory That Won an Empire*, Barnsley, United Kingdom: Frontline Books.
5. CCTV 다큐제작팀 (2014), 〈기업의 시대〉, 허유영 역, 서울: 다산북스.
6. Stern, Philip J. (2011), *Corporate Sovereignty and the Early Modern Foundations of the British Empire in India*, London: Oxford University Press.
7. 주경철 (2008), 〈대항해 시대 : 해상 팽창과 근대 세계의 형성〉, 서울대학교 출판부.
8. Levenson, Thomas (2009), "Commentary: Even a genius can get suckered", July 29, CNN. Accessed at http://edition.cnn.com/2009/POLITICS/07/29/levenson.finance. regulation/ index.html.
9. Kraakman, R., Davies, P., Hansmann, H., Hertig, G., Hopt, K., Kanda, H., and Rock, E. (2004), *The Anatomy of Corporate Law: A Comparative and Functional Approach*, New York: Oxford University Press.
10. (1) Worstall, Tim (2012), "The Story of Henry Ford's $5 a Day Wages: It's Not What You Think," *Forbes*, Mar. 4, (2) 이영석 (2012), 〈공장의 역사〉, 서울: 푸른역사.
11. https://ko.wikipedia.org/wiki/, accessed 2018.04.16.
12. http://www.doopedia.co.kr/doopedia/master/master.do?_method=view&MAS_IDX =101013000898545, accessed 2018.04.16.
13. 론 처노 (2010), 〈부의 제국 록펠러 I〉, 안진환 · 박아람 역, 서울: 21세기북스; 론 처노 (2010), 〈부의 제국 록펠러 II〉, 안진환 · 박아람 역, 서울: 21세기북스,
14. Rees, Jasper (2012), "The End of Our Kodak Moment", Telegraph, January 12.

15. 마쓰시타 고노스케 (2009), 〈마쓰시타 고노스케 길을 열다〉, 남상진·김상규 역, 서울: 청림출판.

16. (1) Fishman, Charles (2006), *The Wal-Mart Effect: How the World's Most Powerful Company Really Works*, New York: Penguin Books, (2) Ghemawat, P. and Mark, Ken A. (2006), "The Real Wal-Mart Effect", *Working Knowledge*, Business Research for Business Leaders, August 23, https://hbswk.hbs.edu/item/the-real-wal-mart-effect, accessed 2018.4.16, (3) Kestenbaum, Richard (2017), "Is Walmart Good or Bad for America?", *Fortune*, May 18.

17. 강금식 (2016), 〈품질경영〉, 서울: 도서출판 오래.

8 장

한국기업사

1. 한국기업사를 어떻게 볼 것인가?
2. 서양의 기업과 우리나라 기업의 탄생
3. 우리나라 역사에서 살펴보는 상업자본
4. 일제시대 기업의 형성과 발전
5. 해방과 귀속재산의 분배
6. 한국전쟁과 대기업 탄생의 토대
7. 경제개발계획과 재벌의 형성
8. 중화학공업 육성과 재벌기업의 성장
9. 외환위기와 벤처붐, 그리고 글로벌 기업의 등장

1. 한국기업사를 어떻게 볼 것인가?

우리나라 기업의 탄생과 그 발달과정은 세계 어느 나라와도 비교하기 힘든 독특한 특징을 가지고 있다. 영국, 네덜란드, 그리고 미국 등의 나라처럼 18세기부터 기업이 발달한 나라와 다를 뿐만 아니라 19세기 말부터 본격적으로 기업이 발달한 일본과도 다른 과정을 거쳤다. 영국, 네덜란드 등 유럽 국가들은 제국주의에 기반을 둔 무역거래와 상업으로 자본을 축적하고, 그 돈을 기반으로 산업혁명을 일으키면서 기업이 발전해 갔다. 미국은 산업혁명에 의한 기술과학의 발전을 유럽으로부터 받아들이면서 기존 전통과는 전혀 다른 자유로운 '기업국가'를 발전시켰다. 또한 일본은 서구로부터의 문명을 자발적으로 받아들이면서 기술과 자본을 축적했고 기업을 발전시켰다.

우리나라는 위의 어떤 나라와도 다른 과정을 거쳤다. 서구 문명을 자발적으로 받아들일 힘과 의지가 없었고, 곧 이은 일본 제국주의에 의한 지배는 '자생적 근대화'의 가능성을 차단했다. 가뜩이나 빈곤에 허덕였던 조선의 경제는 19세기 말부터 일본, 청, 러시아 등의 열강이 각축을 벌이는 틈바구니에서 급속하게 몰락해 갔다.

1910년 일본제국에 의해 합병된 이후 36년 동안 우리나라 경제와 기업의 발전은 일본제국의 이익을 극대화하는 방향으로 이루어졌다. 식민지 지배를 받는 기간 동안 일본 기업이 한반도로 대거 진출했던 반면, 민족자본으로 이룩한 기업은 소수였을 뿐만 아니라 발전하기도 매우 어려운 형편이었다. 1945년 일본이 패망하고 우리나라의 독립이 이루어졌지만 곧 남과 북으로 분단되었고, 1950년 6월 25일에는 한국전쟁까지 일어나 우리나라의 경제는 발전은커녕 기초토대까지 모두 파괴되는 어려운 지경에 이르렀다.

하지만 식민지 시대와 한국전쟁을 거치면서 초토화되었던 한국 경제는 대단한 반전을 이루어냈다. 1960년대 이후 시작된 우리나라의 경제발전과 그에 따른 기업발전은 세계 역사상 유례를 찾아보기 힘들 만큼 놀라운 성과를 보여주었다. 1960년대에 세계에서 가장 가난한 나라 중 하나였던 대한민국이 오늘날 경제규모 세계 10위(2021년 IMF 기준 국내총생산 1조8239억 달러), 1

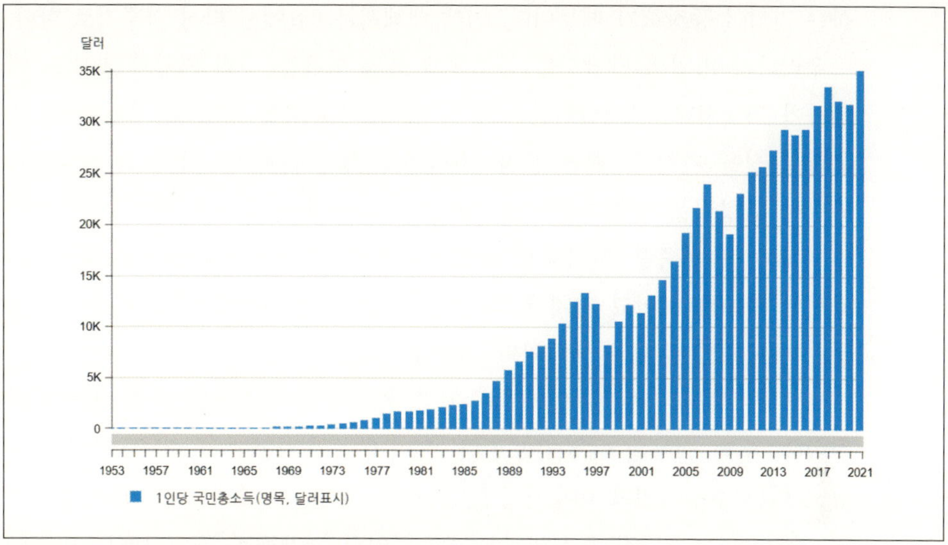

그림 8-1 우리나라 1인당 국민소득 연간 추이

인당 GDP 3만4천 달러(2022년 IMF 발표기준)의 경제대국으로 성장한 것이다.

[그림 8-1]에서와 같이 우리나라의 1인당 국민소득은 1953년 67달러에서 2006년 2만 달러로 고속성장을 거듭하였다. 경제성장률도 1980년과 1998년, 두 해를 제외하면 지속적으로 높은 성과를 기록했다. 1980년의 마이너스 성장은 중동 산유국의 석유수출금지에 따른 오일쇼크로 인한 것이었다. 전 세계가 영향을 받은 외부적 요인이었다. 반면 1998년의 외환위기는 내부적인 요인이 더 컸다. 약 200여년에 걸쳐 경제성장을 이룬 다른 선진국에 비해 상대적으로 짧은 시간 동안 이루어진 압축적인 성장은 '한강의 기적'이라고 불리며 전 세계의 칭송을 받았지만 또한 성장의 그늘도 갖고 있다.

국가주도에 의한 경제성장은 기업의 자생력을 약화시켰고, 대기업에 국가자원을 선별적으로 지원하는 불균형 성장전략으로 양극화의 문제가 제기되었고, 생산성 향상을 앞지르는 임금인상, 관치금융으로 인해 금융업계가 취약해지는 등의 문제점이 누적되었다. 태국, 말레이시아 등 아시아 국가들의 외환위기가 확산되면서 우리나라도 'IMF외환위기'라 불리는 커다란 경제위기를 겪게 된다. 하지만 우리나라의 저력은 다시 한 번 세계를 놀라게 했다. 경제위기를 빠르게 극복했을 뿐 아니라 세계 굴지의 글로벌 기업으로 재도약하는 기업이 등장했기 때문이다. 이에 대해서는 8절에서 다시 다루기로 한다.

우리나라 기업의 발달사를 공부해야 하는 이유는 우리 기업을 제대로 이해하기 위해서다. 우리나라는 고유의 경제발전과정을 거쳤고, 기업 또한 고유한 특징을 가진다. 예를 들면, 수십개의 계열사를 거느리고 오너 일가가 막강한 영향력을 발휘하는 재벌기업은 우리나라의 특징적 현상이다. 우리 경제에서 큰 비중을 차지하고 글로벌 시장에서 선도적 기업으로 활동하는 탁월한 성과를 보이고 있지만, 다른 한편에서는 불공정한 거래와 편법 승계 등 지배구조의 문제로 국내외의 비판을 받기도 한다.

또 다른 특징은 수출기업과 내수기업, 대기업과 중소기업 간의 양극화 현상이다. 우리 정부의 '수출주도전략'에 따라 수출기업에 더 많은 지원을 해왔고 이는 수출기업과 내수기업 간 격차를 넓혀왔다. 또한 대기업과 중소기업 간의 양극화가 점점 심해져서 중소기업의 경쟁력과 경영상태는 비슷한 수준의 경쟁국가에 비해 저조한 편이다. 물론 우리나라의 대기업 규제정책으로 경쟁국에 비해 중소기업이 과도한 보호를 받아 대기업으로 쉽게 성장하지 못한다는 비판도 만만치 않다. 경쟁국가에 비해 대기업의 규모가 오히려 작다는 사실에 우리 경제의 취약성이 있다는 지적도 있다.

우리는 이런 우리 기업의 특징에 대해 이해할 필요가 있다. 왜 이런 현상

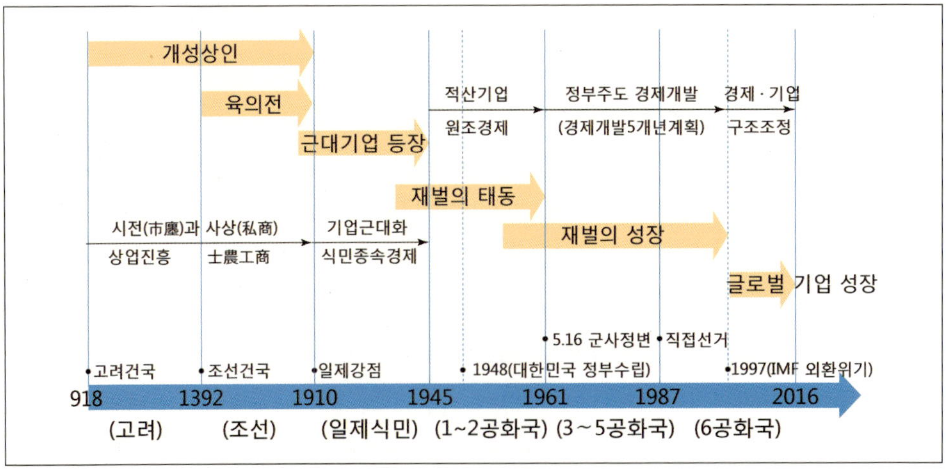

그림 8-2 한국경제의 발달단계에 따른 기업의 발전과정

이 일어났는지 역사적 배경을 살펴보고, 좋은 점과 나쁜 점을 잘 판단하는 균형잡힌 시각을 가질 필요가 있다. 이것이 서구 또는 다른 선진국가와 다른 발전경로를 거쳐온 한국만의 특징을 살펴보고, 앞으로 더 나아지기 위해 우리가 무엇을 해야 할 것인가에 대해 생각해볼 수 있는 토대가 될 것이다.

한국경제의 발전과정과 기업의 발전을 전체적으로 살펴본다면 [그림 8-2]와 같다. 이 장에서는 한국경제 발달단계별로 기업의 발전과정을 살펴보기로 한다. [그림 8-2]는 우리나라 기업의 발달과정 전체를 보여주므로 이 장을 학습하면서 자주 되새겨보면 도움이 될 것이다.

2. 서양의 기업과 우리나라 기업의 탄생

기업의 탄생, 그리고 경영학의 발전은 서구를 중심으로 이루어졌다. 앞에서 배웠듯 기업이 탄생하는 배경에는 대항해시대를 여는 유럽의 제국이 있었다. 이후 기업이 발전해가는 과정은 유럽과 미국을 중심으로 이루어졌다. 물론 아시아에서는 일본 기업들이 19세기에 본격적으로 등장하기는 하지만[1] 유럽과 미국을 효과적으로 벤치마킹한 결과이다.[2] 20세기 이후에는, 미국 기업들이 타의 추종을 불허할 정도로 지배체제와 관리기법을 고도화시킨다. 이렇게 미국과 유럽의 기업들이 조직의 모습을 갖추어가면서 '조직운영' 또는 '조직관리'의 효과성이 성패를 좌우하게 되었고, 이는 현대경영학의 발전으로 이어졌다. 경영학의 발전 역시 미국과 유럽을 중심으로 진전되었다.

따라서 우리나라의 기업에 대해 탐구하려면 먼저 서양의 흐름과 비교하여 분석해 볼 필요가 있다. 우리나라에서 기업은 어떻게 탄생되었나? 언제부터 기업의 활동이 본격화되었나? 우리나라의 기업 발전은 서구 국가와 비교할

1 일본기업의 태동이 언제부터인가에 대해서는 논란의 여지가 있을 수 있다. 1615년에 스미토모그룹이 탄생했다는 기록이 있지만 본격적인 기업의 번영은 1890년대 청일전쟁 직후로 본다.

2 영국, 네덜란드 등의 나라가 주도한 '식민지 확보를 위한 대항해시대'는 '동인도회사' 등의 칙허회사(근대 주식회사의 모태)를 탄생시키게 되었다.

표 8-1 주식회사 탄생 및 산업혁명 시기 한국사와 세계사 연표 비교

한국사 연표		세계사 연표	
A.D.		A.D.	
1592	일본군 21만명, 조선 침입(임진왜란)	1592	일본, 조선 침략(임진왜란)
1597	일본군 20만명, 조선 재침입(정유재란)	1600	영국, 동인도회사 설립
1636	청, 대대적인 침입(병자호란)	1642	영국, 청교도 혁명
1645	청에 볼모로 갔던 소현세자, 서양 서적과 여지구(지구의)·천주상 등을 가지고 한양에 돌아옴	1643	프랑스, 루이 14세 즉위, 이후 절대왕정 전성기
1653	하멜, 제주도 표착	1644	명 멸망, 청이 중국 지배
1678	상평통보 주조	1651	영국, 항해조례 발표
1725	영조, 탕평책 실시	1688	영국, 명예혁명
1750	균역청을 설치하고 균역법 실시	1709	영국, 울타리치기(인클로저) 운동
1758	천주교가 확산되자 이를 엄금	1715	청, 영국 동인도회사가 광둥에 상관 설치
1786	서학을 금함	1759	청, 위구르족을 평정하고 신강(신장)이라 개칭
1791	정조, 시전 상인의 특권인 금난전권 폐지	1760년경	영국에서 산업혁명 시작

자료원: 두산백과 한국사

때 무엇이 같고 무엇이 다른가? 이런 질문에 답하기 위해 먼저 유럽에서 동인도회사와 같은 초기 형태의 주식회사가 설립되던 1600년대 무렵과, 또 18세기 영국에서 산업혁명이 일어나고 기술발달 및 생산성 향상을 이루어나가면서 자본주의 자유경제의 토대를 마련할 때 우리나라의 상황은 어떠했나를 살펴볼 것이다. 당시 우리나라의 모습을 살펴보면서 우리나라 기업의 탄생은 어떻게 이루어졌는지, 경영은 어떻게 발전되었는지 비교할 수 있을 것이다.

먼저 〈표 8-1〉의 연표를 살펴보면 유럽의 제국주의가 전성기를 이루던 시기에 우리는 임진왜란에 이은 정유재란으로 고난을 겪고 있었다. 1636년에는 청나라의 침입을 받은 병자호란을 겪으면서 황폐화되었다. 그나마 다행인 것은 뒤이어 영조와 정조의 시대가 이어지면서 두 차례의 전란으로 인한 정신적·물질적 피해를 어느 정도 회복할 수 있었다는 점이다. 1800년대 서구 문물이 들어오기 시작하면서 조선말기 왕정은 '개화'에 대한 시기와 방법 등을 둘러싸고 혼돈에 빠진다. 혼돈을 거치면서도 조선 왕조는 1876년 '개

항'을 통해 문물을 받아들이는 것이 필요하다는 결론을 내렸고 이후 일제에 의해 식민지화되기까지 상업을 주로 하는 기업(상회)이 등장했다. 우리나라 기업의 탄생에 대해서는 여러 가지 설이 있지만 1883년 경부터 회사, 상사, 상회 등의 명칭을 갖는 기업조직이 출현한 것을 시초로 보는 것이 타당하다. 하지만 근대적 기업의 본격적인 등장은 갑오개혁 이후로 본다. 다만 이 역시 1911년의 '조선회사령'으로 그 발전이 지속되지 못했다.[1]

1876년 개항 이후 근대화운동인 갑오개혁 등에 힘입어 내부에서 기업을 만들겠다는 움직임이 일기 시작했지만 일본 제국주의의 본격 침략으로 더 이상 이어지지 못했다. 앞의 〈표 8-1〉에서 우리가 주목해야 할 것은 영국에서 산업혁명이 일어나던 그 시기에 조선은 금난전권을 폐지하는 정도의 조치를 취할 뿐 상업의 발전을 촉진하는 것과는 거리가 멀었다는 점이다.

〈표 8-2〉와 같이 우리나라 최초의 기업은 1883년 '대동상회'라는 이름으로 설립되었다. 당시 조선의 위정자들도 상업 또는 기업을 통해 부국강병을 이루는 것이 필요하다고 인식했고, 특정 회사에 대한 독점권 부여 및 면세조치 등의 정책을 폈다(유럽의 칙허회사에 해당됨). 개항 직후 회사는 선각자의 자발적 움직임과 함께 정부의 지시에 의해 만들어졌고, 중앙정부의 통제와 보호를 함께 받는 상업조직이었다.[2]

표 8-2 우리나라의 장수기업들

연 도	기 업
1883	대동상회(관허회사)
1896	박승직 상점(오늘의 두산)
1919	경성방직
1926	선일지물, 유한양행
1938	삼성상회

1880년대에는 자발적으로 생겨났던 기업과 정부의 지원에 의해 만들어진 기업이 혼재했는데 이들 기업이 제대로 성장하기는 어려웠다. 일본 정부에 의한 영향력이 커지면서 한국의 상회나 기업이 생존하는 것조차 어려웠기 때문이다. 특히 1905년의 화폐개혁은 미미하게나마 자생하고 있던 상회, 상

사들을 거의 모두 도산하게 만들었다.3 이후 식민지 시대가 시작되었고 기업은 일본이 만든 법과 제도, 환경에서 만들어지고 성장하게 되었다. 실제 근대적 산업자본기업으로는 1919년에 설립된 경성방직을 꼽는다. 왜 그런지는 다음에 살펴보겠다.

3. 우리나라 역사에서 살펴보는 상업자본

우리나라 역사를 관통해 볼 때 조선은 상업을 가장 위축시킨 나라였다. 신라의 경우 당나라에 상인들의 거처인 '신라방'이 생길 정도로 무역을 활발하게 했다. 장보고가 해상을 지키면서 해상무역을 더욱 발전시켰다는 사실만 보아도 신라가 무역을 중시했다는 것을 알 수 있다. 고려시대도 상업을 중시하는 분위기가 이어졌다. 특히 고려시대 상업의 큰 줄기를 담당했던 개성상인들은 '사개치부법'[3]이라는 상당히 정교한 회계법을 사용한 데서 알 수 있

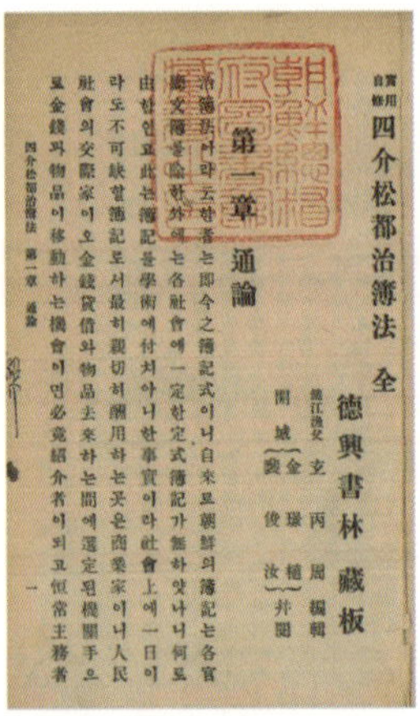

그림 8-3 현병주 〈사개송도치부법, 1916〉

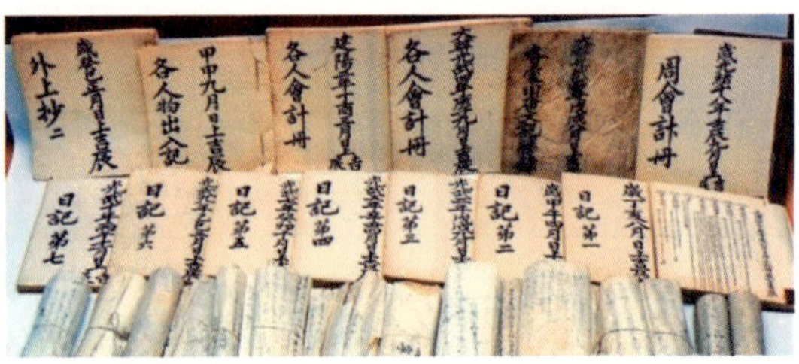

그림 8-4 19세기 후반(1887-1912) 작성된 개성상인의 장부 14권(20세기 이전의 기록으로 세계적으로 가장 완벽한 회계실무기록)

3 사개치부법(四介治簿法): 고려시대부터 주로 개성상인들이 사용했던 독특한 회계처리법이었다. 서양의 복식부기와 근본원리에서 일치하는 완전한 복식부기법이다.

듯 대단한 상술을 갖고 있었으며 그 상권 또한 넓었다.

그림 8-5 종로에 위치한 육의전 박물관 모습

조선은 유교의 나라였다. '사농공상(士農工商)'4이라는 순서에서 알 수 있듯 조선시대에 장사는 천한 행위로 간주되었다. 상업을 억제한 조선에서 유일하게 허용된 장사가 바로 시전과 육의전이다. 시전이란 나라에서 장사를 허락한 상점이며, 육의전은 시전 중에서도 특히 중요한 여섯 가지의 품목을 취급하는 곳을 말한다. 육의전(여섯 시전)이란 공단, 대단, 사단, 우단 등 중국산 비단을 거래하는 '입전', 견직물 등을 비롯하여 주로 국산 비단을 판매하는 '면주전', 무명옷감부터 세금으로 걷히는 군포목, 공물목, 무녀목 따위를 거래하는 '면포전', 주로 모시를 거래하는 '저포전', 다양한 종류의 종이와 그 가공품 따위를 거래하는 '지전', 그리고 종로에 자리한 내어물전과 외어물전을 합한 '내외어물전'을 합쳐서 '육의전'이라 불렀다.

조선 왕조 500년 동안 하루도 쉬지 않고 열렸던 시장이 바로 시전 중에서도 육의전이었다. 육의전은 한양 도성 중심에 자리했고 가장 번성했다. 중앙정부가 허락하지 않은 장사를 '난전'이라 불렀는데 이는 단속대상이었다. 시전 상인들은 무뢰배를 고용하여 난전을 보이는 대로 단속하고 물건을 부수었다. 정조 때에 와서야 '난전'을 허락하는 '금난전권 폐지'가 이루어졌다.

앞서 세계기업사에서 배웠듯 영국 등 유럽 국가의 산업혁명과 기업 발달의 배후에는 무역과 상업으로 자본을 축적한 상인계급이 있었다. 육의전은 조선을 대표하는 상업시설이었지만 축적된 상업자본이 산업자본으로 이어지는 통상적인 과정을 겪지 못했다. 조선시대에 축적되었던 상업자본이 일시에 휴지조각으로 전락하는 사건이 있었기 때문이다. 1905년 일본은 왕실에

4 사농공상은 고려 말부터 조선시대에 이르기까지 직업에 따른 신분의 귀천을 구별하는 것으로 선비(사), 농민(농), 기술자(공), 상인(상)의 순서를 의미한다. 상업을 가장 천하게 여겼으며 이는 1894년 갑오개혁 때 폐지되었다.

빌려준 돈을 핑계로 화폐개혁을 단행했다. 하루 아침에 육의전 상인들이 사용하던 어음이 휴지조각이 되어 버렸다. 조선시대 대표적 상인들이라 할 수 있는 육의전 상인들의 자본이 무산되면서 이후 상회, 상사, 또는 기업으로 발전할 수 있는 물질적 토대가 급격하게 약화되었다.

유럽 국가에서 상업의 발달로 상인계급이 급성장하고 이들에 의해 기술발달, 생산성의 향상이 이루어지면서 자연스럽게 기업이 발달했다면 우리나라에서는 상업으로 인한 부의 축적이 이루어지지 못했고, 근대기업의 형성으로 이어지기도 어려웠다고 볼 수 있다. 일본에 의해 식민지화되기 전에 우리나라에도 자본주의로 넘어가는 자생적인 움직임이 있었다는 견해도 있지만, 식민지 체제에 들어서면서 일본에 의해 본격적으로 이식되었다고 보는 견해가 우세하다. 어느 쪽이 되었든 자생적으로 축적된 자본은 절대적으로 부족했고, 기업의 형성으로 이어지기에도 역부족이었다.

박스 8-1

'한국판 논어와 주판이 필요하다'

일본에서 기업의 시대가 열린 것은 청일전쟁이 끝난 후인 1890년대 후반이다. 당시 일본의 회사 숫자는 4600여개에 달했고, 절반 이상이 주식회사였다. 이렇게 시작된 기업시대가 본격적인 성장세에 접어든 것은 1918년 무렵으로 볼 수 있다.

<중략>

특정 시기에 세계적인 기업의 태동이 집중된 것은 결코 우연이 아니다. 기업시대가 본격적으로 열리기 전에는 일본 역시 '기업이 자라기 좋은 토양'을 가지고 있지 않았다. 메이지 유신으로 개혁 및 개방을 주도하면서 일본에는 서구문물이 흘러들었다. 일본인들은 머리를 자르고 양복을 입었으며, 서양식 춤을 추었다. 이런 모습과 달리 사회문화적으로는 오랜 관습과 유교의 영향을 벗어나지 못하고 있었다. 사농공상의 위계가 지배하고 있었으며 따라서 상업을 경시하는 풍조가 강하게 남아 있었다. 서구문물을 받아들이고 기이라는 제도가 도입되었지만 사람들의 인식은 크게 변화하지 않았던 것이다.

하지만 당대의 선각자 두 사람이 '자본주의'와 '기업'에 대한 일본인의 인식을 송두리째 바꾸어 놓았다. 학문적으로는 후쿠자와 유키치, 실질적으로는 시부사와 에이이치가 바로 그들이다.

<중략>

한편 시부사와 에이이치는 메이지 정부에서 재정대신을 지낸 관료 출신으로 관직에서 물러난 후에는 일본 최초로 주식제 은행을 설립했다. 이후 금융, 철도, 해운, 광산, 방직, 철강, 조선, 기계, 전기 등 다양한 분야로 사업을 확장해 일생 동안 500여개의 회사를 설립했다. 평생 기업가로 헌신했던 그는 일본이 발전하려면 상업을 경시하고 권력을 중시하는 낡은 풍조를 바꾸어야 한다고 생각했다. 즉 '상업을 통한 국가발전'이라는 자신의 신념을 일본 대중에게 널리 확산시키고자 전통적 유교사상과 자본주의 정신을 결합해 〈논어와 주판〉이라는 책을 썼다.

그는 "상업은 개인이 아닌 사회를 위한 것이다. 상업은 이상적인 인격에 위배되지 않으며 오히려 이상적인 인격을 실현하는 가장 좋은 수단이다. 즉 공익이 곧 개인의 이익이며 개인의 이익은 공익을 만든다"라고 주장했다. '경영자의 모범'을 실천적으로 보여주었을 뿐만 아니라 '기업활동의 의미'를 유교사상에 근거해 제시한 것이다. 이 책도 1916년 출간되자마자 역시 베스트셀러가 되었으며 일본 기업가의 교본이 되었다. 그는 일본 기업가들이 추구해야 할 이상에 대해 '사혼상재(士魂商材)', 즉 '선비'와 같은 절개와 도덕, 그리고 '상인'으로서의 재능과 실용주의 정신을 겸비해야 한다고 강조했다(아시아경제신문, 2016. 2. 16).4

4. 일제시대 기업의 형성과 발전

우리나라에서 근대 기업의 등장은 일제시대에 이루어졌다고 봐야 한다. 1905년 을사조약 이후 한국의 기업 환경은 일본에 의해 결정되었다. 조선총독부가 일본 기업에 유리하게 제도를 바꾸거나 일본 기업의 진출을 장려했다. 1920년대 이전에 한국에 진출한 일본 기업은 조선방직(1917), 경성전기(1908), 조선면화(1913) 등이 있다. 1930년대 이후 진출기업으로는 조선소야전시멘트(1934), 북선제지화학공업(1935), 장진강수력(1933), 조선맥주(1933), 미쓰코시백화점(1930) 등이 있다.5

한국 기업을 억압하는 일이 다반사였기 때문에 한국 기업의 숫자와 규모는 매우 적었지만 그래도 기업은 설립되었다. 먼저 육의전 상인이 살아남아 '상회'를 차린 경우다. 앞서 언급한 바와 같이 육의전 상인들은 거의 다 망했

그림 8-6 일제시대 경성방직공장에서 일하는 근로자들 **그림 8-7** 영등포 타임스퀘어 경성방직 사무동(등록문화재 제135호)

지만 생존자도 있었다. 바로 백윤수였다. 1907년 '백윤수상점'을 열었던 그는 중국에서 비단을 수입해다 팔았다. 1916년 대창무역으로 이름을 바꾸었다. 자본금 50만 원[5]에 불입 자본금 50만 원 규모였다. 당시 민족자본으로는 상당히 큰 규모였다. 1924년 대창직물로 이름을 바꾸었고 아들 백낙승이 이어받으면서 일본군에 포목을 공급할 수 있게 되었다. 밀수출로 사업을 하던 백낙승은 일본군 감찰대에 적발당해 재판을 받게 되었지만 해방을 맞이하면서 새로운 기회를 얻게 되었다.

경성방직은 1919년, 전라북도 지역의 거부 아들인 김성수·김연수 형제가 자본금 100만 원, 불입자본금 25만 원으로 설립했다. 우리나라 최초의 근대적 제조기업이라 할 수 있다. 김성수는 일본 유학시절 보았던 현대식 공장을 조선에도 세우고 싶었다. 3·1운동을 계기로 민족자본을 만들겠다는 결심을 굳힌 김성수는 전국의 유지들을 찾아다니며 출자를 호소했다. 김성수는 어렵게 모은 자본금을 면화에 투자했는데 이것이 잘못되어 공장도 짓기 전에 돈을 다 날리게 되었다. 어려움을 겪던 상황에서 사업에 재능이 뛰어난 동생 김연수가 경성방직의 경영을 맡게 되었다.

1923년 경성방직공장이 가동되었다. 일본제품보다 품질이 낮아 고전을 면치 못했지만 '불로초' 상표로 출시한 광목천이 인기를 얻으면서 사세를 확장했다. 일본이 만주에 진출하면서 경성방직도 만주에 진출했다. 한국기업 최초의 해외진출이라 할 수 있겠다. 1936년 김연수는 '만주시장이 커질 것을 확신'하고 만주에 공장을 짓는다. 남만방적이다. 경성에 있던 경성방직의

5 박상하(2012)의 〈한국기업성장 100년사〉에 따르면 현재 가치 약 500억원에 해당하는 금액이다.

6배에 달하는 규모였다.

김연수는 조선인들에게 일자리를 주고 싶었다. 당시 경상도에서 만주로 넘어간 조선인들의 정착촌이 있던 '쑤자툰'에 공장을 지었다. 또 식량을 자급자족하기 위한 목적으로 대규모 농장도 조성했다. 이 땅을 관리하기 위해 '삼수사'라는 이름의 회사를 설립했는데 이것이 오늘날 삼양사 그룹으로 이어진다. 하지만 1945년 해방을 맞이하면서 김연수의 '만주 대규모 투자'는 재앙으로 다가왔다. 일본군이 패망하고 철수했기 때문이었다. 김연수도 남만방적과 농장들을 포기하고 조선으로 철수했다.

박승직은 1896년 전국에 포목을 파는 '박승직 상점'을 설립한 이후 전국에 지점을 내는 등 순조롭게 확장해나갔다. 1915년 부인 정정숙이 집안에서 수공으로 소량 제조해 고객에게 사은품으로 주던 화장품이 인기를 끌자 '박가분'이라는 이름으로 팔기 시작했다([그림 8-8] 참조). 하지만 박가분에 들어있던 납성분이 피부에 문제를 일으킨다는 사실이 밝혀지면서 소비자들이 외면하게 되었고, 특히 일제 화장품이 인기를 끌면서 박가분은 사라지게 되었다.

일본 상계의 압박과 세계대전, 대공황 등이 겹치면서 당시 종로 상계도 어려움을 겪게 되었다. 경영난을 타개하기 위해 박승직은 1925년, 6만 원의 자본금을 토대로 주식회사로 개편했다. 주당 50원으로 총 1200주의 주식을 발행했다. 1931년 '주식회사 박승직 상점'은 큰 수익을 올렸고 포목류의 수요 증가에 따라 다음해에는 더 큰 수익을 올렸다. 한국인 회유책의 일환으로 한국인을 회사설립에 참여시키던 일본의 정책 때문에 그는 '소화기린맥주' 주주로 참여하게 된다. 1936년 장남 박두병을 상무로 승진시켜 승계했다. 박두

그림 8-8 박승직 상점의 제품 박가분(왼쪽)과 간판(오른쪽)

병은 '두산'이라는 이름으로 변경된 회사를 이어받아 무역업, 맥주사업, 운수업 등에 진출하게 된다.

일제시대를 대표하는 기업으로는 활명수를 만든 동화약방(오늘의 동화약품), 선일제지와 화신백화점, 그리고 유한양행을 들 수 있다. 동화약방은 궁중의 선전관6으로 일하면서 전의(궁에서 근무하는 의사)들과 교류하여 틈틈이 궁중의 비방을 익혔던 민병호가 설립했다. 민병호는 동의보감에도 나오지 않는다는 궁중의 비방을 토대로 '계피 4그램, 정향 3그램, 감복숭아씨 6그램'을 침출기에 넣고 적포도주 150그램을 가해 잘 혼합한 다음 3일간 침출시킨 뒤, 이 침출액에 다시 박하뇌 0.15그램, 장뇌 0.03그램을 넣고 백설당 40그램과 증류수 70그램을 가한 후 잘 혼합해 용해한 후 여과시켜 60밀리리터 작은 병에 담은 후 '목숨을 살리는 물'이라는 뜻의 '활명수'라 이름 지어 내놓았다([그림 8-9] 참조). 동화약방을 창업한 것이 1897년이다. 아들 민강을 초대 사장으로 내세우고 자신은 경영에 직접 참여하지 않았다.

활명수는 '궁중의 비방'으로 만들어졌다는 점에 편리함, 신속한 효과 등으로 큰 인기를 모았다. 하지만 곧 이어 모방제품이 시장에 범람했다. 동화약방은 1910년 활명수의 상징이라 할 수 있는 '부채표'를 최초의 상표로 등록했다. 창립 10주년이 되었을 무렵에는 활명수 외에도 인소환, 백응고 등 98종의 의약품을 생산했다.

동화약방의 민강 사장은 1919년 3·1운동이 일어나자 만세시위운동에 적극 참여하는 한편, 일제의 눈을 피해 이승만을 집정관 총재로 하는 한성 임시정부의 수립과 함께 국민대회 개최를 추진했다. 그는 연락과 준비업무를 맡았으며, 국민대회 취지와 임시정부의 약법 등을 작성했다. 동화약방은 독립운동가들의 연락거점

그림 8-9 활명수를 생산하는 모습

6 선전관: 궁에서 경호업무를 하던 무관을 이르는 직책.

으로 활용되었다. 결국 일본 경찰에 체포되어 옥고를 치른다. 하지만 출옥 이후에도 독립운동단체인 대동단에 가입하고 각종 정보와 군자금을 임시정부에 전달하는 '연통부(연락부)' 역할을 했다.

1922년 일제에 의해 완전히 와해될 때까지 동화약방은 연통부의 역할을 멈추지 않았다. 일제에 의한 탄압이 노골적으로 이어지면서 동화약방의 경영상태도 위축되기에 이르렀다. 특히 마땅한 후계자가 없는 상태에서 민강 사장이 사망하면서 동화약방은 쇠락의 길을 걸었다. 그러던 중 당시 정미업으로 큰 돈을 모아 재력이 풍부한 데다 독립운동과 빈민구휼사업을 펼치면서 당시 민족기업인으로 존경받던 윤창식이 동화약방을 넘겨받았다.

일제시대의 기업가로 박흥식을 빼놓을 수 없다. 박흥식은 16세에 진남포에서 객주를 열고 일본에 쌀 수출장사를 시작했는데 1918년, 마침 일본에서 쌀값이 폭등하는 바람에 큰 돈을 쥐게 되었다. 그에게 운이 따랐는지 당시 땅값이 폭락하여 싼값에 땅을 사게 되었고, 그는 스무살도 되기 전에 진남포 일대에서 '거부' 소리를 들었다. 그는 '인쇄업'에 손을 댔고 1923년에는 '서선흥산주식회사'를 설립해 창고업, 운송업에도 진출했다. 식산은행 건물에 사무실을 임대해서 '선일지물'이란 간판을 달고 종이판매에도 나섰다.

박흥식은 '싸게 사서 싸게 판다'는 유통업의 이치를 잘 알고 있었고 수완이 좋았다. 하지만 일본 제지업체에서 그에게 종이를 공급해주지 않자 그는 동경으로 가서 직접 판로를 뚫기로 했다. 하지만 동경에서 접촉한 일본 제지업체 모두 그에게 종이를 팔지 않겠다고 했다. 하지만 그는 포기하지 않았다. 이름도 생소한 스웨덴이라는 나라에서 종이가 많이 생산된다는 사실을 알아낸 그는 '스웨덴 동경대사관'으로 '종이를 사고 싶다'는 편지를 보냈다. 몇 달을 기다린 끝에 스웨덴 업체로부터 일본 종이의 절반 값으로 종이를 공급받을 수 있게 되었다. 종이 값이 싸고 인쇄시설까지 갖추고 있어 당시 조선일보를 직접 인쇄했다. 그러자 만주, 일본 지방신문사가 선일지물을 찾아왔다. 조선 종이시장을 장악하기에 이르렀다. 해외에서 싼 공급업체를 개척하는 '글로벌 공급(global sourcing)'을 그 시절에 실천한 것이라 할 수 있다.

종이장사가 자리를 잡자 박흥식은 백화점업계에 진출하고 싶었다. 북촌에 백화점을 차려 좋은 물건을 친절하게 서비스하고 싶었다. 여기서 북촌이라

그림 8-10 1890년대 말 서울 진고개 모습

하면 지금의 종로 1, 2, 3가 일대를 말한다. 육의전이 있었던 북촌은 서울의 중심가였으며 중심상권이라 할 수 있었다. 일본인들이 장사를 하고 싶다고 하면 북촌에는 못 들어오게 하고 당시로서는 변두리였던 '남촌'으로 보냈다. [그림 8-10]에서 보는 것처럼 남촌은 비가 오면 질척거린다고 해서 '진고개'라고도 불렸고 북촌에 비해 개발이 덜 되었던 곳이었다. 지금의 명동, 충무로 일대를 말한다. 하지만 일본 업체들이 들어와 장사를 하면서 남촌은 빠르게 발전했고 손님들을 끌어모았다. 점점 남촌은 번성하고 북촌은 거미줄을 치는 상황이 심해졌다.

박흥식은 북촌에 백화점을 세우고 싶었다. 당시 그가 눈독을 들인 곳은 화신상회였다. 소문난 귀금속 전문점이었던 화신상회는 장안의 고관대작은 물론 남촌의 일본인들조차 단골로 드나들던 곳이었다. 이런 명성에 힘입어 화신상회는 귀금속 외에도 양복점, 고급잡화 등으로 확장하여 전성기를 누리고 있었다. 그렇게 잘 나가던 화신상회는 1930년 남촌에 미쓰코시 백화점(지금의 신세계)이 들어서면서부터 휘청거리기 시작했다. 어려움을 겪는 화신상회를 인수한 박흥식은 낡은 건물을 헐고 미쓰코시 백화점과 같은 3층 높이의 대형건물을 지었다.

그런데 박흥식보다 먼저 북촌에 백화점을 차린 사람이 있었는데 바로 동아백화점의 최남이었다. 최남은 3·1운동으로 민족주의가 고조되던 시기에 종로쪽으로 몰려드는 인파로 인해 큰 돈을 벌었다. 게다가 당시로서는 파격이라 할 수 있는 '정가판매'를 내세워 인기를 끌었다. 최남은 미쓰코시 백화점의 일본인 점원 와타나베를 지배인으로 끌어들이면서 일본으로부터 직접 물건을 들여오는 데 성공했다. 그리고 미모의 젊은 여점원들을 대대적으로 모집해 매장마다 배치했다. 동아백화점 여점원들의 인기는 연예인을 방불케 했고 화신백화점을 경쟁에서 완전히 따돌리는 듯했다.

그림 8-11 박흥식의 화신백화점 모습

박흥식은 동아백화점과의 경쟁에서 정공법을 택했다. 그는 일본으로 건너갔다. 오사카에 지하 1층 지상 3층짜리 건물을 임대했다. 그런 후 일본 현지에서 각종 상품을 제조회사로부터 공장도가격으로, 거기에 다시 현금으로 추가 할인하여 구매한 뒤 경성으로 직수입했다. 그렇게 저렴하게 들여온 상품으로 대대적인 사은대매출의 할인판매를 펼쳤다.

박흥식은 여기에 '현금교환이 가능한 상품권'이라는 아이디어를 냈다. 종로 상계에서 처음 시도된 이 상품권은 당시 '뇌물용'으로 적합하다는 소문이 퍼지면서 빠른 시간 내에 상권을 잠식했다는 웃지못할 에피소드도 있다. 박흥식의 새로운 시도가 시장을 재편했다. 특히 동아백화점은 임원이 여점원을 성희롱한 것이 신문 기사로 나오는 등 여러 악재가 겹쳐 큰 어려움에 빠지게 되었다. 최남은 백기를 들었고 1932년 동아백화점을 박흥식에게 넘겨주었다.

하지만 1935년 설을 앞두고 박흥식에게 불운이 닥쳤다. 노점상의 부주의로 화신백화점에 불이 났고 대목을 대비해 백화점에 쌓아둔 상품을 비롯해 모든 것이 타버린 것이다. 하지만 그는 총독과의 담판으로 종로경찰서 구관을 빌려 장사를 하면서 화재보험금과 자산을 털어 지하 1층 지상 6층 높이의 화신백화점을 지었다([그림 8-11] 참조).

이는 당시로서는 다른 어떤 일본계 백화점보다 크고 높았으며 장안의 명물로 등장했다. 1937년 가을의 일이다. 가장 높고 화려한 백화점으로 인기를 끌며 승승장구하던 박흥식은 1945년 해방을 맞으면서 반민특위로부터 '친일기업인'으로 가장 먼저 체포되었다. 이후 반민특위에서 풀려나 재기에 힘썼지만 1979년 연쇄부도가 나서 화신간판이 아예 사라지게 되었다.

유한양행 역시 일제시대에 떠오른 기업이다. 유일한은 아버지 유기연의 교육열에 힘입어 9살의 나이에 미국으로 유학을 떠났다. 운동과 학업에 모두 뛰어났던 유일한은 명문 미시건대 경영학과에 입학하게 되었다. 학비와 생

고 유일한 박사 어록 (유한양행 사사에서 발췌)

"기업의 생명은 신용이다."

"기업에서 얻은 이익은 그 기업을 키워 준 사회에 환원하여야 한다."

"국가 교육 기업 가정. 이 모든 것은 그 순위를 정하기가 매우 어려운 명제들이다. 그러나 나로 말하면 바로 국가 교육 기업 가정의 순위가 된다."

"기업은 물건으로 성장하는 것이 아니다. 아이디어, 이것이 기업에 성장을 가져오게 하는 것이다."

"나라사랑을 위해서는 목숨을 바칠 것을 신성한 말로 서약하여야 한다."

"실패, 그것으로 해서 스스로 나의 존재가치를 깨닫는다면, 실패 그것은 이미 나의 재산인 것이다."

그림 8-12 유한양행 창업자 유일한 박사 동상과 유일한 박사 어록(어록 출처: 유한양행)

활비를 벌어야 했던 그는 중국인들을 대상으로 장사를 하면서 '돈을 버는 법'을 알게 되었다. 그는 대학 졸업 후 동양인으로는 처음으로 GE에 입사해 능력을 인정받았고, 소아과 전문의가 된 연인 호미리와 결혼까지 해 안정된 생활을 누릴 수 있었다. 하지만 고국으로 돌아가야 한다는 생각에 회사를 그만두고 개인사업을 시작했다. 중국인을 비롯, 동양인들이 미국에서 숙주나물을 사 먹기 어렵다는 데 착안해서 '숙주나물 캔'을 개발했고 이를 판매하는 '라초이식품회사'를 1922년 설립했다. 회사설립 4년 만에 50만 달러 이상의 수익을 기록했다.

1926년 그는 라초이식품회사를 정리하고 귀국했다. 자본금 50만 원으로 유한양행을 설립하면서 제약산업에 뛰어들었다. 그가 제약산업에 뛰어든 것은 식민지 조선의 열악한 의료현실 때문이었다. 약만 있으면 고칠 수 있는 사소한 질병인데도 약이 없어 죽어가는 사람이 너무 많았던 것이다.

그는 조선 사람들에게 필요하다고 생각되는 것은 모두 수입하려고 노력했다. 약품뿐만 아니라 비누, 화장지, 생리대, 치약 등의 위생용품과 화장품, 껌, 초콜릿, 농기구, 염료, 페인트 등을 수입했다. 1936년 유한양행을 주식회사체제로 전환했다. 1940년 태평양전쟁이 시작되면서 약품 배급은 일제의 통제 아래 놓였으며 심각한 원료부족으로 제약업계는 커다란 어려움에 처하게 되었다. 미국과 전쟁을 시작한 일본은 유한양행을 '미국계 기업'이라며

핍박했고, 진주만 공습 직후에는 간부사원들을 전원 종로경찰서로 연행하기도 했다.

이때 유일한은 미국에 머물고 있어 화를 면했다. 고국으로 돌아올 수 없게 되어 미국에서 석사 과정에 들어가 공부하고 있던 그는 해방을 맞아 귀국할 수 있었다.

5. 해방과 귀속재산의 분배

1945년 일본이 갑자기 패망하면서 해방이 되자 한국의 정세는 혼돈, 그 자체였다. 경제적으로도 마찬가지였다. 막강한 권력이 갑자기 사라지면 혼란이 오는 것은 당연한 일이다. 정치적으로는 혼돈이 비극이었으나 일부 기업가에게는 기회였고 성장동력이었다. 오늘날 대부분의 대기업은 해방과 함께 주어진 '행운'과 '사업기회'를 놓치지 않았고, 그것이 지금까지 이어져 오는 경우가 적지 않다.

해방 직후 가장 중요한 사업기회는 바로 귀속재산 기업을 불하받는 것이었다. 당시 일본이 예상치 못하게 갑자기 항복을 하게 됨으로써 조선에 머물던 일본인들은 아무런 준비도 못한 채 떠나야 했다. 그들이 남기고 간 공장, 집 등의 자산을 '귀속재산' 또는 '적산(敵産)'이라 불렀다. 적의 재산이라는 의미다. 당시 우리나라를 지배하던 미군정은 연합군 최고사령부의 조사에 따라 일본이 남기고 떠난 귀속재산을 파악했는데 그 내용은 다음과 같다. 한반도 전체 일본 자산의 평가 총액은 1945년 8월 당시의 달러가치로 약 53억 달러였다. 총액 약 53억 달러 중 북한 지역이 약 30억 달러, 남한 지역이 약 23억 달러를 보유하고 있었다. 남한지역의 약 23억 달러는 정부 자산 약 5억 달러, 회사 자산 약 13억 달러로 구성되었다. 귀속재산에서 기업은 약 2700여 개에 이르렀으며 귀속재산 전체 규모는 당시 한국 전체 부의 80%에 이른 것으로 추산된다.[6] 정부로부터 귀속재산기업을 불하받은 대표적인 기업인과 기업의 명단은 〈표 8-3〉과 같다.

표 8-3 주요 귀속재산기업을 불하받은 기업인

기 업	인 물	기 업	인 물
소화기린맥주	박두병(두산)	삿보르비루	민덕기(조선맥주)
조선화약	김종희(한화)	선경직물	최종건(SK)
관동기계	김연규(대한중기)	아사히견직 등	김지태(한국생사)
조선방직	정재호(삼호그룹)	경기염직 등	김성곤(쌍용)
조선우선	김용주(대한선주)	미쓰코시 백화점 조선생명	이병철(신세계, 삼성화재)
조선이연금속	정주영(인천제철)	조선제련	구인회(LG금속)
삼화제철	장경호(동국제강)	한국타이어	조홍제(효성)

일본 산업자본은 일제 강점기 당시 두 차례에 걸쳐 집중적으로 현해탄을 건너왔다. 1930년대 말 산업통제법이 발효되면서 비교적 통제가 덜한 한국으로 진출해온 데 이어, 태평양전쟁 말기에는 미군의 폭격을 피해 많은 산업시설들이 한국으로 건너왔다. 1945년 당시 대기업은 대부분 일본기업이었으며, 민족기업은 김연수의 경성방직, 김영준의 천일고무 등 극소수였다. 귀속재산 중 개인의 재산에 속했던 적산가옥과 적산토지는 '먼저 차지하는 사람이 임자'라는 말이 있을 정도로 원칙없이 배분되었다. 하지만 기업은 조금 달랐다. 미군정청이 관리에 나선 것이다. 미군정이 정한 원칙은 '가능한 한 책임감 있고 능률적인 구매자를 정해' 귀속재산을 매각한다는 것이었다. 미군정은 귀속재산 기업에 관리인을 선임하거나 파견시켰는데 얼마 지나지 않아 이어진 매각 작업에서 이들 관리인들이 최우선 순위로 기업을 불하받게 되었다.

경제계가 발칵 뒤집혔다. 너나 할 것 없이 귀속재산 기업의 관리인이 되려고 난리가 난 것이다. 어떻게든 권력에 줄을 대려고 몰려들었고 브로커가 판을 쳤고 정치권력이 난무했다. 우리나라 역사에서 상업이나 기업활동이 정치권력과 유착하지 않은 적이 별로 없지만 귀속재산 불하는 그중 가장 정경유착이 집중적으로 나타난 사례였다.

자본 축적이 빈약한 상황에서 귀속재산 기업을 불하받는 것은 단숨에 기업가로 떠오르는 지름길이었다. 오늘날 우리에게 잘 알려진 대기업 오너의 상당수가 귀속재산 불하를 통해 토대를 마련했다. 소화기린맥주는 박두병에게, 삿보르비루[7]는 민덕기에게 불하되었는데, 그것이 오늘날 OB맥주와 하이트맥주의 전신이다. 물론 박두병은 소화기린맥주 지분을 가지고 있었던 동업자였기 때문에 다소 예외적이다. 화약을 독점 제조·공급하는 조선화약공판에 근무하던 김종희는 25세의 나이에 관리인이 되었고 그 덕분에 화약공장을 불하받았다. 이것이 오늘날 한화(한국화약의 줄임말)그룹의 시초다. 선경직물 또한 25세의 생산계장 최종건이 물려받아 지금의 SK그룹을 일구는 초석을 닦았다. 최종건은 현재 SK그룹의 회장인 최태원의 큰 아버지다. 대구에서 비누공장을 하던 김성곤은 경기염직, 조선직물 등을 불하받아 쌍용그룹을 일구는 발판을 구축했다. 이병철은 미쓰코시백화점과 조선생명을 불하받아 오늘의 신세계백화점과 삼성화재를 일구었고, 정주영은 조선이연금속 인천공장을 불하받아 인천제철로, 구인회는 조선제련을 불하받아 LG금속으로, 김수근은 조선연료, 삼국석탄, 문경탄광을 불하받아 대성산업으로, 장경호는 삼화제철을 불하받아 동국제강으로, 조홍제는 한국타이어, 조선피혁을 불하받아 효성그룹으로 키웠다.

극소수이긴 하지만 적산기업을 불하받으려는 대열에 끼어들지 않은 기업가도 있었다. 개성상인의 후예라 할 수 있는 기업들은 예전부터 지켜오던 경영원칙, 즉 '차입을 하지 않는다', '한우물을 판다', '정치권력을 멀리 한다' 등의 원칙에 따라 적산 불하에 참여하지 않았다. 개성상인 후예로서 대표적인 기업은 서성환의 태평양(현재의 아모레퍼시픽), 이정림의 대림유화, 이회림의 동양화학 등을 들 수 있다.

해방 이후 귀속재산의 분배는 많은 논란을 남겼다. 일본이 남기고 간 자산은 국가의 자산이며 국민의 자산이었다. 또한 민족자본이 척박하여 산업자본을 거의 축적하지 못하고 있던 '식민지 상황'에서 일본이 남기고 간 자본이야말로 국가의 부를 재편하고, 성장잠재력을 키울 물질적 토대를 마련할 계기였지만 이를 제대로 활용하지 못했다는 비판이 대표적이다.

미군정청은 한국의 실정에 어두웠고, 무엇보다 무관심했다. 한국과 가까운 일본에 주둔하고 있었다는 이유만으로 부임하게 된 미군정청의 하지 중장은

7 비루는 비어, 즉 맥주의 일본식 발음이다.

자신들의 편의를 가장 중시했다. 한국을 '큰 힘 들이지 않고' 통치하고 싶어 했기 때문에 귀속재산을 분배하는 과정에서 엄격한 관리를 하지 않았다. 이승만정부가 들어선 이후에도 귀속재산 기업을 총괄하는 '임시관재총국'의 각종 처분과 관리는 은밀하게 진행되었다는 평가를 받는다. 하지만 일본인 소유의 토지 등 부동산에 대해서는 국유화를 통해 농사를 짓는 농민들에게 분배해주는 토지개혁을 실시하여 사회를 안정시키는 역할을 했다.

해방 이후 귀속재산 분배에 대해 '정경유착의 시작'이었다고 부정적으로 평가하는 시각도 있지만 일부 능력있는 기업가들에게는 좋은 기회를 주었고, 그것이 우리나라 경제발전의 토대가 되었다는 긍정적인 평가도 있다.

해방과 함께 기업에게 큰 사업기회로 등장한 것이 바로 무역이었다. 일본군의 갑작스런 철수는 만주 및 중국 지역에 엄청난 물량의 군수물자를 남겨두게 되었다. 이 군수물자를 훔쳐서 사고파는 '밀무역' 또는 '정크무역'은 물자부족에 시달리던 한국에 큰 보급 활로가 되었다.

중국의 배들이 일본군의 군수물자를 훔쳐서 대량으로 싣고 들어오면 우리 기업이 싸게 사서 내다 파는 식이었다. 1946년에는 정크무역이 러시를 이루어 한 해 동안 3백여척의 정크선이 인천항을 드나들었다. 이런 정크무역은 1947년 중국이 공산화되면서 자연스럽게 모습을 감추었고 이후 마카오를 통한 무역이 재개되었다. 장개석의 중국군은 한국 땅에 남아 있는 일본 군수물자를 확보하고 싶어했고, 한국은 영국 등으로부터 마카오에 들어온 생필품을 사들여오고 싶었기 때문이다. 이 때문에 '마카오신사'라는 말이 당시에 돌았다. 마카오에서 가져온 고급 양복지로 옷을 맞춰 입은 사람을 일컫는 말이었다.

이후에는 홍콩을 중심으로 교역을 하기 시작했지만 그 교역량은 크지 않았다. 우리나라는 일본 군수물자로 인해 밀무역, 마카오무역 등을 활발하게 하게 되었고, 이 과정에서 무역업을 배우게 되었다. 또 수출에 대한 눈도 뜨게 되었다. 이런 토대가 나중에 한국경제를 성장시키는 데 기여했다고 볼 수 있다. 〈표 8-4〉에서 보여주는 것과 같이 많은 기업들이 무역업에 뛰어든 것을 보면 당시 상황을 짐작할 수 있다.

표 8-4 일제시대 이후 주요 대기업의 업종 변화

기업주(기업)	일제시대	미군정 시기	한국전쟁	50년대 중반
이병철(삼성)	상업 및 양조장	상업 및 양조장	무역업	제당, 모직, 금융
정재호(삼호)	양말제조	양말 및 기계제작	방적, 무역	방적, 금융
이정림(개풍)	상업	고무공장 중역	무역	시멘트
설경동(대한산업)	곡물상 및 수산업	무역	무역	방직, 제당, 전선제조
구인회(락희)	포목상 및 어류상	상업 및 무역	화장품업	합성수지, 치약, 라디오
이양구(동양)	식료품 도매상	상업(제과)	설탕, 밀가루	제과, 시멘트
남궁련(극동)			해운업	해운, 무역, 흄관제조
백낙승(태창)	직물 및 무역	직물 및 무역	직물 및 무역	방직, 기계, 홍삼전매
이한원(동아)	정미소	무역	무역	제분, 제당, 방직
김지태(한국상사)	농장 및 기계공장	적산기업 관리인	견직, 제사	견직, 제사, 고무
박흥식(화신)	지류판매, 백화점	백화점, 무역	백화점, 무역	백화점, 무역, 방직
김연수(삼양)	농장, 방직	농장, 방직	방직, 염전	방직, 염전, 제당
김용주(전방)	무역, 운수	무역, 적산관리인	무역, 방직	방직, 제분

6. 한국전쟁과 대기업 탄생의 토대

1950년 6월 25일, 해방 후의 혼란이 가시기도 전에 전쟁이 일어났다. 기업가에게 전쟁은 '기회'의 다른 말이기도 했다. 전쟁의 혼란과 폐허 속에서도 기업가들은 사업기회를 발견했고, 일부 기업은 크게 성장할 발판을 마련했다. 전쟁 중의 사업기회란 첫째 부족한 생필품을 만들거나 들여오는 사업, 둘째 급증하는 물자 운반수요를 담당하는 운송업, 셋째 군에 필요한 각종 상품 및 용역을 제공하는 군관련 사업 등이었다.

아무리 전쟁 중이어도 사람들은 먹고, 입고, 살아야 했다. 먹는 것, 입는 것과 관련된 사업이 크게 성했다. 무역으로 양말, 설탕, 의약품 등 부족한 생필품을 수입해오면 날개 돋친 듯 팔렸다. 또 대구, 부산 등 일부 전쟁 중에 함락되지 않은 지역에 공장이 있는 경우에는 다른 공장이 가동되지 못하는 틈을 타서 크게 성공하기도 했다.

전쟁 중에 사업을 크게 일으킨 사람들은 이런 업종에 종사하는 경우가 많았다. 삼호방직의 정재호는 공장이 미점령 지역에 있었기 때문에 전쟁 중에 물건을 많이 팔 수 있었고 1950년대 재계 1-2위를 다투는 성공을 거두었다. 구인회는 전쟁 중 화장품 판매로 성공을 거둔다. 또 화장품 용기를 제대로 만들려고 노력하다가 플라스틱이라는 재질로 제품을 만들게 되었고 큰 돈을 벌었다. 그 회사의 이름이 락희(樂喜)화학이었는데 LG그룹의 시초다. 이병철은 설탕, 약품 등을 수입해 팔다가 직접 만들기 시작했다. 제일제당을 설립했다. '수입을 대체하는 수입대체 공업화'의 시작이었다. 제당(설탕), 제분(밀가루) 등 생활필수품 업체가 크게 성장하는 시기였다.

운송업을 하던 기업가도 크게 성장했다. 인천에 엔진수리공장을 냈다가 트럭으로 운송업을 시작한 조중훈(한진그룹), 택시와 버스 운송사업을 하던 광주여객자동차를 만든 박인천(금호아시아나그룹), 청진에서 정어리 어업을 하던 설경동은 대형선단을 이끌고 남하하여 무역업체 대한산업(대한전선그룹)을 설립했다. 무역업과 함께 운송업이 시대의 변화에 힘입어 발전하는 시기였다.

하지만 무엇보다 미군정청으로부터 사업을 따내는 것이 상당히 좋은 기회였다. 해방 이후 미군정청으로부터 적산 땅 일부를 불하받아 자동차 수리공장인 '현대자동차공업사'를 세웠던 정주영은 미군부대를 통해 사업을 하면서 '현대건설'도 설립했다. 하지만 전쟁으로 모든 것을 잃는 위기에 처하기도 했다. 위기의 정주영을 다시 일으켜 세운 것은 미군의 용역이었다. 부산으로 피난 가 있는 동안 미군으로부터 여러 가지 일감을 받게 되는데, 이는 동생 정인영이 미사령부 맥칼리스터 중위의 통역으로 배치되어 있었기 때문이었다.

전쟁으로 많은 사람들이 집을, 땅을, 그리고 기업을 잃고 망했지만 어떤 사람들은 기회를 잡고 오히려 성장하기도 했는데, 바로 정주영(현대), 이병철(삼성), 구인회(LG), 조중훈(한진), 박인천(금호)과 같은 사람들이었다. 귀속재산을 불하받은 사람 중에서도 많은 사람들이 파산했지만, 기업가정신을 발휘한 사람들이 살아남아 기업을 성장시킨 것이다.

7. 경제개발계획과 재벌의 형성

한국전쟁이 끝났지만 경제상황은 말할 수 없이 피폐했다. 한국은행과 한국노동연구원에 따르면 휴전협정으로 총성과 포탄소리가 멈춘 1953년 한반도의 국내총생산(GDP, 명목)은 13억 달러, 1인당 GDP(명목)는 67달러에 불과한 세계에서 가장 가난한 나라 중 하나였다. 미국의 원조는 해방 이후 1961년까지 이어졌는데 경제원조만 약 30억 달러에 이르렀다. 이 밖에도 연간 2.5억 내지 3억 달러의 군사원조가 이루어지고 있었다. 당시 한국의 경제규모에 비추어볼 때 미국의 원조는 절대적이었다고 할 수 있다. 미국 원조의 대부분은 소비재에 국한되었고 결국 설탕, 밀가루, 시멘트, 그리고 방직업 등 4개 부문이 큰 성장을 거두게 되었다. 여기에는 삼성, 삼호, 대한제분 등의 기업이 속한다. 또 전후 복구 수요에 따라 건설, 운송업 등에 종사하던 현대, 한진 등의 기업 등도 눈부시게 성장했다.

그러나 극소수의 기업이 성장한다고 해서 온 국민의 생활을 책임져 줄 수는 없는 노릇이다. 미국의 원조가 급격하게 줄어들면서 국민들의 생활고는 점점 심각해졌다. 정치적 상황은 혼란스러웠고 경제적 궁핍함은 이루 말할 수 없었다.

무상원조가 급감할 당시 상황을 조금 더 살펴보자. 원조액이 가장 많았던 1957년 8.1%였던 경제성장률이 원조감소에 따라 1958년 6.5%, 1959년 4.8%로 하락했고 1960년에는 2.5%에 그쳤다. 당시 부총리였던 신현확은 이렇게 회고했다.

> "전쟁으로 황폐해진 국토와 도탄에 빠진 민생을 되살리는 경제재건은 참으로 힘겨운 일이었다. 미국의 정부공인회계기관 원조와 온 국민의 피땀 어린 노력으로 1959년에는 6·25 전쟁 이전 수준으로 회복할 수 있었다. 그러나 부흥사업의 밑천인 원조자금이 얼마동안 더 계속될지, 언제 어느 때 끊어질지를 몰라 정말 앞이 캄캄하고 가슴이 답답하여 잠을 이루지 못하는 밤이 많았다. 당시 원조자금을 최대한 확보하기 위해 미국정부와 교섭해야 하

는 일이 가장 큰 고역이었다."[7]

한 나라의 경제를 일으키기 위해서는 막대한 자금이 필요했지만 미국에서 주는 '원조'에 의존하는 상황이었으니 제대로 경제부흥이 일어날 수가 없었다. 1960년 4·19혁명에 의해 들어선 민주당 정권이 뜻을 펴보기도 전인 1961년 5월 16일 박정희 군사정변에 의해 정권이 바뀌는 사태가 일어났다.

박정희가 가장 강력하게 내세운 것이 '경제개발'이었다. 실제로 당시 한국은 폐허와 잿더미 위에 먹을 것, 입을 것, 살 곳 등이 모두 부족한 상황이었다. 게다가 다른 나라로부터 '돈 한 푼 빌릴 수 없는 전쟁위험국가'였다. 돈을 벌기 위해 내다 팔 물건도 없고, 물건을 만들 수 있는 시설도, 자금도 없는 그야말로 가난한 나라였다. 〈표 8-5〉에서 보여주는 바와 같이 당시 우리나라는 수출보다는 수입이 압도적으로 많고, 수출품도 농산물과 원료 위주로 경제성장을 이끌 산업적 기반이 거의 없었다. 박정희는 민주당 정권에서 만들어놓은 경제개발계획을 받아들였다.

당시 민주당 정권이 만들어놓은 경제개발계획은 그 전에 자유당 정권이 수립한 것과 달랐는데 가장 큰 차이는 '불균형 성장론'을 도입한 것이다. 균형발전, 즉 경제의 모든 분야가 균형있게 골고루 발전하려면 대규모 자본이 필요했다. 하지만 대부분의 후진국과 마찬가지로 우리나라도 자본이 거의 없는 것과 마찬가지였다. 따라서 자원을 전 산업으로 분산시키지 않고 특정 분야에 집중 투자해서 발전시킨 후 다른 분야의 발전을 자극한다는 것이 '불균형 성장론'의 핵심이었다. 이 불균형 성장론에 입각하여 경제개발계획을 수행하기로 한 것이 박정희 정권의 경제개발전략의 첫 번째 특징이었다.

두 번째 특징은 수입대체 공업화가 아니라 수출주도 경제발전이다. 당시 남미국가 등 개발도상국의 발전방향은 수입대체 공업화였다. 국민에게 필요

표 8-5 1960년 상품별 수출입 통계 (단위: 만 달러)

	총액	식료품 및 산 동물	비식용 원료	광물성 원료	화학제품	원료별 제품	기계
수출	3283	970	1582	115	40	394	9
수입	3억 3435	3156	6850	2296	7613	4704	4009

한 의·식과 관련한 생필품 수입 수요가 급증하는데 이를 먼저 생산하여 수입을 줄이는 전략이다. 반면 수출주도전략은 해외시장에 내다 팔 물건을 먼저 생산하여 수출을 통해 경제를 성장시키는 것이다. 사실 자원이 빈곤하여 공장조차 없는 나라에서 수출주도전략을 선택한 것은 용감하다 못해 무모하기까지 한 일이었지만 한국경제의 미래를 멀리 내다본 혜안으로 평가된다. 당시 다른 나라와 달리 박정희 정권의 '수출주도전략'은 한국경제를 성공으로 이끄는 데 기여했다.

세 번째 특징은 경제의 건설을 기업인과 함께 이루려고 노력했다는 점이다. 당시 대만, 알제리, 인도 같은 나라들은 일찌감치 중화학공업화를 추진하면서 국영기업의 형태를 취했다. 하지만 한국은 투자규모가 크더라도 민간기업인에게 맡기는 것을 택했다. 조선, 전자, 자동차 등 모두 민간기업인을 통해 발전시켰다. 이후 중화학공업 육성도 민간기업을 통해 추진했다.

수출주도전략은 자원도, 기술도, 기술자도, 기업가도 부족한 한국에게 너무 어려운 과제였다. 무엇보다 외국에서 모든 것을 수입해야 하는데 '돈'이 없었다. '전쟁위험국가'로 분류된 가난한 나라에 돈을 빌려주겠다는 곳도 없었다. 대통령이 직접 돈을 빌리러 다녔다. 영화 국제시장을 본 학생들은 '독일에 일하러 간 광부와 간호사' 이야기를 기억할 것이다. 그 이야기를 조금해 보면 다음과 같다.

박정희 정권은 외화차입을 위해 노력했으나 성과가 별로 없었다. 그러다 비슷한 분단국가였던 서독의 문을 두드렸다. 일본과의 공식수교 재개 이전인 1960년대 초중반까지 차관은 미국과 서독에서만 들어왔다. 1961년 한·독간 경제협력 및 기술협력에 관해 정부간 의정서를 맺게 됨에 따라 독일은 7500만 마르크(약 1875만 달러)의 재정차관을 제공하는 등 1964년 박정희 대통령 방독 이전까지 서독으로부터 차관도입 확정액은 2억 382만 8천 마르크(약 5095만 7천 달러)였다.

서독으로부터 순조롭게 차관을 받을 수 있었던 데는 서독의 인력부족을 해소해주기 위해 간호사와 광부를 파견한 것이 도움을 주었다. 당시 서독에서는 탄광에 들어가 석탄을 캐는 일이나 병원 업무와 관련해 험난한 일을 하지 않으려는 기피현상이 있었다. 그래서 독일 수상이 한국정부에 인력을 파견해줄 것을 요청했고 한국이 승낙했다. 그래서 서독으로부터 들어온 차관은 광부와 간호사의 파견을 담보로 한 것이라는 말이 생길 정도였다.

실업문제 해소와 외화획득을 위해 서독에 광부로 파견 간 사람은 1963년부터 1980년까지 7900여 명에 이르렀다. 국제시장 영화에서 묘사했듯 당시 실업난에 시달리던 청년들이 대거 몰려 경쟁률이 치열했다. 1963년 파독광부 500명 모집에 4만 6000여 명이 지원할 정도로 당시 한국의 실업난은 심각한 상태였다. 3년 계약의 파독광부들에게는 매월 600마르크(160달러[8])의 높은 수입이 보장되었기에 많은 한국인들이 독일로 가기를 희망했다. 그러나 많은 사람들이 광산 노동의 경험이 없던 초보자였기에 크고 작은 부상과 후유증에 시달렸다.

광부의 파견은 1963년 12월 16일 한국정부의 임시고용계획에 관한 한국 노동청과 독일탄광협회 간의 협정에 의해 이루어졌다. 이 협정에 따르면 한국 광부의 파견조치는 "한국 광부의 탄광지식을 향상시켜 한국 산업에 기여"하고자 하는 목표에서 추진되었다고 한다. 그러나 실제로는 독일의 광부 인력 부족현상을 해소하는 동시에 미국이 독일에게 요청했던 한국 재건지원의 약속 이행이란 두 마리 토끼 모두를 잡고자 했던 독일정부의 의도와 실업

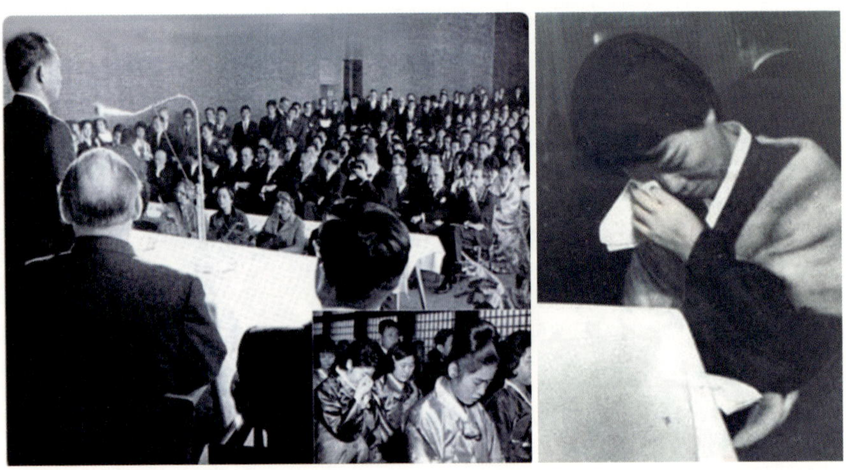

그림 8-13 광부와 간호사들 앞에서 연설하는 박정희 대통령과 광부와 간호사들과의 만남에서 눈물을 흘리는 육영수 여사

8 1963년 당시 1인당 GDP가 103달러였으니 매월 160달러라는 금액은 매우 컸다.

난과 외화획득을 위해 해외인력수출을 원했던 한국정부의 이해가 부합되어 이루어진 조치였다.

간호사는 1966년부터 1976년까지 1만여명이 파견되었다. 간호사 역시 서독 병원에서 시체 닦기, 노인환자 대소변 받기 등 험난한 업무에 투입되었다. 하지만 어려운 경제형편에 월급이 매월 800마르크로 당시 공무원 초임의 15배가 넘는 큰 돈이었기 때문에 간호사로 가려는 여성도 많았다.

외화 도입과 관련한 또 하나의 역사는 바로 베트남 파병이다. 한국은 전세가 치열해지기 시작한 1965년부터 휴전협정이 조인된 1973년까지 베트남에 국군을 보냈다. 미국으로부터 1억 5천만 달러의 차관을 받아내고 파병기간 동안 8억 달러가 넘는 외화를 벌어들였다. 또한 당시 미군으로부터 각종 공사를 수주한 몇몇 한국 기업들이 거대기업으로 성장하는 계기가 되기도 했다. 건설공사를 맡았던 현대건설, 대림건설 등이 크게 돈을 벌었고, 수송을 담당했던 대한통운, 한진 등이 급성장했다.

목돈을 마련한 결정적 계기는 한일협정이었다. 일본으로부터 식민지 강점에 대한 보상을 받아낸 것으로 1962년 11월 12일 김종필 중앙정보부장과 오히라 마사요시 일본 외상(외무부장관) 간의 비밀회담을 통해 조약을 맺었다. 그 내용은 일본이 한국에 무상으로 3억 달러를 10년간 지불하는 동시에 정부차관 2억 달러를 연리 3.5%, 7년 거치 20년 상환조건으로 제공하며 1억 달러 이상의 상업차관을 제공한다는 소위 '김 · 오히라 메모'를 작성하여, 청구권 문제의 해결원칙에 합의를 보았다.

박정희 정권은 일본으로부터 들여온 유무상 차관의 대부분을 기간산업 건설과 사회간접자본(SOC)의 확충에 사용한다. 대표적인 예가 포항제철(POSCO)과 경부고속도로의 건설이다. 피폐한 농민들에게 보조금을 지급해야 한다는 야당과 우리나라는 농업국가로 남아 있어야 한다는 수많은 학자들의 주장을 단호하게 외면하고 포항제철과 경부고속도로를 완성하게 된다. 특히 포항제철의 건설은 '제철보국'을 평생의 업으로 삼은 철강왕 박태준 회장의 헌신적 리더십이 크게 작용하였다. 이로써 대한민국은 농업경제에서 탈피하여 산업화의 길로 들어서는 결정적 계기를 마련한다. [그림 8-14]에서 보는 바와 같이 일본으로부터 배상금을 받은 나라들이 여럿 있었다. 이들 나라의 배상금

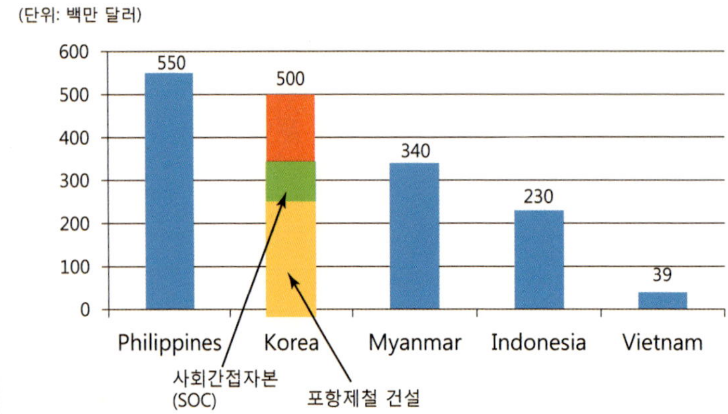

국가	투자 분야
필리핀	주로 항만, 도로(댐과 철도는 중단함)
한국	포철, 경부고속도로, 철도, 댐, 수도 (농촌 보조금은 중도에 중단함)
미얀마	철도, 도로, 사회복지 자금으로 지출
인도네시아	호텔, 백화점
베트남	발전소, 송전 시설 등

그림 8-14 아시아 국가들에게 제공한 일본의 배상금 규모

사용 목적은 달랐는데, 우리 나라는 경제발전의 토대를 마련하는 데 대부분을 사용했다.

박정희 정권은 또한 외화를 어렵게 끌어들이면서 경제개발계획을 실행하려고 노력했다. 경제개발계획의 골자는 외국자본의 적극적 도입을 통한 공업화가 '자립경제'와 '조국근대화'로 귀결된다는 서구 근대화론에 바탕을 둔 것이었다. 정부주도 하에 '먼저 돈을 확보하고(외자도입)' 이후 수출 및 저임금·저곡가 정책에 의존하여 경제를 발전시킨다는 것이다. 1962년 1월, 〈표 8-6〉에서와 같은 제1차 경제개발 5개년계획이 발표되었다.

정부가 어렵게 도입한 외화를 어떻게 사용할 것인가는 매우 중요한 문제였다. 당시에 얼마나 돈이 없었는지 예산을 살펴보면 알 수 있다. 1962년의 상황을 잠시 살펴보자. 당시 대한민국의 전체 일반회계 세출규모는 겨우 880억 원이었다. 북한과의 대립 때문에 국민수 대비 군인수가 세계에서 가장 많았던 터라 국방비로 23%를 쓰고, 공무원 임금 등 일반경비를 제외하고 나면 개발에 동원할 수 있는 자금은 겨우 24억 원에 불과했다. 교통과 통신, 도로, 항만, 주요 공장건설 등 돈이 많이 드는 인프라에 대한 투자는 꿈도 꿀 수 없었다.

정부는 어떻게든 자금을 만들어야 했다. 외화 조달을 위해 노력하긴 했지

표 8-6 경제개발 5개년계획의 주요지표와 성장률(연평균 증가율: %)

계획단계 및 구분 (연평균, %)	1차계획 (1962-66)		2차계획 (1967-71)		3차계획 (1972-76)		4차계획 (1977-81)		5차계획 (1982-86)		6차계획❸ (1987-91)	
	계획	실적	계획	실적	계획	실적	계획	실적	계획	실적	계획	실적
경제성장률	7.1	7.8	7.0	9.6	8.6	9.2	9.2	5.8	7.6	9.8	7.3	10.0
실업률	8.5	7.6	6.1	5.0	4.2	4.1	4.0	4.1	4.2	4.0	3.7	3.6
GNP 디플레이터상승률	–	19.7	–	14.9	–	21.4	8.8	20.0	10.8	4.6	3.5	6.3
소비자물가 상승률	–	19.7	–	15.0	–	15.9	–	18.6	–	3.6	3.0	6.8
총통화 증가율❶	–	30.6	–	47.2	–	31.3	24.5	24.7	22.0	17.4	–	19.2
상품수출 증가율❷	28.0	38.6	17.1	33.8	22.7	32.7	16.0	11.1	11.4	10.5	10.0	16.4
상품수입 증가율❸	8.7	18.7	6.5	25.8	13.7	12.6	12.0	10.5	8.4	4.1	11.0	21.0
경상수지 합계(억/달러)	**0**	**−3**	**−14**	**−27**	**−31**	**−49**	**−19**	**−152**	**−220**	**−19**	**250**	**181**

주: ❶ 평균잔액 기준, ❷ 통관기준, ❸ 수정계획이 아닌 원계획임
자료: 「경제기획원 5개년 계획 목표 및 집행의 평가」, p.44 표3

만 숨어있는 돈을 끌어내려는 노력도 했다. 1962년, 자체 자금을 조달하기 위해 특별히 취했던 조치가 바로 제2차 통화개혁이었다. 부정한 방법으로 축적한 돈을 집안 금고에 숨겨둔, 음성적 자금규모가 상당할 것으로 예상한 정부가 이 돈을 바깥으로 끌어내기 위해 비밀리에 화폐개혁을 단행한 것이다.

음성적 자금을 끌어내 투자재원으로 활용하고 인플레도 막으려는 것이었지만 미국은 이것이 국가통제경제로 가려는 움직임이라고 보고 강력하게 반대했다. 미국은 인천항에 들어와 있던 원조물자의 하역을 중단하는 등 실력행사를 하면서 한국의 통화개혁 시도에 반대했다. 2년 연속 계속된 가뭄으로 식량사정까지 최악이었던 한국경제는 도저히 견딜 수 없었다. 결국 정부는 통화개혁의 실패를 인정하고 포기했다. 그러나 미국과의 관계는 계속 나빠졌다.

당시 외환보유고 상황도 매우 나빴다. 외환보유고는 1962년 3월 말 2억 1300만 달러를 정점으로 감소하기 시작해 1962년 말에는 1억 6700만 달러에 이르렀다. 여기에 물가까지 폭등했다. 가뭄으로 인한 흉작 때문에 농산물 가격이 오른데다 수입물가까지 급등했다. 외화가 없어 원자재를 수입할 수 없다보니 생필품 생산이 줄어 시중의 소비재가 품귀현상을 빚었다. 외환위기를 막기 위해 당시 기획원과 재무부 관료들은 미국으로 달러를 꾸러 다니는 것이 주요 업무였다. 상황이 이러하니 외화가 얼마나 귀한 자원이겠는가?

자원을 어디에 배분하여 경제개발을 할 것인가에 대한 답을 찾는 것이 당

시 경제부총리의 중요한 과제였다. 산업으로 보면 농업우선론, 공업발전우선론, 농업과 공업을 균형있게 가야 한다는 병진론 등 다양했다. 방법으로 보면 균형성장이냐 불균형성장이냐, 성장우선이냐 안정우선이냐 등을 둘러싸고 정책결정자들 사이에 격렬한 토론이 벌어졌다. 수입대체를 위한 내수중심이냐, 수출주도를 위한 수출중심이냐, 민간주도냐 관주도냐 등 다양한 주장이 난무했다.

결론적으로는 부족한 자원을 효율적으로 쓰기 위해서는 공업과 수출분야부터 우선 발전시켜야 한다는 불균형 성장론이 대세로 자리잡았다. 이런 결정에 가장 큰 영향을 미쳤던 것은 바로 성공적으로 경제발전을 이루고 있던 일본이었다. 일본이 경제발전을 이루는 방식을 모방하고자 했다. 공업과 수출 분야 중심의 경제발전 전략을 위해 제철소의 건설은 필연적이었다.

국가경제에 가장 도움이 되는 산업, 그리고 수출에 필요한 산업을 중심으

박정희 대통령의 포항제철 건설현장 시찰(1968)

포항제철 야경

포항제철 건설현장(1969)

박정희 대통령의 고로 2호기 점화(1976)

그림 8-15 포항제철

로 계획을 세웠다. '수출제일주의'를 천명하면서 공업의 수출체제로의 개편이 이루어졌다. 시작은 경공업이었다. 섬유제품 등 경공업제품 중 유망한 수출품목을 정하고 이를 집중 육성하는 방식으로 진행되었다. 1964년 수출 금액 1억 달러, 1967년 3억 달러를 기록해 놀라운 성과를 냈다. 당시 3억 달러 수출이란 꿈도 못 꾸는 액수였다.

제1차 5개년계획 이후 한국경제는 19년 동안 연평균 8.9%의 높은 고도성장을 이루었다. 수출 신장률은 평균 40%, 외화저축 증가율은 20%로 '한강의 기적'이라 할 만큼 눈부신 발전을 거듭했다. 1970년대 중반은 오일쇼크와 높은 해외부채로 인해 어려움을 겪기도 했지만 다른 한편으로는 중동의 오일머니를 확보하기 위해 중동에 진출해 많은 외화를 벌어들이고 기업도 급성장한 시기이기도 했다.

1960년대 말부터 해외 차입이 원활해지기 시작했다. 초기에는 한국 정부가 보증해야 돈을 빌려주던 외국 정부나 민간은행들이 점차 한국기업의 실력을 믿기 시작했다. 외화를 빌려 고도성장을 이루면서 민간기업의 자신감도 높아졌고 해외기관의 한국에 대한 신뢰도 높아진 것이다. 1960년대 후반부터는 외국기업의 직접투자도 들어오기 시작했다. 민간기업의 외화 차입이 점점 늘어나면서 대외의존도가 심해지게 되었다. 자본과 기술의 대외의존도가 높아졌을 뿐만 아니라 원료의 대외의존도도 높아 취약한 구조를 갖게 되었다.

차관을 얻어올 수 있는 일부 수출기업에 자원이 집중되는 편중현상도 일어났다. '외채망국론'이 고개를 들기 시작했다. 기업들의 무분별한 외화차입으로 제조업의 자기자본비율도 갈수록 악화되었다. 정부도 1967년, 서둘러 기업의 외자도입에 대해 견제하는 '외자도입합리화 시책'을 발표했지만 별로 효과를 보지 못했다. 결국 1969년에는 '부실기업정리반'을 편성해 부실기업을 정부가 나서서 정리해야 했다.

이런 상황에서 1970년대 초반, 미국과 산유국가 간의 갈등으로 석유생산이 급감하여 석유값이 폭등하는, 이른바 '오일쇼크'가 닥쳤다. 한국은 그렇지 않아도 대외의존도가 높은데 오일쇼크가 닥치자 경제가 얼어붙는 지경이었다.

하지만 오일쇼크는 석유를 수입해야 하는 나라에는 재앙이었지만 석유를 수출하는 중동국가에는 '돈방석'을 안겨주었다. 이른바 '오일머니'가 중동국가에 쏟아져 들어간 것이다. 중동국가의 도로 및 항만 건설 붐이 일어났고 여기에 한국의 건설업체들이 진출했다. '중동특수'라고 불리운 이 사업기회를 통해 한국에는 약 400조 원의 외화가 흘러들어왔다. 현대건설의 정주영 회장이 주베일항만 공사를 어떻게 따내고 어떻게 완공했는지 등의 스토리는 모두 영화보다 더 흥미진진하다. 자세한 내용은 다음 장의 '한국의 기업가'에서 다루게 될 것이다.

8. 중화학공업 육성과 재벌기업의 성장

불균형 성장전략은 결과적으로 놀라운 성과를 거두었다. 1차 5개년계획이 성공을 거두자 정부는 수출효과가 더욱 높은 산업으로 옮겨가기 시작했다. 1970년대에 주춤할 수 있었던 한국경제의 성장을 1990년대, 나아가 오늘날까지 연장시킨 것은 중화학공업의 육성 덕분이라고 할 수 있다. 석유화학공업, 전자공업, 자동차공업, 조선공업 등 수출금액이 크고 파급효과도 큰 산업을 지정해 육성하기 시작했다. 효과적인 기업지원방법으로는 공단을 통한 지원이 있었다. 정부는 산업을 정하고, 그에 필요한 공단을 만들고, 특정기업이 그 산업을 할 수 있도록 지원했다. 정부가 기업을 선발해서 지원함으로써 주요 산업이 발전할 수 있도록 하는 방식이었다.

자연발생적으로 산업혁명이 일어나고 공업이 성장하는 다른 나라와 달리 정부가 주도하고 계획한다는 측면에서 우리나라의 중화학공업 육성은 많이 다른 경로를 걸었다. 중화학공업추진위원회 기획단은 "중화학공업은 대부분 상호의존성이 커서 원료와 중간재, 완제품 사이의 생산 및 기술적 연관관계가 크며 용수와 동력 등 대규모 사회간접자본의 지원이 필요한 산업이다. 정부는 산업별 특징에 따라 적정입지를 선정하여 관련 산업을 집단적으로 유치, 개발할 것이다. 이를 통해 국가적 입지자원을 효율적으로 활용하고 산업부문간 관련효과를 극대화하며 지원시설을 공용으로 사용하도록 하고 기능노동의 확보 등 투자비를 절감하는 동시에 공해대상지의 한정과 집중 방지를 기하겠다"는 취지를 밝히며 울산, 창원, 여천, 옥포, 죽도, 안정, 포항 등에 산업기지를 조성하게 된다. 즉 정부가 관련 중화학 업종이 인접해서 상호 시너지를 낼 수 있도록 산업단지를 조성한 것이다. 산업단지에 필요한 산업용수, 전기, 도로, 항만 등 각종 인프라를 조성해준 것도 차이점이다.

그림 8-16 정부 주도로 조성한 울산공업단지의 현재 풍경

울산공업단지를 예로 들면 항만을 갖춘 명당자리를 골라 터를 만들어주고, 전기 및 수도를 공짜로 끌어주고, 도로포장도 다 해주면서 기업이 쉽게 사업을 할 수 있도록 도왔다. 대한석유공사, 제3비료(영남화학), 제5비료(한국비료), 태광아크릴, 울산석유화학, 현대조선, 현대자동차 등이 줄을 이어 입주했다([그림 8-16] 참조).

'공업육성을 위한 공업단지화'는 울산공업단지의 성공으로 당시 한국 정부의 중요한 벤치마킹 전술이 되었다. 제철산업은 국영기업 '포항제철'을 중심으로 발전되었지만 대부분의 산업은 민간기업에 의해 이루어졌다.

[그림 8-17]에서 보는 바와 같이 1990년대에 영상기기, 선박, 2000년대 자동차, 컴퓨터, 석유제품, 2010년대 선박, 자동차, 석유제품 등이 주요 수출품목으로 자리잡고 있다. 이는 1970년대에 시작된 중화학공업 육성이 20년 가량의 기간을 두고 결실을 맺고 있음을 알 수 있다.

하지만 중화학공업 육성정책은 결코 순탄하게 이루어지지 않았다. 먼저 막대한 자금이 투자되고, 기술이 필요하며, 투자금 회수기간이 긴 중화학공업에 뛰어들겠다는 기업인이 많지 않았다. 불확실성이 너무 높았기 때문이

1960년대 생사, 중석, 선어, 합판, 면직물

1970년대 섬유, 합판, 가발, 철광석, 전자제품

1980년대 의류, 철광판, 신발, 선박, 음향기기

1990년대 의류, 반도체, 신발, 영상기기, 선박

2000년대 반도체, 컴퓨터, 자동차, 석유제품

2010년대 반도체, 선박, 자동차, 디스플레이, 석유제품

그림 8-17 시대별 수출품목의 변화

었다. 때로는 김학렬 부총리와 박정희 대통령까지 나서서 기업인을 설득해야 했을 정도였다. 정부가 아무리 지원을 해준다고 한들 기업 역시 상당한 자금부담을 져야 했고, 성공 여부가 불확실한 중후장대산업[9]을 선뜻 하겠다고 나서기 어려웠을 것이다. 하지만 공기업형태로 하기보다는 민간기업들이 처음부터 참여해 노력을 기울이도록 하고 궁극적으로 수출경쟁력을 강화할 수 있는 규모로 성장할 수 있도록 하자는 것이 당시 정부의 계획이었다.

정부가 투자계획을 사전승인하면서 '과당경쟁이 벌어지지 않도록 하고, 과잉투자가 발생하지 않도록 조정했고, 해외기업과의 합작비율은 외국기업이 50%를 넘지 않도록 해 경영권을 한국기업이 갖도록 정책가이드라인을 제시'했다. 가장 분명한 정책목표는 '1980년까지 수출 100억 달러를 이루는 것'이었다. 중화학공업으로의 산업구조 전환이 이루어지면서 중화학공업이 GDP에서 차지하는 비중은 점점 높아졌고 1979년에는 50%를 넘게 되었다. 수출상품에서 차지하는 비중도 1980년 41.5%까지 늘었다.

하지만 1979년 10월 26일 박정희대통령 시해사건은 우리나라 경제에도 큰 영향을 주었다. 전두환 정권이 들어서면서 그동안 성역처럼 여겨졌던 중화학공업 투자 및 성장전략, 수출주도 등에 대해 비판과 제지가 이루어졌다. 한마디로 우리나라 경제성장의 큰 틀이 전환되는 시점이었다. 경제정책 전환의 중심에는 김재익(1938-1983) 수석이라는 인물이 있었다. '안정'에 기반

9 무겁고 두텁고 길고 크다는 뜻의 낱말을 모은 것으로 대규모의 중화학공업을 지칭하는 용어로 쓰인다.

한 시장경제주의자였던 김재익 수석은 양적 성장에 치중했던 과거 발전모델을 벗어나고자 했다.

중화학공업은 특히 많은 비판과 공격을 받게 되는데 그 이유는 다음과 같다.[8] 중화학공업정책은 (1) 대규모 장치산업으로 막대한 투자자금이 필요한 상황이라 계속 돈을 풀다보니 물가상승압력이 커졌고 제2차 석유파동과 맞물리면서 1980년 도매물가 40% 상승이라는 인플레이션이 일어났고, (2) 초기 외국 자본재와 기계시설, 부품 의존도가 높아 만성적 국제수지 적자의 원인이 되었고, (3) 거액 외자도입의 필요성 때문에 달러화 환율을 의도적으로 484원으로 고정시키다보니 수출부진으로 이어졌고, (4) 중화학공업 기업이 수출도 하고 내수도 하다보니 동일 기업이 조세와 관세, 수출금융과 기업금융 등에서 중복 혜택을 보았고, (5) 장기저리 특혜금융에 맛을 들인 일부기업이 돈을 빌려다 엉뚱한 곳에 쓰는 부작용이 나타났고, (6) 중화학공업 투자기업의 초기 적자를 보전해주기 위해 다각화를 할 수 있도록 상호출자와 상호지급보증을 허용해준 결과 재벌기업들의 산하 계열사 숫자가 급격히 늘어나는 등의 이유로 집중 비판을 받게 된 것이다.

과잉중복투자를 해소하고 중화학공업을 합리화한다는 목표 아래 1980년 중화학공업 통폐합을 두 차례에 걸쳐 추진하지만 뜻대로 이루지는 못했다. 가장 큰 걸림돌 중 하나는 외국 투자자들이었다. 사실 막대한 투자금이 들어가는 중화학공업에는 외국 투자자들이 많이 들어와 있었는데 이들의 입장을 고려하지 않은 채 한국 정부가 통폐합하려다가 실패한 경우가 많았다. 또한 각 기업들의 이해관계나 산업의 특성을 제대로 고려하지 않은 채 통폐합을 추진하다 흐지부지된 경우도 있었다. 예를 들어, 자동차산업의 경우 현대차와 GM대우자동차를 통합하려 했지만 정주영회장의 반대와 GM 측의 반대로 2년 가까이 시간만 보낸 채 무산되기도 했다.

중화학공업 합리화는 성과를 거두지 못했지만 김재익 수석을 중심으로 한 5공화국의 경제팀은 한국경제를 안정시키는 데 성공했다. 고금리, 두 자리 수 성장, 물가 상승 등 양적 팽창에 익숙해져 있던 한국경제의 체질을 바꾼 것이다. 이는 1985년 이후 저금리, 저유가, 저달러, 즉 소위 '3저'의 환경을 타고 한국경제가 급속한 성장을 하는 원동력이 되었다.

김재익 경제수석을 중심으로 한 5공화국 경제팀의 성과 중 기업과 관련된 것을 정리하자면 다음과 같다. 김 수석은 국가경제의 중요한 축은 기업경쟁력에서 비롯된다고 보았다. 하지만 정부의 보호 아래 얻어진 경쟁력이 아니라 실력이 있는 진짜 경쟁력을 의미했다. 기업의 경쟁력을 위해서는 시장의 기능을 정상화해야 하고, 이를 위해서는 시장을 개방해야 한다고 믿었다. 기업의 자금 확보가 제대로 이루어지려면 해외 자본의 국내 진출을 허용해서 '수요와 공급'에 의해 금융시장이 작동해야 한다고 생각했다. 1982년 재일교포자본이 투자에 참여한 신한은행과, 1983년 최초의 한미 자본합작은행인 한미은행이 설립되었다.

다음으로 국내의 소비시장을 개방하고자 했다. 1960년대 이후 국민을 지배하는 정서는 '국산품을 애용하자'였다. 달러가 부족했던 나라에서 수입품을 쓰지 말자고 하는 캠페인은 어찌보면 자연스러웠다. '양담배(수입담배)를 피우는 사람'을 거의 매국노처럼 취급했던 것이 당시 상황이었다. 김재익 수석은 수입자유화를 통해 물가를 안정시키고, 소비자들의 권리를 향상시키고 싶었다. 하지만 무엇보다 수입자유화를 통해 국제기준을 국내에 도입하고 싶었다. 그는 "앞으로 살아남을 기업은 한국기준이 아니라 국제기준에 자신을 맞추어야 한다"고 강조했다.

1983년 5월, 경제기획원은 '80년대 산업정책의 과제와 지원시책 개편방안'이라는 보고서를 통해 (1) 1986년까지 수입자유화율을 선진국 수준인 90%로 끌어올린다, (2) 경쟁력 없는 산업은 과감히 정리한다, (3) 기술개발을 위해 정부가 운영하고 있는 연구기관을 민간에 이양한다 등의 파격적인 방안을 발표했다. 특히 국내 시장에서 독과점의 지위를 누리는 기업의 생산품 시장부터 먼저 개방하기로 하면서 독과점 재벌기업이 유발하던 시장 왜곡을 시정하고자 했다.

재계의 반발은 거셌다. 전경련은 수입자유화 대책본부를 세우고 반대 목소리를 냈다. 그동안 정부의 보호와 지원을 받으며 성장한 대기업들뿐만 아니라 국민들의 인식이나 언론의 논조 등이 모두 수입자유화를 반대하는 분위기였다. 너무 오랫동안 보호주의를 채택해왔던 것일까. 이런 반대 분위기 속에 별 진척을 보이지 못하던 가운데 그해 10월, 김재익 수석은 아웅산 묘소 테러사건[10]으로 세상을 떠났고 수입자유화 정책은 어려움에 봉착했다.

만약 김재익 수석이 세상을 떠나지 않았다면, 그래서 수입자유화가 계획대로 이루어지고, 개방·개혁을 통한 기업경쟁력 강화가 이루어졌다면, 공정거래법이 제대로 집행되도록 계속 감시할 수 있었다면 우리나라의 경제발전과 기업발달사는 어떻게 바뀌었을까? 혹시 1997년의 IMF 위기는 피할 수 있지 않았을까?

비록 김재익 수석이 경제정책을 펼치던 기간이 3년밖에 되지 않았지만 그 영향은 컸다. 곡물가격 안정 및 임금인상 억제 등을 통한 물가안정은 그가 모든 이해집단의 비난과 공격을 무릅쓰고 이룩한 큰 성과였다. 수입자유화를 통해 국제수준의 경쟁력을 도입하고자 했던, 정부의 지원을 최소화하고 실력에 기반한 기업경쟁력을 강화하고자 했던 것 역시 기업의 성장 프레임을 바꾸려는 노력이었다. 개혁과 개방을 통해 기업경쟁력 강화를 이루려던 그의 노력과 물가안정을 통한 체질 개선 등은 1980년대 중반 사상 최대의 호황을 이루는 바탕이 되었다.

다행히 한국경제는 1980년대 중반 이후, 특히 1986년부터 1988년 사이에 '저달러, 저금리, 저유가'라는 이른바 '3저'에 힘입어 침체에서 벗어나 한 단계 더 도약할 수 있는 계기를 맞았다. '저달러'는 쌍둥이 적자(재정적자, 무역적자)에 시달려온 미국이 1985년 플라자합의를 통해 달러화의 평가절하를 용인한 데서 기인한다. 이로 인해 '엔고현상'이 나타나 해외시장에서 일본제품에 대한 한국 제품의 가격경쟁력이 강화되었다. 그 결과 수출이 증대되고 무역수지와 경상수지가 흑자로 전환되었다. 외채가 축소되었음은 물론이다.

각국은 제2차 오일쇼크 이후 침체에 빠진 경기를 부양시키려고 금리인하 정책을 펼쳤다. 플라자합의에 의한 달러화의 평가절하는 그 추세에 더 큰 힘을 실어주었다. 그리하여 1985년 이전 8%를 상회하던 유로달러(Eurodollar)의 금리는 1986년 이후 6-7% 수준을 유지하게 되었다. 이른바 '저금리'가 실현된 것이다. 국제금리의 하락은 한국의 외채상환 부담을 감소시키고 경

10 북한이 1983년 10월 9일 당시 버마(현 미얀마)를 방문 중이던 전두환 대통령 및 수행원들을 대상으로 자행한 테러 사건임. 당시 전두환 대통령의 서남아·대양주 6개국 공식 순방 첫 방문국인 버마(현 미얀마)의 아웅산 묘소에서 일어난 강력한 폭발 사건으로 대통령의 공식·비공식 수행원 17명이 사망하고 14명이 중경상을 입었다.

상수지를 호전시켰다.

여기에 더해, 1985년 12월 석유수출국기구(OPEC) 회원국들이 고정유가제를 폐지하고 시장점유율 확대정책으로 돌아서면서 '저유가' 현상이 나타났다. 이로 인해 국제 원유가의 기준이 되는 미국 서부 텍사스 중질유(WTI) 가격은 1985년 이전 배럴당 약 30달러였으나, 1986년 이후 10달러대까지 하락했다. 유가 하락은 소비 원유의 전량을 해외에 의존하는 한국경제에 생산비 절감과 가격경쟁력 회복을 가져왔다. 그에 따라 무역수지와 경상수지도 흑자를 기록했다.

'3저호황'에 힘입어 한국의 수출은 1986년 28.3%, 87년 36.4%, 88년 29.0% 성장했고, GNP는 같은 해 각각 12.9%, 13.0%, 12.4%라는 높은 성장률을 달성했다. '단군 이래 최대 호황'이라는 말이 사람들 입에 오르내렸다. 특히 중화학공업의 역할이 비약적으로 커졌고 '중화학공업 투자'에 대한 비판론도 한동안 잠잠해졌다. 적자기조에 있던 경상수지는 1986년 46억 2천만 달러, 1987년 98억 5천만 달러, 1988년 141억 6천만 달러의 흑자를 기록했다. 그 결과 총외채는 큰 폭으로 감소했다.

9. 외환위기와 벤처붐, 그리고 글로벌 기업의 등장

1980년대 후반의 호황은 우리 기업의 체질이 개선되고 경쟁력이 좋아져서라기보다는 대외환경이 유리해진 덕분이었다. 그럼에도 기업은 벌어들이는 돈을 경쟁력을 강화하기 위해 연구개발비에 투자하는 것이 아니라 부동산이나 주식에 투자하는 등 방만한 경영이 계속되었다. 재벌기업의 문어발식 계열사 확장은 더욱 심해졌고, 금융권 역시 고삐 풀린 망아지처럼 무분별하게 외채를 빌렸다.

1990년대에 들면서 대외환경이 나빠졌고 기업의 방만경영으로 인한 부실이 커졌지만 김영삼 정부는 부실을 정리하기보다는 선진국들로 구성된 OECD에 가입하기 위해 노력했다. 해외로부터의 부채유입이 점점 늘어났고,

그림 8-18 1997년 한국의 외환위기를 다룬 비즈니스위크지 표지(1997. 11. 24)

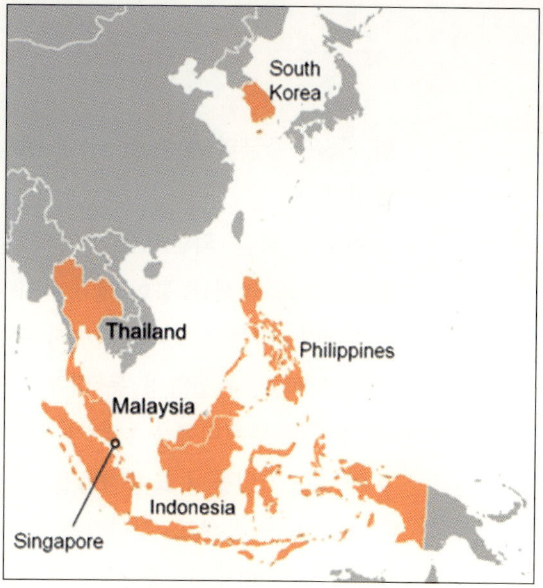

그림 8-19 1997년 당시 외환위기에 봉착한 아시아 국가들

기업의 부채 또한 눈덩이처럼 불어났지만 위기의식을 갖기보다는 '우리도 이제 잘 살게 되었다', '곧 선진국 대열에 들어간다'는 자만감이 더 컸다. 1996년 대한민국은 OECD 회원국이 되었지만, 1997년 12월 IMF에 구제금융을 요청하는 '국가부도의 날'을 맞게 되었다.

금융기관의 부실, 차입 위주의 방만한 기업경영으로 인한 대기업의 연쇄부도, 대외신뢰도 하락, 단기외채의 급증 등이 원인이었다. 한국 정부는 모라토리움(채무지불유예) 선언을 할 사태에 이르자 1997년 12월, IMF에 구제금융을 신청하여 IMF로부터 195억 달러, 세계은행(IBRD)과 아시아개발은행(ADB)으로부터 각각 70억 달러와 37억 달러를 지원받아 '채무지불유예'의 고비를 넘겼다.

외환위기 당시 실적 악화로 인하여 단기채무를 상환하지 못하고 쓰러진 기업은 한보그룹, 삼미그룹, 진로그룹, 기아자동차그룹, 해태그룹, 뉴코아그룹 등이었고 중소기업 역시 무더기로 도산하였다.

이에 IMF는 자금을 지원하는 조건으로 우리나라 경제체질 전반의 개혁을 요구하였다. 재정·금융 긴축과 대외개방, 금융 및 기업의 구조조정, 기업의 투명성 제고 등 한국경제가 나아가야 할 방향 외에 미국식 감사위원회의 도입, 높은 콜금리 수준 등 국내 상황에 맞지 않는 요구 역시 수용할 수밖에 없었다.

이후 한국은 외환시장 안정과 물가안정을 위한 고금리정책, 재정긴축은 물론, 수요 억제를 통한 경상수지 흑자정책을 추진했고 성공적으로 위기를 극복했다. 외환위기를 거치면서 구조개혁에 힘쓴 결과, 기업 부문에서는 부실기업 퇴출, 기업합병 등 대규모 구조조정이 이루어졌으며, 은행 부문에서는 과도한 부채비율을 낮추기 위한 정책적 노력들이 이어졌다. 또한 노동부문에서는 기업들이 노동자들을 경제여건에 따라 쉽게 해고할 수 있는 기업 구조조정, 정리해고, 정년단축 등이 도입되었으며, 비정규직 근로자들이 큰 폭으로 증가하였다. 공공부문에서는 공기업의 민영화 작업이 대대적으로 이루어졌다. 우리나라는 대외여건의 호조와 구조개혁에 힘입어 IMF로부터 빌린 차입금을 예정보다 3년 앞당긴 2001년 8월 전액을 상환하였다.

이런 과정을 통해 구조조정을 혹독하게 하면서 체질을 개선하고 글로벌 기준에 맞게 경쟁력을 강화한 기업들이 탄생했다. 감당하기 힘든 채무와 취

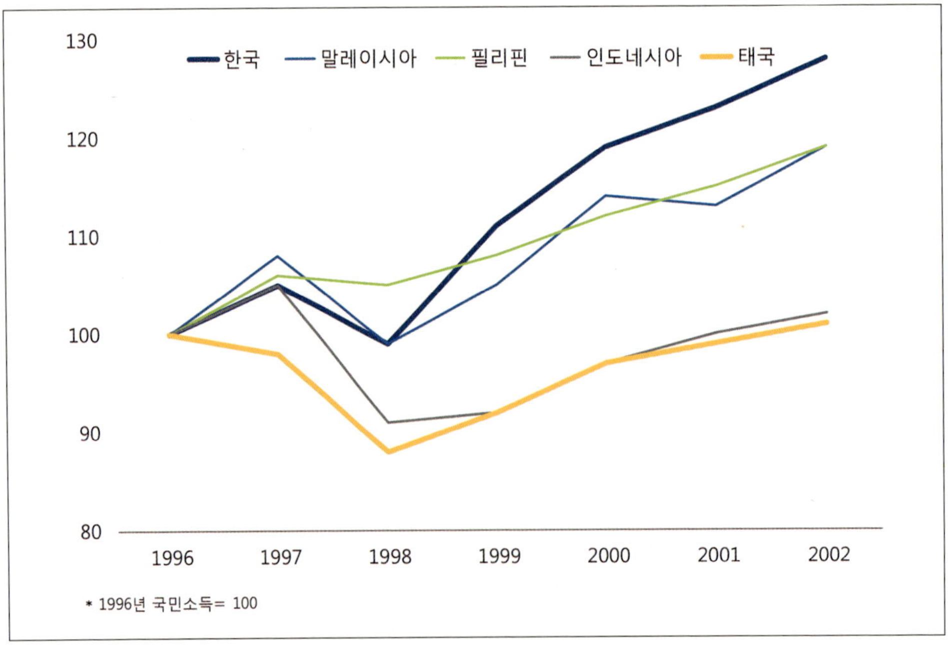

그림 8-20 외환위기를 경험했던 아시아 국가들의 경제회복 속도

표 8-7 시대별 100대 기업 중 잔존 기업수

1955년	1965년	1975년	1985년	1995년	2004년
100	13	12	9	11	7
	100	25	17	18	8
		100	38	29	20
			100	61	29
				100	47
					100

약한 체질을 가진 기업들이 대거 쓰러진 반면, 위기를 기회로 삼아 글로벌 기준에 합당한 튼튼한 체질을 갖게 된 기업도 생겨난 것이다.

〈표 8-7〉은 1955년 이후 10년 단위로 시간이 경과하면서 국내 100대 기업이 생존한 숫자를 보여준다. 놀랍게도 1955년 100대 기업 중에서는 2004년에 7개만 100대 기업을 유지하고 있으며, 1995년의 100대 기업 중에서는 47개만이 100대 기업을 유지하고 있다. 그만큼 우리나라 기업들은 환경변화에 따라 부침이 심하고 치열한 경쟁에 따라 생존을 유지하기 어려움을 보여준다.

외환위기가 오기 전에 이미 '위기의식'을 느끼고 대대적인 구조조정을 펼치면서 과감한 연구개발 투자, 전문성 강화 등을 통해 글로벌 기업으로 재도약한 아모레퍼시픽은 대표적인 사례다. 삼성전자 역시 구조조정을 통해 체질을 강화하고 세계 최고수준의 제품을 만들기 위해 노력함으로써 진정한 글로벌 기업으로 재도약했다. 현대기아자동차, LG전자, 포항제철(POSCO) 등의 기업도 외환위기를 거치면서 오히려 글로벌 기업으로 성장한 사례로 들 수 있다.

외환위기를 극복하는 과정에서 김대중 정부가 '벤처붐'을 일으킨 것 또한 한국 기업발달사에서 큰 의미를 가진다. 외환위기를 극복하면서 내세운 것이 정보통신벤처기업을 육성함으로써 차세대 성장동력을 구축한다는 계획이었다. 정부는 1997년 '벤처기업육성에 관한 특별조치법'을 제정했고, 1999년 코스닥시장을 살려 벤처산업을 육성하겠다는 취지로 '코스닥시장 부양책'을 내놓았다.

막대한 자금이 코스닥시장으로 흘러들어가면서 IT벤처기업을 중심으로 가격이 급등하기 시작했다. 2000년 벤처투자금액은 2조 6천억 원에 이르렀고

강남 테헤란로를 중심으로 IT벤처기업들이 모여들면서 이른바 '벤처붐'이 일기 시작했다. 당시 너도나도 벤처창업에 투자하면서 부실한 벤처에도 돈이 몰리는 등 거품이 끼었다. 1995년 500개가 채 안 되었던 벤처기업의 수가 2000년 1만개를 넘어서는 등 '벤처붐' 또는 '닷컴붐'이 최고조에 달했다.

갑자기 돈이 몰리면 부작용도 발생한다. 벤처붐 때도 예외는 아니었다. 2000년 젊은 벤처기업가들이 부실 상호신용금고를 인수해 불법대출을 받고, 주가조작을 통해 하루 아침에 거부로 올라선 인물들이 법망에 걸려들었다. 이른바 '벤처 게이트'다. 당시 크고 작은 부정부패사건이 벤처업계에서 터졌고 벤처붐도 꺼졌다.

이런 부작용에도 불구하고 벤처붐은 IT대기업의 탄생을 낳았다. 2000년 이후 벤처붐이 일고 나서 매출 1000억 원대로 성장한 벤처기업들이 2017년 현재 470개에 이르게 되었다. 대표적인 업체로는 네이버, 다음(카카오로 통합), 엔씨소프트, 지마켓, 넥슨코리아, 이베이옥션 등이 있다. 한국의 벤처기업은 1998년 벤처 확인제도 도입 이후 2010년 5월 처음으로 2만 개를 돌파했다. 국내 벤처기업 수는 벤처붐이 불었던 2001년에 1만 1392개를 기록한 이후 IMF 사태와 IT 거품 붕괴로 2003년 7700여 개까지 떨어졌다. 하지만 2006년도에 1만 2218개로 늘어났으며 2010년부터는 스타트업 붐 역시 다시 일고 있다. 2016년 기준 신설법인이 9만 6천개를 넘었으며 벤처 투자금액은 3조 원을 넘는 등 호조를 보이고 있다. 지금의 스타트업 붐은 앞으로 10년 후 또 어떤 기업을 탄생시킬 것인지 기대된다.

주요 개념

• 사농공상 • 육의전 • 상업자본 • 대동상회 • 경성방직 • 귀속재산 기업
• 귀속재산 불하 • 불균형 성장전략 • 한일협정 • 수출주도전략 • 수입대체전략
• 외자유치 • 오일쇼크와 중동특수 • 중화학공업육성 • 경제개발5개년계획
• 수입자유화 • 3저호황 • IMF외환위기 • 벤처붐

▮생각해 보기▮

1. 우리 사회에 사농공상의 뿌리가 아직도 남아 있는 것은 아닌가? 아직 남아 있다면 어떤 모습일까? 우선 〈박스 8-1〉(301쪽)에 실린 기사를 읽어보자. 20세기 전후에 일본에서도 상업과 기업을 경시하고, 권력을 중시하는 풍토가 지배적이었음을 알 수 있다(어찌 보면 반기업 정서가 팽배한 현재 우리나라의 모습과 비슷한 느낌이 든다). (1) 앞으로 우리나라가 보다 품격있는 선진국으로 발돋움하기 위해서는 이러한 인식에 변화가 필요할까? (2) 만약 그렇다면 누가 노력을 가장 많이 해야 하나? 기업인가? 아니면 정치권인가? 학교교육은 어떤가? (3) 인식의 변화가 필요하다는 데 동의한다면 어떤 방법이 가장 효과적일까? 각자 의견을 내고, 토론해 보자.

2. 현대 한국사회는 유교적 전통이 급속하게 무너지고 지나치게 물질주의로 간다는 비판이 있다. 유교적 가치와 자본주의의 가치가 결합되는 것이 가능한가? 서구 학계에서는 이미 이 둘이 어떤 식으로든 결합되었다고 간주한다. 이들은 동아시아의 자본주의를 유교자본주의(Confucian capitalism)로 파악하고, 때로는 칭송하기도 하고, 때로는 비판하기도 한다. (1) 칭송하는 견해로는 유교문화의 실용적 윤리에 근거한 공동체 의식, 가족 중시, 근면성, 질서에 대한 존중 등이 자본주의와 결합하여 개인 및 기업의 경제활동의 효율을 높인다고 본다. 동아시아의 높은 경제성장이 이를 증명한다는 것이다. (2) 비판적인 견해로는 학연·혈연·지연 등의 연고주의와 온정주의가 자본주의와 결합하여 폐쇄적인 연결망을 통해 거래함으로써 공정한 경쟁을 훼손하고 부패한 연고자본주의(crony capitalism)가 될 수 있다고 본다. 특히 1997년 외환위기가 닥쳤을 때에는 서구 언론에서 아시아의 연고자본주의에 대한 비판이 빗발친 바 있다. (1)과 (2) 중 어느 쪽이 맞는가? 본인의 의견을 내고 토론해 보자.

3. 일제시대에 기업을 하는 조선 기업가는 어떤 모습이어야 하는가? 경성방직의 김연수는 친일파로 몰렸고 이후 많은 사업기회를 빼앗겼다. 여러분 자신이 일제 강점기의 기업가라고 하면 어떻게 할 것인가? 독립자금을 지원하고 독립운동에 직접 기여하는 동화약방 민강, 또는 유한양행 유일한

과 같이 할 것인가, 아니면 경성방직 김연수처럼 근대기업의 전형을 이루어내고 일제에 협조함으로써 해외진출까지 이루어내는 기업가로서의 성과에 집중할 것인가?

4. 박흥식은 '반민특위'에 의해 체포되었는데 다음과 같이 항변했다. 이에 대해 여러분의 생각은 어떤가?

"나 우리 민족에게 욕보인 것 없어요. 우리 민족에게 해를 입힌 것 없어요. 나 친일파라고 매도되는 것이 평생토록 한이 되고 있어요. 상인으로서 보잘 것 없는 민족자본을 일으켜 조선상권을 형성하려고 일본인들하고 친하게 지냈다고 친일파라고 하면 일제 강점기를 지나온 이 나라에서 지금 살아 있는 사람들은 그럼 어떤 사람들이라고 설명할 수 있어요?"

5. 해방 이후 농지 및 적산기업에 대한 처리에서 다음의 주제에 대하여 생각하고 토론해 봅시다. (1) 남한과 북한의 적산규모와 처리방법의 차이에 대해 설명하시오. (2) 미군정이 처리한 적산과 남한 정부가 처리한 적산의 규모와 방법에 대해 설명하시오. (3) 남한정부의 적산처리 방법보다 더 합리적인 방법이 있다면 어떤 것이 있을지 대안을 제시하시오. (4) 독립운동가나 독립자금을 댄 사람들에게 적산을 불하했다면 어떤 문제가 있었을지 예상해 보시오.

6. 여러분이 당시 기업인이라면 어떻게 했겠는가? 귀속재산 배분, 밀무역 등 비록 과정이 정당하지 않더라도 당시 상황이 어쩔 수 없었다고 합리화하면서 열심히 기회를 갖기 위해 노력했겠는가? 아니면 개성상인의 후예처럼 참여하지 않았겠는가?

7. 당시 2700여개의 귀속재산 기업이 불하되었지만 대부분의 기업은 중도에 다 망하고 오늘날까지 이어져 오는 기업은 소수에 불과하다. 그렇다면 귀속재산 기업을 받아 토대를 삼긴 했지만 지금까지 기업을 발전시키고 생존하고 있다는 것은 결국 기업가의 능력, 시대의 변화에 대응하는 부단한 혁신이 있었기 때문이 아닐까? 여러분의 생각은?

8. 식민지배가 끝난 지 얼마 되지 않아 6·25전쟁이 일어나면서 우리나라 국민들의 어려움은 이만저만이 아니었다. 의·식·주 어느 것도 해결되지 않는 큰 어려움을 겪고 있었는데 밀수를 통해 외국에서 생활용품 등을 수입하던 무역업체는 이 과정에서 폭리를 취하는 경우가 있었다고 한다. 기업가 입장에서는 "단지 기업가로서 사업기회를 최대한 활용했을 뿐"이라고 자신을 옹호할 수도 있을 것이다. 여러분은 어떻게 생각하는가. 이런 상황에서도 기업이 이익을 취하는 것은 정당하다고 할 수 있을까? 아니면 동포의 어려움을 사업기회로 악용하는 비도덕적 행위라고 비난할 수 있을까?

9. 박정희 대통령은 군사정변을 통해 정권을 잡은 이후 강력한 정부주도형 경제발전을 추구했다. 자원 배분에 있어서는 '불균형 성장론'을 선택했고, 수출주도형 공업우선주의 성장전략을 선택했다. 이런 전략이 한강의 기적이라 불리는 놀라운 성과를 낸 것은 사실이다. 그렇다면 한국으로서는 가장 최선의 선택을 한 것인가? 문제점은 무엇인가? 부작용을 생각한다면 이런 전략은 잘못한 것이라고 판단할 수 있을까?

10. 우리나라는 1960년대 외화획득을 위해 국가적인 차원에서 광부와 간호사를 해외에 파견했고, 베트남에 파병했으며 1970년대 중후반부터는 민간기업 차원에서 중동 등에 근로자를 파견함으로써 당시 경제개발에 필요한 귀중한 재원을 마련하였다. 이와 관련한 다음의 주제에 대하여 공부하고 토론해 봅시다.

(1) 독일 광부와 간호사 파견의 현황(기간, 인원과 외화수입 규모 등) 및 그 이후 한국 사회에 미친 영향, (2) 베트남 파병의 현황(기간, 인원, 사망자, 외화수입규모 등) 및 그 이후 한국 사회에 미친 영향, (3) 중동 등 건설 붐에 따른 근로자 파견 현황(기간, 인원, 외화수입규모 등) 및 그 이후 한국 사회에 미친 영향, (4) 우리나라에 들어와 있는 외국인 근로자들에 대한 현황(기간, 국가별 인원, 외화송금 규모 등) 및 이들이 한국 사회에 미치는 긍정적 및 부정적 효과, (5) 우리나라 사람들이 외국인 근로자에 대해 어떻게 대하는 것이 바람직한지 의견을 말해보시오.

11. 1970년대 정부는 '경공업 중심의 수출'로는 성장의 한계가 있다고 인식하면서 규모가 큰 중화학공업으로의 전환을 시도했다. 하지만 투자규모가 크고 기술수준이 높은 만큼 민간기업이 선뜻 나서기에는 어려웠다. 이 때문에 정부는 공업단지를 만들어주고 자금혜택을 주고 기업을 보호하는 방식으로 '중화학공업 육성정책'을 펼쳤다. 빠른 성장을 가능하게 했지만 과잉투자, 기업의 도덕적 해이 등을 초래한 측면도 있었다. 이런 부작용 때문에 중화학공업 육성정책은 정권교체를 겪으면서 많은 비판을 받았다. 여러분은 비판에 동의하는가?

12. 우리 경제는 여전히 재벌 대기업과 중소기업의 양극화, 수출기업과 내수기업의 양극화 등 경제구조에 있어서의 양극화 문제가 심각하다는 비판이 있다. 국민들은 재벌이 개혁대상이라고 생각하는 동시에 세계 일류기업으로 활동하는 자랑스러운 기업이라고 생각하기도 한다. 다른 한편에서는 우리나라 경제의 진짜 문제점은 오히려 중소기업을 과보호한 결과 중소기업이 대기업으로 성장하지 못하여 경쟁국에 비해 대기업이 많지 않다는 비판의 목소리도 있다. 여러분이 생각하는 재벌기업이 갖는 강점과 약점은? 재벌개혁이 필요한 이유는? 만약 개혁이 되어야 한다면 어떻게 해야 하는가?

13. 한국기업사를 살펴보면서 우리가 재벌개혁 또는 기업구조개혁을 할 수 있었던 기회가 언제였다고 생각하나? 김재익 수석 시절인가? 아니면 IMF외환위기? 앞으로는 어떤 기회가 주어질 수 있을 것인가?

참고문헌

- 두산백과 한국사.
- 고승철 (2013), 〈김재익평전〉, 서울: 나남.
- 김영래 (2005), 〈한국기업의 형성과 발전에 관한 연구〉, 서울: 국제무역경영연구원.
- 박상하 (2013), 〈한국기업성장 100년사〉, 서울: 경영자료사.
- 신현확 (1988), "경우탐방", 경우회지, 1988. 10.
- 전우용 (2011), 〈한국회사의 탄생〉, 서울대학교 출판문화원.
- 조기준 (1973), 〈한국자본주의성립사론〉, 서울: 대왕사.
- 홍은주 · 이은형 (2015), 〈숨은 기적들, 중화학공업, 지축을 흔들다〉, 서울: 나남.
- 황명수 (1999), 〈한국기업가사연구〉, 서울: 단국대학교출판부.

미 주

1. 조기준 (1973), 〈한국자본주의성립사론〉, 서울: 대왕사.
2. 전우용 (2011), 〈한국회사의 탄생〉, 서울: 서울대학교 출판문화원.
3. 김영래 (2005), 〈한국기업의 형성과 발전에 관한 연구〉, 서울: 국제무역경영연구원.
4. 이은형 (2016), "한국판 '논어와 주판'이 필요하다", 아시아경제, 2016. 2. 16.
5. 황명수 (1999), 〈한국기업가사연구〉, 서울: 단국대학교출판부.
6. 신용옥 (2008) 미군정 · 이승만정권기 국가자본으로서 귀속재산의 역할, 한국민족운동사연구, 54, 305-357.
7. 신현확 (1988), "경우탐방", 경우회지.
8. 홍은주 · 이은형 (2015), 〈숨은 기적들, 중화학공업, 지축을 흔들다〉, 서울: 나남.

PART

4

기업가정신

9장_ 한국의 기업가
10장_ 기업가정신과 창업

l Brand Rankings (2021) by Interbrand

9 장

한국의 기업가

1. 불굴의 도전정신으로 세계로 나간 '현대그룹 정주영'
2. 세계 초일류 기업을 일군 '삼성그룹 이건희'
3. 제철보국에 평생을 바친 '포스코(POSCO) 박태준'
4. '최초, 최고'의 기술을 추구한 'LG그룹 구인회'
5. SUPEX를 경쟁력의 원천으로 승화한 'SK그룹 최종현'
6. 정열의 현해탄 셔틀경영, '롯데그룹 신격호'
7. 세계경영, 샐러리맨의 우상 '대우그룹 김우중'
8. 모두가 연결된 세상을 꿈꾸는 '네이버 이해진'
9. 시대를 가르는 승부사 '카카오 김범수'
10. 개성상인의 후예 '아모레퍼시픽 서경배'
11. 한국 금융의 영토를 넓힌 '미래에셋 박현주'
12. 모든 것을 다 걸어 성공한 '셀트리온 서정진'
13. 맺는 말

6·25 전쟁 때 인천상륙작전을 성공시켜 대한민국을 풍전등화의 위기에서 구해 낸 미국의 맥아더(Douglas MacArthur, 1880-1964) 장군은 종전 후 완전히 파괴된 생산시설과 사회간접자본을 둘러보며 이렇게 말했다. "이 나라가 100년 안에 다시 일어난다면 그것은 기적일 것이다." 맥아더의 예상은 보기 좋게 빗나갔다. 한국은 1961년부터 1996년까지 35년간 연평균 9.4% 성장이라는 놀라운 경제발전을 이룩하며, 급기야 선진국클럽이라 불리는 경제협력개발기구(OECD)의 회원국이 되기에 이른다. 기적이 일어난 것이다.

세계에서 가장 가난했던 나라 중 하나였던 대한민국이 2021년 명목 GDP 기준 세계 경제규모 10위로 성장한 기적의 동력은 과연 무엇이었을까? 정부 주도 '경제개발 5개년계획'의 수립과 실행, 산업재건의 마중물이었던 선진국의 원조, 희생적인 자녀교육열, 밤낮을 가리지 않고 '월화수목금금금'으로 일했던 산업전사들… 많은 요인이 복합적으로 작용한 결과이겠지만, 경영학도가 반드시 가슴에 새겨야 할 한 가지는 오늘날의 글로벌 기업을 일군 우리나라 기업가들의 공헌이다. 그들의 불굴의 도전정신과 지치지 않는 열정, 난관을 돌파하는 창의력과 추진력, 바로 그 기업가정신을 빼 놓고는 '한강의 기적'을 설명할 수 없다. 현대 경영학의 아버지로 불리는 피터 드러커(Peter Drucker, 1909-2005)는 한국 기적의 원동력은 불굴의 기업가정신이며, 기업가정신을 가장 잘 실천한 나라는 단연 대한민국이라고 힘주어 말했다.

물론, 1945년 해방 후 적산[1] 기업의 불하 과정에서, 1953년 종전 후 원조자금과 물자의 배분 과정에서, 1961년 경제개발 5개년계획 실시 이후 차관대출과 수출지원 과정에서 음성적인 정경유착이 일어나고 정책적 특혜가 기업의 흥망성쇠에 지대한 영향을 미쳤던 것이 사실이다. 그러나 그것만 가지고 우리나라 기업들이 오늘날의 대기업, 글로벌 기업으로 성장한 과정을 설명할 수 없다. 대한민국과 유사하게 선진국의 원조도 받고 계획경제를 통해 경제발전을 꾀했던 수많은 국가들이 아직도 저개발 후진국에 머무르고 있고, 국민들은 가난 속에 헐벗고 굶주리고 있다. 우리나라 기업 중에서도 정

1 8장에서 다루었듯이, 적산(敵産)은 적국의 재산이라는 의미이다. 1945년 일본이 패망한 후, 조선총독부, 일본기업, 일본인이 국내에 버려두고 갔던 적산(토지, 가옥, 기업체 등)을 미군정이 한국인들에게 불하하였다.

경유착과 특혜로 사세를 불려 유리한 위치에 섰던 수많은 기업들이 망하거나 다른 기업에 인수·합병되면서 역사 속으로 사라져 갔다.

오늘날 세계 시장에서 'Made in Korea'를 달고 선진국 유수의 기업들과 당당히 겨루면서 매출액, 시장점유율, 브랜드가치 등에서 세계 상위권을 점유하고 있는 많은 우리나라 기업들에게는 공통적으로 발견되는 요소가 있다. 창업자 또는 전문경영인에게 진취적 기상, 불굴의 도전정신, 혁신적인 기업가정신이 항상 살아 있었다는 점이고, 이것이 궁극적으로 기업의 성장과 쇠망을 가름했던 것이다.

이 장에서는 대표적인 한국기업의 창업 또는 2세 기업가가 어떠한 기업가

표 9-1 시대별 기업가정신의 변천과 특징

	기업가정신 제1기			기업가정신 제2기	
	전후복구기 (1950년대)	고도 성장기 (1960-1970년대)	전환기 (1980년대)	벤처 성장기 (1990년대)	조정기 (2000년대)
사업 환경	6·25전쟁 후 건설, 식품, 의류 수요	경제개발 5개년 계획-정책적 지원, 의류, 기계, 수출시장	산업기반 발전, 해외시장 선전, 개선적 혁신, 수입대체	글로벌시장 형성, 해외자금유입과 벤처투자, 외환위기, 혁신적 기술	글로벌시장 확대, 글로벌시장 권역화, 시장다양화, 시장융합 및 틈새
성장 산업	농업, 광업, 의류, 식품	경공업, 중공업 (시멘트/비료/정유)	건설업, 수출업 (전자제품/자동차/기계/철강 등)	반도체/전자제품/선박/자동차/컴퓨터 등	IT산업, 서비스산업, 환경/에너지산업, NT산업
자원 원천	노동력, 내부자원 빈약	노동력, 낮은 인건비, 외국원조	노동력, 국내자본 형성, 해외투자	자본력(은행, VC, 금융시장 형성), 엔젤투자	기술력, 외국자본 비중 증대, 자본시장 연동, M&A 활성화
경쟁력 원천	외국 원조 의존, 내수시장 공급, 낮은 인건비	외국 원조 활용, 공업화 정책지원, 수출 정책지원, 낮은 인건비	건설, 제철, 자동차 등 핵심기술 획득, 수출력 확보	선도적 원천/핵심기술 획득, 글로벌 시장 접근, 기술혁신 능력	선도적 기술혁신 (ICT, 나노기술 등), 글로벌 시장 개척, 실행력
기업가 정신	사업기회 추구, 열정과 의지	사업기회 추구, 사업보국, 도전과 위험 감수	과감한 투자, 네트워크와 자원의 결합	네트워크와 자원의 결합, 기술혁신, 가치창출	기술혁신, 가치창출, 비즈니스모델혁신

자료원: 배종태(2010)로부터 수정.

정신을 구현하며 해당 기업을 글로벌 기업으로 성장시켜 왔는지 살펴본다. 먼저, 위 〈표 9-1〉에 정리되어 있는 한국 기업가의 기업가정신을 살펴보자. 첫 번째는 기업가정신 제1기인 1950-1980년대 시기로 1950년대 농업, 광업, 1960-1970년대 경공업과 일부 중공업, 1980년대 철강, 기계, 전자제품 등이 주요 수출품목으로 자리잡고 있다. 특히 1970년대에 시작된 중화학공업 육성이 20년 가량의 시차를 두고 결실을 맺고 있는 것을 보여준다.

두 번째는 기업가정신 제2기로 정부가 추진한 기술혁신정책을 통해 성장한 중소벤처기업을 중심으로 한국경제의 약진이 두드러진 1990-2000년대 시기이다. 1990년대 반도체, 선박, 자동차에 이어 2000년대에 반도체, 컴퓨터, 자동차, 석유제품 등이 주요 수출품목으로 자리잡고 있다. 이 시기에 한국의 기업가는 네트워크와 자원의 결합, 기술혁신, 가치창출 등 기업가정신의 특징을 보여주었다.

〈표 9-1〉에서 알 수 있는 바와 같이, 시기별로 사업의 환경과 동원 가능한 자원의 원천이 다르다. 사업 환경에 대한 정확한 인식을 기반으로 제한적이나마 동원 가능한 자원을 최대한 효과적으로 활용한 것이 당시 성공할 수 있는 경쟁력의 원천이다. 그 경쟁력의 원천이 사업기회를 추구하는 지치지 않은 열정, 위험 감수와 실패를 두려워하지 않은 도전의식, 새로운 방법으로 가치를 창출하는 혁신적 사고 등 기업가정신과 결합될 때, 기업은 성장하고 발전한다.

이 장에서는 한국의 대표적인 기업가들이 어떤 기업가정신을 가지고 기업을 성장시키고 한국의 경제성장에 견인차 역할을 해 왔는지 소개한다. 각 사례는 기업가정신을 보여주는 일화와 오늘날까지 해당기업의 이념과 문화 속에서 핵심역량을 강화해 온 과정을 설명한다. 이들의 기업가정신의 핵심은 시대별로 요구되는 경쟁력의 원천을 내부자원화하고 환경변화에 민감하게 반응하여 시장과 사회가 요구하는 가치를 창출해 온 것이었다.

전술한 바와 같이, 기업가정신 제1기는 재벌을 중심으로 고도의 기업가정신이 발휘된 시기이다. 따라서 한국을 대표하는 재벌기업인 현대그룹의 정주영 회장, 삼성그룹의 이건희 회장, LG그룹의 구인회 회장, SK그룹의 최종현 회장, 롯데그룹의 신격호 회장의 기업가정신을 살펴본다. 또한 이 시기

한국의 경제성장에서 중요한 공헌을 한 민영화된 공기업 포스코(POSCO)의 박태준 회장과 외환위기 속 재벌해체 운명을 맞은 대우그룹의 김우중 회장의 사례가 포함된다.

기업가정신 제2기는 21세기 ICT·문화·금융·의료산업의 발전 속에 기술혁신으로 두각을 나타낸 기업가의 사례다. 한국 ICT산업의 대표주자인 네이버의 이해진 이사회 의장과 카카오의 김범수 의장의 기업가정신을 살펴본다. 아름다움을 화두로 화장품 외길을 걸어온 아모레퍼시픽의 서경배 회장과 끊임없는 혁신으로 한국 금융의 영토를 넓힌 미래에셋의 박현주 회장에 대해 알아본다. 마지막으로, '모든 것을 건 승부' 끝에 세계적인 바이오기업을 일군 셀트리온의 서정진 회장의 사례도 소개한다. 이 장에서는 지면 제약상 12명의 기업가로 한정했지만, 다른 수많은 기업가들도 남다른 기업가정신으로 기업을 성장시키고 국민경제에 공헌해 왔음을 잊지 말아야 한다.

1. 불굴의 도전정신으로 세계로 나간 '현대그룹 정주영'

"돈 좀 빌려주시오."

정주영 회장은 조선소를 짓기 위한 차관을 빌리기 위해 영국의 바클레이즈 은행을 찾아 갔다. 미국과 일본에서 이미 문전박대를 당한 뒤였다. 능력도 없으면서 몇 십만 톤의 큰 배를 만들겠다고 달려드는 무모한 사람쯤으로 치부되었다. 글쎄, 이번에도 반응은 다르지 않았다. 한국의 상환능력과 잠재력이 믿음직스럽지 않아 곤란하다는 것이었다.

나라의 경제발전을 위해 꼭 필요한 조선소 건설을 성사시키겠다고 대통령과 약속한 터라 정주영 회장은 더 이상 물러설 수가 없었다. 문득 바지 주머니에 들어 있는 5백 원짜리 지폐가 생각났다. 주머니에서 돈을 꺼내 거북선 그림을 앞면으로 테이블에 펴놓았다. "이것을 보시오. 우리의 거북선이오. 당신네 영국의 조선(造船)역사는 1800년대부터라고 알고 있는데, 우리는 벌

그림 9-1 거북선이 새겨져 있는 500원 지폐 뒷면

써 1500년대에 이런 철갑선을 만들어 일본을 혼낸 민족이오. 우리가 당신네보다 3백 년이나 조선역사가 앞서 있었소. 다만 그 후 쇄국정책으로 산업화가 늦어져 국민의 능력과 아이디어가 녹슬었을 뿐 우리의 잠재력은 고스란히 그대로 있소." 조선소 건설에 대한 정주영 회장의 의지와 집념이 잘 전달된 듯했다. 마침내 바클레이즈 은행과의 차관대출 협의가 시작되었다.

넘어야 할 험난한 산이 또 있었다. 영국 은행으로부터 차관을 빌리기 위해서는 영국수출신용보증국의 보증이 필요했는데, 배를 살 사람이 있다는 증명을 먼저 내놓지 않으면 차관을 승인할 수 없다고 했다. 세계 유수의 조선소들을 다 제쳐두고 선박건조 경험도 없는 현대가 만든 배를 과연 누가 사겠느냐는 의구심이었다. 정주영 회장은 조선소를 지을 장소로 물색한 울산 미포만의 황량한 백사장 사진과 5만분의 1 크기의 지도 한 장, 그리고 26만톤급 유조선 도면만을 들고 다니며 배를 사줄 선주를 찾아 다녔다. "당신이 이 배를 사준다고만 하면 내가 영국에서 돈을 빌려 이 백사장에 조선소를 짓고 배를 만들어주겠다"는 누가 들어도 미친 사람 취급당하기 딱 십상인 소리를 하면서 말이다.

지성이면 감천이라고 정주영 회장은 결국 그리스의 선박왕 오나시스의 처남 리바노스에게 유조선을 주문받기에 이른다. 그것도 한 척이 아닌 두 척이나. 설마 했던 영국수출신용보증국 사람들은 눈이 휘둥그레졌고, 두말없이 차관 승인을 해 주었다. 1971년 현대울산조선소의 신화는 그렇게 시작되었다. 정주영 회장은 빌린 차관으로 사진 속의 부지를 매입하고, 거기에 도크를 파고, 공장을 지었다. 동화같은 일이 발생한 것이다. 한편으로는 조선소를 건설해 가면서 동시에 대형 유조선 2척을 건조해 내었다. 세계 조선사에 유례 없는 진기한 기록이었다. 이후 '현대조선'(오늘날 현대중공업과 현대미포조선)은 세계 최대의 조선소가 되었다.

정주영(1915-2001)은 현대그룹의 창업회장이다. 지금은 북한지역인 강원도 통천군에서 6남 2녀 중 장남으로 태어났다. 초등학교 졸업 후 가난 때문에 중학교에 진학하지 못하고 생업의 길로 나섰다. 1946년 현대자동차공업사, 1947년 현대토건사, 1950년 현대건설주식회사를 설립하여 오늘날 현대그룹으로 성장시켰다. 현대그룹의 발전사는 그대로 대한민국 산업의 발전사이다. 현대건설, 현대자동차, 현대중공업을 중심으로 사세를 확장하였고, 1990년대 이르러는 건설·자동차·조선·무역·기계·금융·전자 등 주요 산업분야를 망라하는 한국의 대표적 기업집단으로 성장하였다. 정주영 창업회장 사망 후 2세들에게 경영권이 승계되는 과정에서 현대그룹, 현대자동차그룹, 현대중공업그룹 등으로 분리되었다. 2021년 현재, 미국 경제지 포춘(*Fortune*)이 발표하는 글로벌 500대 기업에 현대자동차(83위), 기아자동차(215위), 현대모비스(398위) 등이 포함되어 있다.

그림 9-2 현대그룹 정주영 회장

정주영 회장의 기업가정신은 불굴의 도전과 개척정신으로 요약된다. 현대그룹도 처음부터 기업경영의 필수요소인 자본·인력·기술·시설 등을 충분히 갖춰 놓고 사업했던 것은 전혀 아니었다. 새로운 사업을 개척할 때마다 경험도 전문성도 자본도 턱없이 부족했다. 그러나 정주영 회장은 '하면 된다'와 '할 수 있다'는 도전과 개척정신으로 결단을 내리고 솔선수범하고 직원들을 독려했다. 위에 소개한 현대조선의 성취도 자신과 2천여 명 직원들이 조국 근대화에 앞장선 전위부대라는 투철한 사명감과 강인한 정신력으로 똘똘 뭉쳐서 낮도 밤도 없이 열심히 일했기에 가능했다고 회상한다.

"해보기나 했어?" 정주영 회장이 난관 앞에서 포기하려는 직원들에게 매번 던지는 질문이다. 그는 남들이 스스로 한계라고 규정짓는 일에 도전하여 그것을 이루어내는 기쁨과 보람으로 기업을 해왔다고 한다. 그의 도전도 때로는 도저히 해결되지 않을 것 같은 난관에 봉착하기도 했다. 그러나 그에게 난관은 시련이지 실패는 아니었다. 정주영 회장은 말한다. "나한테는 일단 시작한 일은 무슨 일이 있어도 성공시켜야 한다는 누구도 못 말리는 '왕고집'이 있었고, 반드시 성공한다는 확고한 신념이 있었으며, 신념이 있는 한 멈출 수 없었다"고 말이다.

정주영 회장의 도전정신, 개척정신은 '현대정신'으로 정립되어 기업구성원이 공유하는 기업문화로서 살아있다. 현대정신이란 창조적 예지, 적극적 의지, 강인한 추진력으로 요약된다.[1] 창조적 예지란 미래를 직시하는 혜안과 통찰력으로 새롭고 신선함을 추구하는 자세이다. 적극적 의지는 투철한 주인의식과 능동적으로 도전하는 자세이다. 정주영 회장은 "길을 모르면 길을 찾고, 길이 없으면 길을 닦으라"고 했다. 강인한 추진력은 하면 된다는 불굴의 정신으로 목적달성을 위하여 온힘을 기울이는 자세이다. 그는 "어떤 실수보다도 치명적인 실수는 일을 포기해 버리는 것이다"고 했다. 오늘날 현대그룹은 몇 개의 계열그룹으로 분리되었으나 정주영 회장의 기업가정신을 계승하여 창의와 혁신으로 미래를 위한 새로운 도전을 계속하고 있다.

생각해 보기

1. 정주영 회장의 기업가정신이 잘 드러나는 일화가 많이 있다. 위에 소개된 사례 이외의 일화들을 조사해 보자.

2. 정주영 회장 사망 후 2세들에게 경영권이 승계되는 과정에서 현대그룹은 몇 개의 계열그룹으로 분리되었다. 계열 분리에 의한 전문화가 더 바람직한가, 아니면 다른 재벌들처럼 집단화에 의한 시너지 추구가 더 바람직한가? 서로 의견을 내놓고 토론해 보자.

2. 세계 초일류 기업을 일군 '삼성그룹 이건희'

'애니콜 화형식'

그림 9-3 1995년 삼성전자에서 불량제품을 불태우는 모습

1995년 3월 9일 삼성전자 구미사업장 운동장에 2000명의 임직원이 모여 섰다. '품질은 자존심,' '품질혁신,' '정성품질' 등 저마다 품질이 강조된 띠를 둘렀다. 그들 앞에는 삼성 휴대폰 애니콜을 비롯하여 무선전화기, TV, 팩시밀리 등 삼성제품 15만대가 산더미처럼 쌓여 있었다. 시가 500억 원 어치의 물량이었다. 이건희 회장이 시중에 나간 제품을 모두 수거하여 불태워 버리라고 지시했단다. 그 해 설날 휴대폰 2000대를 선물로 돌렸는데, '통화가 안 된다'는 불평부터 심지어 '속았다'는 비아냥까지 들었다. 당시 애니콜의 불량률은 11.8%에 이르렀다.

이건희 회장은 "소비자들한테 돈 받고 물건 파는데 불량품 내놓고 미안하지도 않느냐"고 화를 냈다. 모두들 설마 정말 불태우기야 하겠나 생각했다. 그러나 15만대의 휴대폰 등은 해머에 의해 산산조각이 났고 불구덩이 속으로 던져졌다. 이를 지켜보던 임직원들은 하나둘 눈물을 흘리기 시작했고 생산담당 여직원들은 서로 부둥켜안고 흐느꼈다. 당시 무선부문 이사였던 이기태 부회장은 "잿더미에서 희망의 불씨를 발견한 듯한 묘한 기분이 들더군요"라고 그때를 회상한다.

삼성 애니콜 신화는 그렇게 시작되었다. 설계부터 생산까지 과거와는 수준이 다른 품질혁신이 일어났다. 30% 수준이던 국내 휴대폰 시장점유율이 화형식 4개월 후 50%로까지 뛰어오르며 모토롤라를 제치고 국내 1위가 됐다. 1997년 무선분야 올림픽 공식 파트너로 선정되며 삼성 브랜드를 전 세계에 알렸고, 2002년에는 컬러폰시대를 열며 판매량 1000만대의 텐밀리언셀러가 됐다. 2009년에는 연간 2억대를 팔며 전 세계 휴대폰 시장 점유율 1위인 노키아를 턱밑까지 추격하더니, 2012년 결국 노키아를 제치고 세계 1위에 등극했다.

그림 9-4 삼성그룹 이건희 회장

이건희(1942-2020)는 삼성그룹의 현재 회장이다. 삼성그룹의 창업자 이병철(1910-1987) 회장의 3남으로서, 부친이 타계한 1987년 회장직을 승계하였다. 이건희 회장은 1993년 '신경영'을 선언하고, "마누라와 자식 빼고 다 바꾸자"며 경영혁신을 이끌었다. 위에 소개된 1995년의 '애니콜 화형식'은 품질 위주 경영으로 기업체질을 개선해 세계 일류기업으로서의 면모를 갖추어 나가는 과정에서 보여준 기업가정신의 상징적인 사건이다.

신경영 이후 23년 동안 삼성그룹은 초거대 기업으로 성장했다. 연매출은 1994년 29조 원에서 2017년 380조 원으로 13배 늘어났고, 동 기간 영업이익은 8000억 원에서 39조 원으로 50배 늘어났다. DRAM 하나이던 세계시장 점유율 1위 제품은 20개가 됐다. 이건희 회장은 2014년 5월 심장마비로 쓰러져 6년간의 투병 끝에 2020년 10월 사망했다. 현재 삼성그룹은 고 이건희 회장의 장남인 이재용 부회장이 이끌고 있다.

삼성그룹은 1938년 이병철 창업회장이 세운 삼성상회가 모태이다. 대구지역의 청과류와 포항 지역 건어물을 중국, 일본 등지로 수출했다. 해방 후 삼성물산으로 개명하고, 1950년대 제일제당과 제일모직 설립, 안국화재(삼성화재) 인수, 1960년대 동화백화점(신세계백화점), 동방생명(삼성생명), 새한제지(전주제지) 인수, 중앙일보 창간, 한국비료, 삼성전자 설립, 1970년대 제일기획, 호텔신라, 삼성전기, 삼성석유화학, 삼성중공업, 삼성건설, 삼성조선 설립, 한국반도체(삼성반도체) 인수 등 수많은 산업분야로의 확장을 계속하였다.

2021년 5월 기준, 삼성그룹은 59개의 계열회사(16개 상장사, 43개 비상장사)

를 두고 있으며, 그 외에도 한솔그룹, CJ그룹, 신세계그룹 등 국내 유수의 기업집단이 삼성 이병철 창업회장의 가계에 의해 경영되고 있다.

이건희 회장의 기업가정신은 혁신을 통한 위기극복, 인재우선, 기술중시, 나눔과 상생으로 요약된다. 이건희 회장은 자주 위기를 강조한다. 신경영 선언 시 했던 "마누라와 자식만 빼고 다 바꿔라. 2등은 아무도 기억해 주지 않는다"는 말은 유명하다. 2010년 그룹의 실적이 좋을 때에도 "앞으로 10년 이내에 삼성을 대표하는 대부분의 제품이 사라질 것이므로 다시 새롭게 출발해야 한다. 머뭇거릴 시간이 없다"고 위기의식을 고취했다.

인재제일 철학은 대를 이어 내려온 삼성경영의 핵심요소이다. 이병철 창업회장은 "사람이 곧 삼성이다"고 했다. 이건희 회장도 "천재 한 명이 만 명을 먹여 살린다"며 인재경영을 강조했다. 그는 또 무엇보다 남보다 앞선 기술력이 경쟁력의 핵심이자 부가가치를 만드는 원천임을 강조했다. 품질개선에서 기술혁신으로, 또 창의성과 디자인이 가미된 혁신으로의 한 단계 더 높은 탈바꿈을 끊임없이 독려했다. 이건희 회장은 "이익이 줄어드는 한이 있더라도 사회에 이바지할 수 있는 일들을 해나가는 게 무엇보다 중요하다"며 나눔과 상생도 강조했다.

이제 삼성은 국내는 물론 세계 기준으로도 명실상부한 초일류기업이 됐다. 2020년 한국 GDP 대비 삼성그룹 매출이 차지하는 비중은 20.8%에 이르고, 삼성전자의 영업이익은 국내 제조업 전체가 벌어들인 이익의 43.7%를

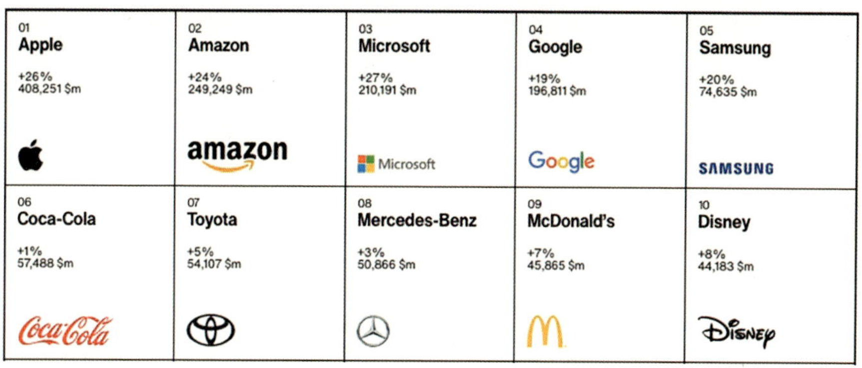

그림 9-5 2021년 전 세계 브랜드 가치 Top 10 기업 출처: 인터브랜드

차지한다. 2021년 미국 경제지 포춘(*Fortune*) 발표 세계 500대 기업 중 15위에 올라있고, 인터브랜드(InterBrand)사 선정 세계 브랜드가치 순위에서 5위(746억 달러)로 평가되었다([그림 9-5] 참조). 미국기업(1~4위)을 제외하면 전 세계에서 가장 높은 브랜드가치를 만들어 냈으니, 참 대단한 업적이다.

그러나 삼성그룹의 발전과정이 항상 순조롭기만 했던 것은 아니다. 이병철 창업회장은 1966년에 터진 '사카린 밀수사건'으로 경영일선에서 잠시 물러나기도 했고, 정경유착, 탈세, 비자금 조성 등에 대한 비판이 끊이지 않았다. 이건희 회장도 안기부 X파일 사건에 이은 비자금 폭로사건으로 경영일선에서 물러났다가 복귀한 바 있다. 이러한 공과 속에 삼성그룹은 대한민국을 대표하는 기업집단으로 명실상부한 위상을 차지하고 있다. 삼성그룹의 임직원들은 이병철 창업회장과 이건희 회장의 기업가정신이 응축된 인재제일, 최고지향, 변화선도, 정도경영, 상생추구를 핵심가치로 여기며 글로벌 일류기업 구현을 향하여 오늘도 전진하고 있다.

▮생각해 보기▮

1. 한국경제에서 삼성그룹이 차지하는 비중은 절대적이다. 어느 정도 비중인지 여러 지표들을 통해 확인해 보고, 이러한 쏠림 현상을 어떻게 바라보아야 할지 밝은 면과 어두운 면에 대해 논의해 보자. 해외에 나가면 외국인들이 South Korea도 신흥 선진국이지만 삼성은 그야말로 초우량기업으로서 금방 알아본다는 말을 많이 듣는다. 반면에, 국내에서는 재벌의 갑질 논란에 삼성전자가 도마 위에 오르내리는 실정이다. 여러분은 삼성의 공과에 대해 어떻게 생각하는가? 토론해 보자.

3. 제철보국에 평생을 바친 '포스코(POSCO) 박태준'

'종이마패'

"그래, 힘든 점은 없나?" 박정희 대통령이 비서실장과 수석비서관들을 내보내고 물어봤다. 박태준 회장은 조심스레 말문을 열었다. "각하, 구매절차 때문에 공기에 차질이 생길까 염려스럽습니다. 구매 창구를 포철로 일원화해주시고, 설비자금 운영절차를 줄여주십시오." 대일 청구권자금과 일본 정부가 보증한 상업차관을 사용해 포항제철소를 건설하는 임무를 진두지휘하던 박태준 회장은 정부 관료와 정치인의 개입과 간섭으로 필요한 설비 구입에 애를 먹고 있었다.

"그러니까 정부 간섭 없이 구매에 대한 재량권을 갖고 싶다는 것 아닌가? 지금 건의한 사항을 여기 적어봐." 박태준 회장의 자세한 설명을 듣던 박대통령이 메모지를 건네주었다. 정치권의 압력 배제, 청구권자금 운용절차 간소화, 설비 공급

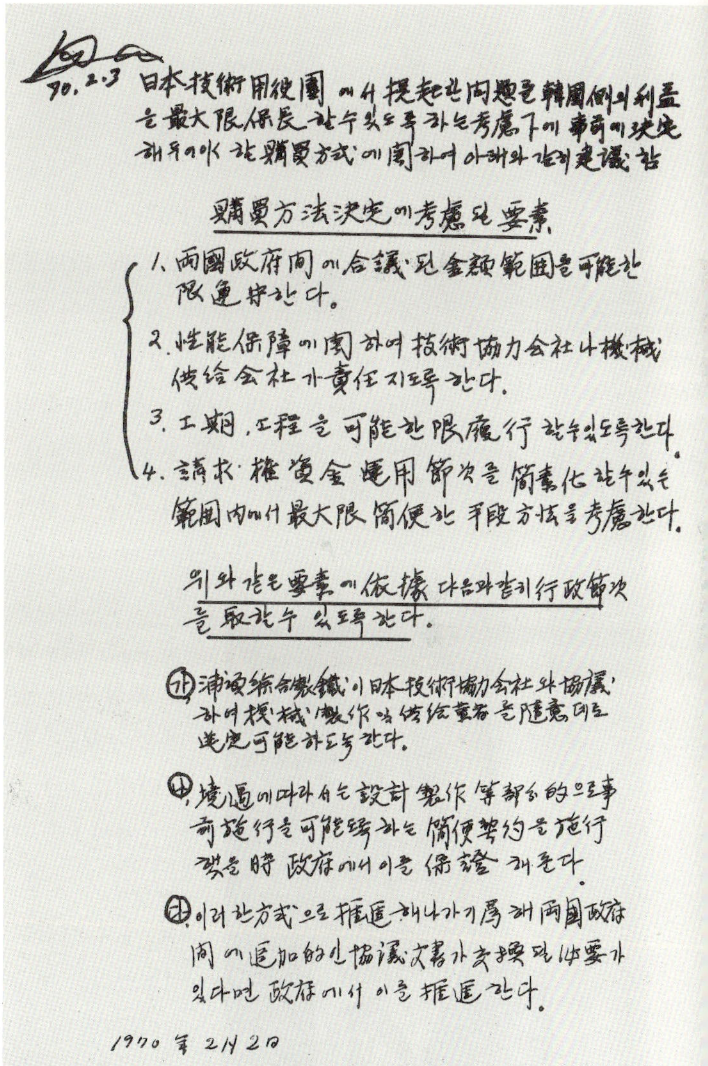

70. 2. 3

日本技術用役團에서 提起한 問題를 韓國側의 利益을 最大限 保障할 수 있도록 하는 考慮下에 事前에 決定해주어야 할 購買方式에 關하여 아래와 같이 建議함

購買方法決定에 考慮될 要素

1. 兩國政府間에 合議된 金額範圍를 可能한 限 遵守한다.
2. 性能保障에 關하여 技術協力會社나 機械供給會社가 責任지도록 한다.
3. 工期, 工程을 可能한 限 履行할 수 있도록 한다.
4. 請求權資金運用節次를 簡素化할 수 있는 範圍內에서 最大限 簡便한 手段方法을 考慮한다.

위와 같은 要素에 依據 다음과 같이 行政節次를 取할 수 있도록 한다.

㉮ 浦項綜合製鐵이 日本技術協力會社와 協議하여 機械製作 및 供給業者를 隨意대로 決定可能하도록 한다.

㉯ 境遇에 따라서는 設計製作等部分的으로 事前施行을 可能토록 하는 簡便契約을 施行했을 時 政府에서 이를 保證해준다.

㉰ 이러한 方式으로 推進해나가기 爲해 兩國政府間에 追加的인 協議文書가 交換될 必要가 있다면 政府에서 이를 推進한다.

1970年 2月 2日

그림 9-6 포스코 역사관에 전시되어 있는 '종이마패'
(종이 왼쪽 상단에 박대통령의 친필 서명이 있음)

자 선정에 대한 포항제철의 재량권 인정, 수의계약시 정부 보증 등 문제와 해결책을 하나씩 적어 나갔다.

내용을 훑어본 박대통령은 메모지 왼쪽 윗부분에 서명을 한 후 돌려주었다. 친필서명으로 자신의 권한을 박태준 회장에게 위임한 것이었다. "내 생각에 임자에게는 이게 필요할 것 같아. 내가 서명해 준 것은 임자가 어려울 때마다 나를 만나러 오기가 거북스러울 것 같아서야. 포항제철과 관련된 일은 박사장이 독자적인 판단에 따라 소신껏 처리해." 종이마패는 그렇게 탄생했다([그림 9-6] 참조).

정부 관료들과 정치인 사이에 박태준 회장이 박대통령으로부터 백지위임장을 받았다는 소문이 퍼졌다. 그들은 이 메모지를 '종이마패'라 부르며 노골적으로 불쾌감을 드러냈으나, 박대통령의 전폭적인 신임의 위력을 감히 무시하지 못했다. 사실 박 회장은 이 종이마패를 극소수의 사람 외에는 꺼내 보이지 않았다고 한다. 그럴 필요가 없었기 때문이다.

박태준 회장은 더 이상 외풍에 휘둘리지 않고 소신껏 제철소 건설에 임할 수 있었다. 1969년 12월 포철 공사현장, 황량한 모래벌판에서 박 회장은 사원들 앞에서 외쳤다. "우리 조상의 혈세로 짓는 제철소입니다. 실패하면 조상에게 죄를 짓는 것이니, 목숨 걸고 일해야 합니다. 실패하면 우리 모두 '우향우' 해서 영일만 바다에 빠져 죽어야 합니다." 결국 포항제철 임직원은 착공 38개월 만인 1973년 6월 포철 1기 설비를 준공, 고로에서 첫 주철을 뽑아내고 눈물을 흘리며 감격의 만세를 불렀다.

그림 9-7 포스코 박태준 회장

박태준(1927-2011) 회장은 박정희 대통령으로부터 종합제철소를 건설하라는 지시를 받고 포항제철(현 포스코) 사장에 취임해 26년을 CEO로 재직하며 무(無)에서 시작한 한국의 제철산업을 세계 3위에 올려놓았다. '미국 카네기를 뛰어넘는 철강王'이라는 평가를 받을 정도로 전 세계 철강사에 위대한 업적을 남겼고, 1987년 철강의 노벨상으로 불리는 베세머 금상(Bessemer Gold Medal)을, 1992년에는 세계적인 철강상인 윌리코프상(Willy Korf Award)을 수상하였다. 박태준 회장의 리더십에 힘입어 포스코는 고로 5기와 용광로공법을 대체하는 친환경 제철 공법인 파이넥스(FINEX) 2기를 갖춘 포항제철소와 고로 5기와 미분탄취입(PCI) 설비를 갖춘 광양제철소 등 2개의 일관제철소를 보유하고 있다.

이 양대 제철소의 연간 조강 생산능력은 총 3300만톤에 이르며, 광양제철소의 연간 조강 생산량은 단일 제철소로는 세계 최대규모이다. 2021년 미국 경제지 포춘(*Fortune*)이 발표한 세계 500대 기업 중 226위에 올라있고, 철강 전문 분석기관인 WSD(World Steel Dynamics)가 실시한 기술혁신·원가경쟁력·재무건전성·원료확보 등 23개 항목 평가에서 2010년 이후 9회 연속 세계에서 가장 경쟁력 있는 철강업체 1위에 선정됐다. 박태준 회장의 기업가정신은 '제철보국'으로 시작한다. 철을 만들어 나라에 보답하겠다는 정신이다. 박 회장은 "철은 산업의 쌀이다. 쌀이 생명과 성장의 근원이듯, 철은 모든 산업의 기초소재이다. 싸고 좋은 품질의 철을 충분히 만들어 나라를 부강하게 하는 것, 이것이 곧 제철보국"이라며, 창업 이래 한시도 제철보국을 잊은 적이 없다고 했다.

제철보국 정신은 곧바로 사명의식, 책임정신, 공인정신, 희생정신으로 이어진다. 국민적 염원과 절박한 시대적 요청 앞에 사명감을 갖는 것은 당연하다고 독려했고, 실패하면 차라리 영일만에 빠져 죽자는 '우향우 정신'은 책임정신의 극한을 표현한 것이었다. 국가의 핵심 기간산업인 철강산업에 종사하는 것은 국민에게 봉사해야 하는 공인이므로 멸사봉공의 희생정신을 발휘하여야 한다고 강조했다.

박태준 회장의 직원에 대한 애정과 신뢰도 언급할 만하다. 회사의 경영자원으로 사람과 물자와 돈을 꼽고, 그중에서 가장 중요한 것은 사람임을 강조했다. 기업은 사람이 하는 것이고, 사람만이 창의력을 발휘할 수 있다는 것이다. 포항제철을 건설하면서도 직원들의 숙소를 제일 먼저 지을 정도로 박 회장의 사람에 대한 애정은 남달랐다. 포스코 정문에는 '자원은 유한, 창의는 무한'이라는 박 회장의 슬로건이 걸려 있다. 자본·기술·경험·자원 모두 없는 4무(無)의 악조건 속에서 시작해 세계적인 철강기업을 일으켜 세운 것은 결국 포스코인들의 정신과 열정이었다.

그림 9-8 포스코 광양제철소 야경

박태준 회장의 기업가정신과 경영철학은 포스코의 기업이념 속에 새겨져 미래를 향한 새로운 도전의 이정표가 되고 있음은 물론 세계 철강인의 가슴 속에서도 귀감으로 살아있다.

1978년 8월 중국 최고 실력자 덩샤오핑(鄧小平, 1904-1997)이 일본 기미쓰 제철소를 둘러본 후 이나야마 요시히로(稲山嘉寛, 1904-1987) 당시 신일본제철 회장에게 "중국에 이런 제철소를 지어줄 수 있느냐"고 물었지만 "불가능하다"는 대답을 들었다. 그래서 덩샤오핑이 이유를 묻자, 이나야마 회장은 "중국에는 박태준이 없지 않으냐"고 되물었다는 일화는 유명하다.

▌생각해 보기▐

1. 공기업이던 포항제철(POSCO)은 2000년 민영화되었다. 준정부기관인 국민연금공단이 2021년 12월 현재 9.25%의 지분을 보유한 최대주주이다. 형식상 민간기업이지만, 아직 최고경영자(회장) 선임과정에서 정권의 입김이 작용하고 있다는 것을 부인하기 힘들다. 이는 불가피한 측면이 있는가, 아니면 그냥 부당한 것인가?

4. '최초, 최고'의 기술을 추구한 'LG그룹 구인회'

"내 아들 맡기고 갈 테니 사람 하나 만들어 주시오."

1946년 구인회 회장이 해방 후 부산에 터를 잡고 무역업을 위한 '조선흥업사'를 설립할 즈음, 사돈집안의 허만정이 자신의 셋째 아들 허준구를 데리고 구 회장을 찾아왔다. 허만정은 아들에게 경영을 가르쳐달라고 부탁하며 사업자금을 내놓았다. 구 회장은 동생 구철회의 맏사위이기도 한 24세의 허준구를 흔쾌히 받아들였다. 훗날 '아름다운 동업'이라 불리는 구씨와 허씨 두 집안의 동업이 시작되는 순간이었다.

그림 9-9 LG그룹 구인회 회장

허만정은 아들 허준구에게 단단히 당부하였다. "모든 경영은 구씨 집안이 하는 것이니 너는 그저 맡은 일을 잘해서 돕는 일에 충실하도록 해라." 허준구는 부친의 당부대로 매사에 구인회를 앞에 내세우고 자신은 절대 앞으로 나서지 않았다. 보이지 않는 곳에서 소리 없이 맡은 일만 열심히 하였다. 이후 허준구는 성장하여 락희(樂喜)그룹의 2인자 자리에까지 오른다.

훗날 구씨와 허씨 집안은 각자의 몫을 나누어 동업을 청산한다. 구씨 가문의 후손들이 LG그룹과 LS그룹을 맡고, 허씨 가문의 후손들이 GS그룹을 맡았다. 구 회장의 사업에 허만정이 투자할 때의 몫이 3대 1 정도였는데, LG그룹에서 GS그룹이 분리될 때의 몫도 거의 3대 1 정도였다고 한다. 잘되면 많이 가지려고 다투고, 안되면 서로에게 책임 떠넘기기 바쁘다는 동업을 상생과 동반성장이라는 미담으로 승화시키는 이들의 모습에 기업계는 감탄을 금치 못했다.

구인회(1907-1969)는 LG그룹의 창업회장이다. 1931년 진주에서 포목을 취급하는 구인회 상점을 연 것이 사업의 출발이었다. 1947년 화장품을 생산하는 락희화학공업사를 설립하여 제조업에 참여하고, 럭키비누·럭키치약으로 기

그림 9-10 금성사가 생산한 국내 최초의 흑백TV(VD-191, 1966년)

업을 키웠다.

1959년 ㈜금성사를 설립하여 국내 최초로 라디오·선풍기·텔레비전 등 전기·전자기기를 생산·수출하였다. 1969년 금성전자㈜를 설립하여 반도체분야에 진출하였고, 호남정유 여수공장을 완공하여 정유업에도 진출했다. 화학과 전자를 중심으로 럭키금성(LG)그룹을 형성하고, 말년에는 연암문화재단을 설립하여 장학육영·문화·사회복지사업의 기반을 마련하였다.

구인회 회장은 '인화(人和)'를 경영이념이자 가훈으로 삼았다. "한번 사귄 사람과 헤어지지 말고, 헤어지더라도 적이 되지 말라"는 말로 후손들을 훈육했다. "조직원간의 신뢰와 믿음이 최고의 경쟁력이다"며 '인화경영'을 실천했다. 그래서 직원들을 교육·훈련시키는 LG연수원의 이름도 인화원(人和苑)이다. 구 회장의 '인화경영' 철학은 2대 구자경 회장과 3대 구본무 회장으로 계승되어 지난 60여 년간 글로벌 LG를 일군 토대가 되었다.

후손들에 계승된 구인회 회장의 기업가정신에는 끊임없는 기술혁신이 자리잡고 있다. 즐거울 락(樂)에 기쁠 희(喜)자를 붙인 락희화학공업사를 세우고 화장품 럭키크림을 제조하여 팔 때, 일본 메이쇼쿠사의 화장품을 비롯한 외국 고급 화장품과의 경쟁에서 이기기 위해 끊임없는 품질향상, 원가절감 노력을 기울였다. 투명한 크림을 개발하고, 향로의 원가를 절감하고, 깨지지 않는 크림통 뚜껑을 개발하기 위해 연구에 연구를 거듭했다. 이러한 노력은 빗, 칫솔 등 우리나라 최초의 플라스틱 제품 생산으로 이어졌다.

"칫솔이 있는데 왜 치약은 없습니까?" 고객의 질문에 구인회 회장은 "대한민국의 자존심을 걸고 꼭 만들어야 한다"며 치약 개발에 돌입했다. 당시 우리나라에는 미제 콜게이트 치약만이 독보적인 인기를 끌고 있었다. 미국과 독일에서 기계를 들여오고 동생 구평회를 미국에 보내 제조기술을 배워오게 하는 등 일 년 가까운 연구와 실험을 통해 드디어 콜게이트 치약과 거의 똑같은 치약을 만들어 냈다.

그러나 구 회장은 거기서 멈추지 않았다. "이건 미제를 베낀 거나 마찬가지 아닙니까. 이래 갖고는 경쟁력이 없습니다. 우리 입맛에 맞는 치약! 김치 먹는 한국사람 입맛에 맞는 치약을 만들어야지요." 마침내 한국사람 입맛에 맞게 톡 쏘는 맛과 은은한 맛의 중간 맛을 내는 치약을 만들어 내기에 이른다. 럭키치약은 출시 3년 만에 콜게이트 치약을 몰아내고 국내 시장을 석권했다.

그림 9-11 국내 최초의 짜는 치약 '럭키치약' 광고

최초의 국산 플라스틱 제품 생산에 이어 최초의 국산 라디오 생산, 최초의 국산 냉장고, 최초의 국산 텔레비전, 최초의 국산 에어컨, 최초의 국산 세탁기, 최초의 합성세제, 최초, 최초… LG그룹의 성장에는 항상 최초라는 수식어가 따라다녔다. 구인회 회장이 시대의 흐름을 정확히 예측하는 혜안, 창의성과 추진력으로 기술혁신을 진두지휘했기 때문이다. 현재도 LG그룹은 전자, 화학, 통신, 서비스 등 사업영역에서 세계적인 제품 및 마켓 리더십을 확보하고 새로운 변화를 주도하고 있다. 고객을 위한 가치창조와 인간 존중의 경영으로 요약되는 구인회 회장의 기업가정신이 살아 숨 쉬고 있는 것이다.

▮생각해 보기▮

1. LG그룹은 구씨와 허씨 집안이 오랫동안 사이좋은 동업관계를 유지해 왔다. 그런데 현실세계에서는 동업은 상생과 동반성장보다는 끊임없는 갈등과 불만스러운 결별로 귀결되는 경우가 더 많은 듯하다. 동업은 해서는 안되는 것인가? 성공적인 동업을 위해서는 어떻게 해야 하는가?

5. SUPEX를 경쟁력의 원천으로 승화한 'SK그룹 최종현'

"회사를 어떻게 경영할 것인가?"

1973년 최종현은 선경그룹의 2대 회장이 되었다. 창업자이자 형이었던 최종건 회장이 폐암에 걸려 48세의 젊은 나이로 유명을 달리하면서 갑작스럽게 수장의 자리를 떠맡게 된 것이다. "기획실을 만들어야 합니다. 그것은 회사가 커나가기 위한 주춧돌입니다." 8년 전 최종현 회장이 직접 영입했던 손길승(1941-)이 대답했다. "그래요. 드디어 당신이 처음 입사할 때 했던 약속을 지킬 때가 되었군요." 최 회장은 손길승이 기획을 맡고 싶다고 했을 때, 당장은 회사가 적어서 기획부가 없으니 같이 회사를 크게 만들어 기획부를 하라고 미루어둔 바 있었다.

"선경이 세계 일류기업이 되려면 어떻게 해야 할까요?"

"지금의 사업구조로는 안됩니다. '완전 계열화'로 사업구조를 바꿔야 합니다."

"맞아, 석유에서 섬유까지! 그게 하드웨어라면 소프트웨어도 있어야 하지 않을까요?"

"소프트웨어요?"

"그래요. 일류기업이라면 경영 무기가 하나는 있어야 합니다. 지금 같은 주먹구구식 경영기법 말고 선진적이면서도 우리에게 맞는 경영기법 말입니다. 두고 보세요. 지금은 설비 경쟁의 시대지만 앞으로는 경영 경쟁의 시대가 올 겁니다."

최 회장과 손 기획실 부장의 토론은 치열했다. 1975년, 최종현 회장은 '신임 선경회장 신년사'를 통해 세 가지 경영원칙을 발표했다. 첫째, 인간 위주의 경영. 기업도 결국 사람이 운영하는 것이니 기업의 요소 중에 사람이 가장 중요하다. 둘째, 합리적인 경영. 과학적이고 능률적으로 한다. 셋째, 현실적인 경영. 아무리 합리적인 경영이라고 해도 현실에 맞지 않으면 힘을 발휘할 수 없기 때문에 현실을 고려한 경영이 중요하다.

최종현 회장은 선경만의 경영방식을 만들어 내기 위해 '선경연수원'을 만들고, 손 부장으로 하여금 학자들과 열정적이고 격렬한 논의를 하게 했다.

그림 9-12 선경경영관리체계 (SKMS)

1979년 드디어 선경경영관리체계 'SKMS (SunKyung Management System)'가 완성되었다. 선경 고유의 경영이념과 경영기법을 체계적으로 정리한 것이었다. 최 회장은 SKMS가 "선경인의 의지를 실현하기 위한 디딤돌이므로 이를 기초로 철저히 준비하고 착실히 힘을 키워 나갈 때, 본인이 평소에 목표로 강조해 온 2000년대 세계적인 일류기업으로 발돋움할 수 있을 것"으로 확신하였다.

훗날 최종현은 일생에서 SKMS를 만든 일이 가장 자랑스럽다고까지 했다. 이후 SKMS는 최고를 추구하는 정신인 SUPEX 도입(1990), 현실경영과 SKMS의 통합(2004), 실천력 제고를 위한 경영관리요소 재정립(2008) 등 지속적으로 개선하여 오늘에 이르고 있다.

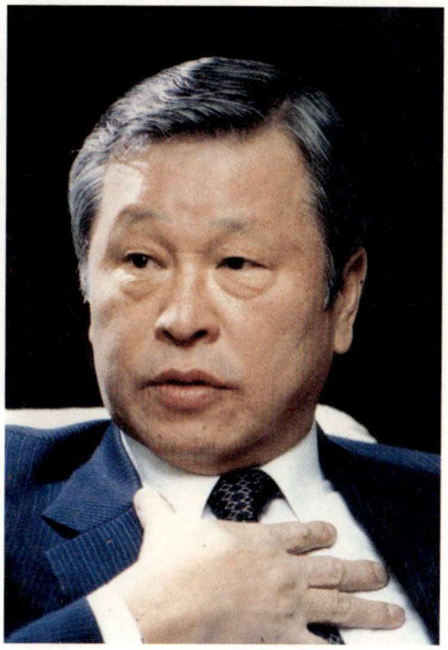

그림 9-13 SK그룹 최종현 회장

최종현(1929-1998) 2대회장은 형인 최종건(1926-1973) 창업회장의 뒤를 이어 SK그룹을 글로벌 기업의 대열에 올려놓고, 3대회장인 아들 최태원(1960-)에게 경영권을 물려주었다. 미국에서 석사취득 후 학문의 꿈을 포기하고 귀국해야 했던 최 회장이었기에 MBC 문화방송의 장학퀴즈 후원, 한국고등교육재단 설립 등을 통해 장

학사업을 적극적으로 전개해 나갔다.

SK그룹은 에너지(SK이노베이션), 화학(SK석유화학), 통신(SK텔레콤), 서비스(SK네크웍스), 건설(SK건설) 등 다양한 산업에서 사업활동을 영위하는 기업집단이다. 모태기업은 1939년 설립된 선경직물로, 최종건 창업회장이 해방 직전 입사했던 인연으로 해방 후 적산기업의 관리인에 임명되었고, 1956년 선경직물을 직접 인수했다. 1980년 정부가 민영화한 국영기업 대한석유공사(유공)를 인수하며 사세를 크게 확장하였다.

또 한 번의 도약은 이동통신사업에서 왔다. 10년 뒤를 생각하는 SUPEX 추구에 따라 이동통신사업에 진출하기로 하고 다각적인 준비를 해가던 선경은 1992년 공기업 한국이동통신과 경쟁할 제2이동통신 민간사업자로 선정되었다. 그러나 노태우 대통령과 사돈지간임을 배경으로 부당하게 선정되지 않았느냐는 의혹에 시달렸고 결국 사업권을 포기하기에 이른다. 그러나 1994년 결국 민영화되는 한국이동통신을 인수하면서 이동통신사업에 진출하였다. 이후 개명된 SK텔레콤이 대한민국을 대표하는 기업으로 발돋움한 것은 주지의 사실이다.

그림 9-14 SK 텔레콤과 음원유통 계약을 체결한 하이브의 BTS

1998년부터 최종현 회장의 뒤를 이어 아들 최태원 회장이 SK그룹을 이끌고 있다. 최종현 회장시대 SK그룹의 대표적인 광고 문안은 'OK! SK!'이었다. '사람이 가장 소중한 자원이라는 믿음, 변치 않고 지켜갈 SK의 믿음입니다. OK! SK!' 그 문안은 최태원 회장시대에 '해내겠습니다. OK! SK!'로 바뀌었다. '우리의 노력과 기술로 내일의 더 큰 대한민국을 만드는 일. 해내겠습니다. OK! SK!' 사람을 믿고 기르는 것이 기업의 처음이자 마지막 목표라는 최종현 회장의 인간 위주 기업가정신은 SK그룹의 오늘을 만든 밑거름이었고, 또 내일을 만들 에너지였던 것이다.

▌생각해 보기▐

1. 남다른 가치를 주는 제품·서비스의 원천인 '기술'과 제품·서비스를 생산하여 고객에게 판매하는 일련의 과정인 '경영관리' 중 어느 것이 더 중요한 요소인가? 경영학 전공자의 역할과 관련하여 생각해 보자.

6. 정열의 현해탄 셔틀경영, '롯데그룹 신격호'

"롯데는 돈 벌어 모두 한국에 보낸다."

신격호 회장의 일본 롯데는 창업 5년 만에 풍선껌 시장점유율 1위를 차지하고 나서 판껌 시장에 진출했다. 당시 일본의 판껌 시장점유율 1위였던 하리스와의 치열한 경쟁이 벌어졌다. 롯데는 TV 등 모든 매체에 대대적인 광고를 통해 '롯데 껌은 입 속의 연인'이라는 말을 유행시켰다. 롯데 껌이 파죽지세로 인기를 얻자 하리스는 '한국인에게 추잉껌 업계를 넘겨준다', '롯데는 돈 벌어 모두 한국에 보낸다'는 악성 소문을 퍼트려 일본의 국민감정에 호소하려 했다.

이 껌 전쟁의 승패를 가른 것은 1000만 엔 경품이었다. 롯데는 껌 포장지 안에 추첨권을 넣고 당첨자에게 1000만 엔과 당첨자가 지정하는 학교에 100만 엔을 기부하는 경품을 걸었다. 이 경품금액은 당시 일본 샐러리맨의 33년치 연봉이었고, 오늘날 화폐가치로 10억 원에 해당하는 금액이다. 사회적 반응은 대단했다. 일본의 온 매스컴은 누가 그 1000만 엔의 당첨자가 될 것인지 관심이었다. 하리스는 공정거래위원회에 고발도 해 보았으나, 조사 결과 법적으로 처벌할 근거가 없었고 오히려 매스컴의 관심만 더 자극했다. 롯데는 이 광고로 10억 엔, 즉 100배 이상의 효과를 보았고 롯데 껌은 천연치클

그림 9-15 롯데그룹 신격호 회장

의 좋은 껌이라는 이미지를 굳혔다. 결국 하리스는 얼마 후 다른 업체에 합병되어 버리고 롯데는 껌 업계의 1위가 되었다.

신격호(1921-2020)는 롯데그룹의 창업회장이다. 1948년 일본에서 ㈜롯데를 설립하며 사업을 시작했다. 젊은 시절 작가 지망생이기도 했던 신 회장은 괴테의 소설 〈젊은 베르테르의 슬픔〉에 등장하는 여주인공 샤롯데를 너무나 좋아해서 회사 이름까지 샤롯데의 애칭인 롯데로 지었다고 한다. 껌 업계에서의 1위 도약을 기반으로 신격호 회장은 롯데상사, 롯데 물산, 롯데리아 등을 세우며 상업·유통업에서 성공을 일구고, 롯데전자, 롯데 데이터센터 등 전자 쪽으로도 사업을 확장하며 일본의 10대 재벌로 성장하였다.

1967년 이후 한국 시장에 진출하여 롯데제과, 롯데상사, 롯데 칠성음료, 롯데 자이언츠, 롯데 쇼핑 등 많은 기업을 설립하며 사세를 확장하였다. 2022년 기준으로 한국 내에 85개 계열회사(상장 11개사, 비상장 74개사)를 거느린 재계 5위권 그룹이다(공정자산 기준). 신격호 회장은 홀수달은 한국, 짝수달은 일본으로 양국을 오가며 그룹을 경영해 '셔틀경영자'라는 별명을 얻었다. 2015년 건강악화로 경영 일선에서 물러난 후 2020년 노환으로 사망했다.

신격호 회장이 오늘날의 롯데그룹을 일구며 보여준 기업가정신은 실패에 굴하지 않는 도전정신, 성취에 안주하지 않고 더 큰 목표를 추구하는 열정, 그리고 품질제일 추구 등이다. 첫째, 불굴의 도전정신. 신격호 회장의 일대기가 성공스토리로만 이루어진 것은 아니다. 창업 초기 남들 못지않은 시련을 겪었다. 다만 그 시련에 굴하지 않고 다시 도전하여 극복해 낸 것이다. 한때 고용주였던 재산가로부터 거금을 투자받아 시작했던 첫 번째 사업에서 공장이 미군의 폭격에 맞아 빈털터리가 된 것을 비롯해, 태평양전쟁은 신 회장에게 거듭된 시련을 안겨 주었다. 종전과 함께 재일한국인이 모두 귀국하는 와중에 신 회장은 일본에 남아 다시 사업을 일으킨다. 거듭된 도전 끝에 진 빚도 갚고 염원하던 기업을 일굴 수 있었다.

둘째, 성장에의 열정. 신격호 회장이 오늘날 세계적인 규모의 기업그룹을 일구는 데는 한국시장에의 진출이 결정적인 계기가 되었다. 한국 롯데는 일본 롯데보다 규모가 훨씬 크다. 2022년 기준, 계열사 수도 한국 롯데가 85개사로 37개사의 일본 롯데보다 두 배 이상 많고, 2020년 매출액 기준으로도 한국 롯데가 56.4조 원으로 일본 롯데(약 51.7조 원)보다 크다. 신 회장이 한국에 진출하여 다양한 사업을 전개하고 그 결과 재계 5위의 기업군을 일군 것에 대하여 한국시장의 발전가능성을 꿰뚫어 보았기 때문이라는 시각도 있고, 기업보국이라는 애국심의 발로였다는 평가도 있다. 아마도 둘 다 이유였을 것이다.

분명한 것은 신 회장은 일본에서 번 돈으로 한국의 산업발전을 위해 투자했고, 정치적 격변과 외환위기로 한국경제가 마이너스 성장을 기록할 때도 투자를 늘렸으며, 또 한국에서 얻은 수익을 한 번도 일본으로 과실송금하지 않고 국내에 재투자했다는 사실이다. 신 회장은 직원들에게 정열의 중요성을 자주 강조했다. "정열이 있으면 어떤 어려운 일이라도 즐겁게 이겨낼 수 있지만 정열이 없으면 흥미도 없어지고, 일의 능률도 없어진다"고 믿기 때문이다. 기업의 발전도 "경영자의 정열과 직원 모두의 정열이 하나의 총체로 나타날 때 비로소 가능하다"는 것이 신념이었다.

셋째, 품질제일주의. 신격호 회장은 어떤 산업이든, 어떤 제품이든 일단 시작하면 최고의 품질을 지향했다. 그래야 고객의 선택과 사랑을 받을 수 있다고 믿었다. 일본에서 껌에 이어 초콜릿 시장에 진출할 때 초콜릿의 본고장인 스위스의 기술자를 초빙하여 원가에 구애받지 말고 스위스보다 더 좋은 제품을 만들어 달라고 주문했다. 그 결과 탄생한 것이 유명한 롯데 가나초콜렛이다.

신 회장은 1967년 한국에 진출할 때 신문광고에서 기업이념을 이렇게 밝혔다. "새롭게 한국 롯데의 사장직을 맡게 되었사오나 조국을 장시일 떠나 있었던 관계로 서툰 점도 허다할 줄 생각하지만, 소생은 성심성의, 가진 역량을 경주하겠습니다. 소생의 기업이념은 품질본위와 노사협조로 기업을 통하여 사회와 국가에 봉사하는 것입니다." 품질본위를 가장 앞에 둔 것이다.

그림 9-16 롯데제과 가나초콜렛 광고

신격호 회장이 실천해 온 기업가정신은 오늘날 롯데그룹의 핵심가치로 승화되어 임직원의 행동지표가 되고 있다. 롯데그룹의 핵심가치는 고객중심, 창의성, 협력, 책임감, 열정이다. 최고 품질의 제품과 서비스로 고객의 신뢰를 얻고, 끊임없는 혁신과 새로운 아이디어로 롯데만의 차별적 가치를 창출해 나가며, 기업의 사회적 책임을 다하여 사회발전에 기여하고, 불가능을 가능으로 만드는 도전정신과 패기로 끊임없이 노력하며 아시아 TOP 10 글로벌 기업을 향해 나아가고 있다.

생각해 보기

1. 일본에서는 '롯데는 돈 벌어 모두 한국에 보낸다'는 악성 소문에 시달리고, 한국에서 얻은 수익을 일본에 송금하지 않고 모두 국내에 재투자했는데, 한국민들은 "롯데는 일본기업 아니냐?"고 의심의 눈초리를 거두지 않는다. 이 정도면 롯데 입장에서는 억울할 법도 한데, 당신이 롯데의 경영자라면 이를 어떻게 받아들여야 하겠는가? 또 어떻게 대응할 것인가?

7. 세계경영, 샐러리맨의 우상 '대우그룹 김우중'

"세계는 넓고 할 일은 많다"

"졸업하고 취직할 건가?" "네."
"기왕이면 우리 회사로 오지 그래." "대우는 싫습니다."
"왜?" "대우는 일을 너무 많이 시키잖아요."
"그러면 어디 취직할 생각인가?"

"외국인 회사에나 가야겠어요. 거기는 돈도 많이 주고 자기 시간도 많거든요. 한 5년쯤 근무하여 얼마쯤 돈이 모아지면 지금 사귀고 있는 여자 친구와 함께 카페나 하나 차려서 편안하게 살고 싶어요."

어느 명문대 졸업반 학생과의 이 대화가 김우중 회장은 못내 불만스럽다. 편한 곳에 가서 돈 많이 벌겠다는 생각이 크게 나무랄 일도 아니고, 카페운영이 해서는 안 될 일도 아니다. 그래도 사회 진출을 앞두고 있는 대학생이, 그것도 제법 좋은 학교에 다니는 대학생이 인생의 목표를 설정하는 데 있어 이렇게 현실 안주적이고 영악한 생각을 하고 있다는 사실이 씁쓸한 것이다.

그림 9-17 대우그룹 김우중 회장

김우중 회장은 젊은이들이 꿈꾸기를 바란다. 그것도 좁은 한반도를 넘어 세계를 무대로 이상을 펼치는 그런 꿈이기를 바란다. 꿈이 있는 사람, 꿈을 키우는 사회, 꿈을 공유하는 민족은 세계사의 주인공이 될 수 있다고 믿기 때문이다. 꿈을 가진 눈으로 보면 세계는 넓디넓은 기회의 땅이다. 행여나 새장 속에 들어가 편안하게 지내겠다는 생각을 거두고, 이 넓은 세상을 마음껏 헤집고 다닐 것을 주문한다. 역경과 실패를 겁내지 말고, 도전의 힘찬 발걸음을 내딛는 일은 젊은이의 특권이면서 동시에 마땅히 해내야 할 의무이기도 함을 강조한다.

김우중(1936-2019)은 지금은 해체된 대우그룹의 창업회장이다. 평범한 샐러리맨이던 그는 1967년 31세의 나이에 자본금 500만 원으로 대우실업을 세우고 30년 만에 재계 2위의 재벌그룹으로 키워냈다. 그래서 김우중 회장은 한동안 샐러리맨의 우상이었다. 그가 1989년에 펴낸 젊은이에게 전하는 교훈과 인생철학서 〈세계는 넓고 할 일은 많다〉는 180만부가 팔린 밀리언셀러였다. 그러던 그가 1997년 경제위기의 파고를 넘지 못하고 좌초했다. 5년 8개월의 해외도피 후 2005년 6월 입국, 분식회계 등 혐의로 구속기소된 후 징역 8년 6개월과 추징금 18조 여원을 선고받았다. 이후 사면·복권되었고, 사망한 2019년까지 대우세계경영연구회가 운용하는 '글로벌 청년사업가(GYBM)' 육성사업의 멘토로 활동하며 젊은이에게 거듭 '꿈'을 이야기했다.

김우중 회장은 '킴기스칸'이라 불린다. 바람처럼 나타나 속전속결로 세계를 휩쓸었던 징기스칸처럼 그도 무서운 속도감으로 세계를 누비며 비즈니스를 전개한 것을 비유한 것이리라. 1996년 우즈베키스탄 자동차공장 준공식 때 우즈베키스탄의 대통령이 붙여준 별명이라고 한다. 김 회장은 한 해에 200일 이상을 해외에 머물며 하루 3시간 이상 비행기를 탔다. 취미가 무엇이냐는 질문에 "나의 취미는 일하는 것"이라고 대답한다. 요즘 청년들 같으면 꼰대라고 째려보고 바로 고개를 돌릴 일이다. 그러나 김 회장은 그처럼 바쁘게 살도록 만드는 일감을 앞에 두고 불만스럽기는커녕 오히려 즐겁기 때문이란다.

그러나 미치도록 일하는 것이 단지 즐겁기 때문만은 아니다. 오직 그렇게 전력투구할 때에만 성취할 수 있다고 믿기 때문이다. "한 가지 일에 미칠 정도로 몰두하고서 실패한 사람을 나는 한 사람도 알지 못한다"고 단언한다. 그는 "세상에 공짜란 없는 법이다. 우연이란 더욱 없다. 삽질을 한 만큼 웅덩이는 깊어지고, 깊어진 만큼 물이 많이 고이기 마련이다"고 말한다.

그림 9-18 대우그룹 로고

대우그룹은 1967년 설립된 대우실업㈜를 모체로 성장하여 32년간 존속한 뒤 1999년 해체된 기업집단이다. 대우실업은 봉제품을 수출하는 무역업체로 시작하여 1970년대 한국경제의 고도성장과 함께 급격히 발전하였고 1975년 종합무역상사가 되었다. 미국 섬유시장에서의 성공에 힘입어 1973년 동양증권(대우증권)을 인수하고, 대우건설을 설립하였으며, 1976년 한국기계공업(대우중공업) 인수, 1978년 새한자동차(대우자동차) 및 대한조선공사 옥포조선소(대우조선) 인수 등을 통해 대우그룹을 형성하였다. 1980년대에도 수출의 날 20억불탑 수상(1982년), 대우통신 설립(1983년), 경남기업 인수(1986년), 대우정보시스템 설립(1989년) 등 성장을 계속하여 현대, 삼성, 럭키금성(LG)

과 함께 국내 4대 그룹으로 발전하였다.

1991년 소련의 붕괴와 냉전체제 완화에 발맞추어 1993년 '세계경영'을 선포하고 동유럽 및 공산권 국가에서의 시장개척에 역량을 집중하였다. 현지 법인을 설립하거나 인수합병을 통해 우즈베키스탄, 미국, 폴란드, 인도, 영국, 중국, 루마니아, 러시아, 말레이시아, 독일, 일본, 체코, 홍콩, 베트남, 우크라이나, 싱가포르, 북한에 이르기까지 끝도 없이 해외사업을 확대하면서 사세를 확장해 나갔다.

'세계경영'의 정점이었던 1998년 말 대우그룹은 해외법인 396개사, 해외 임직원 15만 2천명, 국내 계열사 41개, 국내 임직원 9만 9천명으로 한국 총 수출액의 13.3%를 담당하고, 삼성·LG를 제치고 현대에 이은 재계서열 2위의 글로벌 기업이 되어 있었다. 그리고 모든 것이 신기루처럼 사라지고 만 1999년이 왔다! 1997년 외환위기로 IMF 구제금융을 받고 정권까지 교체된 직후였다. DJ정부는 IMF의 요구대로 혹독한 기업구조조정을 추진했다. 결합재무제표를 도입하고, 상호지급보증을 100% 이내로 해소하며, 부채비율을 200% 이내로 축소하는 것이 재벌개혁의 골자였다.

김대중 대통령은 "죽일 기업은 죽이고 살릴 기업은 살리겠다"며 재계를 압박했다. 1999년 말 시한까지 33개 그룹 중 32개가 부채비율 축소 목표치를 맞췄다. 대우만 빼고… 외환위기 시 환율폭등으로 막대한 환차손을 입고 해외 채권자로부터 부채상환 압력에 시달리던 대우는 결국 1999년 8월 채권단 관리하의 워크아웃에 들어가면서 그룹이 해체되고 역사 속으로 사라지는 비운을 겪게 된다.

김우중 회장은 기업가란 항상 끝까지 최선을 다하여야 한다고 강조한다. 적당히 일하고 적당히 놀며 적당히 즐기자는 '적당주의'를 제일 싫어한다. 적당주의는 앞선 모든 노력과 고생을 일시에 물거품으로 만들어 버릴 수 있다. 김 회장이 사업을 시작한 1960년대 말은 수출품을 실어 보낼 배 편이 충분하지 않았고, 따라서 여러 기업의 부산항 상주원들은 제품을 선적하기 위해 전쟁을 방불케 하는 경쟁을 벌였다. 줄을 서서 선적을 기다려도 새치기를 당하기 일쑤였고, 심한 경우 이미 배에 실린 다른 회사 물건을 끌어 내린 다음 자기네 회사 물건을 싣는 일도 있었다.

이때 각 회사의 상주원은 일하는 자세가 세 가지 부류로 나뉘었다. 첫째는 자기 회사 물건이 부두에 도착된 것만을 확인하고 집으로 돌아가는 사람, 둘째는 부두에 도착된 물건을 확인할 뿐만 아니라 배에 실리는 것까지도 확인하고 돌아가는 사람, 셋째는 배에 실리는 것을 확인하는 데 그치지 않고 배가 떠나는 것까지를 확인하는 사람이다. '이만하면 됐다'고 돌아간 첫 번째와 두 번째 부류는 선적 실패를 맛볼 수밖에 없었음은 물론이다. 반면, 무엇을 하든지 끝까지 철저히 마무리하는 것을 전통이자 기업문화로 지켜온 대우는 배를 놓쳐 본 적이 없고 따라서 납기를 어겨 본 적이 없다고 한다.

김우중 회장이 강조하는 또 하나의 정신은 창조적 도전이다. 남들은 불가능하다는 계산을 하고 있을 때 김 회장은 가능하다는 계산을 한다. "사업가는 1%의 가능성만 있으면 이 가능성을 불쏘시개로 삼을 줄 알아야 한다"는 것이 그의 지론이다. 김 회장은 창조적 도전정신으로 해외시장 개척에 성공함으로써, 이제까지 못했던 것은 '하지 않았기' 때문이며 '하려고 나서는' 이가 없었기 때문이라는 사실을 증명해 보였다.

그림 9-19 김우중 회장의 회고록, 〈세계는 넓고 할 일은 많다〉, 2018년 개정판

외교관계조차 없었던 탄자니아에서 돈 대신 면화를 받고 영빈관을 지어 주었고, 리비아에서는 석유를 받고 도로, 주택, 비행장을 지어주었다. 수단, 리비아, 알제리, 나이지리아, 헝가리 등은 대우의 시장개척 덕분에 외교관계가 수립되었다고 한다. 일을 벌이는 도전의식에 더해 벌여 놓은 일에 몰두하여 결과를 만들어 내는 열정이 필요하다. 개척에는 위험이 따르기 마련이나, 김 회장에게 위기는 '위험한 기회'일 뿐이었다. 기회에 강조점이 있는 것이다.

조그만 회사를 창업해 재계서열 2위의 재벌그룹으로 키워내고, '킴기스칸'이라 불리며 5대양 6대주에서 거침없이 비즈니스를 펼쳤던 김우중 회장. 이제 '대우 신화'는 막을 내렸고, 그는 분식회계, 사기대출, 횡령, 국외 재산도피의 멍에를 지고 있다. 김 회장은 2018년 펴낸 회고록 〈세계는 넓고 할 일은 많다〉(개정판)에서 대우그룹이 DJ정부 경제관료에 의해 기획해체되었다는 주장을 폈다. 일반적 평가는 대우그룹이 막대한 채무와 부실경영을 이겨내지 못하고 해체되었다는 것이다. 그룹 해체 후 대우의 계열사들은 새로운 주인을 만나 뿔뿔이 흩어졌다.

그럼에도 대우인터내셔널, 대우건설, 대우조선해양, 대우정보시스템처럼 대우의 이름을 그대로 유지하고 있는 회사도 있고, 포스코대우, 동부대우전자, 미래에셋대우처럼 인수회사명과 더불어 대우 이름이 유지되고 있는 회사도 있다. 이는 대우그룹 시절 쌓은 역량과 네트워크, 그리고 브랜드 가치가 아직도 빛을 잃지 않고 있기 때문일 것이다. 대우그룹이 역사 속에 사라진 이유와 관계없이 김우중 회장의 진취적이고 창조적인 기업가정신은 아직도 살아 숨쉬고 있다는 반증이기도 하다.

▮생각해 보기▮

1. 대우그룹의 성장과 몰락을 어떻게 평가할 것인지 논의해 보자. 김우중 회장은 진취적인 '세계경영의 전도사'라는 찬사와 '부실경영의 대명사'라는 비난을 동시에 받고 있는데, 여러분의 생각은 어떤가?

8. 모두가 연결된 세상을 꿈꾸는 '네이버 이해진'

"사업은 대포가 아니라 미사일입니다."

이해진 의장은 열정의 중요성을 강조한다. "타겟을 잡아도 사용자가 계속 변하고 환경도 변하며 경쟁자도 나타나고 모든 것이 변합니다. 목표물을 잡고 쏘는 대포가 아니라 끝까지 추격하는 미사일이어야 명중할 수 있습니다. 결국 IT분야는 서비스하는 팀의 열정이 더 중요합니다. 맨 처음에 하려고 했

그림 9-20 네이버 이해진 이사회의장

그림 9-21 네이버 모바일메신저 '라인'

던 것과는 전혀 다른 방향으로 사업이 진행되는 경우도 많은데, 결국 그걸 성공하게 하는 건 열정을 가진 사람의 문제이기 때문입니다." 열정은 곧 몰입이고, 몰입해야 이용자 마음을 읽으며, 이용자 마음을 읽어야 수익모델이 나온다는 것이다. 인터넷 서비스 기업의 수장다운 논리다.

이해진(1967-)은 네이버㈜의 창업자 중 한 사람으로서 현 글로벌 투자책임자(GIO)이고, 일본 라인㈜의 회장이다. 서울대와 KAIST에서 컴퓨터공학을 공부하고, 삼성SDS에서 근무하다 네이버㈜의 전신인 네이버컴을 설립, 국내 최고의 인터넷 포털기업으로 키워냈다. 2007년 세계경제포럼(WEF) 선정 차세대 지도자에 선정되었고, 2012년 포춘(*Fortune*) 선정 아시아에서 가장 주목받는 기업인 25인에 포함됐다.

네이버㈜는 온라인 검색 포털 및 광고 사업을 영위하는 한국의 대표적인 인터넷 기업이다. 1999년부터 동명의 포털사이트 네이버(NAVER)를 통해 통합검색서비스 및 사전, 지도, 이미지, 동영상, 지식iN 등 다양한 서비스를 제공하고 있다. 네이버는 항해하다(navigate)와 사람을 뜻하는 접미사 -er의 합성어로서 '항해하는 사람'을 의미한다.

후발주자로 출발한 네이버는 야후코리아(Yahoo Korea), 다음(Daum) 등 경쟁자들을 차례로 꺾으며 국내 인터넷 검색시장을 평정했다. 2016년 현재, 4200만 명의 회원을 보유하고, 매일 평균 약 2400만 명이 모바일을 통해 네이버에 접속하고 있다. 2010년 아시아를 대표하는 'Tech Company Top 10'에 선정되었다. 2011년부터 일본현지법인 라인㈜를 통해 모바일 메신저서비스 '라인(LINE)'을 출시하고, 일본 등 글로벌 시장에서 시장점유율을 넓혀가고 있다.

이해진 의장은 직원들에게 '이게 우리 회사의 비전이다, 철학이다'를 명쾌하게 얘기한 적이 없다고 말한다. 그러나 그의 언행에 묻어나는 기업가정신은 분명히 있다. 이 의장은 직원들에게 끊임없는 혁신을 주문한다. "IT산업은 끊임없이 급변하는 곳입니다. 그 강대한 싸이월드가 망하고 노키아(Nokia)가 망할 줄 누가 알았겠습니까? 우리는 절대 안주하면 안 됩니다. 매년 다시 태어나야 하고 혁신해야 합니다." 혁신의 원천은 고객이다. 이 의장은 "집요하게 소비자의 욕구(니즈)를 파헤쳐라"고 강조한다. 10년 이상의 사업경험을 통해 소비자가 무엇을 원하는지 아는 회사는 결코 망하지 않는다는 깨달음을 얻었다고 한다. 네이버는 포브스 선정 '100대 혁신기업'에 3년 연속 이름을 올렸다.

이해진 의장의 또 다른 신념은 프로의식이다. "조기축구 동호회는 져도 되지만 프로축구단은 절대 져서는 안 되는 것"처럼, 열심히 하는 것도 중요하지만 기업가는 프로로서의 승부근성이 있어야 한다고 생각한다. 그래서 "내가 만든 서비스가 1등을 하지 못하는 데 잠이 오느냐"는 말을 많이 한다. 그에게는 열심히 했는데도 성공하지 못했다면 일을 제대로 못한 것이다.

이해진 의장의 시선은 국경 너머를 향하고 있다. 네이버는 현재 동종업계 국내 1위의 자리를 견고하게 지키고 있지만, 국내시장은 작다. 이 의장에게 해외시장은 네이버의 성장을 위해 언젠가는 개척해야 할 기회의 땅이었다. 더구나 인터넷에는 국경이 없다. 그러나 해외시장 개척은 결코 녹록하지 않았다. 중국시장에 진출했다가 철수했고, 미국 사업에서도 고배를 마셨다. 일본에서도 고전을 면치 못하기는 마찬가지였다.

이 의장은 일본에서의 10년이 "정말 계란으로 바위치기였다. 고생도 많이 했고, 돈도 많이 썼고, 술도 많이 먹었고, 심적으로 힘들었다"고 회상한다. 그러나 "성공은 실패하고, 실패하고, 실패하고, 더 이상 발 디딜 곳이 없을 때 이뤄지는 것"이라는 이 의장의 신념처럼 일본 사업은 기사회생했다. 2011년 동북부 대지진을 계기로 모바일메신저 '라인'이 탄생하고 나서부터이다. '라인'은 2016년 2월 기준 230개국에서 17개 언어로 서비스가 제공되며, 누적 10억 명, 활성이용자 2억 2천만 명이 사용하는 글로벌 서비스로 성장했다. 이제 '라인'은 중국의 위챗(WeChat), 미국의 왓츠앱(WhatsApp)과 경쟁하며 해외시장을 개척하는 첨병이 됐다.

이해진 의장과 네이버는 고객에게 최고의 가치와 만족을 창출하기 위한 창의와 혁신을, 그리고 도전하지 않는 자 아무것도 얻을 수 없다는 철학으로 도전과 열정을 최고의 기업가치로 추구하며, 사람과 사람, 네트워크와 네크워크가 연결되는 더 크고 나은 세상을 만들어 가기 위해 오늘도 노력을 계속하고 있다.

▌생각해 보기▐

1. 네이버는 강력한 포털 경쟁력을 바탕으로 네이버쇼핑 등 다양한 부가서비스를 제공한다. 독과점, 불공정 논란이 불거지고, 정치권은 규제 움직임을 보인다. 구글이 그렇듯이 플랫폼 시장에서 '승자독식(winner takes all)'은 필연적으로 구조적인 과정이 아닐까 싶다. 시장지배적 사업자에 대한 규제의 정당성에 대해 논의해 보자.

9. 시대를 가르는 승부사 '카카오 김범수'

"이게 뭐야, 대체?"

대학원생 김범수는 어느 날 후배의 하숙집에 갔다가 그가 컴퓨터로 통신하는 것을 본다.

"이게 뭐야, 대체?"

"아, 선배 이거 처음 보셨죠? PC통신 서버에 제가 BBS(Bulletin Board System, 전자게시판)를 만들어 놓은 거예요. 여기에 글도 올릴 수 있고, 여

그림 9-22 카카오 김범수 이사회 의장

그림 9-23 인터넷은행 '카카오뱅크'

기에 들어오는 사람들과 채팅도 할 수 있어요."

"사람들이 여기에 글을 올리고 채팅을 한다고? 그런 상호작용이 일어날 만큼 사람들이 많이 들어오는 거야?"

PC통신을 처음 접한 이 경험은 김범수의 인생을 바꾼다. 3개월여 동안 후배 하숙집에 붙어살며 이 새롭고 신기한 세상을 배웠고, 대학원 졸업논문도 PC통신에 관해 썼으며, 컴퓨터를 원 없이 쓸 수 있는 회사를 찾아 삼성SDS에 입사했다. 그 뒤는 우리가 잘 아는 '자수성가형 억만장자'의 탄생 스토리이다.

김범수(1966-)는 한게임 창업자이며, 소셜네트워크서비스(SNS) ㈜카카오의 이사회 의장이다. 서울대 대학원 산업공학과를 졸업한 후 삼성SDS에 입사하여, PC통신 '유니텔'의 기획·설계·개발·마케팅 등 사업 전반에 참여했다. 이 경험을 바탕으로 누구나 즐겁고 재미있게 지내는 온라인 게임 세상을 꿈꾸며 1998년 한게임커뮤니케이션을 창업했다. 2000년 삼성SDS 동기였던 이해진이 이끄는 네이버컴과 합병하여 NHN을 만들었다. 한게임의 막강한 회원 기반과 네이버컴의 풍부한 자금력의 결합이었다. 합병법인의 공동

대표로서 한게임 재팬을 설립하여 일본시장에 진출하고, 인터넷서비스 업계 최초로 한게임의 유료화를 이끌었다. 2007년 미국사업을 총괄하며 NHN USA 대표를 맡고 있던 김범수는 갑자기 NHN를 떠난다. 큰 규모로 성장한 회사의 관리자 역할에서 벗어나 새롭게 도전하는 길을 택한 것이다.

그는 2년 반 정도의 휴식과 충전 끝에 2010년 카카오의 전신인 아이위랩 대표로 다시 비즈니스에 복귀한다. 카카오톡 서비스로 국내 모바일 메신저 시장의 95%를 점유하는 '카카오톡 신화'를 일구고, 2014년 이재웅이 이끄는 다음커뮤니케이션과 합병하였다. 다시금 콘텐츠와 자금, 그리고 모바일 플랫폼의 결합을 통해 또 한 번의 승부수를 던진 것이다. 2015년 사명을 카카오로 변경했다. 모바일 대 인터넷, 카카오톡 대 라인, 카카오페이 대 네이버페이, … 2017년 김범수 의장은 오랜 시간 동료였고 한때 NHN 공동대표로서 한솥밥을 먹기도 했던 네이버 이해진 의장과 모바일 플랫폼 시장을 차지하기 위한 치열한 영토전쟁을 펼치고 있다.

㈜카카오는 카카오톡, 카카오스토리, 카카오페이, 카카오택시, 카카오뱅크 등 한국의 대표적인 스마트폰 기반 소셜네트워크서비스(SNS) 제공회사이다. 카카오의 대표서비스인 카카오톡은 서비스 출시 6개월 만에 100만 명, 1년 만에 1000만 명이 가입하는 폭발적인 인기를 끌었다. 지금은 2015년 기준 전세계 4800만 명, 국내 3800만 명이 사용하고, 하루 10억 건 넘게 메시지가 오가는 국민메신저가 됐다. 2016년 말 기준 자산이 5조 원을 넘어 대규모기업집단으로 지정됐다. 재벌의 위상을 갖게 된 것이다.

그러나 58개의 카카오 계열사들은 '그룹'이라는 용어 대신 스스로를 '카카오공동체'라고 부른다. 기존 재벌그룹과는 달리 인터넷과 모바일에 특화된 전문기업집단으로서 수평적이고 열린 기업문화를 지향하기 때문이다. 카카오는 모바일 플랫폼을 기반으로 다양한 생활 분야를 연계하여 국민생활에 즐거움과 편리함을 제공하고자 한다. 그러나 모바일 메신저 시장의 95%를 점유하는 카카오가 콜택시, 대리운전, 헤어숍 등 소상공인 영역까지 진출하여 시장을 지배하는 것이 옳으냐는 논란도 있다. 여기서도 골목상권 침해 논란이 제기되는 것이다. 2017년 7월에는 인터넷전문은행인 카카오뱅크 서비스를 시작하여 영업개시 2주 만에 200만개 계좌가 개설되는 또 하나의 돌풍을 일으키고 있다.

카카오의 모든 임직원은 자신의 이름이나 직급 호칭을 사용하지 않고 입사 당시 각자 정한 영어식 이름을 사용한다. 김범수 의장은 '브라이언'이다. 영어식 호칭이 수평적·개방적 기업문화를 정착하는 데 핵심적인 기여를 했다는 평가이다. 김범수 의장은 NHN 시절부터 '전략위원회'를 통한 집단적 토론과 의사결정 방식을 도입했다. 회의 때마다 다양한 의견이 충돌하면서 열띤 토론이 되곤 했는데, 김 의장은 충돌이 없는 조직은 죽은 조직이라는 생각으로 이를 권장했다.

김 의장은 '승부사'이다. 정보통신기술의 시대적 변화에 발맞추어 중요한 결단을 내리며 인생을 바꿔 왔다. PC통신에서 인터넷으로 넘어갈 때 삼성SDS에서의 안정적인 직장생활을 마다하고 한게임을 창업했고, 모바일 시대의 도래와 함께 NHN에서의 기득권을 벗어 던졌다. NHN을 떠나올 때 지인들에게 "배는 항구에 정박해 있을 때 가장 안전하다. 하지만 그것이 배의 존재이유는 아니다"며 또 다른 도전을 예고했다.

김 의장은 세상을 깜짝 놀라게 할 엄청난 아이디어는 없다고 생각한다. 다만 깜짝 아이디어보다 똑같은 현상을 조금 다르게 보는 것으로 새로운 것을 찾으려 한다. 이미 사람들이 간절히 바라고 있는 것들 중에서 모바일 시대가 왔어도 잘 충족되지 않고 있는 것은 무엇일까? 항상 가지고 다니면서 무엇이든 할 수 있는 스마트폰에서 사람들이 가장 필요로 하는 것은 무엇일까? 이런 고민 끝에 김 의장은 '커뮤니케이션'이 핵심가치임을 찾아내고 그 도구로 메신저를 생각하기에 이른다. 카카오톡 프로젝트가 시작된 것이다.

김범수 의장의 기업가정신을 다섯 가지 정도로 정리해 볼 수 있다. 첫째, 김 의장은 관점의 차이가 인생을 바꾼다고 믿는다. 김 의장이 생각의 중요성을 깨닫게 되었다는 일화가 있다. 어렸을 때 친구의 집에서 백과사전을 보다가 1부터 100까지 더한 합을 묻는 질문에 1+100, 2+99, 3+98 등 자신이 창안한 계산법으로 답인 5050을 찾았다는 수학자 가우스(Carl Friedrich Gauss, 1777-1855) 이야기를 읽었다. 이때 강렬한 인상과 함께 문제접근 방식과 관점이 다양할 수 있다는 사실을 어렴풋이나마 깨달았다고 한다. 이후 다르게 보기는 김 의장의 인생을 관통하는 화두가 된다. 같은 현상과 사물을 남들과 다르게 보고, 다른 진단과 실행을 하는 것, 이것이 김 의장이 말하는 관점의 차이다.

둘째, 김 의장은 꿈의 크기가 인생의 크기를 결정한다고 말한다. "꿈꾸는 자만이 자유로울 수 있다. 내게 꿈은 결코 허황되거나 막연하기만 한 것이 아니다. 내가 지금까지 해온 비즈니스 또한 하나같이 꿈같은 이야기들을 구현한 것이라 할 수 있다. 언제나 꿈을 꿈으로 끝내지 않고, 꿈꾸는 것을 게을리하지 않았기 때문에 가능했던 일이라고 생각한다." 셋째, 혼자서 할 수 있는 일은 없다고 믿는다. 좋은 팀을 만들어 함께 해야 한다는 것이다. 김 의장은 자신의 가장 큰 복으로 회사 일을 자기의 일로 생각하는 사람들과 함께 일해 왔다는 점을 꼽는다. 넷째, 충돌을 두려워말고 대화에 나서라고 주문한다. 상호간 신뢰에 기초한 열띤 토론은 조직이 살아있다는 증거이다. 다섯째, 남에게 물어서 자신의 미래를 결정하지 말라고 조언한다. 누구도 내 문제를 나만큼 알고 있지 않을 것이기 때문이다. 스스로 깊게 고민하고, 단호하게 결정하고, 될 때까지 시도하는 것이 중요하다고 믿는다.

김 의장은 대학생들에게 "너무 악착같이 살지 말라"고 조언한다. 열심히 살면 안 된다는 뜻이 아니다. "자신에게 맞지 않는 것, 자신이 행복하지 않는 것, 남을 행복하게 만들 수도 없는 것을 오로지 남의 눈 때문에 애를 쓰는 것이 악착같이 사는 것"인데, "힘들고 어려운 상황일수록 진정 자신이 좋아하는 것, 잘하는 것에서 길을 찾아야" 한다는 뜻이다. 김 의장은 "지금 행복할 수 없다면 영원히 행복할 수 없다"고 생각한다.

김범수 의장은 '벤처기업인 100인 키우기'를 추진하고 있다. 자신이 했던 고생을 후배들은 좀 덜 했으면 좋겠다는 생각과 자신이 살아온 사회를 위해 할 수 있는 일이 무엇일까 하는 고민이 벤처기업인 100인 육성계획으로 구체화됐다. 견실한 벤처기업인 100명이 있으면 그들 자체로 한국의 새로운 성장동력이 될 것이고, 또 새로운 시대를 여는 비전을 만들어 갈 수 있을 것이라는 믿음이다. "모든 가능한 종류의 소셜과 모바일 활동들이 집결되면서도 어디서도 배타적이지 않고 누구에게도 진입장벽이 없으므로 자신들의 수익모델을 만들어갈 수 있는 플랫폼을 만드는 것이 카카오톡이 해나갈 일입니다." 김 의장이 말하는 카카오의 미래, 모바일 세상의 미래다.

▌생각해 보기▐

1. 4차 산업혁명적 기술혁신 흐름은 카카오에게도 위기이자 기회일 것이다. 카카오의 미래전략을 어떻게 준비하고 있는지 조사하고, 그 전략방향이 맞는지 타당성에 대해 평가해 보자.

10. 개성상인의 후예 '아모레퍼시픽 서경배'

'핸드백 속 립스틱'

"전 세계 사람들 핸드백 속에 우리 립스틱이 하나씩 있다면 진짜 좋을 것 같지 않아요?" 직원들과 점심을 먹던 서경배 회장이 불쑥 말했다. "예? 아, 예…" 직원들은 그럴 수 있으면 좋겠지만 너무 비현실적인 꿈이라고 생각했다. 로레알, 랑콤, 샤넬, 클라란스, 에스티 로더, 시세이도… 프랑스, 미국, 일본 유수의 화장품 브랜드가 끝없이 뇌리에 떠오른다. '세계 최고라니 남의 나라 일이 아닌가? 열심히 일하자는 말씀이시겠지.' 말없이 젓가락을 입에 가져가는데, 서 회장이 말을 잇는다. "우리가 다 같이 하면 해낼 수 있지 않을까요? 우리만의 기술, 우리만의 재료, 우리만의 이야기로 제품을 잘 만들면 분명 세계시장에서 경쟁력이 있다고 봅니다. 특히 우리의 정체성이 담긴 아시아의 문화와 지혜를 바탕으로 우리만의 것을 만들어야 해요. 이렇게 된다면 회사의 매출에 도움이 될 뿐만 아니라 국가에도 애국하는 길일 겁니다." '진짜 해 보자는 말씀이신가? 아시아의 문화와 지혜라… 내 아내가 내가 만든 립스틱을 핸드백 속에 넣고 기뻐한다면 나 또한 뿌듯하겠지…'

그로부터 10여 년, 아모레퍼시픽은 미국의 뷰티·패션 전문잡지인 WWD(*Women's Wear Daily*) 선정 2016년 세계 뷰티기업 Top 10의 7위에 올랐다. 아직 로레알, 에스티 로더, 시세이도 등을 앞서지 못했지만, 샤넬, LVMH, 존슨앤존슨 등 강자들을 당당히 꺾고 세계 유수의 화장품기업 반열에 오른

그림 9-24 아모레퍼시픽 서경배 회장

것이다.

서경배(1963-)는 ㈜아모레퍼시픽의 2대 회장이다. 부친인 고 서성환 창업회장의 뒤를 이어 국내 최대의 화장품 그룹을 이끌고 있다. 1997년 사장 취임 당시 110여 억 원이었던 당기순이익을 2001년 1000억 원 이상으로 끌어올리며 경영능력을 인정받았다. 자녀에 대한 칭찬에 인색했던 서성환 회장도 이때만큼은 "잘하는구먼" 하고 칭찬했다고 한다. 2016년 기준 현재의 아모레퍼시픽은 매출 5조 6500억 원, 영업이익 8500억 원, 시가총액 18조 5300억 원[2]의 거대기업으로 성장하였다. 설화수, 라네즈, 마몽드, 이니스프리, 에뛰드 등 5대 브랜드를 앞세워 중화권과 아세안 시장에서 매출액의 24%를 벌어들인다. 2016년 한국과 중국 사이의 사드(THAAD, 고고도미사일방어) 갈등 이후 세계에서 두 번째로 큰 화장품시장 중국에서의 성장세가 둔화되었다. 아모레퍼시픽은 아세안과 유럽·북미시장 공략으로 이러한 지정학적 영향을 극복하려 하고 있다.

서성환(1924-2003) 창업회장은 일제 강점기에 개성에서 동백기름 상점을 운영하던 모친을 돕다가 1945년 해방이 되자 국내 첫 화장품 제조회사인 태평양화학공업사를 설립하였다. 1963년 화장품 방문판매제도를 도입해 화장품 유통에 전기를 마련했고, 1964년 국내 최초로 화장품을 수출했다. 이후 2003년 작고할 때까지 한국 화장품산업을 키우고 이끌어 온 역사의 증인이었다. 서 회장은 개성상인의 후예이다. 그래서 개성상인의 경영철학을 고스란히 보여주고 이를 아들인 서경배 회장에게 그대로 물려주었다. 서 회장은 말한다. "물건을 파는 일은 진심을 팔고 마음을 사는 것이다." "현재의 이익보다 더 중요한 것이 소비자들의 신뢰와 좋은 평가이며 그 첫걸음이 바로 품질이다." "한 우물만 파라." "남다른 제품을 만들어야 한다."

서경배 회장은 1989년 군 복무를 마친 다음날 회사로 출근하라는 부친의 명을 받았다. 경영수업이 시작된 것이다. 첫 임무는 장항에 공장을 짓는 일

2 시가총액은 2018년 3월 30일 기준.

이었다. “100억 원을 줄 테니 네가 한번 해 봐라.” 공사장에서 먹고 자기를 1년 8개월, 초현대식 공장이 무사히 준공되었다. 다음은 경리부였다. 회사가 돌아가는 상황을 가장 잘 파악할 수 있는 곳이었기 때문이다. 부친 서 회장은 아들이 대학생이던 때부터 “회계공부를 해라. 회계를 알아야 회사가 보인다”고 가르쳤다. 서경배 회장은 말 잘 듣는 성실한 아들이었던 것 같다. 부친의 가르침에 따라 회계학원을 따로 다니고, 미국 유학 중 회계공부에 전념하고, 경리부에서도 밤늦게 회사 일에 매달렸다.

서경배 회장의 경영수업이 순탄했던 것만은 아니다. 회사가 거의 망할 뻔한 상황도 겪어야 했다. 1986년 화장품시장 개방으로 외국산 화장품이 물밀듯이 들어오고, 방문판매 실적은 악화되었다. 80년대 진출했던 금융, 전자, 금속분야 계열기업이 부실의 수렁에서 빠져 나오지 못하고 있었다. 저임금, 잦은 잔업과 철야, 높은 이직률 등 경영불안 끝에, 1991년 노조가 임금인상 등을 요구하며 파업에 들어갔다. 본사가 점거되고 25일간 농성이 지속되었다. 생산중단, 대금결제 차질, 불매운동 등 총체적 위기였다. 결국 공권력 투입으로 점거농성은 막을 내렸지만 이때의 노사분규는 아모레퍼시픽 기업사에 큰 상처로 남게 되었다. 당시 기획조정실 상무였던 서경배 회장은 “경제사회적으로 여러 변화 움직임이 있었던 시기였는데 대응이 미숙해 어려움을 겪었다”고 회고한다.

이후 아모레퍼시픽은 개성상인 후예로서의 초심으로 돌아갔다. 잘 알지도 못하는 비관련 다각화를 정리하고 한 우물만 파기로 한 것이다. 태평양 증권(1991년), 야구단 태평양 돌핀스(1995년), 태평양 패션(1995년), 태평양여자농구단(1997년) 등 계열기업의 매각이 이어졌다. 이제 아모레퍼시픽은 자신의 존재이유이자 지향점을 ‘아름다움(美)’에

그림 9-25 아모레퍼시픽 화장품 설화수

서 찾는다. 가장 잘 할 수 있는 것이기도 한 아모레의 소명은 오직 화장품인 것이다.

서경배 회장은 독서광이다. 가장 큰 지혜와 답은 책 속에 있다고 믿는다. 자신의 성공비결은 독서였다고 말하길 주저하지 않는다. 서 회장이 가장 좋아하는 말은 리처드 바크(Richard Bach, 1936-)의 소설 〈갈매기의 꿈〉에 나오는 '가장 높이 나는 새가 가장 멀리 본다'는 구절이다. 서 회장의 시선은 글로벌 시장에 맞추어져 있다. 직원들에게 항상 "전 세계를 우리의 앞마당으로 생각하는 폭 넓은 시야를 갖자"고 강조한다. "언제나 꿈을 갖고 그 꿈을 포기하지 마세요. 꿈이 있는 사람이 실천합니다. 실천해야 성공할 수 있어요. 만약 뜻대로 잘 안되더라도 좌절하지 마세요. 그 실패는 다음 성공의 자양분이 될 겁니다." 서경배 회장이 신입사원에게 주는 말이다. 이 책의 독자인 경영학도에게 주는 말로도 손색이 없다.

생각해 보기

1. 개성상인의 후예들에게 오늘날에도 계승되고 있는 개성상인의 경영철학이 많이 있다. '한 우물만 판다', '이익보다 신용이다', '돈 빌려 장사하지 마라', '장인정신과 품질에 대한 애착', '글 무식보다는 인 무식을 두려워하라' 등이다. 이 철학이 의미하는 바는 무엇인지 현대경영의 관점에서 살펴보자.
2. 위와 같은 개성상인 경영철학은 여전히 유효한 것인지, 아니면 현대 경영에서는 수정될 필요가 있는 것인지 토론해 보자.

11. 한국 금융의 영토를 넓힌 '미래에셋 박현주'

Mirae Asset: Korea's Mutual Fund Pioneer[2]

두 개의 눈을 갖는 것이 매우 중요합니다. 한 눈으로는 무엇이 일어나고 있는지를 살펴보고, 다른 눈으로는 미래를 내다보십시오. 기업가는 미래를 내다보아야 합니다. —박현주, 미래에셋 회장 겸 창업자

2009년 6월 어느 날, 미래에셋의 회장 겸 창업자 박현주는 서울 여의도 금융가에 있는 사무실에 앉아 그의 회사를 다음에는 어디로 이끌어야 할지 생각했다. 미래에셋은 이미 한국 시장을 벗어나 브라질과 인도에 진출하여 소액 투자자들에게 뮤추얼펀드를 판매하고 있었고, 이제는 중국에서의 거점을 확장할 기회를 고려하고 있었다.

박과 그의 팀은 스타 주식중개인이었던 박이 1997년 독립하여 벤처캐피탈(VC)과 투자자문회사를 설립한 이래 12년 동안 상당한 성취를 이루었다. 1998년 아시아 금융위기 이후 규제가 완화될 때, 박은 투자자문회사를 한국의 첫 자산운용회사로 신속히 전환했다. 당시에는 한국에 뮤추얼펀드가 거의 알려지지 않았었고, 박은 그의 상품을 위한 시장을 창출하기 위해 고객들을 가르쳐야 했다.

박은 한국의 팽창하는 중산층의 금융 수요를 충족하기 위한 상품과 서비스를 개발하는 데 초점을 맞췄다. 그 과정에서 미래에셋은 국내시장에서 최초의 뮤추얼펀드, 최초의 사모투자펀드, 최초의 부동산펀드 등 인상적인 '최초' 기록을 쌓아갔다. 2009년에는 5개 주력 회사가 운영하는 총 자산이 한화 107조 원(미화 1,020억 달러)에 이르렀다. 그것은 한국의 주식형 펀드 시장의 3분이 1에 해당하는 것이었다. 미래에셋은 펀드 판매에 있어 한국에서 가장 큰 증권사와 6번째로 큰 생명보험회사를 운영했다. 한국 가정의 약 절반이 최소한 하나의 미래에셋 계좌를 가졌다.

국내시장에서 압도적인 지위를 구축함에 따라, 미래에셋은 그 자산을 확대하고 다각화하기 위해 해외로 눈을 돌리기 시작했다. 2008년에 인도와 브

라질에 자회사를 설립하여 뮤추얼펀드 판매를 시작했다. 2009년이 되자, 박은 세계의 다른 시장에도 투자상품을 판매할 가능성을 고려할 준비가 되었는데, 이에 따라 박과 그의 팀은 중요한 질문들에 대해 숙고해야 했다. 그중 하나로 미래에셋은 중국의 국영 투자조합과 합작회사를 설립하는 것을 고려하고 있었다. 중국의 괄목할 만한 경제성장은 미래에셋에게 풍부한 잠재적 시장을 열어주었다. 그러나 중국의 금융시장은 국영기업들이 지배하고 있었고 외국 기업들에는 최근에야 개방되었다. 규제환경은 여전히 진화하는 중이었다. 미래에셋은 뛰어들어야 할 것인가?

그림 9-26 미래에셋 박현주 회장

이상은 미국의 하버드대학 경영대학원 MBA 교재로 개발된 사례의 첫 페이지 내용이다. 세계 일류의 경영대학원에서 유망전도한 미래의 지도자들에게 초일류기업과 기업가를 소개하는 사례 연구의 교재로 미래에셋과 박현주 회장이 선정된 것이다.

박현주(1958-)는 미래에셋 투자전문그룹의 창업회장이다. 미래에 대한 비전과 자산운용 비즈니스를 향한 꿈을 담아 회사 이름을 미래에셋으로 지었다. 1997년 미래에셋캐피탈과 미래에셋자산운용을 설립한 이래, 끊임없는 금융 혁신을 추구하며, '저축에서 투자로', '직접투자에서 간접투자로', '상품에서 자산배분으로' 우리나라 금융의 패러다임 전환을 이끌었다. 미래에셋을 창립 4반세기 만에 2021년 기준으로 국내에 14개의 계열사[3]와 해외 14개국에 34개의 해외법인을 운영하는 금융기업집단으로 키웠다. 현재는 미래에셋 글로벌투자전략가(GISO)로서 글로벌 금융 영토의 확장을 진두지휘하고 있다.

박현주 회장은 회사 창업의 꿈을 대학 시절부터 키웠다고 한다. 한국의 대

3 미래에셋자산운용, 미래에셋증권, 미래에셋생명, 멀티에셋자산운용, 미래에셋금융서비스, 미래에셋벤처투자, 미래에셋캐피탈, 미래에셋컨설팅, 에너지인프라자산운용, 미래에셋투자와연금센터, 미래에셋박현주재단, 미래에셋펀드서비스, 브랜드무브, 와이케이디벨롭먼트 등

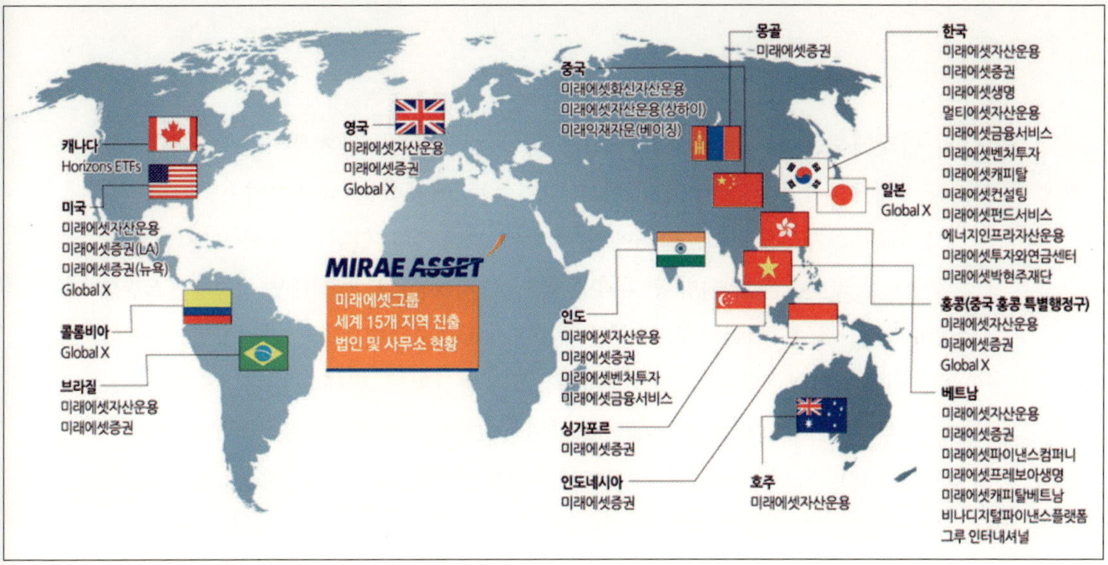

그림 9-27 미래에셋의 해외 진출　　출처: 동아일보 2022. 4. 5자

기업집단(재벌)을 창업하고 키운 기업가 일대기에서 영감을 얻었다. 그것은 대부분 제조업 분야에서의 성장의 역사였다. '자본시장의 발전 없이 자본주의는 발전할 수 없다'는 말을 듣고 증권시장에 대한 호기심이 생겼다. 다른 한편 그의 기업가 영혼을 자극한 것은 일본의 금융서비스산업이었다. 소니(Sony)가 뉴욕증권거래소(NYSE)에 해외예탁증권(ASD)을 발행한 뒤 주가가 크게 상승했고, 증시 호황에 따라 증권주도 천문학적인 수익률을 기록한 것을 보고 한국도 비슷한 경로를 따라갈 것으로 생각했다. '글로벌 경쟁력이 있는 제조업처럼 머지않아 한국의 금융업도 성장할 것이다.' 결론은 금융업종에 뛰어드는 것이었다.

금융에도 은행과 증권이 있다. 그의 선택은 증권회사였다. 1984년 당시 증권회사의 급여는 월 12만 원 선으로 아주 작았다. 인기 있던 단자회사나 종합금융회사는 월 85만 원 선이었다. 당시의 사회적 인식으로 '증권사 직원들은 꼴등 신랑감'이었다. 그래도 박현주 회장은 꿈을 기준으로 그 꿈에 맞는 직장을 선택했다. 증권사에 대한 우호적이지 못한 인식에도 박 회장은 '하고 싶은 일'을 선택한 것이다. 그것 때문에 결혼도 못 할 뻔했다. 증권회사 직원이라고 하니 장인·장모 될 분들이 떨떠름해 하셨단다. 증권업의 성장가능성에 대해 두 시간 동안 프레젠테이션을 하고 나서야 겨우 승낙을 받아낼 수 있었다.

미래에셋은 투자전문그룹으로서, 자산운용, 증권, 벤처투자, 캐피털, 보험 등 비은행 금융산업 각 부문에서 서비스를 제공하는 금융기업집단이다. 앞서 일부 소개되었듯이, 미래에셋은 국내 최초 뮤추얼펀드 출시(1998년, 박현주 1호), 국내 최초 개방형 뮤추얼펀드 출시(2001년, 미래에셋 인디펜던스주식형), 국내 최초 랩어카운트 상품 판매(2001년), 국내 최초 적립식펀드 출시(2004년, 적립형 3억 만들기), 국내 최초 부동산펀드 판매(2004년), 국내 최초 사모투자펀드(PEF) 출시(2004년), 국내 최초 모바일트레이딩서비스(MTS) 출시(2010년), 국내 최초 시카브(SICAV) 펀드 출시(2010년) 등 혁신적인 상품과 서비스를 지속적으로 내놓으며 우리나라의 금융산업을 한 단계 높이는 데 선도적인 역할을 담당했다. 이러한 숨 가빴던 혁신의 여정이 인정받았던 것일까? 2017년에 세계적 권위의 기업사례교육 기관인 '더 케이스 센터(The Case Centre)'에 파괴적 혁신사례로 등재되었고,[4] 2019년에는 기업혁신대상 대통령상을 수상하기도 했다. 2020년 말 기준으로 미래에셋의 총 자기자본은 18조 원이고, 무려 603조 원의 고객자산을 관리하고 있다. 특히 미래에셋증권은 2015년 KDB대우증권과의 합병을 계기로 대형 증권사로 도약했다. 2021년 기준 자기자본이 10조 원을 넘는 국내 유일의 증권사이고, 일본의 노무라증권 및 다이와 증권에 이어 아시아의 톱3 투자회사(IB)가 되었다.

박현주의 기업가정신은 위기 속에서 기회를 찾고, 끊임없이 혁신하며, 미래를 위해 도전하는 것이다. "바람이 불지 않을 때 바람개비를 돌리는 방법은 앞으로 달려 나가는 것이다." 박 회장이 1990년 동원증권 지점장 재직시절 영업 지침으로 삼은 지점훈이다. 역경에 굴하지 않는 방법은 미래를 향해 나아가는 방법뿐이라는 것이다. 박 회장은 어려움이 닥치면 위기를 극복하는 데에 머무르지 않고 한 단계 더 발전할 기회를 찾아내기 위해 노력한다. "그래서 본질이 뭐라고 생각하는가?" 박 회장이 그룹의 중역회의에서 잘 묻는 질문이다. 문제의 본질에 접근하기 위해 신중에 신중을 기하지만, 한번 결정이 내려지면 좌고우면하지 않고 실행에 직진한다. 충분한 숙고 뒤에는

4 "Mirae Asset: A Disruptive Innovator in the Korean Financial Industry," Case-Reference no. SNU-17-02T, Authors: Youngjin Kim; Soo-Wook Kim, Published by: Graduate School of Business, Seoul National University, 2017.

일이 되게 만드는 것이 중요한 것이다. 불확실성 속에서 흐름을 읽어내고 기회로 활용하는 능력은 위험관리와 균형감각을 전제로 할 때만 성공할 수 있다는 점도 간과하지 않는다. "남들이 과민 반응할 때 균형감각을 가져야 한다"고 말한다.

박현주 회장의 화두는 사람, 도전, 혁신, 글로벌이다. 먼저 사람. 박현주 회장은 인재 육성에 대한 욕심이 남다르다. 1997년 창업과 함께 내놓은 경영이념에도 인재 중시의 염원을 담았다. "열린 마음으로 미래를 내다보고 인재를 중시하자"가 그것이다. '스타급 선수' 등 역량 있는 경력자를 대거 영입함은 물론, 글로벌 투자전문가 양성 등 인재육성 프로그램에도 투자를 아끼지 않고 있다. 미래에셋을 '변화에 능동적으로 대처하는 인재 집단'으로 만들기 위한 노력과 함께, '미래를 보는 눈'을 가진 미래 인재 육성에도 힘을 쏟고 있다. 2000년 설립한 미래에셋박현주재단을 통해서다. 다양한 장학 및 교육지원 사업을 꾸준히 펼치고 있는데, 현재까지 3,578명의 국내 장학생, 124명의 글로벌 장학생을 포함해 총 33만여 명에게 글로벌 탐방, 경제/진로 교육 등 인재육성 프로그램을 지원했다.

다음은 도전. 박 회장은 꿈이 크다. 한국 자본시장에 의미 있는 일을 하는 사람이 되고 싶고, 미래에셋을 금융의 삼성전자로 만들고 싶다. "이병철, 정주영 회장 이런 선배들이 어떻게 (회사를) 만들었냐고 하면 그 당시에선 불가능한 세상을 꿈꿨다는 것입니다. 금융의 삼성전자를 만들려면 불가능한 꿈을, 불가능한 상상을 재무적으로 뒷받침하면서 열정을 가지고 도전해야 한다고 봅니다. 상상의 힘을 믿어야 합니다." 한국 경제에 도전정신이 약화되어 간다고 꼬집고, 다시 성장하기 위해서는 리스크를 두려워하지 말고, 도전정신에 기반한 투자의 야성이 필요하다고 외친다. 20세기와는 또 다른 기업가정신의 부흥을 꿈꾼다.

박현주 회장에게 혁신은 차별화이다. 차별화는 기존의 방식에 의문을 제기하면서 만들어진다. "성공하기 위해서는 사람들이 보지 못하는 소수의 관점에서 사물을 바라볼 수 있어야 한다"는 것이 그의 지론이다. 앞에 소개한 한국 최초, 최초, ... 미래에셋이 내놓은 상품에 따라붙는 수식어는 그의 끊임없는 차별화 추구의 발자취이다. 2017년 미래에셋 그룹 창립 20주년 행사에서 박 회장은 "미래에셋은 벽을 문으로 바꾸듯 금융에 새 길을 여는 영원한 혁신가가 되겠다"고 강조했다. 미래에셋 경영뿐 아니라 투자대상 기업에게도 '혁신'을 요구한다. "기업을 가치주·성장주가 아닌 혁신을 하는 기업과 안 하는 기업으로 본다. 혁신하는 기업에 투자해야 한다"고 강조한다.

마지막으로 글로벌. 박현주 회장은 기회도 시장도 해외에 있다고 믿는다. 그래서 결정을 내릴 때 그의 시선은 항상 10년을 내다보는 미래에 그리고 해외에 초점이 맞춰져 있다. 임직원들에게 "글로벌 시장에서 한국의 비중은 얼마 되지 않는다. 해외로 시선을 돌려야 한다," "항상 뜨거운 가슴과 차가운 머리를 유지하고 글로벌 관점에서 현상을 바라보길 바란다"고 독려한다. 한국 금융을 세계에 수출하겠다는 그의 집념이 결실을 맺어 이제는 국내보다 해외에서 돈을 더 많이 버는 회사가 되었다. 2021년 기준 36개국에서 300여 개에 이르는 펀드를 판매하고 있고, 해외 현지에서 설정된 자산도 88조 원을 넘어섰다. 박 회장은 아직도 목마르다. "미래에셋을 아시아 1위의 금융투자회사로 키워 골드만삭스와 어깨를 나란히 하고 싶다"고 말한다.

미래에셋이 박 회장의 포부처럼 세계적인 자산운용사, 글로벌 투자그룹으로 도약하기 위해서는 아직 갈 길이 멀다. 자기자본 확충, 자기자본수익률 제고, 글로벌 경쟁력 확보 등 자원과 역량의 확충과 함께 고객 수익률 실적도 뒷받침돼야 한다. 오늘도 미래에셋은 박 회장의 인재, 도전, 혁신, 글로벌 화두와 사회적 책임이라는 핵심 가치를 기반으로 새로운 상품, 새로운 시장, 새로운 사업 모델을 추구하며 한국 금융의 영토를 넓히고 있다.

▌생각해 보기▐

1. "바르게 벌어서 바르게 쓸 때 / 돈은 꽃처럼 아름답습니다. / 돈이 아름다울 수 있게 / 돈의 가치를 살리기 위해 / 미래에셋이 있습니다. / 돈은 꽃입니다." 여의도 미래에셋 사옥의 옆면에 써 있는 글이다. 돈을 바르게 번다는 것은 무엇이고, 또 돈을 바르게 쓴다는 것은 무엇일까? 경험과 생각을 나누고 토론해 보자.

12. 모든 것을 다 걸어 성공한 '셀트리온 서정진'

'제육볶음과 도토리묵'

"사업 안 하는 꿈을 매일 꾸었다. 모든 것을 놓고 싶었다." 서정진 회장에게 최고 무서운 것은 은행이 문 여는 것이었다. 사채를 빌려 이자를 막는 돌려막기가 언제 끝날지 모르게 계속되었다. 결국 그는 삶을 마감하는 것 외에 달리 방법이 없다고 느꼈다. '어떻게 죽지?' 인터넷을 검색해 보았다. 자살 사이트가 많은 것에 놀랐고, 사이트마다 정보가 풍부한 것에 또 놀랐다. 동호회도 있었고, 결행할 날짜별로 모임이 따로 있었다. 한강에 가 보았다. 교각이 커 보였다. 떨어지다 부딪히면 몰골이 처참해질 것 같았다. 가족과 직원들에게 그런 모습은 보이고 싶지 않았다. 목을 맬까? 체중이 너무 나간다. 줄이 끊어지면 낭패다.

결국 차로 강에 뛰어들기로 했다. 양수리에 갔다. 집에 전화를 걸었다. 유언을 말하는 데 아내는 그게 유언인지 못 알아들었다. 이 세상 마지막 식사를 했다. 제육볶음과 도토리묵을 시켰다. 눈물나게 맛있었다. 강을 향해 엑셀을 밟으려는데, 건너편에서 대형트럭이 돌진해왔다. 간신히 피했다. 죽을 뻔 했다. … 오늘은 일진이 안 좋은 날인가 보다. 딱 보름만 더 살아보고 운수 좋은 날을 택해야겠다. 덤으로 산다고 생각하니 인연을 맺은 모든 사람들이 소중해졌다. 만나는 사람마다 미안하다고 고맙다고 했다. 그렇게 보름을 지나니 자살할 이유가 없어졌다. 은행과, 가족과, 직원과 대화가 시작됐다. 격려가 돌아왔고 힘이 생겼다.

서정진(1957-)은 ㈜셀트리온의 창업회장이다. 1986년 한국생산성본부(KPC) 전문위원으로서 컨설팅을 수행하다 대우그룹 김우중 회장의 눈에 들어 1991년 대우자동차 임원으로 발탁되었다. 김 회장은 당시 겨우 34세였던 서정진에 대해 상황의 핵심을 단순하게 정리하고 해결책을 제시하는 통찰력이 탁월하다고 평가했다. IMF 구제금융 시기를 극복하지 못하고 대우그룹이 해체되자 1999년 사표를 내고 나와 창업하였다. 2000년 동료 6명과 함께 넥

그림 9-28 셀트리온 서정진 회장

그림 9-29 셀트리온 바이오리액터

솔을 설립한 뒤, 2002년 미국의 생명공학회사 제넨텍(Zenentech)의 자회사인 벡스젠(VexGen)과 합작법인으로 셀트리온(Celltrion)을 설립하였다. "모든 것을 다 건 승부를 여러 차례 벌인 결과" 셀트리온을 대한민국을 대표하는 바이오 기업으로 키웠다. 2009년 무역의 날 금탑산업훈장을 수상하였고, 2010년 어니스트앤영 최우수기업가상을 수상하였다.

셀트리온은 의약품 위탁생산(Contract Manufacturing Organization: CMO)으로 사업을 시작한 뒤, '바이오시밀러(biosimilar)'라는 복제의약품 제조업에 진출했다. 2007년 아시아 최초로 미국 식품의약청(FDA)의 동물세포 배양 의약품 생산설비 승인을 획득하였다. 2009년 세계 최초의 항체 바이오시밀러인 '렘시마(Remsima)'를 필두로, 2014년 항유방암 바이오시밀러 '허쥬마(Herzuma)', 2017년 항혈액암 바이오시밀러 '트룩시마(Truxima)'를 개발하였다. 이들 바이오시밀러 의약품은 한국, 미국, 유럽, 일본 등 세계 곳곳에서 판매허가를 획득하고 공식 판매되고 있다. 100년 역사의 제약회사도 불가능하다고 말해 온 항체 바이오시밀러 제품군을 개발하고 글로벌 시장 점유율을 확대해 가고 있는 것이다. 그 결과 2016년 대기업집단으로 지정되고, 2017년 매출액 9500억 원, 영업이익 5220억 원의 실적을 실현하였다. 2018년 4월 기준, 창업 16년 만에 시가총액 약 36조 원으로 우리나라 제약업 상장회사 중 3위, 글로벌 제약회사 중 16위의 기업이 되었다.

이렇듯 바이오산업의 변방이었던 한국에서 셀트리온을 세계적인 바이오시밀러 기업으로 키우는 과정이 그리 순탄했던 것은 아니다. 첫 번째 시련은 생산설비 준공을 앞둔 2004년에 왔다. 위탁생산할 예정이었던 벡스젠의 에이즈 백신 3상 실험이 예기치 못하게 실패로 끝난 것이다. 주주들은 동요하

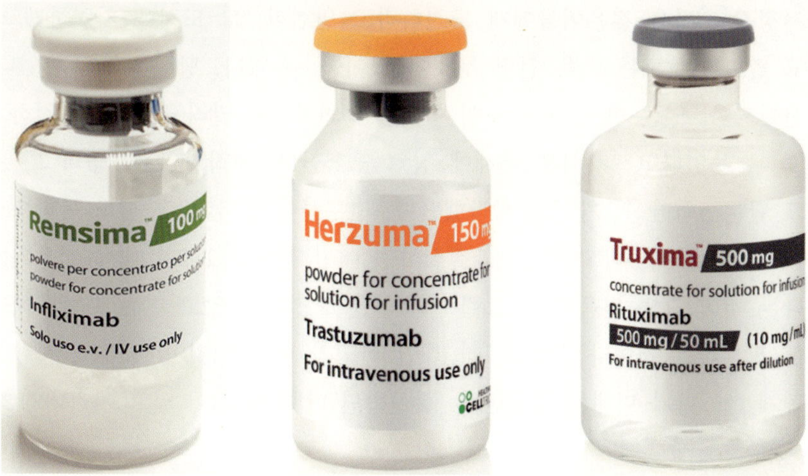

그림 9-30 셀트리온이 개발한 바이오시밀러 약품(렘시마, 허쥬마, 트룩시마)

고, 자금 조달이 차단되었다. 은행이란 은행은 다 찾아 다녔지만 제도금융권의 대출은 불가능했다. 부도를 막기 위해 명동 사채까지 썼다. 신체포기 각서도 여러 번 썼다. 사채업자들 회식 때, 서 회장은 더 이상 떼어 갈 장기가 없다는 말이 나돌 정도였다고 한다. 창업 후 2005년까지 3년 동안 단 1원도 안 벌리는데 밑도 끝도 없는 투자가 계속됐다. 월급을 집에 가져가는 것은 꿈도 꾸지 못했다. "아내에게도 할 짓이 아니더라고요. 돈이라고는 추석과 설에 10만원씩 가져가는 게 전부였습니다. 참으로 면목 없는 날들이었습니다."

그러나 서 회장은 멈출 수 없었다. 돌아가기에는 너무 멀리 왔기 때문이었다. 손을 놓고 싶어도 너무 많은 피해자 때문에 놓을 수 없었다. "그래, 오늘 하루만 더 살아 보자"는 각오로 하루하루를 버텨나갔다. 그러나 위기 때마다 포기하지 않고 번번이 더 이상 걸 것이 없을 정도로 전부를 걸었던 집착이 단지 돌아가기에 너무 멀리 왔기 때문만은 아니었을 것이다. 그것은 무모한 모험이 아니었다. 냉철한 판단으로 성공을 확신했기 때문이었다. 서 회장은 바이오시밀러 사업의 가능성을 이해하지 못했던 사람들에게 '사기꾼' 소리를 수 없이 들으면서도 거대한 블루오션을 개척하는 기업가(앙트러프러너)의 꿈을 접지 않았다. 2017년 셀트리온의 TV광고 카피는 '신념이 있으면 꿋꿋이 달리기'였다.

서정진 회장은 젊은이들에게 도전하라고 말한다. 그 도전을 치열하게 하라고 말한다. "모든 것을 걸면 무엇이든 이룰 수 있다. 당신은 할 수 있다. 당신이 살아 있는 한 실패한 것이 아니다." 변명하지 말라고 한다. 도전하기엔 너무 늦었다고? 자신은 45세에 창업을 했단다. 시작할 돈이 없다고? 자신도 단돈 5천만 원 가지고 시작했단다. 전문성이 없다고? 자신도 독학으로 바이오산업을 배웠다고 말한다. 절실하면 어떤 분야든 1-2년 내에 전문가가 된다는 것이 그의 믿음이다. 그런 이유들은 도전하지 않고 현실에 안주하기 위한 핑계라는 것이다. "스마트하고 안 하고가 중요한 것이 아니다. 하루를 어떻게 쓰느냐가 미래를 결정한다. 절실하면 다 하게 되어 있고 이겨내게 되어 있다."

서 회장은 성공하고 싶은 사람은 주위에 도와줄 사람을 많이 만들어야 한다고 말한다.

> "공부와 정보도 중요하다. 폭도 넓어야 한다. 그러나 그것은 성공의 필요조건일 뿐이다. 충분조건은 좋은 사람이 되는 것이다. 아무리 잘나고 똑똑해도 혼자서 이룰 수 있는 일은 많지 않다. 함께하고 도와줄 수 있는 아군이 많아야 성공할 수 있다. 가족과 파트너가 한마음으로 도와야 한다. 그러기 위해서는 좋아하고 행복해 하는 사람이 되어야 한다. 미안함과 고마움을 알고 그 마음을 표현해야 한다. 목숨 끊을 생각으로 모든 걸 내려놓으니까 알게 되더라."

서정진 회장의 기업가정신(앙트러프러너십)은 다섯 가지로 요약된다.[5] 첫째, 아무도 눈여겨보지 않던 분야에서 새로운 이윤기회를 포착하는 통찰력이다. 바이오산업에 대한 정보를 얻고자 40여개 나라를 돌며 수백 명의 바이오전문가에게 자문을 구했다. 그 결과 미래산업의 대세는 헬스케어가 될 것이라는 안목을 길렀다. 또한 많은 생체의약품의 특허가 머지않아 만료됨을 파악했다. 바이오시밀러 의약품의 시대가 열릴 것임을 확신했다.

둘째, 자원의 제약에도 불구하고 끈질긴 기회추구로 사업화에 성공한 능

5 소비자평가, "셀트리온 '서정진 회장', 그는 누구인가?" 2018. 1. 25.

력이다. 창업초기 자금난으로 사채시장을 전전하면서도 좌절하지 않고, 생산설비 건설과 수익기회 창출에 매진하였다. 결국 2005년 미국 굴지의 제약사 BMS社의 바이오 의약품을 위탁생산하게 되면서 위기를 넘기고 발전의 전기를 만들었다.

셋째, 위험을 감수하고 실패를 두려워하지 않은 도전정신이다. 바이오시밀러는 100년 역사의 제약회사도 불가능하다고 여겨져 온 영역이다. 서 회장은 설계부터 준공까지 세계적 수준의 생산설비를 구축하면 바이오시밀러를 못 만들 이유가 없다고 확신했다. 난관에 처했을 때 오히려 투자를 확대하는 역발상으로 도전했다.

넷째, 직원을 중시하고 끝까지 함께하는 기업문화를 만들었다. "똑똑한 사람은 혼자 시작할 수는 있지만 마무리는 못한다. 마무리는 주위에 아군을 거느린 사람의 몫이다"라며 직원과 공동운명체가 되었다.

다섯째, 기회포착의 핵심을 사회적 가치 창출에서 찾았다. 바이오시밀러는 특허가 만료된 오리지날 바이오의약품의 복제의약품이다. 효능은 동등하고, 가격은 30% 이상 저렴하다. 따라서 기존보다 더 많은 사람들이 바이오의약품의 혜택을 받을 수 있다. 인류 건강과 복지 증진에도 기여하는 사업기회였던 것이다.

서 회장의 다섯가지 기업가정신은 읽을수록 곱씹어볼 만한 가치가 있다.

서정진 회장은 자신의 존재 자체가 많은 사람들에게 희망의 메시지가 되기를 바란다. 가난한 집에서 태어났지만, 늦게 창업했지만, 밑천도 별로 없었지만, 성공의 꿈을 이룬 산 증인이기 때문이다. 그러나 꿈은 그냥 이루어지지 않는다는 점도 준엄히 지적한다. 치열해야 되는 것이다. 포기하지 않아야 되는 것이다. "단 하루도 그냥 살지 않았다"는 그의 외침이 오래도록 가슴에 여울진다.

▮생각해 보기▮

1. 기업가(앙트러프러너)는 사업기회를 추구하기 위해 많은 위험을 무릅쓰고 불확실성에 도전한다. 성공하면 주주, 채권자, 사회로부터 대기업가로 칭송

을 받겠지만, 실패하면 사기꾼이라는 비난과 함께 법적 책임도 지게 된다. 기업가가 비전을 제시하고 투자를 유치하고 자금을 빌리는 데 감수할 수 있는 위험의 수준은 어느 정도까지여야 할지 서로 토론해 보자.

13. 맺는 말

끊임없는 도전과 개척정신, 혁신을 통한 위기극복, 기업보국 사명의식, 기업의 사회적 책임과 기여, 공익가치와 결합된 사업기회 추구, 끝없는 기술혁신, 경영관리체계의 혁신, 더 큰 목표를 추구하는 지치지 않는 열정, 진취적인 세계시장 개척, 비전을 향한 열정과 혁신, 시대적 흐름을 읽는 통찰과 결단. 이 장에서 소개된 우리나라 기업가들이 시작은 미약했지만 한국경제에 없어서는 안 될 규모로 기업을 일구는 과정에서 보여준 기업가정신이다. 기업가정신은 '현재 보유하고 있는 자원이나 능력에 구애받지 않고 기회를 포착하고 추구하는 사고방식 및 행동양식'이다.[3]

기업가정신이 충만한 기업가는 남이 보지 못하는 사업기회를 먼저 포착한 후에, 이 기회를 실현하는 데 필요한 자원이 부족하다면 외부로부터 확보해서라도 자원 격차를 메우려고 노력한다. 보유자원의 제한성보다 더 중요한 것은 바로 사업기회의 포착과 집요한 추구이다. 사업기회란 고객과 사회에 가치 있는 새로운 제품, 서비스, 기술을 개발하거나, 생산과 소비를 새로운 방식으로 연결하는 비즈니스모델을 구축할 때 생긴다. 포착된 기회를 집요하게 추구한다는 것은 직면한 어려움이나 실패에 좌절하지 않고, 할 수 있다는 신념과 지치지 않는 열정, 그리고 고정관념을 벗어나는 창의적이고 혁신적인 접근방식으로 문제를 해결하고 앞으로 나아가는 것을 의미한다.

우리나라 기업가들이 이러한 개념에도 꼭 들어맞는 기업가정신으로 무장하여 시대가 요구하는 사업기회를 포착하고 이를 실제로 구현해 왔다는 사실은, 세계 최빈국 경제에서 2020년 기준 1인당 GDP 3만불이 넘는 선진경제로 성장한 한국의 도약이 결코 우연의 산물이 아니었음을 설명해 준다.

경제는 역동적이고 기업의 흥망성쇠 또한 멈춰서 있는 법이 없다. '한강의 기적'을 일군 견인차라는 칭찬을 뒤로 하고, 대한민국의 기업가는 또 한 번 세계 경제의 전환기를 목도하고 있다. 엔화 약세로 경쟁력을 회복한 일본 기업이 부활하고 있고, 중국은 대규모 투자와 기술습득을 발판으로 세계 최강 경제로 부상하고 있다. 미국도 자국우선주의를 표방하며 수입규제 등 보호무역주의 확산에 앞장서고 있다. 무엇보다도 초연결, 초지능, 초현실을 향한 제4차 산업혁명적 기술혁신이 전방위적으로 진행되고 있다. 이러한 급격한 변화의 흐름 속에 한국 기업가들이 변화와 혁신을 앞장 서서 이끌고 있는지 성찰할 필요가 있다.

정부는 중소기업 및 신생기업들의 창의적인 아이디어를 신산업으로 발전시키는 생태계 환경을 조성하고, 제품·서비스 모듈과 ICT 기술의 융합을 통해 '선진국 추격형'에서 '세계시장 선도형'으로 산업기반 전환을 앞장서겠다고 한다. 우리나라의 경제성장 70년을 돌아보면 정부 정책방향과 세계경제 흐름도 매우 중요하지만, 경제성장을 이룩한 주체는 결국 그 속에서 기회를 포착하고 도전하여 글로벌 경쟁을 이겨 나간 대한민국의 기업과 기업가들이었다.

최근 우리나라 기업가정신의 약화 추세를 우려하는 조사결과도 발표되고 있지만,[6] 대한민국의 기업가에게는 위기를 기회로 만드는 시련극복의 유전자가 있다. 이 장의 들어가는 말에서 소개했듯이, 경영학의 아버지 피터 드러커도 "기업가정신을 실천하는 데 있어 1등은 단연 대한민국"이라고 하지 않았는가? 우리나라의 기업가들이 다시금 기업가정신을 꽃 피워 격변의 제4차 산업혁명시대에도 혁신하고 도전하여 새로운 성공신화를 만들어 갈 것을 믿고 바란다.

자, 이제 이 책의 마지막 장인 기업가정신과 창업으로 넘어가자.

---

6 한겨레 신문 2021.11.21.자, "국내 기업가정신 선진국 대비 낮고 1980년대 이후 지속 하락."

참고문헌

1) 현대그룹 정주영

- 고승희 (1999), "아산정신과 현대그룹의 기업문화" 경영사학 19.
- 정주영 (1991), 〈시련은 있어도 실패는 없다〉, 제삼기획.
- 정주영 (1998), 〈이 땅에 태어나서: 나의 살아온 이야기〉, 솔.

2) 삼성그룹 이건희

- 이건희 (1997), 〈생각 좀 하며 세상을 보자〉, 동아일보사.
- 이경식 (2010), 〈이건희 스토리: 생애와 리더십〉, Human & Books.
- 이상훈 (2013), 〈창업의 신 정주영, 수성의 신 이건희〉, 머니플러스.

3) 포스코 박태준

- 백기복 외 (2014), 〈박태준의 리더십2〉, 아시아.
- 서갑경 저, 윤동진 역 (2011), 〈철강왕 박태준: 경영이야기〉, 한언.
- 이대환 (2016), 〈박태준 평전: 세계 최고의 철강인〉, 아시아.

4) LG그룹 구인회

- 고정일 (2015), "한국의 화학·전자산업 개척 LG 구인회" 주간조선, 9.07.
- 이경윤 (2003), 〈구인회처럼, 대한민국을 바꾼 경제거인 시리즈 3〉, FKI미디어.
- 전경일 (2010), 〈구씨 이야기 허씨 이야기〉, 다빈치북스.

5) 최종현과 SK그룹

- 이건희 외 (2001), 〈SK그룹 최종현 연구〉, 수서원.
- 최종현 (1992), 〈도전하는 자가 미래를 지배한다〉, 을지서적.
- 최종현회장추모위원회 (2008), 〈최종현, 그가 있어 행복했다〉, FKI 미디어.

6) 롯데그룹 신격호

- 김승욱 (2015), 〈애국의 기업가정신, 롯데그룹 신격호의 성공원인〉, 자유경제원.
- 김태훈 (2014), 〈신격호는 어떻게 거인 롯데가 되었나〉, 성안북스.
- 임종원 (2010), 〈롯데와 신격호, 도전하는 열정에는 국경이 없다〉, 청림출판.

7) 대우그룹 김우중

- 김우중 (1989), 〈세계는 넓고 할 일은 많다〉, 김영사.
- 신장섭 (2014), 〈김우중과의 대화: 아직도 세계는 넓고 할 일은 많다〉, 북스코프.
- 최승노 (2014), 〈김우중, 왜 그를 킴기스칸이라 부를까〉, 자유경제원.

8) 네이버 이해진

- 윤선영 (2007), 〈이것이 네이버다〉, SYNC.
- 임원기 (2007), 〈네이버, 성공신화의 비밀〉, 황금부엉이.
- 조선비즈 (2017), "포털 공화국을 연 새 리더십 이해진 네이버 의장", 2.21.

9) 카카오 김범수

- 문보경 · 권건호 · 김민수 (2011), 〈톡톡 국민앱 카카오톡 이야기〉, 머니플러스.
- 임원기 (2012), 〈어제를 버려라: 진화하는 아이콘 김범수의 끝없는 도전〉, 다산북스.

10) 아모레퍼시빅 서경배

- 윤정연 · 정지현 (2017), 〈멀리 보려면 높이 날아라: 아모레퍼시픽 서경배 회장의 삶과 경영 이야기〉, 알에이치코리아.
- 한미자 (2015), 〈나는 다시 태어나도 화장품이다〉, 알에이치코리아.

11) 미래에셋 박현주

- 박현주 (2007), 〈돈은 아름다운 꽃이다〉, 김영사.
- 홍기영 (2022), "K매니지먼트 ⑨ 미래에셋 금융그룹", 2022.1.6., MK뉴스.
- 최승노 (2016), 〈금융의 삼성전자 꿈꾼 미래에셋 박현주 성공신화〉, 자유경제원.

12) 셀트리온 서정진

- 김현우 (2012), 〈새로운 부자코드〉, 위즈덤하우스.
- 소비자평가 (2018), "셀트리온 '서정진 회장', 그는 누구인가?", 1.25.
- 정의정 · 희망나눔 주주연대 (2018), 〈23번가의 기적〉, 렛츠북.

13) 기타

- 배종태 (2010), "주춤거리는 한국 살릴 '起'업가 정신", DBR, 68: 18-24.
- 황인학 (2016), "한국 기업가정신의 장기 변화 추이 분석", KERI Insight, 16(3): 1-24.

❚미 주❚

1. 고승희 (1999), "아산정신과 현대그룹의 기업문화", 경영사학, 19: 95-144.
2. Khaire, M., M. S. Chen, and G. A. Donovan (March 2010), "Mirae Asset: Korea's Mutual Fund Pioneer." *Harvard Business School Case 810-123* (Revised June 2011).
3. 배종태 (2010), "주춧거리는 한국 살릴 '起'업가 정신", DBR, 68: 18-24.

10 장

기업가정신과 창업

1. 기업가정신은 "정신"이 아니다
2. 기업가, 또는 앙트러프러너(entrepreneur)
3. 우리는 지금 왜 기업가정신(entrepreneurship)을 강조하는가?
4. 기업가정신(entrepreneurship)의 현재
5. 실리콘밸리
6. 우리나라의 스타트업 생태계

1. 기업가정신은 "정신"이 아니다

이 파트의 제목은 '기업가정신'이다. 기업가정신은 원래 앙트러프러너십(entrepreneurship)을 우리말로 옮긴 말이다. 그런데 왜 '기업가정신'이 이 책의 맨 마지막 장에 위치하고 있을까, 혹시라도 의문을 갖는 독자들도 있을 것이다. 다른 주제에 비해서 중요성이 낮아서일까? 아니다. 가장 중요하기 때문이다. 1장에서 다룬 시장과 효율, 3장에서의 기업의 존재이유, 4장에서의 기업의 역사를 일관되게 하나로 꿰뚫는 개념은 다름 아닌 '기업가정신(entrepreneurship)'이다. 앙트러프러너십의 본래적 의미는 정신이라기보다는 '위험을 무릅쓰고 진취성을 발휘하여 돈을 버는 기업 소유주나 경영자의 행동 성향(the act of being an owner or manager of a business enterprise who makes money through risk and initiative)'[1]을 의미한다.

그런데 앙트러프러너십에서 앙트러프러너(entrepreneur)를 '기업가'로, 십(ship)을 '정신(精神)'으로 번역함으로써 여러 가지 오해가 생겨났다. 우선 기업가(企業家)라는 말부터 말썽이다. 주변을 한번 돌아보라. 기업가 아닌 이를 찾기가 어려울 정도로 기업이 많다.

생각해 보면 우리나라에서 아저씨들을 부르는 가장 흔한 호칭인 '사장님'이 바로 기업가라는 의미가 아닌가? 그리고 '정신(精神)?' 이 둘을 결합하면 사장님들의 정신상태. 이게 대체 무엇이란 말인가? 인터넷을 조금만 검색해 보면 이 단어를 표피적으로 이해하고서는 젊은 친구들에게 정신교육을 시키자는 엉뚱한 주장을 하는 글이 넘쳐난다. 오해다. 예를 들면 아래와 같은 글이 있다. (일단 비문이라는 점이 안타깝지만, 그것보다는 내용에 주목하자).

> "정신, 어떠한 정신을 가졌는가에 따라 과정과 결과에 막대한 영향을 미치는 것이 정신이다. 그래서 장인에게는 장인정신이, 기업가에는 기업가정신이 반드시 필요한 이유이다." 「2016년 12년 E신문사에 실린 컬럼 중」

결론부터 이야기하자면, 기업가정신은 '정신(精神)'을 의미하지 않는다. 최근에는 이를 앙트러프러너십, 혹은 줄여서 앙트십이라고 부르거나 한자를 바꾸어서 起業家精神(맨 앞 글자가 "세울 기"라는 것만 알자)이라고 쓰는 사람들이 늘어나고 있다.[1] 그럼 '정신'이 아니라면 기업가정신은 무엇이란 말인가?

기업가정신은 기업가(앙트러프러너, entrepreneur)들의 행동 '과정(process)'을 일컫는 말이다. 특히 제품, 서비스, 사업모델, 공정 측면에서 전에 없던 새로운 것을 것을 탄생시키는 일련의 과정을 지칭하는 말이다. 그래서 사람, 생각, 행동을 모두 포함하는 개념이 된다. 우선 앙트러프러너라는 사람들에 대해 살펴보기로 하자.

2. 기업가, 또는 앙트러프러너(entrepreneur)

이미 서술한 것처럼 앙트러프러너는 '기업가'로 옮겨지지만 그저 세상에 흔한 사장님들이라는 뜻은 아니다. 예컨대 아파트 상가에 흔한 치킨가게 점주를 앙트러프러너라고 부르지는 않는다. 하지만 만일 그가, 새로운 치킨 메뉴를 끊임없이 고민하고 그동안 없던 방식의 배송서비스를 출시할 예정이라면, 그리고 이를 통해 큰 성장과 확장을 추구하고 있다면 그는 앙트러프러너라고 불리기에 모자람이 없을 것이다.

이처럼 앙트러프러너는 단지 사업을 시작하는 사람이라는 의미에 그치지 않고, 무엇인가 새로운 방식으로 기회를 추구하려는 이를 의미한다. 앙트러프러너라는 표현을 널리 퍼뜨린 주역인 슘페터(Joseph Schumpeter, 1883-1950)는 앙트러프러너를 '기술 및 조직차원의 혁신을 통해 시장기회를 추구하는 사람(individuals who exploit market opportunity through technical and/or organizational innovation)'이라고 정의하였다. 그 이후 앙트러프러너를 정의하는 수많은 표현[2]이 사용되고 있지만, 대부분 '혁신(innovation)' 혹은 '기회

1 하지만 여전히 '기업가정신'이 표준 옮김말이므로 이 책에서는 앙트러프러너십과 '기업가정신'을 같은 의미로 번갈아 쓴다.

2 학자들은 자기 나름의 정의를 만들어내고, 그걸 널리 퍼지도록 애쓰면서 희열을 느끼는, 좀 특이한 취향을 지닌 사람들이다.

그림 10-1 마르쿠스 리키니우스 크라수스 **그림 10-2** 고대 로마시대의 소방서 터

(opportunity)'라는 개념을 강조하고 있다는 공통점이 있다.

머릿속에 어떤 사람이 떠오르는가? 최초의 앙트러프러너가 누구인지 거슬러 올라가 보면 여러 재미있는 주장을 발견하게 된다.

위 [그림 10-1]의 근엄한 흉상의 주인공은 마르쿠스 리키니우스 크라수스(Marcus Licinius Crassus, 115-53 BC)이다. 로마의 역사에 관심이 있는 이들은 삼두정치라는 말을 들어본 이도 있을 텐데, 카이사르(시저), 폼페이우스와 함께 삼두정치를 이끈 바로 그 사람이다. 로마 정치의 주요 인물이기도 했지만, 매우 흥미로운 방식으로 부를 축적했기 때문에 이 사람을 인류 최초의 앙트러프러너라고 지목하는 역사가들이 있다. 크라수스는 로마에 소방관이 없다는 점에 착안, 로마 역사상 처음으로 500여명으로 구성된 소방대를 창설했다. [그림 10-2]는 로마 소방대가 주둔했던 옛터를 보여준다.

그런데 놀라운 것은, 이 소방대가 지금의 소방관들처럼 불이 나면 신속하게 달려와 불을 끄기 전에 집주인과 흥정을 했다는 점이다. 불을 꺼주는 대가가 결코 싼 값이 아니었으리라는 점을 미루어 짐작할 수 있을 것이다. 집주인은 협상에 있어 절대적인 열세였을 테니 말이다. 물론 협상하는 사이 시간이 늦어져 집이 불에 다 타버리는 안타까운 경우도 있었다고 한다. 크라수

림 10-3 콜럼버스

그림 10-4 스페인 국왕이 콜럼버스에게 하사한 선박 3척

스는 불이 나서 안절부절하는 집주인에게 다가가 불을 끄는 값을 흥정하기 보다는 아예 집을 팔라고 제안하는 경우도 많았다고 한다. 집주인 입장에서는 '울며 겨자먹기'로 싼값에 집을 넘길 것인가, 아니면 집이 다 타버려서 한 푼도 못 건질 것인가 선택해야 하는 고민에 빠지게 된 것이다. 이런 방식으로 벌어들인 그의 재산은 지금 기준으로 200조 원이 넘는 수준이었다고 추산된다고 한다. 앙트러프러너라고 부를 수는 있지만 어쩐지 좀 얄미운 마음도 든다.

어떤 역사가들은 콜럼버스(Christopher Columbus, 1451-1506)를 최초의 앙트러프러너라고 말하기도 한다([그림 10-3] 참조). 그는 인도와의 향신료 거래로 큰 수익을 얻기 위해 이슬람이 지배하는 동쪽 대신 서쪽항로를 개척해보겠다는 혁신적인 생각을 해냈고, 자신의 뜻을 펼치기 위해 투자자를 찾아다니는 적극성을 나타냈다. 특히 전체 수익의 10분의 1을 자신이 갖겠다는 협상안을 관철시키기 위해 포르투갈로, 스페인으로 왕들을 찾아다닌 과정은 마치 요즘의 스타트업들이 모험적인 사업아이디어를 가지고 벤처투자자들을 찾아다니는 과정을 연상하게 한다. [그림 10-4]는 스페인의 이사벨라 여왕이 콜럼버스에게 항로개척을 위해 하사한 3척의 선박(선박명은 '산타마리아(Santa Maria)', '핀타(Pinta)', '니냐(Niña)'임)을 보여준다.

마르코 폴로(Marco Polo, 1254-1324)를 앙트러프러너의 시초라고 주장하는 이들도 있다. 그러나 이런 역사가들의 설명은 서구편향적이라는 비판을 차치하고서라도, 근대적 기업 활동과 결합되어 있지 않다는 점에서 우리가 지금 생각하는 앙트러프러너와는 일정한 거리가 있는 것이 사실이다.

앙트러프러너에 주목한 최초의 경제학자는 1700년대 프랑스 경제학자 캉티용(Richard Cantillon, 1680-1734)이다. 캉티용으로 하여금 앙트러프너러가 갖는 경제적 의미를 탐구하도록 만든 사람은 바로 미시시피 주식회사의 광란[2]을 만든 존 로(John Law, 1671-1729)였다. 그래서 캉티용은 앙트러프러너와 위험(risk)관리에 대해 깊이 고민할 수밖에 없었다. 물론 존 로는 위험을 감수한다는 면에서 앙트러프러너의 속성을 가지고 있기는 하지만, 슘페터적인 의미에서 앙트러프러너와는 일정한 거리가 있다고 볼 수 있다. 혁신을 동반했다고 보기는 어렵기 때문이다.

그림 10-5 토머스 에디슨

그림 10-6 GE의 로고

실제로 슘페터의 정의에 보다 잘 맞는 앙트러프러너들은 19세기 경 미국을 중심으로 탄생한다. 조면기(면 만드는 기계)를 만든 엘리 휘트니(Eli Whitney, 1765-1825), 그리고 잘 알려진 발명가 겸 사업가 토머스 에디슨(Thomas Edison, 1847-1931) 같은 이들은 기술적인 혁신을 근간으로 기업을 설립하여 산업을 변화시켰다는 점에서 현대적인 앙트러프러너의 시초라고 할 수 있다.

특히 토머스 에디슨은 위인전에 흔히 등장하는 발명가로서 기억되고 있지만, 현재까지 전 세계를 호령하는 GE의 창립자라는 점에 더 주목할 필요가 있다. 그는 발명을 실제 상품화하기 위해 다양한 기업을 설립하였는데 전구를 만드는 에디슨 전구회사(Edison Lamp Company), 모터 제조사인 에디슨 기계(Edison Machine Works), 그리고 이들 기업에 대한 투자를 담당하는 지주회사인 에디슨 전기조명(Edison Electric Light Company) 등이 바로 그것들이다.

이들 회사의 설립과정에서 에디슨은 투자사인 제이피모건(J.P. Morgan)이나, 산업자본인 밴더빌트(Vanderbilt) 등으로부터 자금을 유치하는 능력도 발휘한다. 이후 이들 회사는 에디슨 전기조명으로 통합되었다가 다시 여러 기업들과 합병하여 GE(General Electric)라는 회사로 성장하게 된다. 하지만 앙트러프러너들이 혁신의 주체라는 것은, 에디슨처럼 스스로 혁신적 제품을 만들어내야만 한다는 의미는 아니다. GE와 같이 미국의 대표적인 거대기업을 일구어낸 사업가들 가운데에는 혁신적 제품이 아닌 기업의 효율성을 극대화하기 위한 혁신적인 생산방식을 찾아낸 이들이 적지 않으며, 이들에게도 앙트러프러너라는 이름을 붙이는 것이 전혀 어색한 일이 아니기 때문이다.

그림 10-7 존 록펠러

석유가 가정용 연료로 취급되던 시대에, 산업용 연료로서 석유의 가능성을 간파한 존 록펠러(John Rockefeller, 1839-1937)는 자신의 정유공장을 가장 비용효율적인 공장으로 만들겠다고 결심했다. 그리고 모든 비용요소를 기록하고, 그것이 비록 아주 적은 금액에 불과하더라도 비용을 줄일 수 있는 방안을 찾기 위해 노력했다. 그 결과, 원유가격이 폭락과 폭등을 반복하는 과정에서 다른 경쟁자들이 하나둘 파산해나갔지만 록펠러는 이른바 '석유王'이라는 호칭을 얻게 된다. 사실 석유왕이라는 호칭으로는 크게 부족하다. 그는 현재까지 인류역사 이래 가장 부자였던 사람으로 기록되고 있다.

그림 10-8 앤드류 카네기

'철강王'이라는 호칭의 앤드류 카네기(Andrew Carnegie, 1835-1919) 역시 앙트러프러너라고 불리기에 전혀 모자람이 없다. 그는 철광석부터 최종제품까지 통합된, 오늘날 철강업계에서 일종의 상식이 된, 일관생산방식을 세계 처음으로 도입한 사람이었다. 앞으로 차차 알게 되겠지만, 일관생산방식은 비용절감차원에서 상당한 경쟁우위를 창출하기 때문에 카네기는 산업 성장의 즐거움을 독점적으로 누릴 수 있었다.

슘페터(Joseph Schumpeter, 1883-1950)의 관점을 통해 이들을 살펴보자. 슘페터는 '창조적 파괴(creative destruction)'라는 이제 너무나도 유명해진 용어를 통해 앙트러프러너의 경제적 역할을 설명한 바 있다. 그에 따르면 앙트러프러너는 다음의 다섯 가지 방식으로 경제적 균형상태에 충격을 가한다.

- 새로운 재화 또는 서비스의 개발
- 새로운 생산방식의 도입
- 새로운 시장의 개척
- 원료나 반제품의 새로운 공급원 확보
- 독점의 형성이나 해체

에디슨으로 대표되는 발명가적 앙트러프러너의 영향이 커서 (그리고 최근의 스티브 잡스!) 새로운 상품이나 서비스를 도입한 이들을 주로 앙트러프러너라고 생각하기 쉽지만, 사실 카네기나 록펠러처럼 생산방식에서 혁신을 추구한 이들 역시 앙트러프러너라는 점을 기억할 필요가 있다. 우리나라 기업의 역사에도 생산방식의 혁신이나 새로운 시장의 개척에 주력한 수많은 앙트러프러너가 등장한다.

앙트러프러너에 대한 사회적 시선이 그리 우호적이기만 했던 것은 아니다. 혁신적 활동을 통해 기업을 성장시키는 데 성공하였지만, 그 기업이 독점적 지위를 갖게 되면서 나타나는 여러가지 부작용, 그리고 지나친 부의 독점에 대한 사회적 비판이 함께 등장하였기 때문이다. 이러한 비판적 시각은 지금도 물론 존재한다. '구글神'이라고까지 불리는 구글(Google)이나 페이스북(Facebook)이 갖게 된 엄청난 독점력과 천문학적 부가 과연 인류 전체에게 긍정적인 영향을 미치는 것일까?

1900년대 초반 미국에서도 이러한 비판과 불만의 소리가 적지 않았다. 이러한 고민에 대해 하나의 시사점을 준 앙트러프러너가 바로 헨리 포드(Henry Ford, 1863-1947)이다. 포드는 포디즘(Fordism)으로 잘 알려진, 과학적인 생산방식을 자동차 생산공정에 도입함으로써 파격적으로 저렴한 가격에 자동차를 생산할 수 있었고 이로 인해 자동차 대중화에 결정적으로 기여한 인물이다. 그가 도입한 일관생산방식과 부품의 상호교환성은 이후 제조업의 표준으로 자리잡을 만한 혁신적인 생각이었다. 하지만 그를 기억해야 하는 또 한 가지 이유는 그가 종업원들의 삶에 대해 좀 참신한 생각을 해냈기 때문이다. 그는 소비경제의 신봉자였다. 충분한 구매력을 가진 소비자가 탄생하도록 하지 않으면 기업의 지속가능성은 가능하지 않다고 믿었던 것이다.

그림 10-9 헨리 포드

그는 자신의 신념에 따라 모든 포드 직원들의 임금을 다른 기업의 두 배로 책정하고 근로시간도 제한함으로써 포드의 구성원이 풍요로운 소비자가 되는 것을 지향했다. 일부에서는 그를 이상주의자, 공산주의자라고 비판하기도 했지만, 이제 노동시간의 제한은 전 세계적으로 제도화된 상식이다. 그러나 그는 노동시간의 단축을 무조건적으로 신봉한 몽상가가 아니라 생산성 혁신으로 이를 가능하게 만든 철저한 실용주의자였다. 그는 자신의 부를 더 높이기 위한 혁신뿐 아니라 사회의 지속가능성을 강화하는 혁신까지 시도했다는 점에서 앙트러프러너의 역할을 다시 한 번 각인시킨 인물이다.

우리나라의 산업화 과정에서도 앙트러프러너를 찾아볼 수 있을까? 물론이다. 앞의 두 장에서 논의된 바와 마찬가지로, 우리나라의 경제성장과정에 기여한 수많은 기업인들이 앙트러프러너라는 호명에 전혀 부족하지 않은 기업가였다고 볼 수 있다. 정주영을 예로 들어 보자. 그의 기업가적 활동은 서구의 그 어떤 앙트러프러너에 뒤지지 않는다. 조선산업 진출, 서산만 방조제 건설 과정에서 그가 일구어낸 혁신의 이야기들은 이미 잘 알려져 있지만 (아직 모른다면 한번 검색해보기를 권한다) 아산사회복지재단을 비

그림 10-10 아산 정주영

롯한 각종 재단을 통해 실행한 복지 및 공익사업들도 당시로서는 상당히 진보적이고 혁신적이었다. 예를 들어, 현재 아산병원을 통해 잘 알려진 아산사회복지재단의 경우 그가 "아픈 사람은 돈이 많건 적건 치료받아야 한다"는 신념으로 시작한 사업이다. 건강보험제도가 도입되기 전, 가난한 이들은 치료받으면 살 수 있는 병으로 사망하는 경우가 매우 많았기 때문이다. 그러나 당시 정주영의 행동은 공산주의자라는 오해를 불러일으킬 만큼 진보적인 것으로 간주되기도 했다.

"할 수 있다고 생각하는 사람이 해내는 법이다"라는, 어찌 보면 너무 당연해 보이는 그의 말이, 그의 삶에 비추어보면 결코 가볍게 여길 일은 아니다. 정주영은 세계적으로도 탁월한 앙트러프러너 가운데 하나라 할 수 있다. 2018년 서울에서 열린 세계기업가정신총회(GEM)에서도 그의 삶을 특별세션으로 하여 조명하였을 정도이다.

그렇다면, 이런 앙트러프러너들에게, 다른 사람과는 분명히 구분되는 어떤 공통된 특성이 있을까? 예를 들어 [그림 10-11]에 보이는 사람들의 공통된 특징을 한번 찾아보자.

그림 10-11 스티브 잡스(애플), 빌 게이츠(마이크로소프트), 마크 저커버그(페이스북)

미국사람이라는 점. 맞다. 백인이다. 맞다. 또 있다. 이들은 모두 대학을 (안타깝게도) 중퇴한 사람들이다. (그렇다고 지금 당장 학교를 그만두는 것이 사업에 도움이 되는 것은 아니니 조심해야 한다.) 하지만 이들과 전혀 다른 특성을 가지고 있는 앙트러프러너들도 매우 많다. 공부를 열심히 해서 박사학위까지 한 창업자들도 그만큼, 아니 그보다 훨씬 더 많다. 미국은 물론이고 거의 모든 나라에서 탁월한 앙트러프러너가 배출된다. 집안의 맏 자식인 경우도 있고, 막내인 경우도 있으며, 조용한 성품의 사람인 경우도 있고, 매우 시끄러운 파티광인 경우도 있다. 이처럼 다양한 사람들이 있지만 그래도 열심히 연구하면 뭔가 앙트러프러너 개인이 가진 독특한 기질적 특성(traits)을 발견할 수 있을 것이라고 믿은 학자들이 있었다. 하지만 지금은 그런 연구는 거의 시들어버린 상태이다.[3] 그보다는 의사결정방식, 조직내 활동특성과 같이 학습가능한 '과정'을 통해 앙트러프러너들을 살펴보는 연구들이 훨씬 더 주류를 이루고 있다. 당신은 앙트러프러너가 되기에 충분한가? 답은 '아직 모른다'이다. 앞으로 어떻게 배우는가가 더 중요하다. 잘 배우면 된다.

3. 우리는 지금 왜 기업가정신(entrepreneurship)을 강조하는가?

인류역사의 긴 시간 동안, 혁신은 개인의 몫이었다. 인류의 역사를 바꾼 동그란 수레바퀴의 발명자는 아마 이름 모를 개인이었을 것이다. 불과 백 수십년 전의 발명품들인 증기기관, 전기, 그리고 심지어 비행기와 같은 혁신도 개인적 혁신의 소산이었다. 하지만 최근 수십여년간 일어난 주요한 혁신은 모두 개인이 아닌 기업에 의해 이루어졌다. 특히 앙트러프러너가 이끄는 기업들이 혁신의 맨 앞줄에 서 있다. 그리고 지금 우리나라에는 바로 그 혁신이 꼭 필요하다. 과거 우리나라 경제성장은 집약적 노동(월화수목금금금)과, 특정 산업에 대한 과감하고 집중적인 자본투자를 그 동력으로 삼아 선진국과의 격차를 줄이는 방식이었다.

하지만 이제 선진국과의 격차가 비교적 줄고 경제규모가 커진 한편, 저출산·고령화로 인해 노동투입의 한계가 뚜렷한 상황에서 과거와 같은 성장전략은 더 이상 작동하지 않는다. 요소투입이 아니라 혁신을 통해 경쟁해야 하는 과제 앞에 놓이게 된 것이다. 세계적으로도 혁신경쟁은 치열해지고 있다. 인공지능과 초연결사회는 혁신의 승자가 얻는 인센티브를 엄청나게 크게 만들고 있고, 그저 평범한 사람과 평범한 기업, 그리고 평범한 국가가 나누어 갖게 된 파이는 점점 작아지고 있기 때문이다.[3]

그 결과를 단적으로 보여주는 것이 기업순위이다. 2022년 5월 기준으로 세계 5대 기업은 Apple, Microsoft, Alphabet(Google), Amazon, Tesla이다. 이들 기업들은 탄생한 지 불과 십수년에서 사십년밖에 되지 않은 비교적 젊은 기업들이다. 1996년 세계 5대 기업(GE, Shell, Coca-Cola, Nippon Telecom, ExxonMobil)이 백여 년의 전통을 가진 기업이었던 것과 뚜렷이 대비되는 현상이다. (물론 1996년의 5대기업 가운데 단 하나도 현재의 5대기업으로 남아있지 않다는 점도 기억하자.) 이처럼 "젊은 기업"들이 전통적인 산업강자들을 대체하는 추세는 다양한 지표로 확인 가능하다.

우선, 상장기업의 상장유지기간이 짧아지고 있다. 미국의 경우 1970년대 60년에 이르던 상장유지기간은 2010년대 들어 30년 내외로 극히 짧아졌다. 혁신을 지속하지 않으면 언제든 기업은 사라질 수 있다는 의미이다. 다른 한편으로는 설립 10년 이내에 주식가치 10억 달러를 달성한 이른바 유니콘(Unicorn) 기업들이 속속 등장하고 있는데 그 속도는 점점 가속화되고 있다. 앙트러프러너들이 산업의 패권을 뒤바꾸려는 야심찬 시도를 계속하고 있고, 이에 대한 평가도 긍정적이라는 의미가 된다.

그래서 각국 정부는 기업가정신의 제고가 국가의 존망을 가르는 일이라는 점을 인식하고 치열한 노력을 경주하고 있다. 우리나라도 예외는 아니다. 이름은 다르지만 김대중 정부의 '벤처정책'을 필두로, 노무현 정부의 '혁신정책', 이명박 정부의 '녹색성장정책', 박근혜 정부의 '창조경제정책", 그리고

3 이러한 현상은 종국에는 실업과 사회적 불평등, 그리고 이로 인한 갈등을 야기할 가능성이 높다. 혁신을 향한 경쟁만큼이나, 경쟁에서 뒤처진 사람들을 위한 제도적 배려가 필요한 이유이다.

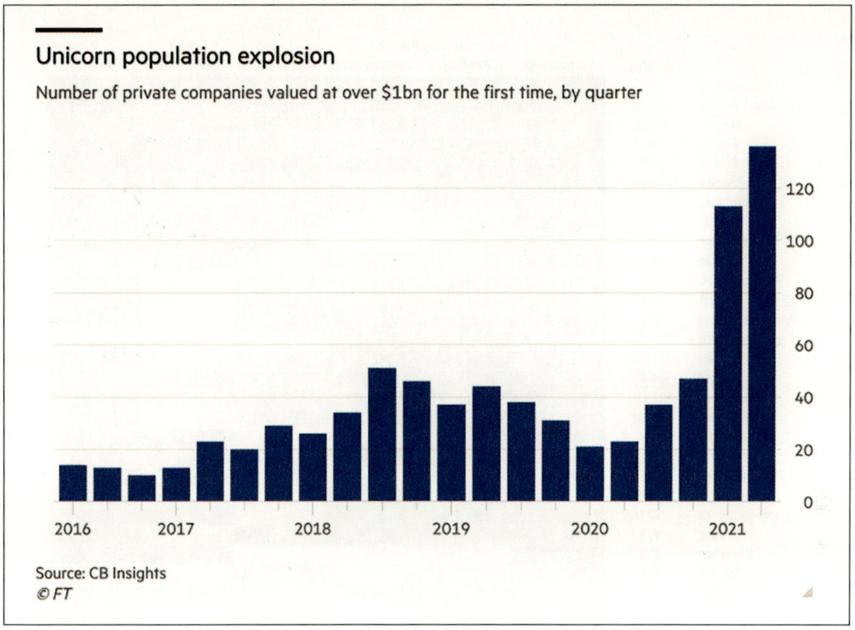

그림 10-12 유니콘기업의 탄생 추세

문재인 정부의 '혁신성장정책'이 모두 창업지원을 중요한 과제로 설정하여 정책적 지원을 해 오고 있다. 그렇다면 그 성과는 어떨까?

나라별로 기업가정신을 객관적으로 평가하고 순위를 매기는 일은 사실 좀 무리한 일[4]이다. 하지만, 여러 평가기관들은 대체로 우리나라의 경우 최근 10여년간 꾸준히 스타트업과 관련된 환경이 좋아졌다고 평가하고 있다. 최근에는 국가단위의 평가보다는 도시별로 스타트업생태계를 평가하는 것이 타당하다는 의견이 많은데 서울은 Startup Genome의 2021년 평가에서 세계 16위를 기록하면서 스타트업들에게 매우 매력적인 도시 가운데 하나로 여겨지고 있다([그림 10-13]).

4 어떤 지표가 적절한지, 또 측정의 완결성은 어느 정도인지에 대한 논란이 많기 때문에 단지 참고자료로 사용하는 것이 바람직하다.

Factors are tiered from 10-1

	Ranking	Performance	Funding	Connectedness	Market Reach	Knowledge	Talent
Silicon Valley	#1	10	10	10	10	10	10
New York City	#2 (tie)	10	10	10	10	5	10
London	#2 (tie)	9	10	10	10	7	9
Beijing	#4	10	9	5	9	10	10
Boston	#5	9	9	9	9	5	10
Los Angeles	#6	9	10	3	9	7	9
Tel Aviv	#7	8	9	8	10	4	8
Shanghai	#8	10	7	1	9	10	9
Tokyo	#9	8	9	1	8	9	9
Seattle	#10	9	7	7	8	7	8
Washington DC	#11	7	7	6	8	1	8
Paris	#12	6	8	9	6	1	8
Amsterdam-Delta	#13	6	6	9	7	1	7
Toronto-Waterloo	#14 (tie)	5	8	7	3	2	6
Chicago	#14 (tie)	5	6	6	6	1	7
Seoul	#16	6	5	9	5	10	5
Stockholm	#17 (tie)	7	6	5	7	3	6
Singapore	#17 (tie)	4	8	6	6	1	5
Shenzhen	#19	8	5	1	1	9	7
Austin	#20	4	5	7	5	7	6
San Diego	#21	5	3	1	7	6	7
Berlin	#22	2	7	10	1	1	5
Bangalore-Karnataka	#23	5	8	8	1	8	3
Sydney	#24	4	4	8	5	1	4
Hangzhou	#25	8	1	1	1	9	6
Atlanta	#26	3	2	2	5	1	5
Denver-Boulder	#27	1	4	5	3	4	4
Philadelphia	#28	3	3	1	6	1	4
Vancouver	#29	6	3	4	1	2	3
Salt Lake-Provo	#30	7	1	1	7	1	1
Dallas	#31 (tie)	2	1	1	4	3	2
Hong Kong	#31 (tie)	1	2	1	8	1	2
Montreal	#31 (tie)	3	1	1	1	1	2
Munich	#31 (tie)	1	3	7	1	3	1
Sao Paulo	#31 (tie)	3	4	4	1	1	3
Bern-Geneva	#36 (tie)	1	1	5	1	1	1
Delhi	#36 (tie)	2	6	1	1	1	1
Dublin	#36 (tie)	1	1	3	1	1	3
Melbourne	#36 (tie)	1	1	4	2	1	2
Research Triangle	#36 (tie)	1	1	1	1	1	4

31-35 and 36-40 are in alphabetical order

그림 10-13 세계 도시들의 스타트업생태계 순위(2021년 기준)

4. 기업가정신(entrepreneurship)의 현재

여기에서는 오늘의 앙트러프러너들에 주목해 보자. 앙트러프러너들이 반드시 창업자일 필요는 없다. 기업 내부에서 새로운 사업을 시작하는 일(사내기업가정신), 공공부문에서 새로운 사업과 혁신을 시도하는 일(공공기업가정신)에서도 앙트러프러너들을 발견할 수 있다. 그러나 앙트러프러너들이 가장 많이 활약하는 곳은 물론 스타트업들에서이다. 스타트업은 "시장의 기회를 인식하고 그것을 지금까지와는 다른 방식으로 포착하기 위해 만들어진 조직"이라고 정의된다. 그 정의 자체가 기업가정신으로 충만해 있다고 할 수 있겠다. 최근 20여년은 그야말로 스타트업의 시대라고 부르는 데 부족함이 없다.

유니콘이란 설립된 지 10년 이하의 기업이면서, 시장에서 주식가치가 10억 달러(우리돈 약 1조 1천억 내외)를 상회하는 기업들을 부르는 말이다. 전세계적으로 약 200여개가 있다. 최근엔 이런 기업들이 너무 많아지자, 설립 후 10년 이내에 주식가치 100억 달러[5]를 넘는 기업들을 따로 떼어서 '데카콘(Decacorn)'이라고 부르기도 한다. 앞의 [그림 10-12]를 보면 최근 들어 유니콘이 점점 많이 탄생하고 있음을 알 수 있다.

세계적으로 유니콘을 가장 많이 보유한 국가는 미국과 중국이다. 미국은 우버(Uber)와 에어비앤비(Airb&b)를 비롯하여 유니콘을 가장 많이 탄생시킨 국가이며, 중국은 샤오미, 디디추싱과 같은 비교적 젊은 유니콘의 산실이라고 할 수 있다. 우리나라에도 20여개가 넘는 유니콘들이 존재하고 있어, 유니콘을 많이 배출한 국가에 속한다.

이런 이야기를 하다보면, 마치 기존기업들은 이제 곧 쓰러질 운명이고 새로운 스타트업들이 세상을 장악하게 될 것처럼 느껴지기도 한다. 불행중 다행이라고 할까? 기존기업들도 그렇게 멍청하지는 않다. 최근 기존기업들이 매우 적극적으로 스타트업들과 같은 혁신활동을 가동하고 있고, 또 스타트업에 대한 투자를 진행하고 있기 때문이다.

이러한 투자는 대기업들이 스타트업의 혁신을 탐색하고 학습하고자 하는 열의를 나타내는 것이다. 새로운 혁신을 놓치지 않을 뿐 아니라, 필요하다면 그 스타트업들을 인수함으로써 기존기업에 새로운 활력을 불어넣는 움직임이 나타나고 있는 것이다.

이러한 도구로 흔히 사용되는 것은 기업주도벤처캐피탈(CVC: corporate

---

5 이 금액이 얼마나 큰지 감을 잡을 수 없다면, 우리나라의 평균적인 급여소득자(3천 3백만원)가 구석기시대부터 지금까지(30만년) 1원도 쓰지 않고 연봉을 모두 모은 것과 같은 금액이라고 생각하면 된다.

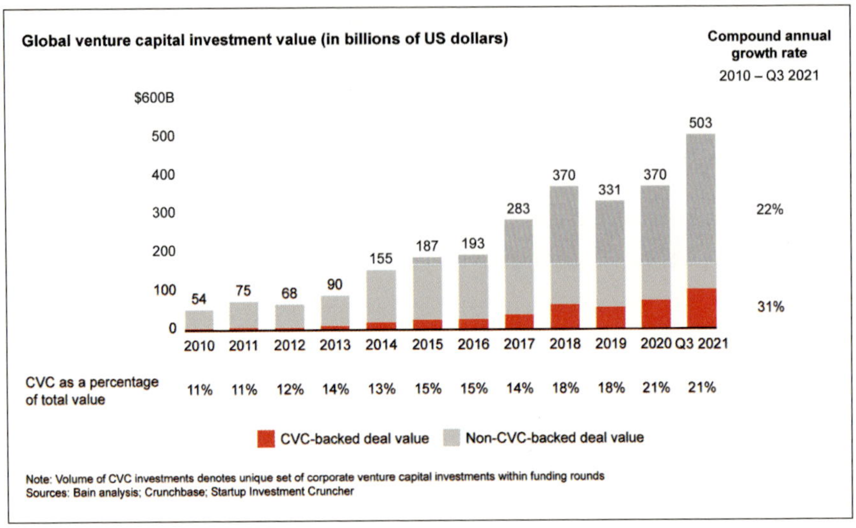

그림 10-14 CVC투자 추세

venture capital)이다. [그림 10-14]는 CVC의 투자추세를 보여주는 것으로서 매년 금액으로 보나, 전체 VC투자에서 차지하는 비중으로 보나 크게 증가하고 있는 것을 볼 수 있다.

이처럼 전 세계의 많은 기업들은 스타트업에 대한 투자 또는 인수합병을 통해 미래의 혁신역량을 확보하고 기업의 체질을 변화시키는 데 주력하고 있다. 우리나라는 이와 같은 흐름에 다소 뒤져있다는 평가를 받고 있었지만, 최근 수년간 그 상황이 크게 바뀌고 있다. 이와 같은 흐름은 우리나라 대기업들에서도 나타나고 있다. [그림 10-15]는 우리나라의 주요기업들의 기업주도벤처캐피탈(CVC)의 동향을 보여주는 것이다.

사실상 거의 모든 주요 대기업들이 스타트업투자에 적극적으로 나서고 있다는 것을 알 수 있다. 심지어 목적에 따라 여러 개의 벤처캐피탈을 운영하는 기업들(삼성, 네이버, 카카오)도 발견된다.

기존기업들은 자신의 사업이 영원하지 않으며 지금의 사업을 위협할 스타트업이 탄생한다면 그들이 외부가 아니라 내부에서, 혹은 자신이 투자한 기업들 가운데에서 탄생하는 것이 훨씬 낫다는 점을 자각하기 시작한 셈이다. 이런 자각은 롯데가 롯데 벤처스를 탄생시키면서 외친 "롯데를 망하게 할

지주사 체제 여부		법인 형태	그룹사 내부 LP 자금의 출자	그룹사 외부 LP 자금의 출자
			펀드 조성 자금 출처 및 신기사/창투사/자기자본 구분	
非지주사 체제		별도 법인	• 삼성벤처투자 신기사 • 네이버 스프링캠프 창투사 • 카카오 인베스트먼트 자기자본 • 한화 드림플러스 신기사	• KT인베스트먼트 신기사 • 포스코기술투자 신기사 • 카카오벤처스 창투사 • 미래에셋벤처투자 창투사
非지주사 체제		사업부	• 현대차오픈이노베이션팀 자기자본 • 네이버 D2스타트업팩토리 자기자본	• 현대차 제로원+현대차증권 신기사
非지주사 체제		해외 법인	• Samsung Strategy & Innovation Center • Samsung NEXT • Hyundai CRADLE • Doosan D20 캐피털	
지주사 체제	지주사 소유	별도 법인	GS, LG, CJ, 효성	• 신한벤처투자 창투사 • KB인베스트먼트 창투사 • 하나벤처스 신기사 * 금융지주사 경우 CVC소유 가능
지주사 체제	계열사 혹은 오너 직접 소유	별도 법인	• 코오롱인베스트먼트 창투사 • NH벤처투자 신기사 • CJ 타임와이즈인베스트먼트 창투사 • 이랜드벤처스 창투사	롯데액셀러레이터 신세계 시그나이트파트너스 창투사 현대미래로 현대기술투자 창투사
지주사 체제	계열사 혹은 오너 직접 소유	사업부	• GS 홈쇼핑 CVC사업부 자기자본 • 교보증권 CVC팀 자기자본	
지주사 체제	계열사 혹은 오너 직접 소유	해외 법인	• SKTVC • LG Technology Ventures • GS Futures	

그림 10-15 우리나라 CVC현황

아이디어를 찾는다"는 구호에서 잘 나타나 있다. 기존기업들의 앙트러프러너십은 이처럼 모험적인 스타트업에 대한 투자[6]에만 그치는 것은 아니다. 기업들은 한발 더 나아가 스타트업의 특징인 유연성, 적응성, 그리고 신속성과 같은 장점을 자신의 기업에 적용하고자 애쓰고 있다. 물론 기존의 질서에 익숙한 기업들에게 이것은 결코 쉬운 일은 아니다. 하지만 이런 움직임 역시 관찰되고 있다.

네이버, 아모레퍼시픽과 같은 기업들도 앞다투어 조직 내부 구성원들의 앙트러프러너십을 제고하기 위한 다양한 '스타트업과 같은' 조직운영방식을 추구하고 있다.[4]

6 이를 사내벤처링(intra-corporate venturing)이라고 한다.

5. 실리콘밸리

유니콘이라는 말을 처음으로 탄생시킨 기업은 페이스북(Facebook)이다. 2004년에 창립된 페이스북은 이제 창립된 지 10년이 지났으므로 더 이상 유니콘이라고는 불리지 않는다. 이 회사는 비교적 짧은 기간에 세계 5대 기업으로까지 성장했고 매월 20억명의 사용자가 사용하는 서비스로 성장하면서 뉴스 소비와 사람들의 관계맺는 방식을 변화시키고 있다. 그러나 페이스북의 무서운 점은 이처럼 큰 기업으로 성장했음에도 불구하고 마치 스타트업과 같은 자세를 지키고 있다는 점이다. 늘 새로운 실험을 아끼지 않고, 스타트업들과 교류하는 태도를 잃지 않고 있다.

페이스북의 성장과정에서 주목해야 할 또 다른 점은 그 성장과정에 다양한 참여자들이 있었다는 것이다. 초기 사업모델만으로 투자를 했던 벤처캐피탈[7]과, 초기기업의 성공에 중요한 역할을 할 인력을 공급하는 대학들, 유사한 경험을 가진 선배기업가들과 서비스공급자들, 그리고 새로운 서비스에 섣불리 규제나 법규를 통한 제약을 가하지 않았던 정부가 초기기업 성장에 제나름 중요한 역할을 했던 것이다. 이런 여러 주체들이 함께 성숙되어 있지 않으면 유니콘들의 탄생을 기대하기 어려우며, 이런 환경이 가장 잘 성숙된 곳이 바로 실리콘 밸리이다. 스타트업을 육성하고자 하는 의지를 가진 수많은 지역이 "밸리"라는 이름을 달고 있는 것은 실리콘밸리에 대한 선망을 잘 보여준다(우리나라에도 테헤란밸리, 판교밸리와 같은 표현이 있다).

실리콘밸리는 샌프란시스코만 남쪽의 지역이다. 그리 크지 않은 이 지역에서 구글, 페이스북, 애플과 같이 지금 세계를 이끄는 기업들이 태어나 자랐고,[8] 휴렛패커드(Hewlett Packard), 야후(Yahoo), 인텔(Intel)과 같은 전설도 이곳에서 태어났다. 미국 100대기업의 본사 40%가 이곳에 위치해 있을 정도이다. 삼성, 현대차와 같은 우리나라 기업들을 포함하여 전 세계 주요 기업의 연구소도 이곳에 자리잡고 있다.

---

7 위험이 크지만 잠재적인 수익성이 높은 스타트업들에 투자하는 투자기관이다.
8 엄밀하게는, 페이스북은 하버드대학 기숙사에서 태어났다.

그림 10-16 페어차일드의 8인의 배신자(왼쪽부터 Gordon Moore, Sheldon Roberts, Eugene Kleiner, Robert Noyce, Victor Grinich, Julius Blank, Jean Hoerni, & Jay Last)

미국 내 벤처캐피탈 투자의 거의 50%도 이곳에서 이루어질 정도이다. 오늘 작은 커피숍에서 냅킨에 사업 계획을 땀 흘리며 설명하던 친구가 6개월 뒤에는 500억의 투자를 유치하는, 믿기 어려운 일들이 일어나기도 한다. 스탠포드 대학으로 대표되는 우수한 인력과 대규모 자본의 공급, 다양성을 존중하는 문화적인 바탕 위에 성공한 기업들이 다시 새로운 스타트업에 투자하는 선순환 구조가 전 세계 앙트러프러너들을 불러들이고 있다. 앙트러프러너들이 마음껏 활동하기 위해서는 그것이 가능하도록 하는 다양한 행위자들이 필요하다는 점이 실리콘밸리의 교훈이다.

실리콘밸리에 이런 생태계가 탄생한 것은 그리 오래된 일은 아니다. 그리고 이 탄생에 결정적으로 기여한 몇 명을 기억할 필요가 있다. 실리콘밸리의 '실리콘'은 반도체를 의미하는데, 최초로 반도체를 만든 기업은 페어차일드 반도체(Fairchild Semiconductor)이다. 그리고 이 기업은 실리콘밸리의 초기를 상징하는 이야기를 담고 있다. 이 기업의 공동창업자 여덟 명은 '8인의 배신자'라는 재미있는 별명을 가지고 있다. 트랜지스터의 발명으로 노벨 물리학상을 받은 윌리엄 쇼클리(William Shockley, 1910-1989)의 제자 8명이 그 스승을 배신했다는 의미에서 붙여진 별명이다.[9] 쇼클리는 트랜지스터 상업화를 위해 스스로 창업을 했는데, 사실 쇼클리는 경영에 소질이 없었을 뿐 아니라 병적으로 의심도 많은 사람이었던 탓에 회사가 제대로 돌아갈 턱이 없었다.

훨씬 더 좋은 제품을 만들어 시장에서 성공할 자신이 있었던 이들 여덟 명은 회사를 뛰쳐나와 자신들의 기업을 만들기로 마음먹는다. 하지만 아직 낯선 반도체라는 제품을 투자자들에게 설명하는 일은 매우 어려웠고, 무엇보다 이들은 기업경영이나 재무에 대해 거의 아무것도 모르는 상태였다. 이

9 뒤에 서술되겠지만, 이런 배신은 해도 된다.

때 아서 록(Arthur Rock, 1926-)이라는 인물이 등장한다. 뉴욕의 투자은행에서 일하던 그는 우연한 기회에 이들을 만나게 되고, 이들의 열정과 기술에 감화되어 투자자를 찾는 작업을 돕는다. 아서 록의 도움 덕에 '8인의 배신자'는 투자를 받게 된다. 반도체 역사의 시작이다.

하지만 이들의 이야기는 "그래서 그들은 행복했다(They lived happily ever after)"로 끝나지 않는다. 페어차일드 반도체가 엄청난 성공을 거두게 된 다음 공동창업자들은 그 성공을 즐겼지만, 그 가운데 두 명, 고든 무어(Gordon Moore, 1929-)와 로버트 노이스(Robert Noyce, 1927-1990)는 그 성공에 안주하고 싶지 않았다. 그들은 여러 반도체를 하나로 집적시켜 보다 수준높은 성능을 발휘하도록 할 수 있다고 생각했고, 이 새 사업을 시도하자고 공동창업자들에게 제안했다. 그러나 나머지 창업자들은 굳이 그런 위험한 시도를 할 필요가 없다고 믿었다. 고든 무어와 로버트 노이스는 스스로만을 믿고 페어차일드 반도체를 떠났다. 그리고 다시 아서 록을 찾아간다. 이렇게 만들어진 회사의 이름이 바로 우리가 잘 알고 있는 인텔(Intel)이다.

페어차일드와 인텔의 엄청난 성공 이후, 새로운 기술이나 비즈니스모델을 가진 앙트러프러너와 모험적인 사업에 자금을 투자하는 벤처캐피탈[10]의 결합이라는 전형적인 실리콘밸리 성공방정식이 자리를 잡는다.

그런데 이 멋진 이야기에 빠뜨리면 안 되는 사람이 있다. 프레드릭 터만(Frederick Terman, 1900-1982)이라는 사람이다. 원래 동부의 벨 연구소(Bell Lab.)에 있던 윌리엄 쇼클리를 서부 스탠포드 대학으로 옮기도록 하고 창업을 해보라고 독려한 이가 바로 그다. 터만은 스탠포드 대학 전기공학과 교수였는데, 우수한 졸업생이 전부 동부에서 일자리를 찾는 것을 늘 안타까워 하다가 창업이라는 대안을 생각해냈다. 우수한 졸업생들이 대학 주변에서 창업을 하고 성공할 수 있다는 것을 보여준다면 졸업생들이 동부로 모두 떠나는 것을 막을 수 있을 것이라고 생각한 것이다. 그래서 그는 자신의 학생들에게 창업을 적극적으로 권유했고, 자신의 집 창고를 창업 준비공간으로 내주기도 했다.

---

10 아서 록은 페어차일드 반도체에 투자를 유치한 다음 뉴욕에서 실리콘밸리 지역으로 거점을 옮겨 본격적으로 '벤처캐피탈'이라는 형태의 사업을 시작한다.

그 창고에서 탄생한 기업이 바로 휴렛패커드(Hewlett Packard Co.)다. 휴렛패커드를 필두로, 쇼클리랩(Shockley Lab, 쇼클리의 첫 번째 기업)과 같은 기업들이 탄생하기 시작했다. 1950년대 초반에는 대학 내에 기업들이 입주할 수 있는 빌딩을 세우는 혁신적인 아이디어를 생각해냈고, 이로 인해 코닥(Kodak), 록히드마틴(Rocheed Martin)과 같은 기업들이 스탠포드 대학의 울타리 안으로 연구소를 옮기게 된다. 터만 이후 스탠포드 대학의 우수한 졸업생들은 창업을 중요한 선택지로 여기게 되었고, 야후와 구글로 대표되는 수많은 스타트업이 탄생했다.

그래서 지금 실리콘밸리의 성공은, 우수한 기술과 인재를 배출하는 대학, 세계에서 몰려든 앙트러프러너, 거대한 자본을 위험한 분야에 투자하는 벤처캐피탈이라는 세 개의 기둥으로 이루어져 있다. 실리콘밸리의 신화는 많은 나라들에게 영감을 주었다. 1990년대 이후 수많은 나라들이 실리콘밸리와 같은 생태계를 조성하여 앙트러프러너들을 탄생시키기 위해 노력해왔고, 이스라엘과 영국 등에서 상당한 성과를 거두었다.

6. 우리나라의 스타트업 생태계

그렇다면 우리나라의 상황은 어떨까? 다행히도 최근 5-6년 사이 우리나라에서도 창업생태계를 구성하는 다양한 기관과 기구들이 자리잡기 시작했다. 지금 우리나라 창업생태계의 시작을 상징하는 작은 기사가 아래 〈박스 10-1〉에 실려 있다.

박스 10-1

본엔젤스, 모바일 앱 개발사 '우아한형제들'에 3억원 투자

장병규 본엔젤스 대표가 모바일 앱 개발사인 우아한형제들에 3억원을 투자했다. 본엔젤스벤처파트너스(대표 장병규)는 13일 모바일 앱 개발사인 우아한형제들(대표 김봉진)

에 4월과 7월에 걸쳐 각각 1억 5,000만원씩 총 3억원의 투자를 진행했다고 밝혔다.

지난 3월 설립된 우아한형제들은 친형제인 김봉진 대표와 김광수 이사가 경영과 개발에 참여하고 있으며, '배달의 민족'을 개발했다. '배달의 민족'은 지난해 6월 앱스토어 출시 이틀 만에 1위를 달성하며 현재 아이폰 사용자 3명 중 1명이 설치할 만큼 인기 있는 베스트셀러 앱이다. 스마트폰을 이용해 자동으로 인근 배달 음식점 정보를 이용자에게 알려줄 뿐만 아니라 바로 전화를 할 수 있도록 편의기능을 제공한다. 강석흔 본엔젤스 이사는 "스마트폰 열풍으로 현재 모바일 시장에는 수많은 벤처회사가 빠르게 등장하고 있다"며 "가능성 있는 업체들을 시작 초기에 발굴하고 바른 길을 갈 수 있도록 업계 선배로서 길잡이가 되도록 노력하겠다"고 말했다. 한편 본엔젤스는 지난해 4월 공식 출범 이후 스픽케어, 지노게임즈, 엘타임게임즈, 씽크리얼스, 버드랜드 등에 투자를 실시했다(한민옥, 전자신문, 2011.7.13.).

그림 10-17 프라이머파트너즈 권도균 대표

2010년 설립된 본엔젤스는 매우 작은 벤처캐피탈이었다. 사실, 정확히 말하면 설립시점에는 아직 법적으로 벤처캐피탈도 아니었다. 창업 성공 후 매각 등의 방식으로 자금을 회수한 창업자들 몇몇이 모여 앞으로 좋은 후배기업들에 투자하자는 결의를 한 상태였다. 우연하게도 이 무렵 비슷한 생각을 한 이가 한 명 더 있었는데, 프라이머파트너즈의 권도균(1963-) 대표이사이다.

본엔젤스의 장병규(1973-) 대표는 네오위즈의 공동창업자였고, 이후 "첫눈"이라는 검색엔진을 개발하여 네이버에 성공적으로 매각한 경험을 가지고 있었다. 그 경험과 자본을 바탕으로, 새로운 비즈니스모델을 가진 기업들에게 1억에서 2억 내외의 소액을 투자하겠다는 것이 그의 생각이었다. 기존의 벤처캐피탈들이 어느 정도 검증된 기업에 10억 이상의 자금을 투자하는 데 비해 2010년 무렵에 설립된 본엔젤스와 프라이머파트너즈는 아직 아이디어만 있는 수준의 창업자들에게 자금을 지원하기 시작하였고, 이것은 새롭고 혁신적인 창업자들에게 "과감한 실험"이 가능하도록 하는 결정적인 계기가 되었다.

앞의 기사에서 투자를 받은 기업인 '우아한형제들'은 김봉진(1977-) 대표와 그의 형인 김광수 이사가 창업한 기업으로서 (그래서 회사이름이 우아한형제들이다), 당시 김봉진 대표는 다니던 네이버를 퇴직하고, 몇몇 사업에 실패한 이후 국민대 대학원에 다니고 있었다. 길에 돌아다니는 배달 전단지 대신 앱을 이용한 배달이 가능하지 않을까 하는 비교적 단순한 아이디어를 가지고 앱을 개발하기 시작한 것이 2010년이었으니까 본엔젤스는 불과 창립 1년도 안 된 기업에 투자를 집행한 셈이었다.

그림 10-18 본엔젤스 장병규 대표

장병규 대표와 김봉진 대표의 만남은 매우 기억할 만한 순간이다. 우선 김봉진 대표는 뛰어난 아이디어를 만들어내는 것으로도 잘 알려져 있지만, 집요한 실행능력을 가진 인물이다. 초기에는 눈에 배달 전단지가 보이면 무조건 떼어 가져간다는 원칙을 가지고 있어서, 시내의 한 사립대학 경영대에 특강하러 와서 경영관 건물의 모든 전단지를 떼어갔고, 새벽마다 배달전단지를 돌리는 사람의 뒤를 따라다니면서 전단지를 수거하다가 전단지 배포하는 이들과 다툼을 벌이기도 했을 정도였다.

그림 10-19 배달의민족 김봉진 대표

그리고 끊임없이 공부하는 것으로 유명한데, 다른 이의 사무실에 들를 때마다 가장 먼저 하는 일이 서가를 살피면서 읽을 만한 책이 없는지 찾는 일이다. 다른 이들의 조언을 경청하고, 독서를 통해서 자신의 성장을 도모하려는 태도를 지금도 잃지 않고 있다.

본엔젤스가 '우아한형제들'에 투자를 집행할 당시 투자한 또 다른 기업은 지노게임즈이다. 지노게임즈는 당시 데빌리언이라는 MMORPG를 개발하고

그림 10-20 PUBG 홍보사진

있었는데, 장병규 대표는 이 MMORPG가 성공할지 판단하기는 어려웠지만, 회사의 구성인력이 매력적이어서 투자했다고 설명한 적이 있다. 결국 데빌리언은 별다른 성과를 거두지 못했다. 외부에서는 장병규 대표의 지노게임즈에 대한 투자가 실패했다고 평가했고, 장병규 대표는 지노게임즈를 자신이 소유한 게임회사 블루홀(현재의 크래프톤)에 합병시키는 방식으로 투자를 마무리하였다. 그것이 2005년의 일이다. 그리고 지노게임즈의 인력들은 십여년 뒤, 작은 게임 하나를 개발하는데, 그것이 바로 PUBG이다. 크래프톤의 시가총액은 대략 12조 원이 넘는다.

이처럼 우리나라의 스타트업 생태계에도 혁신적인 창업자-과감한 초기투자자의 결합이라고 하는 실리콘밸리적 현상이 생겨나고 있다. 판교와 테헤란로에는 300여개에 달하는 스타트업 투자기관들이 포진하고 있고, 거의 매일 스타트업과 관련된 행사가 열리고 있다.

물론 이처럼 우리나라의 스타트업 생태계가 성숙하고 있지만, 우리 사회에서는 아직 스타트업을 창업하거나 스타트업에서 일하고자 하는 사람들의 수는 많다고 하기는 어렵다. 여전히 청년인구의 7% 가량은 수백 대 일의 경쟁을 통과해야 하는 공무원시험 준비에 매달려 있는 것이 우리나라의 솔직한 현실이기 때문이다.

모험적인 선택은 존중받지 못하고, "사업해서 가산을 탕진한" 먼 친척의 이야기는 너무도 흔한 우리 사회에서 이것은 당연한 일인지도 모른다. 그렇다. 사업을 시작해서 큰돈을 버는 것은 결코 쉽지 않으며, 성공하는 이들보다 훨씬 더 많은 이들이 실패하는 것도 사실이다.

그래도 우리 사회의 희망은 앙트러프러너들에게 있다. 그들이 만든 혁신에 우리 모두는 큰 빚을 지고 있다. 많은 앙트러프러너들은 세상에는 문제가 있고, 그 문제를 풀고 싶다는, 그리고 풀 수 있다는 의지와 믿음을 동력으로 살아가고 있다.

세상이 완벽하다고 믿는가? 그렇다면 굳이 앙트러프러너가 될 필요는 없다. 그러나 만약 세상을 바꾸고 싶은 열망이 있다면, 우리나라의 스타트업 생태계에서 그 열망을 지원해줄 수 있는 환경이 조성되어 있다는 점은 기억해볼 만하다. 이제 과거 세대처럼 사업을 하다가 "패가망신"할 필요는 별로 없는 환경이 조성되어 있다. 그리고 뛰어난 앙트러프러너는 어디 멀리 있는 것이 아니다. 어쩌면 여러분 마음 속에 있을 수도 있다.

주요 개념

- 기업가정신
- 로마의 소방대
- 창조적 파괴
- 유니콘(Unicorn)
- 데카콘(Decacorn)
- 벤처캐피털
- 엑셀러레이터
- 사내벤처링
- CVC
- 실리콘밸리

▌생각해 보기▐

1. 자신의 주변에서 "앙트러프러너"에 가장 가까운 사람을 찾아보자. 부모님이나 형제도 좋고, 친구·선배·후배, 직장 선배나 동료, 남친이나 여친도 좋다. 그(녀)를 "앙트러프러너"의 특성을 가지고 있다고 생각한 이유는 무엇인가?

2. 최근 많은 기업들은 자신들의 인재상을 "앙트러프러너십을 가진 인재"로 정의하고 있는 추세이다. 이런 변화의 이유는 무엇인지 추론해 보고 자신의 향후 진로와 결부하여 무엇을 더 준비해야 하는지 생각해 보자.

3. 성공한 창업자 대부분이 이전에 사업에서 실패한 경험을 가지고 있다는 점은 잘 알려져 있다. "사업에 성공하려면 적어도 2-3번은 쫄닥 망해봐야 한다"는 말도 있다. "넘어진 자만이 일어설 수 있다"는 걸 일깨우는 말이 아닐까? 왜 사업실패가 이후 성공에 도움이 되는 것인지 생각해 보자. 또한 가장 손실을 덜 입으면서 실패경험을 쌓는 방법이 무엇인지 서로 논의해 보자.

4. 대한민국의 수많은 대학생들이 창업보다는 대기업에 취직하는 걸 더 선호한다. 본인은 창업을 선호하는가? 아니면 취업을 더 선호하는가? 그 이유를 서로 말해보자. 어렵사리 취업한 사람들도 4-50대에 도달하면 직장을 그만두고, 창업하는 사람들이 더 많다고 한다. 도대체 그 이유는 무엇일까? 어차피 4-50대에 창업할 거라면 지금부터 무엇을 준비해야 할지 생각을 같이 나누어 보자.

참고문헌

- 제리 멀러 (2015), 〈자본주의의 매혹 - 돈과 시장의 경제사상사〉, 서찬주 · 김청환 역, 서울: 휴먼앤북스.
- 중국CCTV 다큐멘터리 제작팀 (2014), 〈기업의 시대〉, 허유영 역, 서울: 다산북스.
- 한인구 · 백기복 · 신동엽 · 송재용 · 박우성 · 이영면 · 김도현 · 신현한 · 김연성 · 임채성 · 윤성수 · 신경식 (2017), 〈직각혁신이 답이다〉, 서울: 매일경제신문사.
- Acs, Z., Szerb, L., & Autio, E. (2017), *Global Entrepreneurship Index*, Washington D.C.: Global Entrepreneurship and Development Institute.
- http://wn.qikipwsi.org.
- The Boston Consulting Group (2011), "Adaptability: The New Competitive Advantage," *Havard Business Review*, August: 136-141.

미 주

1. https://en.wikipedia.org/wiki/Entrepreneurship, 2018.02.23.
2. 중국 CCTV 다큐멘터리 제작팀 (2014), 〈기업의 시대〉, 허유영 역, 서울: 다산북스.
3. Gartner, W. (1989), "'Who is an entrepreneur?' is the wrong question," *Entrepreneurship: Theory and Practice*, 13(4): 47-68.
4. 한인구 · 백기복 · 신동엽 · 송재용 · 박우성 · 이영면 · 김도현 · 신현한 · 김연성 · 임채성 · 윤성수 · 신경식 (2017), 〈직각혁신이 답이다〉, 서울: 매일경제신문사.

용어색인

ㄱ

규모의 경제 20
가족기업 232, 241
가치(value) 149
가치사슬(value chain) 163
가치제안서(value proposition) 147
가치중심적 접근법 146
가치창출 과정 153
가치혁신 152
간트 차트(Gantt Chart) 122
감사(위원회) 103, 105
강 인공지능(Strong AI) 212
개방 시스템 134, 135
개인기업 95
거대기업 232, 255
거래비용 91, 92
거품법(Bubble Act) 250
결정적 선택 186
경부고속도로 317
경영(management) 114, 146
〈경영: 과업과 책임 그리고 실천〉 140
경영계층(managerial hierarchies) 167, 272
경영과학(management science) 133
경영역량 162, 163
경영윤리 266
〈경영의 실제〉(*The Practice of Management*) 131, 139
〈경영자의 기능〉(*The Functions of the Executive*) 131
경영자 인센티브 171
경영자혁명(managerial revolution) 165
경영정보시스템(MIS) 133
경영체제 165
경영 프로세스(management process) 163, 183
경영학의 역사 114
경쟁(competition)과 협력(cooperation) 18
경쟁우위(competitive advantage) 51, 154
경제개발 5개년계획 342
경제성장률(*g*) 57
경제적 효율성 4
〈경제학도로서의 엔지니어〉(*The Engineer as An Economist*) 117
경험곡선(experience curve) 46
계급혁명론 23
계량적 접근법(quantitative approach) 132
계층화 205
계획과정 185
고객가치 146, 155
고리대금업 242-244
고전적 관리론 123
고정비용(fixed cost) 45
골드러시(Gold Rush) 259
골목상권 67
공급독점(monopoly) 55
공동출자회사(joint stock company) 97, 232, 241, 244
공산당 선언 21
공식조직 131
과점(oligopoly) 55
과학적 관리(scientific management) 117
〈과학적 관리의 원칙〉(*The Principles of Scientific Management*) 119, 123
관료제론 124, 125
관리과정론 124
관리도(control chart) 280
교차네트워크 효과 106
구조조정 330
〈국부론〉(*The Wealth of Nations*) 13-15, 17, 115, 253
권력에의 의지(Wille zur Macht) 27

권력 욕구 209
귀속재산 307, 428
귀속재산기업 308
귀속재산의 분배 307
규모의 경제(economy of scale) 20, 44, 46, 53, 61, 159
규모의 비경제(diseconomy of scale) 47, 48, 160
균형가격 9
그린워싱(green washing) 72, 74
근시안적 경영(management myopia) 166
글로벌 공급(global sourcing) 303
금난전권 폐지 295, 297
민첩성(agility) 221
기부문화 77
기업(firm) 6, 88, 93, 232
기업가(entrepreneur) 165, 342, 401
기업가정신(entrepreneurship) 24, 26, 27, 29, 30, 138, 283, 339, 342, 344, 347, 364, 392, 394, 399, 400, 409, 412, 415
기업가치(firm value) 76, 155, 179
기업가치 극대화 74, 170
기업가치와 주주가치의 관계 179
기업국가(company-state) 248, 290
기업사 232
기업성과 169
기업윤리(business ethics) 168, 172
기업의 가치창출 153
〈기업의 개념〉(*Concept of the Corporation*) 130, 139
기업의 사회적 책임 70, 172
기업의 생존부등식 149
기업제도 이론 130
기업주도벤처캐피탈(CVC: corporate venture capital) 413
기업특수적 자산(firm-specific assets) 158
기회비용(opportunity cost) 188
길드조직 232, 241
김·오히라 메모 317
깨진 유리창 이론(broken window theory) 176
끝없는 도전과 용기 51

ㄴ

난전 297
내재적 동기(intrinsic motives) 211
노동가치설 18, 29
노동분업 16
노동소득 22
노동소득분배율 59, 66
녹색성장정책 410
논어와 주판 264, 299
뉴딜 정책 127, 272

ㄷ

다국적기업 232, 272
단기계획 198
단기비용곡선 44, 45, 46, 47, 48
단순화(simplification) 121
담합(collusion) 55
대공황(Great Depression) 21, 26, 126, 272
대규모 경영의 이익 44, 48
대량생산의 이익 44, 47
대리인의 문제(agent problems) 166
대항해시대(Age of Exploration) 7, 97, 115, 232, 244, 246
대형마트 영업규제 67, 68
데카콘(Decacorn) 413
도덕적 경영자(ethical manager) 33
도덕적 해이 63
독과점의 폐해 54
독점 54
독점규제 및 공정거래에 관한 법률 62
독점시장 10
동기유발(motivation) 208
동기유발 효과 202
동반성장위원회 68, 71
동반성장지수 71
동시통제 218, 219, 221
동작연구(motion study) 118
동태적 효율성 60

DAO(decentralized autonomous organization) 108

ㄹ

러다이트 운동(Luddite Protest) 284
레드오션 5, 12
레드 테입(red tape) 142
로마법 대전(*Corpus Iuris Civilis*) 239
로버스트 설계법 281
리더십 212
리엔지니어링(reengineering) 279
린(Lean) 생산방식 279

ㅁ

마시멜로 실험 193
마쓰시타 정경숙(政經塾) 275
마카오신사 310
말콤볼드리지상(Malcolm Baldrige National Award) 282
매몰비용(sunk cost) 오류 193
〈맨큐의 경제학〉 59
명령에 의한 경영(management by fiat) 90
명령통일(unity of command)의 원칙 205
모델T(Model T) 262
목표관리(MBO: Management by Objectives) 136, 139, 200, 219
목표설정 195
목표지향성 212
무한책임사원 96
무한책임회사 95
물질적 가치 149, 150
뮤추얼 펀드 386
미래에셋박현주재단 387

ㅂ

박애정신 174
반독점법(셔먼반독점법: Sherman Antitrust Act) 61, 260
반민특위 305
발전의 시대(Progressive Era) 116
방키(banchi) 243
배분적 효율성 4
범위의 경제(economy of scope) 49, 50, 52, 53, 61
법인(corporation) 245
베트남 파병 317
벤처 게이트 332
벤처붐 331, 332
벤처정책 410
벤처캐피탈 416, 417, 418, 420
〈보이는 손〉(*visible hand*) 130, 165
보이지 않는 손(invisible hand) 16, 17, 44, 165
보통결의 104
보통주(common stock) 101
보편적 복지 69
복지정책 68
본원적 활동(primary activities) 163
부문화 204
부서 이기주의 160, 161
부의 격차 56, 60
부서화 205
부의 불평등 22, 23, 56, 57, 58, 59, 60
부의 세습화 60
분업 15
불균형 성장론 314, 320, 322
브레인스토밍(brainstorming) 195
블루오션 5, 12
〈블리츠스케일링〉(*Blitzscaling*) 222
비공식조직 128, 131
비관련 다각화 51
B등급(Class B) 주식 101
비상계획(contingency plan) 202
빅테크기업 106

ㅅ

사개치부법 296
사내이사(inside directors) 104
사농공상(士農工商) 297
사모투자전문회사 96
사업부제(multi-divisional form) 269, 275

사외이사(outside directors) 104
사유재산권 235, 238
사전통제 218
4차 산업혁명 141
사카린 밀수사건 352
사회 안전망(social safety net) 68
사회적 책임(CSR) 70, 172
사회주의 22, 23, 44
사회책임투자(socially responsible investing) 71, 72
사회후생(social welfare) 10, 55
사후통제 219
〈산업의 일반관리론〉(*Administration Industrielle et Générale*) 123
산업혁명 115, 232, 253, 255
3저호황 325, 327, 328
상거래 233, 235, 236, 237, 238, 239
상시저가(Everyday Low Price) 155
상업자본 296
상인(商人) 234
상호독점(bilateral monopoly) 158
상황이론(contingency theory) 135
상회(商會) 295, 299
생리적 욕구 208
생산요소의 불가분성 52
생산자잉여 10
생존부등식 151, 152
서산만 방조제 건설 407
서서하는 회의(standing meeting) 221
선경경영관리체계(SKMS) 361
선택적 복지 69
선택적 지각(selective perception) 192
선호(preference) 151
선호(preference) 충동 192
성과평가 216
성장의 긍정적 효과 159
성장의 부정적 효과 160
성취 욕구 209
세계경영 366, 369
세계기업사 231
〈세계는 넓고 할 일은 많다〉 367, 371
소득대비 자본비율 22
소득주도 성장론(income-led growth) 64
소비자잉여(consumer surplus) 10, 55, 56, 62, 68
소속 욕구 208
소유경영자(owner) 165
소유경영체제 166
소유와 경영의 분리 254
수요독점(monopsony) 55
수입자유화 정책 327
수직적 분화 205
수출제일주의 321
수출주도전략 292, 315, 322
SUPEX 361
수평적 분화 205
SMART 기준 201
스타트업 413, 415, 419
스타트업 생태계 419
스톡옵션(ISO) 102
스톱워치(stopwatch) 118
시간연구(time study) 118
시나리오 플래닝(scenario planning) 198, 217
C등급(Class C) 주식 102
시스템 이론(systems theory) 134
CEO(Chief Executive Officer, 최고집행임원) 168
시장가치(market value) 150
시장경제 6, 44
시장규제 철폐 66
시장의 가격기능 10, 17
시장의 효율성 12
〈신곡〉(*Divine Comedy*) 243
시전 297
신라방 296
신뢰성 213
신생의 취약성(liability of newness) 158
실리콘밸리(Silicon Valley) 221, 282, 416
실크로드(Silk Road) 235
실행과정 203
심리적 일체감(identification) 170

CSR(corporate social responsibility) 70, 74, 172

ㅇ

AG 255
아웅산 묘소 테러사건 327
IMF외환위기 291, 329
안전 욕구 208
RE 100 74
앙트러프러너(entrepreneur) 24, 265, 283, 391, 393, 400-412, 423, 424
앙트러프러너십(entrepreneurship) 392, 400, 401, 415, 424
애니콜 화형식 349
A등급(Class A) 주식 101
애자일(agile) 경영원칙 222
SRI(socially responsible investing) 71
어셈블리 라인(assembly-line) 227
엔고현상 327
LLC 94
LP 96
역량(capabilities) 50
연고자본주의(crony capitalism) 333
영업가치 156
예산통제 218
예측(forecasting) 196
오일머니 321
오일쇼크 321
완전경쟁시장 8
외자도입합리화 시책 321
외재적 동기(extrinsic motives) 211
외채망국론 321
요람에서 무덤까지(from cradle to grave) 69
욕구(needs) 208
우선주(preferred stock) 101
우크라이나 전쟁 73
운삼기칠(運三技七) 162
운칠기삼(運七技三) 162
울산공업단지 323
원가우위(cost leadership) 전략 138
원가혁신 152
월가를 점령하라(Occupy Wall Street) 59
월마트 효과(Walmart Effect) 276
위탁생산(CMO) 390
위험분산이론 51
유교자본주의(Confucian capitalism) 333
유니콘(Unicorn) 기업 410, 413
유한책임(limited liabilities) 97, 254
유한책임사원 98, 99
유한책임주식회사(company limited by shares) 255
유한책임회사 99
유한회사 95, 98
육의전 297, 299
6하(何) 원칙 186
윤리경영 76
윤리적 선택 176
의사결정(decision making) 185
의사결정자 오류 191
의사소통 206
〈이기는 결정〉 188
이기심(self-interest) 14
이기주의(egoism, selfishness) 15
이동통신사업 362
EDLP(Everyday Low Price) 155, 276
이사(directors) 104
이사회(board of directors) 104, 155, 276
ESG 경영 71, 72, 73
ESG 투자 71, 72
〈21세기 자본〉(*Capital in the Twenty-First Century*) 22, 57
ESG(environmental, social and governance) 70-74
이해관계자 자본주의(stakeholder capitalism) 75, 76, 157
인간관계론(Human Relations) 127
인공지능(AI) 141, 143
인앱결제(in-app purchase) 33, 34
인화원(人和苑) 358
일관생산방식 406
일렉트럼(electrum) 233

일반관리론 124
임시관재총국 310
임원(executives) 104
잉여가치 20
잉여가치론 19

ㅈ
자기 이익(self-interest) 14, 15, 63, 70, 240
자기존중 욕구 208
자만 192
〈자본론〉(*Das Kapital*) 18, 20
자본소득 22
자본수익률(*r*) 57
자본주의 시장경제 31
〈자본주의의 매혹〉 26
자본주의의 모순 61
자본주의의 효율성 44
자본축적의 자동화 20, 26
자산가치 156
자신감 213
자아실현 욕구 208
자원(resources) 50
자유방임(laissez faire) 시대 254
자유시장경제 7, 39
자유의사(free will) 6, 7, 9
작전연구(operations research: OR) 133
잔여재산청구권(residual claims) 156, 179
장기계획 198
장기비용곡선 45, 48
재벌 313
저원가(low cost) 전략 154
적산(敵産) 307
전략(strategy) 136
전략경영 136
〈전략과 구조〉 137
전문경영인기업 232, 268
전문경영자(professional manager) 130, 165
전문경영체제 166
전문화(specialization) 121, 204
전사적 품질경영(Total Quality Management: TQM) 282
전사적 품질관리(Total Quality Control) 281
전환우선주(convertible preferred stock) 101
정경유착 310
정부의 시장개입 63
정신적 가치 149, 150
정크무역 310
제2차 통화개혁 319
제조업자개발생산(ODM) 52
제철보국 317, 355
제한된 합리성(bounded rationality) 132
조선회사령 295
조직구조의 설계 204
조직 없는 인간(people without organization) 129
조직행위론 130
조직화 203
종이마패 353
주(share) 100
주관적 가치 151
주식(stock) 100
주식가치 155
주식공개 249
주식회사(company limited by shares) 99, 232, 253
주식회사의 기관 103
주주 99
주주가치 179
주주자본주의(shareholder capitalism) 75, 76, 157
주주총회 103
주주평등의 원칙 101
〈죽은 경제학자의 살아있는 아이디어〉 14, 16, 29, 30
죽음의 계곡(death valley) 158
중간관리층(middle management) 167
중동특수 322
중상주의(mercantilism) 6, 7, 14, 115
중화학공업 육성 322, 323, 325

중후장대산업 324
지배구조(corporate governance) 165
지식노동자(knowledge worker) 140
지원활동(support activities) 163
GP 96
직업소명설 240
집단사고(group think) 194
집단 의사결정 194
집단지성(collective intelligence) 194
집중화(focus) 전략 138
집행임원(non-director executives) 104, 105

ㅊ

차등의결권 102
차별화(differentiation) 전략 138, 155
착한 사마리아인의 의무 174
창업자(*The Founder*) 277, 285
창조경제정책 410
창조적 파괴(creative destruction) 24-27, 152, 273, 283, 406
챔피언스 리그(Champions League) 37
〈철학의 위안〉 28
체크인(Check-in) 221, 222
초경쟁(hyper-competition) 136
최고경영층(top management) 167
최저임금 인상 64, 65
최저임금제(minimum wage) 122
최적규모(optimal scale) 48
추진력 213
치명적 선택 187
칙허회사(chartered company) 7, 97, 99, 232, 246, 247, 249, 250, 295
친화 욕구 209

ㅋ

카이젠(改善) 철학 279
카카오공동체 376
카카오톡 신화 376
컨베이어벨트 시스템 119, 262
코닥의 순간(Kodak Moment) 274
콤파니아(compagnia) 241
쿠즈네츠 곡선(Kuznets Curve) 58
〈크리스마스 선물〉 149
클레이턴 법(Clayton Act) 62

ㅌ

테일러주의(Taylorism) 119
통계적 품질관리(statistical quality control) 280
통제(control) 214, 218
통제경제 44
통제의 범위(span of control) 205
통제권(control rights) 157
통합화 205
투자은행(Investment Bank: IB) 261
투자자본 수익률(return on investment: ROI) 269
트러스트(trust) 62, 255, 257
특별결의 104

ㅍ

파괴적 혁신(disruptive innovation) 161
판단력 191, 213
팔라시 전투(Battle of Plassey) 248
평가과정 214
평균생산비용(average cost) 46
포디즘(Fordism) 121, 407
포용력 213
표본추출검사법(acceptance sampling) 280
표준화(standardization) 121
품질관리 279
품질관리분임조(quality control circle) 281
풍선효과(balloon effect) 67
프레이밍(framing) 오류 192
〈프로테스탄트 윤리와 자본주의정신〉 240
플랫폼사업 106
플랫폼사업자 106, 107
플랫폼시장 6
피그즈 만(Bay of Pigs) 침공 194

피드백(feedback) 과정 214, 219
PDS(Plan-Do-See) 과정 184, 220, 223, 224
PEF(Private Equity Fund) 96

ㅎ
학습효과(learning effect) 46
한강의 기적 291
한계생산비용(marginal cost) 46
한계효용 8, 28, 29
한국기업사 290
한자동맹 241
함무라비법전 234
합명회사 95
합자회사 95
해가 지지 않는 나라 248
핵심역량(core competence) 50, 140
행동과학(behavioral science) 129
행동통제 218
행복한 젖소(happy cows) 129
행상(行商) 234
혁신 5, 25-27, 31, 35, 152, 153, 160, 161, 164, 181, 222, 345, 401, 404, 406, 407
〈혁신가의 딜레마〉 161
혁신성장정책 411
혁신정책 410
〈현대기업과 사유재산〉 130
현대판 마르크스 23, 58
현장 순회관리(management by wandering around: MBWA) 221
현장관리층(first-line managers) 167
협동조합 93, 94
협력(cooperation) 18, 131
호손 연구 127
황금시대(Golden Age) 249
회사(corporation) 93, 97
회사법(Companies Act) 100, 254
회의 221
효과성(effectiveness) 131, 212
효용(utility) 151
효율성(efficiency) 131, 212
후추전쟁 249
훌륭한 경영자(great manager) 31

인명색인

ㄱ

가우스(Carl Friedrich Gauss) 377
간트(Henry L. Gantt) 122
게이츠, 빌(William Gates) 60, 77, 258
골딘(Claudia Goldin) 60
구본무 358
구인회 308, 309, 312, 357-359
구자경 358
구철회 357
그로티우스(Hugo Grotius) 239
길브레스 부부(Frank and Lillian Gilbreth) 122
김광수 420, 421
김범수 374-378
김 봉 420
김봉진 421
김성곤 308, 309
김성수 300
김수근 309
김연규 308
김연수 300, 308, 334
김우중 367-371
김재익 324-327
김종필 317
김종희 308, 309
김지태 308
김학렬 324

ㄴ

노이스, 로버트(Robert Noyce) 418
뉴턴, 아이작(Isaac Newton) 251
니체(Friedrich Nietzsche) 27

ㄷ

다윈(Charles Darwin) 27
단테(Dante Alighieri) 243
닷지(Harold F. Dodge) 280
덩샤오핑 356
데밍, 에드워즈(Edwards Deming) 279, 281
둔스 스코투스(Johannes Duns Scotus) 238
듀란트, 윌리엄(William C. Durant) 268
듀퐁, 이레네(Irénée du Pont) 56, 259
드러커, 피터(Peter Drucker) 119, 130, 136, 138, 200, 232, 272, 279, 342
디포, 다니엘(Daniel Defoe) 251

ㄹ

렘브란트(Rembrandt Harmenszoon van Rijn) 250
로, 존(John Law) 404
로렌스, 폴(Paul Lawrence) 135
로믹(Harry G. Romig) 280
로쉬, 제이(Jay Lorsch) 135
로스차일드, 네이선(Nathan Mayer Rothschild) 252
로트실트, 암셸(Mayer Amschel Rothschild) 252
록, 아서(Arthur Rock) 418
록펠러(John D. Rockefeller) 56, 258, 259, 266, 267, 405
루터, 마틴((Martin Luther) 244

ㅁ

마르코 폴로(Marco Polo) 403
마르크스, 칼(Karl Marx) 18, 39, 58, 121
마셜, 알프레드(Alfred Marshall) 28
마쓰시타 고노스케(松下幸之助) 274, 275
마크롱(Emmanuel Macron) 252
마키아벨리(Niccolò Machiavelli) 238
매슬로우(Abraham H. Maslow) 130, 208
맥그리거(Douglas McGregor) 130
맥도널드 형제(Richard and Maurice

McDonald) 277, 285
맥아더(Douglas MacArthur) 장군 342
맥클리런드(David McClelland) 209
맨더빌, 버나드(Bernard Mandeville) 240
맨큐(Gregory Mankiw) 59, 65, 66, 80
머스크, 일론(Elon Musk) 73
메이어, 마리사(Marissa Mayer) 224
메이요, 엘튼(Elton Mayo) 127
모건, J.S.(Junius Spencer Morgan) 261
모건, 존(John P. Morgan) 55, 258, 260
무어, 고든(Gordon Moore) 418
미셸, 월터(Walter Mischel) 193
미즈노 히로미치(水野弘道) 73
민 강 302
민덕기 308, 309
민병호 302
민즈(Gardiner C. Means) 130, 165
민츠버그(Henry Mintzberg) 168

ㅂ

바크, 리처드(Richard Bach) 382
박두병 301, 308, 309
박승직 301
박인천 312
박정희 314, 316, 324, 353
박태준 317, 353-356
박현주 383-388
박홍식 303, 304, 334
배비지(Charles Babbage) 116
백낙승 300
백윤수 300
밴더빌드, 윌리엄(William H. Vanderbilt) 259, 263
밴더빌트, 코넬리우스(Cornelius Vanderbilt) 258
버나드(Chester I. Barnard) 88, 131
버넘(James Burnham) 165
버핏(Warren Buffit) 258
벌리(Adolf Berle) 130, 165
베네딕투스 14세(Benedictus XIV) 244
베르나르디노(Bernardino da Siena) 238
베르메르(Johannes Vermeer) 250
베르탈란피(Ludwig von Bertalanffy) 134
베버, 막스(Max Weber) 125, 142, 240
베이조스, 제프(Jeff Bezos) 25
베일, 시오도어(Theodore Vail) 121
보아즈, 데이비드(David Boaz) 18
볼테르(Voltaire) 240
브린, 세르게이(Sergey Brin) 101

ㅅ

사이먼(Herbert A. Simon) 132
서경배 379-382
서성환 309, 380
서정진 389-393
설경동 312
소크라테스(Socrates) 236
손길승 360
쇼클리, 윌리엄(William Shockley) 417
슈워츠(Walter A. Shewhart) 280
슘페터, 요제프(Joseph A. Schumpeter) 24, 138, 152, 273, 401, 406
스미스, 애덤(Adam Smith) 13, 14, 44, 115, 240, 253
스컬리, 존(John Sculley) 31
스티븐슨, 조지(George Stephenson) 255
슬론, 알프레드(Alfred P. Sloan) 139, 268, 269, 270
시부사와 에이이치(澁澤榮一) 264, 298
신격호 363-366
신현확 313

ㅇ

아리스토텔레스(Aristotle) 237
아우구스티누스, 아우렐리우스(Aurelius Augustinus) 237
아퀴나스, 토마스(Thomas Aquinas) 237, 243
암스트롱, 닐(Neil Armstrong) 274
앤소프(H. Igor Ansoff) 137
에디슨(Thomas Alva Edison) 261, 263, 404

오웬(Robert Owen) 116
오히라 마사요시 317
워즈니액, 스티브(Steve Wozniak) 283
월튼, 샘(Sam Walton) 275
웨슬리, 존(John Wesley) 238
웰치, 잭(Jack Welch) 51
유일한 305, 333
윤석철 151
윤창식 303
이건희 349
이나야마 요시히로(稲山嘉寛) 356
이마이(Imai Masaaki) 281
이병철 224, 309, 312, 350, 352
이스트먼, 조지(George Eastman) 274
이승만 302
이시카와(Ishikawa Kaoru 石川馨) 281
이재용 350
이정림 309
이해진 371-375
이회림 309

ㅈ

잡스, 스티브(Steve Jobs) 31, 283, 406
장개석 310
장경호 308, 309
장병규 419, 420
전두환 324
정인영 312
정재호 308, 312
정주영 224, 308, 309, 312, 322, 325, 345-348, 407
제니스(Irving Janis) 194
조중훈 312
조홍제 308, 309
주란, 조셉(Joseph Juran) 279, 281
지멘스, 게오르크(Georg von Siemens) 260
지멘스, 베르너(Werner von Siemens) 262

ㅊ

채플린, 찰리(Charlie Chaplin) 126
챈들러(Alfred Chandler) 137, 165
최 남 304
최종건 309, 360, 361, 362
최종현 360-362
최태원 361, 362

ㅋ

카네기, 앤드류(Andrew Carnegie) 56, 256, 258, 266, 267, 405
카츠(Lawrence Katz) 60
칼뱅, 장(Jean Calvin) 244
캉티용(Richard Cantillon) 404
캐롤(Archie Carroll) 172
컨즈(David Kearns) 164
케인즈, 존(John Maynard Keynes) 272
코스(Ronald Coase) 90
콜럼버스(Christopher Columbus) 403
크라수스(Marcus Licinius Crassus) 402
크락만(Reinier Kraakman) 254
크록, 레이(Ray Kroc) 277, 285
크루프, 프리드리히(Friedrich Carl Krupp) 256
크리스텐슨, 클레이튼(Clayton Christensen) 161

ㅌ

타운(Henry Towne) 117
터링, 앨런(Alan Turing) 190
터만, 프레드릭(Frederick Terman) 418
테일러(Frederick W. Taylor) 117-123, 142
토플러, 앨빈(Alvin Toffler) 232
톰슨, 엘리후(Elihu Thomson) 263

ㅍ

파이겐바움(Armand V. Feigenbaum) 281
패커드(David Packard) 282
페이욜(Henri Fayol) 123, 124
페이지, 래리(Larry Page) 101
포드, 헨리(Henry Ford) 119, 120, 262, 407

포터, 마이클(Michael Porter) 137, 154
폴렛, 메리(Mary P. Follett) 129
푸거(Fugger) 가문 244, 272
프리드만, 밀턴(Milton Friedman) 74, 173
플라톤(Plato) 63
피케티, 토마(Thomas Piketty) 22, 23, 57, 65
핑크, 래리(Larry Fink) 73

ㅎ
하이예크(Friedrich Hayek) 16
해링턴, 제임스(James Harrington) 238
허만정 357
허준구 357
허즈버그(Frederick Herzberg) 130
호미리 306
호프만, 리드(Reid Hoffman) 222
홉스, 토머스(Thomas Hobbes) 239
회히스테터(Höchstetter) 가문 272
후쿠자와 유키치 298
휘트니, 엘리(Eli Whitney) 404
휴렛(William R. Hewlett) 282
휴스턴, 에드윈(Edwin J. Houston) 263
흄, 데이비드(David Hume) 240

기업 · 브랜드 색인

ㄱ

가나초콜렛 365
경기염직 308, 309
경남기업 368
경성방직 296, 300, 308, 334
경성전기 299
관동기계 308
광양제철소 355
구글(Google) 101, 107, 159, 222, 283, 406
그래멀리(Grammarly) 147, 148
금성사 358
금호아시아나그룹 312
기린맥주 265
기아자동차그룹 329

ㄴ

나쇼날(National) 275
나이론 259
남만방적 300
남해회사(The South Sea Company) 250
네슬레(Nestlé) 273
네오위즈 420
네이버 107, 332, 371, 415, 421
넥슨코리아 332
넷플릭스(Netflix) 24
노키아(Nokia) 373
뉴욕타임즈 72
뉴욕할렘 철도회사 259
뉴코아그룹 329
니콘(Nikon) 274

ㄷ

다음 332, 372, 376
다트머스 경영대학원 271
대동상회 295
대림건설 317
대림유화 309
대성산업 309
대우건설 371
대우그룹 366
대우실업 368
대우인터내셔널 371
대우자동차 368
대우정보시스템 368, 371
대우조선 368, 371
대우증권 368
대우통신 368
대창무역 300
대창직물 300
대한산업 312
대한석유공사 323
대한선주 308
대한전선그룹 312
대한제분 313
대한조선공사 368
대한중기 308
대한통운 317
WWD(*Women's Wear Daily*) 379
WSD(World Steel Dynamics) 355
더 케이스 센터 386
데빌리언 421
데이고쿠호텔 265
도요타(Toyota) 172, 279
도이체 방크(Deutsche Bank) 260
도쿄가스 265
도쿄전력 265
도쿄증권거래소 265
도쿄해상화재보험 265
독일탄광협회 316
동국제강 308, 309
동방생명 350
동부대우전자 371
동아백화점 304

동양증권 368
동양화학 309
동인도회사(East India Company) 7, 99, 115, 245, 247, 248, 249, 294
동화백화점 304, 350
동화약방 302, 303
듀퐁(DuPont,) 56, 259
드렉셀 모건앤컴퍼니(Drexel, Morgan & Company) 261
디디추싱 413
디쉬네트워크(Dish Network) 24
딜로이트(Deloitte) 222

ㄹ

라네즈 380
라인(LINE) 373
라초이식품회사 306
락희(樂喜)그룹 357
락희(樂喜)화학 312, 358
럭키비누 357
럭키치약 359
럭키크림 358
런던상인모험가회사(Company of Merchant Adventurers of London) 246
레드박스(Redbox) 24
레알마드리드 36
렘시마(Remsima) 390
로레알 379
로스차일드 은행(Rothschild Bank) 252
로열더치쉘석유회사(Royal Dutch Shell) 273
록펠러 의학연구소 267
록펠러 재단(Rockefeller Foundation) 267
록히드마틴(Rocheed Martin) 419
롯데그룹 363
롯데마트 170
롯데 벤처스 414
롯데상사 364
롯데 쇼핑 364
롯데월드타워 155
롯데 자이언츠 364
롯데제과 364
롯데 칠성음료 364
리반트사(Levant Company) 245
링트인(Linkedin) 222

ㅁ

마몽드 380
마쓰시타 전기기구제작소(Matsushita Electric Industrial Company) 274
마이크로소프트(MS) 60, 62, 160, 187, 410
마켓워치(MarketWatch) 223
맥도널드(McDonald's) 24, 277, 285
맨체스터시티 36
맨체스터유나이티드 36
머스코비社(Muscovy Company) 97, 245
머크(Merck) 172
모던 타임스(Modern Times) 126
모델T 120, 122, 262
모빌(Mobil) 260
모토롤라(Motorola) 282
문경탄광 309
미드베일 철강공장 117
미래에셋 383
미래에셋대우 371
미쓰비시 265
미쓰이 265
미쓰코시 백화점 299, 304
밀러맥주(Miller Brewery) 50, 53

ㅂ

바르셀로나FC 36
바이에른뮌헨 36
바이오시밀러(biosimilar) 390
박가분 301
박승직 상점 295, 301
반즈앤노블(Barnes & Noble) 25, 26
배달의민족 421
백윤수상점 300
백응고 302
뱅가드(Vanguard) 72

버지니아회사(Virginia Company) 99
범죄도시2 89
베어링 은행(Barings Bank) 252
벨 연구소(Bell Lab.) 418
벨전화연구소 280
본엔젤스 419, 420
부채표 302
북선제지화학공업 299
불로초 300
뷰익(Buick) 271
브리태니커(Britannica) 백과사전 186, 187, 225
브리티시 페트롤리움(British Petroleum) 264
블랙록(BlackRock) 72, 73
블럭버스터비디오(Blockbuster Video) 24
블루홀 422
비디오온디맨드(Video-on-demand) 24
BRN사이언스 52
BNY멜론은행 73

ㅅ

사람인 160
산요(Sanyo) 275
삼국석탄 309
삼미그룹 329
삼성건설 350
삼성그룹 159, 312, 349, 350, 352
삼성반도체 350
삼성상회 295, 350
삼성생명 350
삼성석유화학 350
삼성SDS 375
삼성전기 350
삼성전자 331, 350, 351
삼성조선 350
삼성중공업 350
삼성화재 308, 309, 350
삼수사 301
삼호그룹 308, 313
삼호방직 312, 313
삼화제철 308, 309
삿보르비루 308, 309
새한자동차 368
새한제지 350
샤넬(Chanel) 155, 379
샤오미 413
서선흥산주식회사 303
서인도회사(West India Company) 99
선경연수원 361
선경직물 308, 309, 362
선일제지 302
선일지물 295, 303
설화수 381
세계경제포럼(WEF) 372
세이프라이트(Safelite) 210
셀트리온(Celltrion) 389
소니(Sony) 160, 161, 274, 385
소화기린맥주 301, 309
쇼클리랩(Shockley Lab) 419
숙주나물 캔 306
쉐보레(Chevrolet) 270
스미토모 265
스타벅스 159
스탠더드오일(Standard Oil Co.) 56, 260
스탠더드오일트러스트(Standard Oil Trust) 260, 266
스테이트스트리트(State Street) 72
스포티파이(Spotify) 34
시그니엘 서울 155
시세이도 379
식산은행 303
신세계그룹 351
신세계백화점 304, 308, 309, 350
신세계인터내셔널 76
신일본제철 356
신한은행 326
싸이월드 373
쌍용그룹 308, 309
3M 153
CJ그룹 351
CJ E&M 110

ㅇ

아마존(Amazon) 6, 25, 26, 107, 155, 159, 276, 410
아마존 고(Amazon Go) 25
아모레퍼시픽 309, 331
IBM 184, 223, 282
아사히견직 308
아산병원 408
아산사회복지재단 408
아이튠즈 스토어(iTunes Store) 6
아이팟(iPod) 32
아이팟나노(iPod Nano) 32
아이패드(iPad) 32
아이폰(iPhone) 32, 147, 153
안국화재 350
알리바바(Alibaba) 107
알리안츠생명보험(Allianz) 273
알파고(AlphaGo) 143
Alphabet(Google) 101, 282, 283, 410
애니콜 349
애플(Apple) 31, 107, 153, 283, 410
야스다 265
야후(Yahoo) 224, 416
야후코리아 372
어도비(Adobe) 221, 222
에드거톰슨(Edgar Thomson) 제철소 257
에디슨 기계(Edison Machine Works) 404
에디슨 전구회사(Edison Lamp Company) 404
에디슨전기조명회사(Edison Electric Light Company) 120, 263, 404
에뛰드 380
SEB은행 72
SK건설 362
SK그룹 309, 360
SK네크웍스 362
SK석유화학 362
SK이노베이션 362
SK텔레콤 362
에스티 로더 379
에어비앤비(Airb&b) 413
AT&T(American Telephone and Telegraph Co.) 121, 261
에코(Echo) 25
에픽 게임즈(Epic Games) 34, 35
엑슨모빌(Exxon-Mobil) 260
엔씨소프트 332
NHN 375
엔카타(Encarta) 187, 225
LG그룹 312, 357, 365
LG금속 308, 309
LG전자 331
MMO엔터테인먼트 110
MMORPG 421, 422
영국프로축구연맹(EPL) 36
영남화학 323
OB맥주 309
오우지 제지 265
오하이오 스탠더드 석유회사(Ohio Standard Oil Company) 266
옥시(Oxy-Reckitt Benckiser Korea) 170
올즈모빌(Oldsmobile) 271
왓츠앱(WhatsApp) 374
우버(Uber) 147, 413
우아한형제들 419, 421
울산석유화학 323
워너원 110
워너원엔터테인먼트 110
월마트(Walmart) 155, 276
월트디즈니 214, 215
웨스턴전기회사(Western Electric Co.) 127
위챗(WeChat) 374
위키피디아(Wikipedia) 187
유니레버(Unilever) 264, 271
유에스 스틸(United States Steel Corp.) 56, 258
유튜브(Youtube) 107
유한양행 295, 302, 305, 333
이니스프리 380
이베이옥션 332
이스트먼 건판필름회사 274

인소환 302
인천제철 308, 309
인터내셔널 머천트 해운회사(International Merchant Marine Company) 261
인터내셔널 하비스터(International Harvester Company) 261
인터브랜드(InterBrand) 352
인텔(Intel) 416, 418
인튜이트(Intuit) 62
임페리얼 케미컬 인더스트리(Imperial Chemical Industries) 264
임페리얼 토바코(Imperial Tobacco) 264

ㅈ

장진강수력 299
전주제지 350
제너널모터스(GM) 138, 268, 269-271
제너럴 일렉트릭(GE: General Electric) 51, 172, 216, 222, 261, 263, 404, 405
제록스(Xerox) 164
제이 앤드 피 코트(J & P Coats) 264
JVC 275
제이피 모건은행(J.P. Morgan Bank) 260, 261
제일국립은행 265
제일기획 350
제일모직 350
제일제당 312, 350
조선맥주 299
조선면화 299
조선방직 299, 308
조선생명 308, 309
조선소야전시멘트 299
조선연료 309
조선우선 308
조선이연금속 308, 309
조선제련 308, 309
조선피혁 309
조선화학공판 309
존슨앤존슨(Johnson & Johnson) 146, 172, 379
줌(Zoom) 221
중앙일보 350
지노게임즈 421, 422
지마켓 332
지멘스(Siemens) 263, 271
지멘스 운트 할스케(Siemens & Halske) 전신설비회사 262
GS그룹 357
진로그룹 329

ㅊ

창업자(*The Founder*) 277, 285
챔피언스 리그(Champions League) 37
천일고무 308
첫눈 420
치치부시멘트 265

ㅋ

카길(Cargill) 222
카네기 스틸(Carnegie Steel) 256
카카오 107, 332, 374, 414
카카오뱅크 376
카카오스토리 376
카카오택시 376
카카오톡 376
카카오페이 376
캐논(Canon) 164, 274
캐딜락(Cadillac) 271
KGC인삼공사 37
코닥(Kodak) 274, 419
콜게이트 치약 359
쿠팡 107
크래프톤 422
크루프(Krupp) 256
클라크 앤 록펠러(Clark & Rockefeller Co.) 259

ㅌ

태광아크릴 323
태평양 309
태평양 돌핀스 381

태평양시멘트 265
태평양여자농구단 381
태평양증권 381
태평양패션 381
태평양화학공업사 380
테슬라(Tesla) 73, 410
텍사스인스트루먼트 282
텐센트 107
토스 107
톰슨-휴스턴 전기회사(Thomson-Houston Electric Company) 263
트룩시마(Truxima) 390
트위터 73
티센크루프(Thyssen- Krupp) 256

ㅍ

파나소닉(Panasonic) 275
파이낸셜타임스 73
파타고니아(Patagonia) 223
페라리(Ferrari) 146, 155
페어차일드반도체(Fairchild Semiconductor) 417, 418
페이스북(Facebook) 107, 159, 176, 406, 416
포드사(Ford Motor Company) 119, 120, 262, 269
포스코대우 371
포스트잇(Post-it) 153
포춘(*Fortune*) 347, 352, 355, 372
포항제철(POSCO) 317, 323, 331, 354
폰티악(Pontiac) 271
프라이머파트너즈 420
피델리티(Fidelity) 72
피바디모건은행(Peabody, Morgan and Co.) 261
PUBG 422
필립 모리스(Philip Morris International Inc.) 50, 53

ㅎ

하버드 경영대학원 271
하이랜드파크 공장 120
하이트맥주 309
한게임커뮤니케이션 375
한국반도체 350
한국비료 323, 350
한국생사 308
한국콜마 52
한국타이어 308, 309
한국프로농구협회(KBL) 37
한국화약 309
한미약품 172
한미은행 326
한보그룹 329
한솔그룹 351
한진그룹 312, 317
한진해운 157
한화그룹 309
해태그룹 329
허쥬마(Herzuma) 390
현대건설 312, 317, 322, 347
현대그룹 159, 312, 345, 347, 368
현대기아자동차 331
현대모비스 347
현대미포조선 346
현대울산조선소 346
현대자동차 74, 323, 347
현대조선 323, 346
현대중공업 346, 347
현대토건사 347
호텔신라 350
혼다 279
홈스테드(Homestead) 제철소 257
홈플러스 170
화신백화점 302, 305
화신상회 304
활명수 302
효성그룹 308, 309
후지필름(Fuji Film) 164
휴렛패커드(Hewlett Packard) 172, 282, 416, 419

[저자 소개]

김용민(국민대학교 경영대학 경영학부 교수)

■ 주요 학력
- 서울대학교 경영학 학사
- 서울대학교 대학원 경영학 석사(인사관리)
- University of Southern California 경영학 박사(경영조직)

■ 주요 약력
- 국민대학교 기획부총장, 경영대학장 역임
- 빙그레 · 대덕전자 사외이사 역임
- 기획재정부 연기금 평가단 총괄 및 평가팀장 역임
- 현 서울시 안심소득 시범사업 연구자문위원

김도현(국민대학교 경영대학 경영학부 교수)

■ 주요 학력
- 서울대학교 항공우주공학 학사
- 서울대학교 대학원 항공우주공학 석사
- 서울대학교 대학원 항공우주공학 박사
- Warwick대학교 대학원 경영학 박사(경영전략)

■ 주요 약력
- 한국벤처창업학회 회장 역임
- Harvard University, Visiting Scholar
- The Boston Consulting Group, 컨설턴트 역임
- 현 국민대학교 글로벌창업벤처대학원장

박재신(국민대학교 경영대학 경영학부 교수)

■ 주요 학력
- 한국과학기술원(KAIST) 경영과학 학사
- 한국과학기술원(KAIST) 경영공학 석사
- University of Cambridge 경영학 박사(인사조직)

■ 주요 약력
- 대통령비서실 행정관 역임
- 한국개발연구원(KDI) 초빙연구위원 역임
- 한국국제협력단(KOICA) 상임이사 역임

백종현(명예교수, 국민대학교 경영대학 경영학부)

■ 주요 학력
- 메릴랜드대학교 경영학 학사
- 메릴랜드대학교 대학원 경영학 석사(재무관리)
- 뉴욕대학교 대학원 경영학 박사 수료(전략경영)
- 인하대학교 대학원 경영학 박사(인사조직)

■ 주요 약력
- 금도산업(주) 대표이사 역임
- 국민대학교 경영대학장 역임
- 한국인사조직학회 상임위원장 역임
- 국민대학교 교무지원처장 역임

유정석(국민대학교 경영대학 경영학부 교수)

■ 주요 학력
- 한양대학교 경영학 학사
- 오하이오주립대학교 대학원 경영학 석사
- 뉴욕주립대 버팔로 대학원 경영학 박사(생산관리)

■ 주요 약력
- 현 국민대학교 경영대학 부학장
- 현 국민대학교 경영연구소장

이은형(국민대학교 경영대학 경영학부 교수)

■ 주요 학력
- 서울대학교 국사학과 학사
- KDI국제정책대학원 경영학 석사
- KDI국제정책대학원 경영학 박사(경영전략)

■ 주요 약력
- 경향신문 경제부 기자 역임
- 한국여성경제학회 회장 역임
- 공기업 경영평가위원 역임
- 국민대학교 경영대학장 역임
- 현 SC제일은행 이사회 의장

이태희(국민대학교 경영대학 경영학부 교수)

■ 주요 학력
- 서울대학교 경영학 학사
- Univ. of Illinois, Urbana Champaign 회계학 석사
- Univ. of Illinois, Urbana Champaign 회계학 박사

■ 주요 약력
- 현 국민대학교 기획 부총장
- 한국경영학회 부회장 역임
- 국민대학교 대외협력처장 역임
- 국민대학교 경영대학장 · 경영대학원장 역임

최성범(국민대학교 경영대학 경영학부 겸임교수)

■ 주요 학력
- 서울대학교 경영학 학사
- 서울대학교 대학원 경영학 석사(인사관리)
- 국민대학교 대학원 경영학 박사(인사조직)

■ 주요 약력
- 한국일보, 서울경제신문 기자 역임
- 신한금융그룹, 토마토TV 근무
- 우석대학교 미디어영상학과 교수 역임

기업의 시대를 읽는 새로운 경영학(제2판)

2018년 8월 30일 초판 발행
2022년 8월 30일 2판 발행

저 자 김용민 · 김도현 · 박재신 · 백종현 · 유정석 · 이은형 · 이태희 · 최성범
발행인 김광범
발행처 도서출판 **시대가치**
주 소 서울특별시 마포구 토정로 222, 422-1호(한국출판콘텐츠센터)
전 화 02) 3152-2620
팩 스 02) 6442-2621
등 록 2017년 3월 23일 제2018-000088호
이메일 kgb9136@hanmail.net

ISBN 979-11-89607-64-7 93320

정 가 30,000원